Marketing do Futuro

Um Método para Resolver

**Desafios de Marketing
em Mercados de Plataformas**

Marketing do Futuro

Um Método para Resolver
Desafios de Marketing em Mercados de Plataformas

Rosário Pompéia e Silvio Meira

ACTUAL

MARKETING DO FUTURO UM MÉTODO PARA RESOLVER DESAFIOS DE
MARKETING EM MERCADOS DE PLATAFORMAS
@ACTUAL, 2024

AUTOR: Rosário Pompéia e Silvio Meira

DIRETOR DA ALMEDINA BRASIL: Rodrigo Mentz

EDITOR: Marco Pace

EDITORA DE DESENVOLVIMENTO: Luna Bolina

PRODUTORA EDITORIAL : Erika Alonso

ASSISTENTES EDITORIAIS: Laura Pereira, Patricia Romero e Tacila Souza

REVISÃO: Casa de Ideias

DIAGRAMAÇÃO: Casa de Ideias

ISBN 978-65-87019-93-2

Maio, 2024

DADOS INTERNACIONAIS DE CATALOGAÇÃO NA PUBLICAÇÃO (CIP)
(CÂMARA BRASILEIRA DO LIVRO, SP, BRASIL)

Pompéia, Rosário de

   Marketing do futuro : um método para resolver desafios de marketing
em mercados de plataformas / Rosário de Pompéia, Silvio Meira. -- São Paulo :
Actual, 2024.

   ISBN 978-65-87019-93-2

   1. Branding (Marketing) 2. Comportamento do consumidor 3. Comunicação
4. Estratégia de marketing 5. Inteligência artificial 6. Negócios I. Meira, Silvio.
II. Título.

24-207663   CDD-658.802

Índices para catálogo sistemático:
1. Marketing : Administração estratégica :
Administração de empresas 658.802
Tábata Alves da Silva - Bibliotecária - CRB-8/9253

EDITORA: Edições 70
Rua José Maria Lisboa, 860, Conj.131 e 132, Jardim Paulista | 01423-001 São Paulo | Brasil
www.almedina.com.br

Endosso
Endorsement

Too much marketing is short run and generated within one department.

Silvio Meira and Rosário Pompéia argue that marketing should be the central function of a company. The company's marketing strategy should be driven and implemented by everyone in the company.

Their book, **Marketing of the Future***, provides companies with a fresh roadmap for more marketing prowess.*

...

[Muito do marketing atual é de curto prazo e gerado dentro de um único departamento.

Silvio Meira e Rosário Pompéia argumentam que o marketing deveria ser a função central de uma empresa. Que a estratégia de marketing da empresa deveria ser impulsionada e implementada por todos na empresa.

O livro deles, **Marketing do Futuro**, fornece às empresas um novo roteiro para uma maior competência em marketing.]

Philip S. Kotler
S. C. Johnson and Son Distinguished Professor of International Marketing, Kellogg School of Management

Conteúdo

Endosso *Endorsement* 5

Prefácio 11

Apresentação 17

Agradecimentos dos autores 21

Capítulo 1: Bem-vindo ao Marketing do Futuro 25

Por que um Manifesto sobre o Marketing do Futuro? 30

O Manifesto Marketing do Futuro 34

Um manifesto para o Marketing do Futuro 43

Capítulo 2: O que está acontecendo? 47

13 Sinais do Marketing do Futuro 48

Mais 11 sinais do Marketing do Futuro um ano depois 80

Em resumo 96

Capítulo 3: Desorganizando posso (re)organizar 99

As plataformas e os ecossistemas 102

Comunidades e ecossistemas 106

E tudo são ecossistemas 110

Efeitos de rede 112

Capítulo 4: Como o AEIOU reinventa marketing para o futuro 118

Conhecendo o método AEIOU 122

A teoria AEIOU e o marketing legado 127

Capítulo 5: Ambiente – cenários, mercados, competitividade 133

Design: desenho de cenários e personas 138

Definição e importância 139

7 pontos essenciais 140

Develop: desenvolvimento de mercados em rede 150

Arquitetura dos mercados em rede 152

Product Market Fit (PMF) 154

Desenvolvimento e iteração das soluções 155

Alinhamento estratégico e *go-to-market* 156

Enfim... 157

Deliver: competitividade em mercados em rede 158

Arquitetura de plataforma e ecossistema 159

Efeitos de rede e engajamento da comunidade 160

Integração vertical e horizontal de serviços e mercados.................. 161

Em resumo... 163

Capítulo 6: **Estratégia – aspirações, capacidades, soluções** 167

A estratégia no AEIOU: um panorama 169

Design: concepção de aspirações e hipóteses 171

Develop: arquitetura e desenvolvimento de capacidades................. 177

Deliver: ciclos de entrega de soluções 185

Em resumo 190

Capítulo 7: **A estratégia de Marketing do Futuro** 194

Materializando a estratégia de marketing...................................... 198

Em suma... 207

Capítulo 8: **Interações – fluxos, comunidades e narrativas** 210

Design de fluxos.. 212

Develop: CRISC para desenvolver comunidades 220

Deliver: interações entregam narrativas... 240

Capítulo 9: **Operações criam experiências** 249

Design: dados e algoritmos para experiências................................ 252

Develop: processos para experiências mágicas 259

Develop entrega o plano de marketing do futuro 267

Deliver: entrega de experiências mágicas...................................... 280

Capítulo 10: **Unificar para orquestrar redes** 290

Design: arquitetura para organizações em rede 291

Develop: orquestrando o jazz das funções empresariais 293

Deliver: organizações em rede e o ápice da teoria 134 295

Da abstração para a realização 299

Capítulo 11: Inteligência Artificial em Marketing 318

Estratégias de marketing potencializadas por IA 321

Interações em tempos de IA..324

Operações de marketing e IA 325

Desafios e considerações éticas de IA em marketing 327

Por fim... mas não menos importante.. 332

Capítulo 12: Os impactos do Marketing do Futuro 337

Relação entre objetivos, metas, impactos, KPIs e métricas 339

Doze impactos do Marketing do Futuro...342

Economia de custos com a otimização do marketing 348

Velocidade de lançamento de produtos e serviços........................... 351

Retenção de colaboradores..354

Valor de mercado da marca 356

Construção de parcerias fortes 359

Distribuição de valor compartilhado no ecossistema 362

Contribuição social da marca 365

Capacidade de atuação e adaptação no ambiente figital..................368

Construção e evolução de comunidades.. 371

Crescimento lucrativo sustentado... 375

Considerações finais 378

Capítulo 13: O futuro do Futuro do Marketing 382

A adaptação do marketing: inovação no curto prazo 384

A evolução do marketing: inovações no médio prazo....................... 386

Transformação: a revolução inovadora do marketing?...................... 389

O futuro do comportamento do consumidor e dos mercados 393

Bibliografia 399

Prefácio

O futuro é agora... e está aqui

Conversar com o Silvio Meira é quase sempre dar um passeio pelo futuro. Ele tem essa capacidade de enxergar o que vem por aí, como pouquíssimas pessoas que eu conheço.

Não, acho que não estou sendo justo. As conversas com o Silvio não são um convite para um passeio pelo futuro, são uma provocação para construí-lo. Eu posso dizer isso com muita segurança, por experiência pessoal. Nossos caminhos se cruzaram há muitos anos: em 2000, há quase um quarto de século, quando me tornei responsável pelas operações online do Magazine Luiza. Naquele mesmo ano, ele ajudava a fundar o Porto Digital, em Recife, o maior parque tecnológico do país, que abriga hoje mais de 450 empresas, com faturamento de quase R$ 5,5 bilhões e um total de mais de 18.500 colaboradores.

Como nós fomos uma das empresas pioneiras no investimento digital no Brasil, era mais do que natural que esbarrássemos com o Silvio por aí. Desde os primeiros contatos, ele nos apoiou no caminho tecnológico do Magalu – com análises, conselhos e, tão importante quanto isso, com um entusiasmo contagiante.

Isso acabou virando uma parceria de negócios em 2011, quando o Silvio apoiou a implementação do Magazine Você, o primeiro social commerce do Brasil (uma iniciativa que permite às pessoas criar sua própria loja digital, compartilhar ofertas do Magazine Luiza pelas suas redes sociais e receber comissões pelas vendas). Com esse projeto nascia, também com contribuições do Silvio, o Luiza Labs, nosso centro de inovação, que hoje tem 2.000 funcionários.

Há cerca de cinco anos, o Silvio foi convidado para o comitê de estratégia e transformação digital do Magazine Luiza, e logo em seguida passou a fazer parte do nosso Conselho de Administração.

Nova mentalidade

Como você pode ver, tenho acompanhado a trajetória do Silvio bem de perto. E sou testemunha (e beneficiário) dessa enorme energia que ele tem em prol da transformação do país, das empresas, das pessoas – sempre a partir da tecnologia.

Até que chegou um momento em que ele percebeu que as áreas de TI das empresas tinham mudado muito, tinham abraçado o progresso... porém as demais áreas de negócios nem tanto.

Foi daí que nasceu, no ano passado, o **Manifesto do Marketing do Futuro**, que deu origem a este livro, uma colaboração com a professora e consultora de marketing Rosário Pompéia. É mais do que uma junção dos setores de marketing e tecnologia. É uma mistura, uma combinação. Os dois entenderam que cada uma das duas áreas tinha conceitos que precisavam ser absorvidos pela outra. E o conjunto precisa permear o funcionamento de toda a empresa.

O **Marketing do Futuro**, como os dois defendem, envolve um redesenho da organização para mudar radicalmente os pilares de relação com os clientes, fornecedores e todo o entorno. Para que isso aconteça, ele não pode ser restrito a um departamento, nem a uma prática de comunicação. Tem que instruir uma transformação de mentalidade que leve à adoção de novas práticas.

Como o Silvio gosta de dizer, não adianta muito aplicar tecnologia a métodos antiquados. Quem faz isso está tentando transportar o passado para o futuro. Bem mais saudável, para a empresa e para as pessoas, é trazer o futuro para o presente.

Para fazer isso, é claro que você precisa de uma boa imagem do futuro, pintada por alguém que saiba enxergar tendências, interpretar inovações e extrair seu significado. Para nossa sorte, há pessoas assim no mundo. Não tantas, mas há. E o Silvio é uma delas.

Suba na plataforma

E o que é esse futuro que a gente precisa trazer com urgência para o presente? Não vou eu aqui tentar sintetizar o que você vai ler com muito mais propriedade nas próximas páginas. Mas o cerne do manifesto de Silvio e Rosário, para mim, é que os negócios com maior potencial vencedor, mais escaláveis, são as plataformas.

O mundo está saindo de um esquema operacional de negócio linear rumo ao modelo de plataformas. No modelo linear, a empresa produz, encontra um canal de distribuição e vende. Na plataforma, ela trata de criar um ambiente em que diversos produtores e variados fornecedores, prestadores de serviços e clientes se encontram. Os princípios de marketing (e por extensão a cultura da organização) são completamente diferentes.

Tem a ver com relacionamentos em rede, criação e manutenção de comunidades, atração de produtores de conteúdo e serviço. No modelo de plataforma, você não tem mais o controle total do produto; a empresa passa a exercer quase o papel de uma agência reguladora, criando políticas, gerindo relacionamentos.

Eu poderia dar inúmeros exemplos, mas vou me fixar em um que conheço bem: nós do Magalu estamos trilhando esse caminho. O marketplace vai nesse sentido. Nós ali vendemos não apenas os nossos produtos, mas especialmente os artigos dos outros.

A partir da virada do milênio, nós realizamos com muito sucesso a passagem da operação analógica para a digital, mas a mudança de um pipeline (o modelo linear, com etapas em série) para um negócio de plataforma é muito mais complexa.

Seu impacto é, também, muito maior. Só para dar uma ideia: nosso marketplace, com cinco anos de funcionamento, já tem um faturamento maior do que o das lojas físicas, que nasceram há 67 anos.

É para você, sim

Embora nós estejamos trilhando esse caminho há pelo menos meia década, eu ainda vejo necessidade – no Magalu e em quase todas as empresas – de entender todo esse novo código. Já existem alguns bons livros sobre o modelo de plataformas. Mas nenhum até agora abordando especificamente a temática do marketing. É uma visão relevante não apenas aqui para o Brasil: está na ponta do conhecimento em termos mundiais.

Aí você pode pensar: se está tão na ponta, talvez não tenha tanto a ver comigo, com a minha profissão, com a minha empresa. Afinal, quantos negócios podem aspirar a se tornarem plataformas?

Nessa hora, eu volto um pouco para o passado. Quando nós começamos a investir no digital, lá no ano 2000, muita gente, muita gente mesmo, dizia que aquilo não era para nós, que não ia dar certo. Entretanto, apesar de a transformação não ter sido fácil, quem não começou a trilhar esse caminho se viu muito ameaçado.

Agora é a mesma coisa: há momentos em que a mudança é tão avassaladora que, se você não pega a onda, se afoga.

Nem todos os negócios são passíveis de se tornarem plataformas, é óbvio. Mas muitos são. Mesmo os que não são precisam conhecer o ambiente em que fatalmente terão de conviver, participando de plataformas, competindo com elas (ou ambas as situações).

E o livro do Silvio e da Rosário consegue entregar vários insights até para quem não tem a menor intenção de montar uma plataforma. São conceitos que podem e devem ser absorvidos por empresas mais tradicionais.

Nós aqui no Magalu estamos imersos nessa transformação. Não apenas adotamos este livro, nós começamos em março um curso ministrado pelos dois autores, para todos os líderes da companhia – mais ou menos 400 pessoas.

Veja bem: não são só os envolvidos com tecnologia, nem os responsáveis pelo marketing ou pela estratégia. São todos os líderes, incluindo, é claro, o pessoal das lojas físicas. Porque a transformação tem que ser abrangente, completa.

Ninguém acha que vai ser fácil. Mas a vida é fácil? O que você não pode fazer é se acomodar. Até hoje, quando eu falo em e-commerce, citam os nossos concorrentes estrangeiros. Nós respeitamos todos, admiramos alguns, mas lembramos que nós também conquistamos nosso espaço. No final do ano passado, lançamos nossa nuvem pública para competir com os estrangeiros; de novo ouvimos que é impossível, mas estamos avançando muito bem, com DNA 100% brasileiro e servidores integralmente hospedados no Brasil.

O nosso segredo? Não é nenhum segredo, por isso eu posso repetir aqui para você: nós começamos cedo, e nunca achamos que esse futuro não era para nós.

Então, a minha recomendação inicial, seja para organizações ou para pessoas, é muito simples: não ache que este livro não é para você.

Fred Trajano, CEO do Magalu

Apresentação

Como entrar (e ficar) na Liga dos Campeões

Quem me conhece sabe que gosto de fazer analogias do mundo executivo com o dos esportes. E os melhores times de liderança das empresas são como os times que disputam a Liga dos Campeões da Europa. Não é fácil se manter entre esses times – seja no futebol ou na gestão, a falta de atualização permanente (mais ainda, a ausência da prática de construir futuros) tira você da elite da competição com uma rapidez incrível. Mas uma coisa todos sabemos: ter técnicos de primeira linha e jogadores craques nos times é meio caminho andado para se manter no topo. No futebol, é o que têm feito nos últimos dez anos clubes como Real Madrid, Bayern de Munique, Chelsea e Manchester City.

E na gestão? Qual o equivalente disso?

Em todos os meus anos de convivência com Peter Drucker e Philip Kotler, que, respectivamente, têm merecido as alcunhas de "pai da administração moderna" e "pai do marketing", eu aprendi e internalizei a resposta, acima de qualquer dúvida ou suspeita: são as áreas de marketing e de inovação que fazem a diferença.

E isso não mudou no boom tecnológico atual. As tecnologias têm impactado muito a gestão das empresas – e eu tenho me debruçado 24 por 7 sobre a maneira como isso ocorre –, mas marketing e inovação continuam a ser o técnico de primeira linha e os craques de todo e qualquer negócio.

Por isso, temos de celebrar muito quando surge no Brasil a ideia de revolucionar o marketing por combiná-lo tão intimamente com a inovação. É isso que Silvio Meira e Rosário Pompéia fazem neste livro: mesclam as duas áreas de maneira indissociável e, assim, recolocam o marketing –

que tinha ficado relegado a questões puramente operacionais em muitos casos – no centro da organização. Isso, por si só, já é um mérito imenso, como o Kotler me disse, comentando a respeito deste livro.

Mas o que dizer da ideia de pesquisa e desenvolvimento, na sua forma ágil, voltarem a ser domínio do marketing? O conceito de Product-Market Fit (PMF) passa a ter as atenções do marketing. "Iteração" entra no vocabulário ativo dos profissionais da área. O entendimento dos mercados em rede muda todo o modo de pensar dessa turma. E o uso tanto de dados como de inteligência artificial, em vez de se limitar ao beabá operacional do marketing digital, ganha – no **marketing figital** – um sentido realmente estratégico.

Silvio e Rosário tratam, enfim, do marketing figital, um combo de marketing e inovação que se aplica a uma nova realidade com dimensões física, digital e social. E sempre com muita pressa. Um dos pontos que mais me chamam a atenção neste combo de marketing e inovação é o novo design de interações, além de seu desenvolvimento e entrega, naturalmente. Entram em cena três ideias-chave bastante poderosas da inovação, nas quais, a meu ver, o marketing atual ainda dá seus primeiros passos (mesmo quando diz estar totalmente ambientado): fluxos, comunidades e narrativas. Citando Silvio e Rosário, "a noção de interação se expande. Não se trata apenas de comunicação direta entre marcas e consumidores, mas de uma teia complexa de interações que inclui dados, algoritmos, experiências de usuário e a construção e evolução de comunidades. Aqui, as interações ganham uma nova profundidade, influenciando a percepção de marca, a criação de valor e a inovação em produtos e serviços."

Ainda é preciso que CMOs e seus times joguem muita bola para ficar à vontade com essa nova lógica de fazer as coisas, mas estou convencido de que o livro que você tem em mãos pode ser um ponto de inflexão nessa transição. Não à toa ele nasceu no Recife, onde a concentração de inovação por metro quadrado é maior graças ao Porto Digital e ao centro de inovação CESAR, não por acaso ambos ligados à trajetória de Silvio Meira.

Antes de terminar esta pequena apresentação, não posso deixar de observar a habilidade dos autores em criar acrônimos, no melhor modelo dos Thinkers50 – neste caso, o acrônimo ainda tem humor, um aspecto cultural bem brasileiro: é o AEIOU, que brinca com a ideia de alfabetizar gestores e suas equipes no novo marketing. Essas vogais estão para ambiente, estratégia, interações, operações e unificação. Mas não se engane com a aparente simplicidade: a profundidade é grande e, acrescento, exatamente do jeito que eu gosto. Fuja das fórmulas superficiais e fáceis. Acredite quando eu digo: assim, ninguém vai longe, seja em sua carreira, seja em seu negócio. Até de fractais este livro fala. *(risos)*

Neste livro, vemos a ousadia de dois brasileiros em desafiar paradigmas de gestão existentes. Em geral, embora tenhamos mentes brilhantes por aqui, não vemos isso acontecer. Para mim é um orgulho poder participar de algum modo do começo desta revolução e certamente será assim também para você. O resultado? Pense na Champions League, no Real Madrid, no Manchester City...

José Salibi Neto
Autor do best-seller *Gestão do Amanhã*
Cofundador da HSM

Agradecimentos dos autores

Este livro existe graças ao **apoio de Fred** Trajano, José Salibi Neto, Philip **Kotler, Adriana** Salles Gomes, André **Fatala, André** Neves, **Caio** Nalini, **Érica** Lira, **Laurindo** Ferreira, **Luciane** Salles, Luiza Trajano, **Mariana** Pincovsky, **Patrícia** Pugas, **Pierre** Lucena, **Rafaela** Spinelli, **Rui** Belfort, **Socorro** Macêdo, **Sthe** Villarim, **Taty** Sabino e os times da **LeFil** e da **TDS**.company.

Um muito obrigado muito especial aos que duvidaram da viabilidade e potencial do **Marketing do Futuro**. Céticos, descrentes, e os que tentaram nos atrapalhar, desviar, parar, vocês foram essenciais para alimentar nossa determinação, clarear nosso foco, fortalecer nosso propósito e intensificar nossa resolução de desenvolver a primeira teoria de marketing genuinamente brasileira, testá-la em muitos contextos e provar que o **AEIOU** é indispensável para o marketing de impacto sustentável na era de plataformas, comunidades, ecossistemas e efeitos de rede. Como diria Ibrahim Sued, "C'est la vie, mon ami".

Mas nossa gratidão verdadeira é para os que nos apoiaram, mesmo em silêncio, com palavras de encorajamento ou demonstrações vibrantes de... "que massa, tudo isso!". Vocês foram nossa fonte inesgotável de energia, compartilhando generosamente sua positividade e nos animando a cada passo da jornada. Seu suporte foi fundamental para chegarmos até aqui, e não poderíamos estar mais gratos. De coração, um enorme obrigado a todos vocês por acreditarem em nós e no **Marketing do Futuro!**

Agradecimentos de Rosário Pompéia

Leonardo Sobel, Chico Sobel, Sofia Sobel, Antônio de Pádua, Manoel Fernandes, Amélia Macêdo, Genival Barros e Socorro Macêdo.

Agradecimentos de Silvio Meira

Inácio, Kátia, Cecília, Diana, Pedro, Estela, Leo, Letícia, Marconi, Luciano e Silvia.

O Livro, como Nuvem de Palavras

Este livro propõe um método no qual o marketing articula inovação nas empresas, como parte das dinâmicas emergentes da sociedade em rede e das plataformas figitais. Propomos a integração de **marketing**, **inovação**, **negócios**, **tecnologia** e **estratégia**, abraçando um modelo orientado para **comunidades**, **ecossistemas** e **efeitos de rede**. O núcleo do livro é a **Teoria AEIOU**, que repensa e posiciona marketing como hub que articula e interage com toda a dinâmica da arquitetura organizacional e promove uma abordagem focada em interações humanas significativas e personalizadas. O **AEIOU** cria estratégias para engajar as pessoas como clientes e gerar valor sustentável em um ambiente competitivo cada vez mais figital, interconectado e em tempo real.

Bem-vindo ao
Marketing do Futuro

Antes tudo, queremos dizer que é um prazer termos mais uma pessoa interessada em conhecer o **Marketing do Futuro**, uma jornada empolgante e desafiadora.

Para você, que será nosso colega durante muitas páginas, vamos explicar o contexto de como tudo começou. A ideia do que viria a ser um **Marketing do Futuro** não nasceu de uma hora para outra nem tinha como propósito, no início, ser um livro. O **Marketing do Futuro** é a síntese de muitas trocas de conhecimento entre os autores, a partir de mundos e entendimentos quase completamente distintos e, ao mesmo tempo, complementares. O encontro foi acelerado com o início e o desenrolar da pandemia, onde tudo estava fora da ordem, e era preciso haver uma maior compreensão sobre o comportamento das pessoas e dos negócios, pois já havia uma demanda por novas estratégias, numa aceleração gigantesca do digital. A necessidade de entender a combinação de marketing, inovação, negócios, tecnologia e estratégia foi o embrião do **Marketing do Futuro**, pois a pandemia nos mostrou que não havia como marketing e negócios evoluírem de forma isolada.

De conversas e estudos passamos para execução de projetos em conjunto, pesquisa mais aprofundada, testes e experimentos. Ao final da pandemia, havia uma certeza: era preciso dividir com mais gente as descobertas, as dúvidas e as angústias em um **Manifesto** para o **Marketing do Futuro**.

Lançado em muitas palestras, eventos, seminários e reuniões, o **Manifesto** do **Marketing do Futuro** recebeu inúmeras contribuições, as quais não vamos nomear para não cometer injustiças. Mas, de modo geral, fomos desafiados a buscar uma saída diante de tamanha crise. Alguns nos aconselharam a escrever um livro. Outros fizeram a seguinte provocação: apresentem como se faz o **Marketing do Futuro**... E aqui estamos nós, apresentando a você um livro com uma saída para fazer uma estratégia de marketing diferente.

Tudo o que você vai ler nesta obra foi inspirado no desejo de conversar com muito mais gente do que a nossa rede de relacionamento direto alcança. Além disso, queremos fortalecer a produção acadêmica brasileira, e tal sentimento também nos deu ânimo para estudar ainda mais e apresentar uma teoria de marketing, que nasce aqui, no Recife, no Porto Digital, que um dos autores ajudou a construir durante décadas, e hoje é um símbolo econômico de relevância no Brasil.

Nesse ecossistema, queremos fazer mais, construir uma "uma escola" de marketing, inspirada – 100 anos depois – no conceito da Escola de Frankfurt, quando um grupo de pensadores se juntou para criar uma "fusão de disciplinas" a fim de analisar e criticar a sociedade e a cultura, uma teoria crítica, contrapondo-se às teorias tradicionais.

Para entender marketing, inovação, negócios, tecnologia e estratégia, em conjunto e no contexto atual, precisamos de uma "fusão" de teorias, vindas do futuro para o presente. Este não é um livro **de** teoria, mas **com** teoria, que leva em conta as teorias de muitos. Um, em particular, **de** Frankfurt, tem muito a nos dizer sobre a necessária revisão das teorias e práticas do marketing.

Walter Benjamin, um dos pensadores de Frankfurt, provavelmente teria uma visão crítica sobre **teorias de marketing de massa**, que entendem os mercados de forma homogênea, como um grande "público-alvo", independentemente das necessidades específicas, possibilidades financeiras ou uso real dos produtos e serviços pelos indivíduos. **Benjamin** já criticava a cultura de massa e seus **sistemas** de propagação. Embora seja impossível saber exatamente o que ele diria hoje sobre *mass marketing*, podemos inferir possíveis reflexões com base em suas ideias e na perspectiva da **teoria crítica**.

1. **Indústria cultural:** Benjamin poderia analisar essa abordagem de marketing como um exemplo extremo da indústria cultural,

em que a lógica da produção em massa e da padronização é aplicada não apenas à cultura, mas a todas as esferas da vida social, transformando os indivíduos em meros consumidores passivos.

2. **Manipulação e controle:** ele poderia argumentar que estratégias de marketing baseadas nessa teoria buscam manipular e controlar o comportamento dos consumidores, explorando suas vulnerabilidades e desejos inconscientes para gerar lucro, sem considerar as consequências sociais e individuais.

3. **Alienação e fetichismo:** Benjamin poderia analisar como essa abordagem de marketing contribui para a alienação dos indivíduos em relação às suas necessidades autênticas e para o fetichismo da mercadoria, em que os produtos adquirem um poder quase mágico sobre as pessoas.

4. **Destruição da experiência:** ele poderia argumentar que essas estratégias de marketing, ao bombardearem constantemente os indivíduos com estímulos e mensagens comerciais, contribuem para a destruição da experiência autêntica e para o empobrecimento da vida subjetiva.

5. **Reprodução das desigualdades:** Benjamin poderia analisar como essa abordagem, ao desconsiderar as condições materiais e sociais dos indivíduos, contribui para a reprodução e o aprofundamento das desigualdades existentes na sociedade.

6. **Estetização da política:** considerando a crítica de Benjamin à estetização da política no fascismo, ele poderia traçar paralelos com a estetização do consumo e a espetacularização da vida social promovidas pelas estratégias de marketing.

7. **Crise da cultura e da política:** por fim, Benjamin poderia argumentar que as estratégias de *mass marketing*, ao subordinarem todas as esferas da vida social à lógica do consumo e do lucro, contribuem para uma crise profunda da cultura e da política, minando as possibilidades de reflexão crítica e transformação social.

Em suma, Benjamin provavelmente veria *mass marketing* como uma expressão extrema das tendências mais problemáticas do marketing, contribuindo para a alienação, a manipulação e a destruição da experiência autêntica. Ele provavelmente defenderia a necessidade de uma **crítica radical** desse *approach* e a favor de um marketing baseado em valores éticos, sustentáveis e emancipatórios.

Nosso livro não tenta fazer tal crítica, mas traz uma alternativa ao marketing como vem sendo feito, um **analógico digitalizado** que claramente se esgotou como mecanismo de entrega de valor para as pessoas e resultados para os negócios. Nossa proposta é experimental, colaborativa, focada nas pessoas e, ao lidar com plataformas, comunidades, efeitos de rede e ecossistemas, tenta ver cada pessoa de forma única, com problemas únicos a resolver.

E não espere encontrar verdades neste livro. Aqui estão hipóteses, pensamentos, práticas e estudos de anos de trabalho de dois professores, pesquisadores e profissionais que se complementam e pensam negócios e mercados de uma forma muito ampla. Por essa razão, também não espere encontrar apenas um livro sobre marketing. Se você estudar os autores, verá que eles têm complementaridades que vão levar você a discutir **marketing** (obviamente), **inovação**, **negócios**, **tecnologia** e **estratégia**. Estaremos o tempo todo falando de marketing e negócios e vice-versa.

Agora que você entendeu um pouco de nós, queremos ajudar você a se orientar no livro. Ele tem toda uma lógica que queremos compartilhar para que você possa compreender melhor e organizar a sua leitura, e o primeiro recado é para você não pular os capítulos, uma vez que eles são interconectados e tais **conexões** foram articuladas na ordem em que eles estão escritos.

Sua primeira conexão será um mergulho no manifesto do **Marketing do Futuro**, lançado em 30 de março de 2023, no Porto Digital. Você sentirá nossas angústias e nossos questionamentos no começo do ano passado, muitos dos quais continuam bem atuais. Desde então, o site **marketingdofuturo.org** foi visitado por dezenas de milhares de pessoas, e muitos milhares baixaram os diferentes textos sobre **Marketing do Futuro**.

De lá pra cá, os **sinais** de que realmente estamos em um momento de transição ficaram mais fortes, mais complexos e Inteligência Artificial (IA) se tornou o assunto mais comentado em marketing. Neste livro, dedicamos um capítulo inteiro para falar dos sinais de que marketing está passando por uma-ruptura que mexe com todas as suas fundações, performances, negócios e impactos.

Todos esses sinais estão inseridos em um contexto de um mundo que mudou e ainda entendemos muito pouco sobre ele. Talvez isso explique o epicentro de onde esses sinais estão emergindo: **plataformas**. A reorganização econômica em torno de plataformas foi muito rápida e ainda não deu tempo de sistematizar e popularizar tanto conhecimento em muitas áreas.

Como marketing tem uma essência prática muito forte e há exigência para que suas estratégias se redefinam com a mesma agilidade que comportamentos mudam, o ecossistema de marketing se tornou ainda mais confuso e desorganizado e, inspirados em um movimento cultural que nasceu no Recife na década de 1990, o **manguebeat**, o terceiro capítulo ganhou o título **desorganizando posso reorganizar**. Chico Science dá o tom, em um refrão, de como precisamos pensar em uma nova economia e sociedade que transforma o marketing e, ao mesmo tempo, como ela está sendo transformada pelo marketing. Não por qualquer marketing, mas pelo **Marketing do Futuro**.

A (des)organização do marketing do passado, tentando explicar e operar os negócios do presente, levou à necessidade de novas propostas para uma (re)organização do marketing, para o futuro. Assim, nasceu uma teoria – **AEIOU** – para "organizar" uma nova forma de se fazer marketing, comprometida com as pessoas, com princípios e valores éticos. A **teoria**, como **método**, será muito detalhada entre os capítulos **4** e **8** e já foi amplamente testada em dezenas de empresas, de startups a gigantes de seus mercados, como forma de resolver inúmeros desafios e problemas de marketing.

As vogais do alfabeto que compõem o nome do método **AEIOU** serão exploradas em capítulos separados e servem como um lembrete de que precisamos nos "alfabetizar" em relação a esse novo mundo, em constante mutação. Não apenas no marketing, mas em todas as áreas da vida. Você notará que **o** método **AEIOU** não desconsidera antigas teorias ou se coloca como **a** solução definitiva para todos os problemas,

mas tem o intuito de somar tudo o que já estudamos nas mais diversas áreas. Em seguida, como não poderia faltar, o impacto da Inteligência Artificial será detalhado em um capítulo dedicado e denso. Mas, para você entender esse impacto, precisará ter compreendido toda a **teoria AEIOU**. Por isso, não pule os capítulos.

Como método, a teoria precisa ter impacto nos negócios. Caso contrário, não resolvemos o problema inicial apontado no manifesto. Sobre isso, dedicamos um capítulo inteiro para tratar de impactos, Key Performance Indicators (KPIs) e métricas. E, para encerrar, queremos imaginar como serão os possíveis futuros do marketing. Esse será nosso último capítulo, no qual vamos discutir como **o marketing, no futuro,** continuará a evoluir rapidamente, com novas tecnologias e tendências emergindo constantemente.

De novo, este livro não é apenas uma discussão teórica sobre marketing, é um chamado à ação para que professores, alunos, profissionais de marketing, CMOs, CTOs e CMOs reconheçam a **necessidade urgente** de **reavaliar** e **reestruturar** suas **práticas** de marketing.

O **Marketing do Futuro** pode criar novas oportunidades de crescimento, construir relações mais profundas com as pessoas como potenciais clientes e consumidores e, em última análise, garantir uma posição competitiva robusta para as empresas, nos mercados do futuro.

Desejamos a você uma ótima leitura e convidamos a compartilhar seus feedbacks conosco. Prometemos responder a todos na comunidade sobre o **Marketing do Futuro** na plataforma *sinergia*. É só acessar o QR code.

Por que um Manifesto sobre o Marketing do Futuro?

Na era da informação e do conhecimento, integrar marketing ao núcleo dos negócios é crucial. Marketing emerge como uma força transformadora para as empresas, transcendendo a mera visibilidade e as celebrações para impulsionar resultados tangíveis. A visão limitada de **marketing-como-publicidade** subestima o verdadeiro **valor** e **po-**

tencial do **marketing**, relegando-o, ainda, a uma posição marginalizada que não reflete sua importância estratégica para os negócios na era das plataformas, comunidades e efeitos de rede.

Nossa abordagem para repensar marketing e seu papel nos negócios e mercados ganhou nome **Marketing do Futuro** para se apresentar como uma **ruptura** saindo de uma abordagem de marketing tradicional para adentrar uma era marcada por sociedades em rede e negócios que se desenvolvem em plataformas figitais. Queremos ecoar o pensamento visionário de Peter Drucker sobre a essencialidade de colocar o marketing no coração da estratégia de negócios.

Não há como parar – nem mesmo reduzir – a evolução contínua e acelerada das tecnologias, das mudanças nos comportamentos dos consumidores, e do dinamismo dos mercados. À medida que entramos em tempos em que **algoritmos** são as fundações de todos os tipos de negócios, e agora com uso cada vez mais incentivo de inteligência artificial, os métodos tradicionais de marketing se tornaram menos eficazes, e surge a necessidade de abordagens mais tecnológicas, inovadoras, ágeis, adaptáveis e centradas no ser humano.

Na era das **redes**, conexões, relacionamentos, interações e comunidades online, as fundações e práticas tradicionais de marketing são cada vez mais inadequadas. Plataformas como Google, Facebook, Amazon, Magalu, WeChat e PinDuoDuo criaram ecossistemas que vão muito além de transações, incluindo interações sociais, troca de dados e efeitos de rede. Essas plataformas habilitam comunidades e marketplaces virtuais, cujas leis "naturais" não são as mesmas dos mercados puramente físicos da revolução industrial, o que nos leva a um cenário de marketing mais complexo, com interações multilaterais e de longo alcance e impacto, em unidades de tempo e escala antes impensáveis. Os modelos tradicionais de marketing não conseguem acompanhar essas mudanças, nem de longe.

Ao mesmo tempo, a combinação de redes virtuais, trazidas pela internet e pelos smartphones, com as infraestruturas e os serviços de rede física de muitos negócios abrem caminhos para um novo tipo de comunidade: a **figital**.

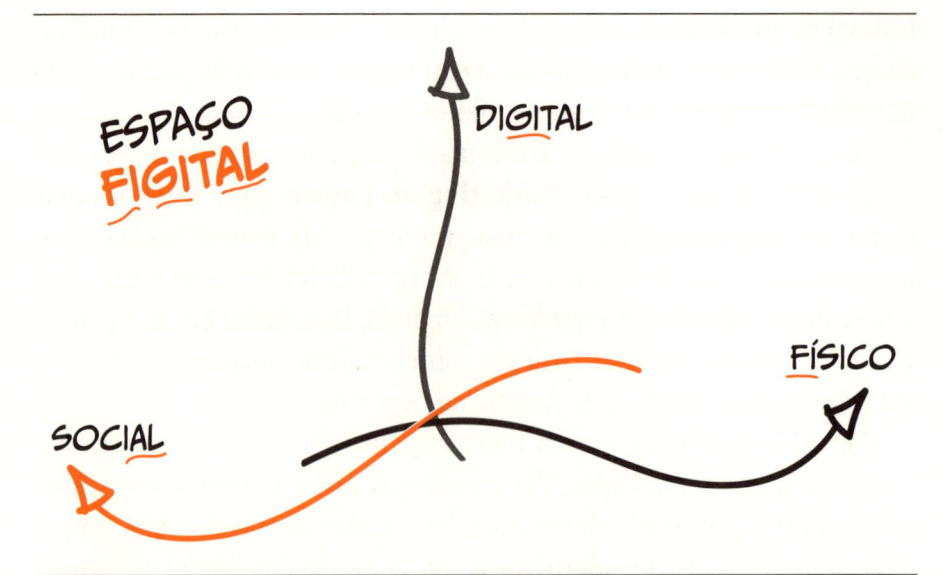

● **FIGURA 1.1**

Essa inovação combina o **melhor dos mundos** online e offline, convidando os membros a transcender a tela e experimentar a comunidade em sua totalidade. Eventos em lojas, workshops, promoções exclusivas e experiências personalizadas são apenas algumas das maneiras pelas quais comunidades digitais se tornam uma força transformadora no mundo físico.

Para complicar ainda mais o cenário, há os ecossistemas e efeitos de rede, fenômenos que têm profundas implicações para as dinâmicas do mercado e vantagens competitivas (sustentáveis). Os ecossistemas são conjuntos interconectados de plataformas, comunidades, produtos e serviços que permitem às empresas ampliar seu alcance e suas propostas de valor. Os efeitos de rede, por outro lado, referem-se ao aumento do valor de um produto ou serviço à medida que mais pessoas o utilizam, criando um ciclo de crescimento baseado em realimentação positiva. Ambos os aspectos requerem novo pensamento, novos conceitos e novas estruturas de marketing que possam se adaptar e escalar, qualidades embutidas na teoria e método **AEIOU**.

A **teoria AEIOU** para o **Marketing do Futuro** defende uma arquitetura organizacional dinâmica na qual marketing transcende as fronteiras tradicionais, tornando-se um hub ecossistêmico. Dessa forma, marketing passa a orquestrar as muitas funções do negócio, articular estratégias nas múltiplas facetas de criação de valor da organização, redesenhar a organização em si, para promover a colaboração dentro de um ecossistema de negócios no espaço figital, integrando a dinâmica das plataformas em seu todo, permitindo que as empresas se adaptem às novas realidades do mercado.

A **teoria AEIOU**, com seus cinco pilares –**ambiente**, **estratégia**, **interações**, **operações** e **unificação**–, é um framework abrangente para o desenvolvimento e a implementação do **Marketing do Futuro** – ou **MdF**. Exemplos de mudanças radicais que devem ser tratadas ou podem ser causadas pelo **MdF**?

- **Transformação da comunicação:** o **MdF** redefine a comunicação como um diálogo holístico com as pessoas como potenciais clientes, utilizando muitos fluxos e formatos para criar uma experiência consistente e personalizada.

- **Evolução da experiência do cliente:** o foco se desloca da mera satisfação para a criação de experiências memoráveis e emocionalmente envolventes em todos os pontos de contato.

- **Personalização em tempo real:** o **MdF** utiliza inteligência artificial e análise de dados como base para oferecer experiências personalizadas e relevantes em tempo real, adaptando-se às necessidades e aos desejos de cada pessoa.

- **Marketing baseado em dados:** a tomada de decisões estratégicas é guiada por dados concretos e insights acionáveis, proporcionando maior eficiência e assertividade nas ações de marketing.

- **Cocriação com o cliente:** o **MdF** reconhece o cliente como uma pessoa, as redes de pessoas como comunidades e não como públicos ou audiências, e como parceiros ativos na criação de valor, promovendo a cocriação de produtos, serviços e experiências.

Queremos compartilhar as nossas propostas de saídas para esse momento em que estamos à beira de uma transformação profunda. E, nesse contexto, o **"futuro"** não é uma promessa distante, mas a realidade iminente. As empresas que começam a compreender e integrar o **Marketing do Futuro** em suas estratégias estão não apenas se adaptando às mudanças do mercado, mas liderando a vanguarda da inovação e do engajamento com o consumidor na era figital.

O **Marketing do Futuro** é uma resposta **estrutural** às transformações que a era da informação e do conhecimento traz para os cenários de performance das pessoas, grupos, negócios, mercados, economia e sociedade como um todo. Trata-se de uma proposta para construir estratégias de marketing mais eficazes, eficientes, éticas e sustentáveis que não apenas atendam às necessidades atuais dos consumidores, mas antecipem e moldem os possíveis futuros do mercado.

Agora, convidamos você à leitura do **Manifesto do Marketing do Futuro**. O **risco** dos manifestos, talvez o único e maior risco, é quando eles acertam o alvo e os **futuros** que anunciam substituem, no presente, os passados que denunciam. Em tempos de transição, como os atuais, sempre há um grande número de manifestos, e um (bom) número deles vai, sem dúvida, acertar o alvo. O nosso, do **Marketing do Futuro**, não está mais no futuro. Chegou ao presente, junto às mudanças que anuncia.

O Manifesto Marketing do Futuro

O que se segue é a versão original do Manifesto, lançada em 30 de março de 2023 no Porto Digital, no Recife.

As transformações digitais que continuam impactando mercados, instituições, negócios, governos, pessoas e o **marketing** agora, após a pandemia, já nos deixam vislumbrar *com maior nitidez* as consequências da aceleração do aprendizado em rede dos anos 2020-2022. Enquanto nenhuma novidade tecnológica surgiu no período, a prática mudou muito: o que era incipiente ou possível futuro se tornou realidade incontornável. Os sinais de que devemos caminhar para uma nova forma de se pensar e fazer marketing deixaram de ser latentes para se tornar claros, alguns deles óbvios. Algumas certezas – como o uso da tecnologia e dos dados em marketing – se tornaram consenso e não devemos considerá-las mais como componentes do futuro do marketing, pois já passaram, rapidamente, para o marketing do presente.

A pergunta inevitável, em face a tantas mudanças, muitas das quais represadas desde a chegada da internet, redes sociais, smartphones, então, é: *o que devemos levar em consideração para construir um **novo marketing**, que trate o futuro dos negócios e esteja associado a ele?*

Como pensar e fazer um novo marketing, cujos resultados vão muito além da exposição da marca e alcançam indicadores associados à maior performance das organizações, desde o aumento de volume de transações à lucratividade, de criação de valor à reputação da marca e à inovação nos negócios? **Questões** como essas nos provocaram a analisar o futuro do marketing dentro do contexto de uma *nova economia do conhecimento*, partindo de observações sobre estratégia, design, negócios, tecnologia, inovação e, claro, daquilo que já se sabe sobre marketing.

Para começo de conversa, precisamos tratar marketing como parte do, e imerso no, mundo figital.

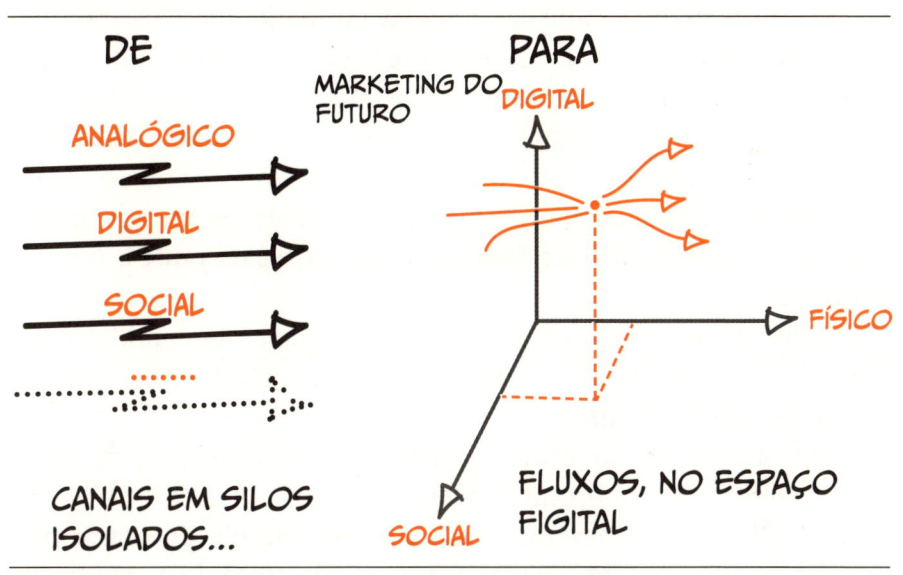

Só isso traz implicações grandiosas para o processo de criação de valor em um ambiente **físico**, que está sendo habilitado e estendido pelo **digital**, os dois orquestrados no espaço **social**, *em tempo (quase) real*. As campanhas já deveriam ser pensadas, estruturadas e executadas em três dimensões – física, social e digital –, de modo complementar e não excludente.

Demoramos muito para entender que **digital não é apenas mais um canal**, como aconteceu com a chegada da TV na época da era de ouro do rádio. A transformação digital muda as arquiteturas e estruturas do marketing, ao que deveria ter correspondido um novo modo de pensar a estratégia e o processo de execução do marketing.

No mundo figital tudo é muito mais veloz e o ambiente não é o mesmo, estável, por muito tempo. As dimensões digital e social do espaço são **escritas em código** e são reescritas continuamente, por todos os agentes que competem no mundo figital. Ainda por cima, a internet fez com que cada uma de nós se tornasse uma mídia; aí estão os influenciadores digitais para mostrar como isso aconteceu em escala. Em tal contexto, será que ainda temos certeza de que campanhas ou planos de marketing desenhadas com um ano de antecedência têm alguma chance de serem efetivas?

Mudanças de rota rápidas e radicais no marketing não eram necessárias só na pandemia, quando aprendemos a mudar muita coisa, quase tudo, do dia para a noite. O mesmo contexto se tornou uma realidade, com menos instabilidade, mas com a fluidez das dimensões digital e social e de um olhar para o tempo quase real dos acontecimentos e das situações de marketing que deveriam nos levar a repensar **o que** fazer, **com quem** e **para quem**, e **para onde ir** (quase) **todo dia**.

E **saber para onde ir**, em contextos que mudam tão rapidamente, demanda um entendimento de estratégia e, consequentemente, de **estratégias de marketing**.

Será que o combo *conteúdo, anúncios e influenciadores* pode ser considerado, como tantos assumem, *a*, ou *uma*, estratégia de marketing? Definitivamente, não. **Uma estratégia de marketing precisa resolver problemas estratégicos do negócio** e não só de criatividade de conteúdos, seu desenvolvimento, posicionamento e exposição mediática.

O que você acha de uma **campanha belíssima**, com exposição altíssima, mas que não tem, na prateleira, produto para ser comprado?

Esse é um caso clássico. E de quem é o problema? Trade? Vendas? Marketing? Continuemos com mais cenas do cotidiano. O dia começa com reuniões com diversos parceiros. Na pauta, aprovação de planos de mídia, alinhamento dos conteúdos que irão para as redes sociais, produção de eventos e assim por diante.

Será que, antes disso, *o marketing participou do momento da concepção do produto? Da oferta?* Avaliamos se o que está sendo feito agrega valor para o target? Definimos uma microssegmentação ou acreditamos que o *público* de uma campanha ainda é geral? Se ainda não pensamos em nada disso, *reduzimos o marketing a nada mais do que um promotor do produto* (ou ao P de promoção). Aí, a estratégia de marketing não existiu!...

Agora, vamos pensar em um outro cenário. Imagine que numa campanha para atrair novos alunos, não se consegue chegar à meta de matriculados, por mais que se investiu em anúncios, panfletos etc. Para mudar o curso dos acontecimentos, o time de marketing descobre que a elaboração de um novo curso pode ser a chave para uma mudança de estratégia do negócio daquele centro educacional. O esforço de marketing descobriu, criou, articulou e satisfez a necessidade de um grupo. Nesse caso, marketing avaliou a demanda e oferta de mercado e desenhou o **Product Market Fit** (**PMF**).

O marketing saiu do reducionismo de *apenas despertar atenção* para ofertas já existentes e incorporou mais quatro lógicas – **descobrir**, **criar**, **articular** e **satisfazer** – às *necessidades das pessoas como clientes*. É assim que o marketing se torna parte essencial da estratégia do negócio e seus processos e não um colateral, só requisitado para promover a oferta quando ela está "pronta"... e talvez, errada.

A **estratégia** do negócio precisa transformar as aspirações das pessoas, no mercado, em soluções de mercado que resolvam os problemas das pessoas, no mercado.

Entender de aspirações é entender de criação de valor, é estudar comportamentos e hábitos e ter a capacidade de avaliar se os produtos ou serviços atendem às demandas do mercado e, se não, fazer parte do processo de (re) desenho da oferta. É **marketing como estratégia**, é **estratégia de marketing**.

Isso quer dizer que só podemos colocar no mercado produtos que já tenham aspirações declaradas ou identificadas? Claro que não. Também podemos criar necessidades. O que queremos chamar atenção, aqui, é que a estratégia de marketing faz parte do modelo de negócio e deve começar – e continuar – a ser pensada junto com ele. E, se quisermos aprofundar um pouco mais, precisamos saber a diferença entre **estratégia de marketing** e **marketing estratégico**.

A **estratégia de marketing** pode ser vista como o plano mais abstrato e geral para alcançar e adquirir clientes, retê-los e construir o valor da marca da empresa. Envolve desde a definição do target, os impactos do produto e a escolha da forma de atingir o mercado, que pode não usar, por exemplo, mídia.

O **marketing estratégico** trata dos processos sistemáticos de criação e execução de um plano para atingir um target já estabelecido pela estratégia do negócio (e do marketing, claro) e, a partir das técnicas de **conectividade**, **relacionamento**, **interação**, criação de **significados** e **cultura** (CRISC) que levam à formação de **comunidades** e entrega de **comunicação** no mundo figital, atingir metas de **CRISC** e, não necessariamente, de negócios.

Mas, até aí, você pode dizer que nada disso é novidade. Porque **Platão** já dizia, no século IV a.C., que *marketing é criar maior eficiência nas trocas de mercado*. Não só: um dos melhores textos da área, *Marketing Myopia*, de Theodore Levitt, publicado pela Harvard Business Review há 64 anos, estabelece que *marketing é uma das essências da estratégia de qualquer negócio* e que *o papel do marketing transcende, em muito, publicidade (a promoção de algum produto e/ou serviço para um público ou comunidade) e propaganda (esforço mais ou menos sistemático de manipulação de ações, visões e/ou crenças das pessoas)*.

Não para por aí... e não vamos entrar na história e nos debates sobre as teorias do marketing. Mas é bom relembrar que a evolução dos conceitos, de **4Ps** (Produto, Preço, Praça e Promoção), para **4Cs** (Cliente, Custo, Conveniência e Comunicação), aos **4As** (Análise, Adaptação, Ativação e Avaliação) e até mesmo o **marketing 5.0** e **6.0** não foram suficientes para romper a dinâmica organizacional de departamentalizar o marketing e colocá-lo **na periferia do negócio**.

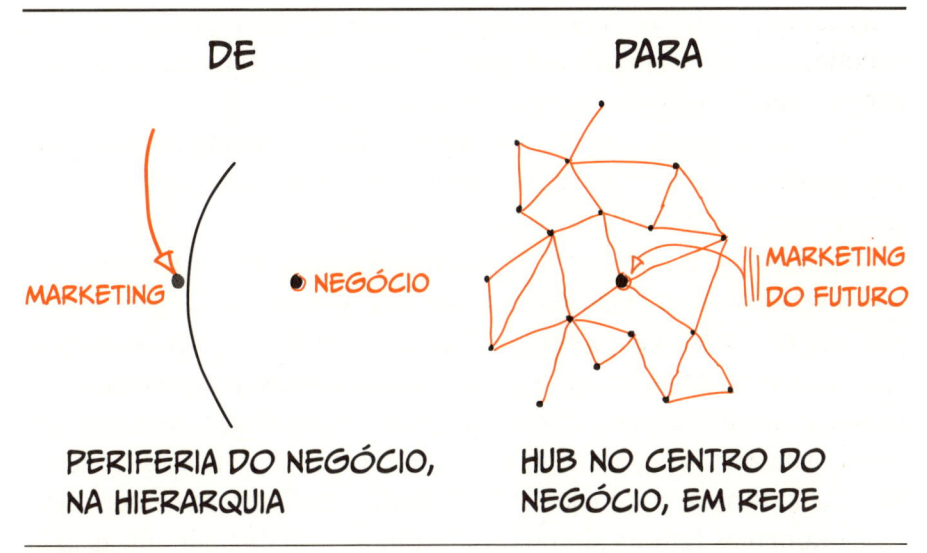

DE

PARA

MARKETING

NEGÓCIO

MARKETING
DO FUTURO

PERIFERIA DO NEGÓCIO,
NA HIERARQUIA

HUB NO CENTRO DO
NEGÓCIO, EM REDE

● **FIGURA 1.3**

Se quisermos mesmo construir um **Marketing do Futuro**, **o primeiro passo** é trazer a **estratégia de marketing** e a função de marketing propriamente dita para **o centro do negócio**. E não tratar centro, neste contexto, como uma posição hierárquica, mas como um papel de articulador, orquestrador de todas as funções de negócio, fazer de marketing um *hub*. **Em rede**: na economia em rede, de redes, os negócios sustentáveis são redes.

E na **rede** dos negócios sustentáveis, a estratégia do negócio se confunde com a estratégia do marketing.

De mais de uma forma, **marketing como hub de estratégia** do negócio pulveriza toda organização, qual um vírus, deixando de ser um departamento isolado e demandado como uma "organização" à parte, destino de demandas comerciais, por exemplo. Porque não é apenas agregando tecnologia, dados e metodologias ágeis ao marketing do presente que vamos construir o **Marketing do Futuro**.

O **segundo passo** para conceber e realizar o **Marketing do Futuro** é desenhar o **marketing estratégico** para atuar numa nova **economia do conhecimento**, que está pautada por uma **lógica de plataformas** de negócios figitais, que utilizam tecnologias da informação e comunicação e dados como subsídios para criar conexões, relacionamentos e interações

– na forma de fluxos, programáveis – de crescimento potencialmente exponencial. É preciso deixar de pensar sobre como "transmitir" mensagens e passar a "criar diálogos" com nossos clientes.

Estes dois passos articulam **estratégia de marketing** e **marketing estratégico** do, no e a partir do negócio, em rede, com e para sua rede de parceiros, fornecedores e clientes.

O que acabamos de descrever é a **transformação do marketing** que ainda estamos vivenciando hoje, cujas raízes ancestrais já não servem mais de fundações para o futuro do marketing. O novo marketing que começa a se consolidar agora acompanha a **transformação dos negócios** que, em breve, para sobreviver, serão figitais. Todos. Sem exceção. Sobre plataformas figitais. E, se havia uma coisa que já deveria ter acontecido é a **transformação** do marketing em transformação de negócios.

Plataformas figitais alteraram mercados, introduzindo novas lógicas competitivas, bem diferentes das tradicionais e, muitas vezes, desbancaram as empresas tradicionais, como todos sabemos. É só lembrar AirBnb, Uber, Netflix, Nike e por aí vai. Plataformas habilitam ecossistemas de competição e cooperação simultânea, mediando a interação entre agentes de todos os tipos e coordenando ofertas e demandas em todos os lados do mercado, conectando consumidores, fornecedores, complementadores e intermediários.

Plataformas facilitam conexões, relacionamentos, interações e transações entre os múltiplos lados que atendem, sempre tentando fazer com que **agentes** de um lado tenham maiores incentivos e probabilidade de entrar na plataforma quanto mais membros dos outros lados o fizerem.

E **popular plataformas** não é um problema que se resolve pela via das campanhas publicitárias tradicionais, tampouco utilizando o digital como um canal. Uma das estratégias de marketing está na alimentação do ciclo de feedbacks constantes, por exemplo, que levam, através de uso de inteligência artificial, à customização da experiência. Aí, o poder da recomendação se torna crucial na estratégia de marketing. Isso porque as plataformas causam e, ao mesmo tempo, demandam **efeitos de rede**, que redesenham todo um fluxo de conexões, relacionamentos, interações e comunicação.

Imaginando que uma plataforma está começando do **zero**, o primeiro problema que efeitos de rede têm que resolver é o do ovo-ou-galinha: como a plataforma pode atrair um volume mínimo de usuários, em seu estágio inicial, capaz de fazê-la evoluir para um ecossistema? Ou... se não há fornecedores o suficiente, como trazer clientes para que haja e vice-versa? Pense numa estratégia de popularizar um marketplace que você vai materializar o problema.

Como devemos **atrair**, ao mesmo tempo, lojistas para expor seus produtos e pessoas para comprá-los? Se não temos um bom mix de lojas e produtos, não teremos pessoas – clientes – interessadas, e se não temos pessoas interessadas não temos o interesse do lojista em expor seus produtos. A forma clássica de (tentar) popular plataformas figitais é usando a força da propaganda (analógica ou digital), o que (1) nunca foi o mecanismo apropriado para habitar ecossistemas de plataformas, (2) dá claras mostras de exaustão e (3) se tornou insustentável, do ponto de vista de custo de anúncios, por exemplo, em relação à performance.

A tendência dos negócios figitais é criar sua **própria rede social, ser sua máquina de busca, criando seus efeitos de rede**, que são, de forma bem resumida, estratégias para que seu produto ou serviço tenha tanto **engajamento** que seu uso cresça exponencialmente. E esse engajamento só acontece quando seu produto ou serviço se torna valioso para (todos os) outros, atraindo cada vez mais usuários a partir de mais compra e uso por mais usuários.

Marketing, nesse caso, cria nós, na rede, e busca **conexões e rotas** entre eles: quanto mais nós **(mais agentes, nas comunidades)** e mais conexões e rotas entre eles, melhor para cada nó e para toda a rede. E as estratégias para tal são, muitas vezes, únicas, exigindo um grau sofisticado de personalização e microssegmentação. É só lembrar das comunidades do Orkut e de como gostávamos de conversar com pessoas interessadas nos mesmos assuntos que nós, nossas bolhas.

No mundo figital, **comunidades** (re)desenham produtos, serviços, negócios e até organizações. Um papel-chave do **Marketing do Futuro** é criar as **conexões** que, lá na frente, originam os stakeholders significados comuns que servem de base para a formação de comunidades onde a marca é, ao mesmo tempo, produtora, curadora e receptora de conteúdos. Mas as conexões devem estar ancoradas em **um propósito**, uma crença de que é possível criar valor para todos os seus stakeholders, alavancando tecnologia para resolver problemas complexos e melhorar a vida das pessoas.

Não há espaço, no **Marketing do Futuro**, para marcas sem posicionamentos sobre o mundo em que vivemos. A dimensão social, do mundo figital, que falamos lá no começo do texto, vai exigir tal posicionamento cada vez mais. Nosso plano de marketing precisa desenhar e estruturar mecanismos de colaboração e de pertencimento a redes de negócios, criando agendas específicas conectadas com o contexto ambiental, social, cultural, econômico e político.

Construir o **Marketing do Futuro** passa por uma mudança radical do marketing, por uma nova estruturação dele nas organizações, por incorporação de estratégias de negócios na sua composição e pela criação de novas narrativas capazes de conectarem comunidades, tendo como pano de fundo uma troca significativa das antigas bases analógicas (ou analógicas digitalizadas) por um ambiente onde as pessoas estão no centro do negócio e redefinem, a todo tempo, não só o negócio, mas o mercado. O **Marketing do Futuro** já está sendo feito agora, ele não espera, e só vai saber como fazer quem ousar, criar e testar novos formatos, deixando para trás a velha forma de se fazer marketing.

Quiséssemos marcar nossa proposição de **Marketing do Futuro** com algumas poucas letras e palavras... iríamos partir de que **marketing** é palavra longa, do inglês, mas com apenas três vogais... em ordem alfabética. Usando as outras vogais do alfabeto latino, O e U, poderíamos dizer que as palavras-chave do **Marketing do Futuro**, o seu **AEIOU**, são... **A**mbiente, **E**stratégia, **I**nteração, **O**peração e **U**nificação.

No **AMBIENTE** de negócios e marketing, as facetas do negócio são orquestradas e tratadas como **ESTRATÉGIA** de marketing e como parte do marketing estratégico, e devem sempre levar a **INTERAÇÕES** em comunidades de ecossistemas habilitados por plataformas. Todas as **OPERAÇÕES** de marketing e, de resto, do negócio, ocorrem na conjunção de dimensões do espaço figital, e podem e devem ser **UNIFICADAS** com a estratégia do negócio como um todo, para realizar seu propósito e atingir seus objetivos e metas.

Claro que é muito mais do que isso. Mas essas são pelo menos as marcas de largada do **Marketing do Futuro**, do **marketing** em estado **de fluxo**, do marketing que se **redesenha** continuamente, porque entende o espaço figital, onde os negócios já competem e vão competir ainda mais intensamente, que é fluido, dinâmico, e muda em uma frequência que só aumenta e exige, do marketing e dos negócios, como um todo, uma agilidade e velocidade crescentes.

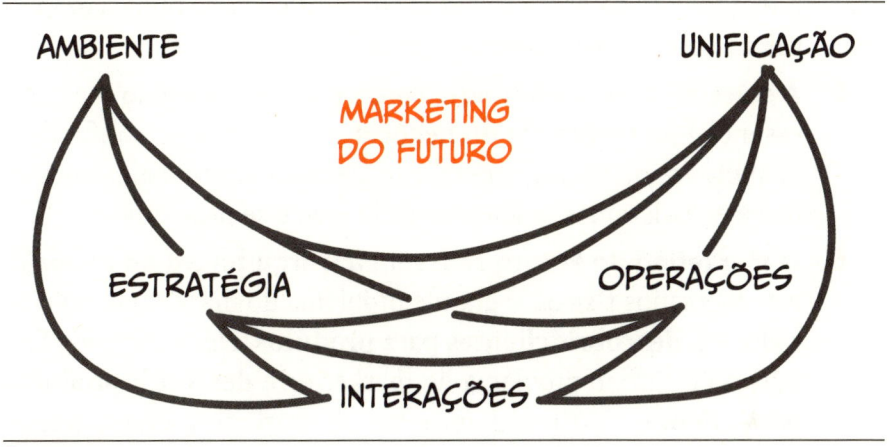

● FIGURA 1.4

Um manifesto para o Marketing do Futuro

1. **Digital e social não são,** nunca foram, **canais**. São dimensões do espaço figital, onde fluxos de conexões, relacionamentos, interações e criação de significados comuns se iniciam, evoluem e, em algum momento, provocam transações, elas próprias como parte do grande fluxo dos negócios, origem de novas conexões, relacionamentos... *ad infinitum*.

2. **O futuro acontece em rede.** E o presente já acontece em rede. Em rede, plataformas e efeitos de rede habilitam comunidades, onde os mercados se tornam narrativas, parte criada pelos negócios, parte pelas pessoas, grupos, comunidades. Na rede, todo negócio é uma narrativa.

3. **O marketing no futuro é de, para e em plataformas.** Plataformas que habilitam ecossistemas. Ecossistemas de agentes em rede, que formam comunidades, mercados. Agentes em rede que são reconhecidos, recompensados e remunerados por incentivos criados por efeitos de rede.

4. **O Marketing do Futuro tem propósito.** Porque os negócios **de** futuro têm propósito. Porque comunidades e organizações deveriam sempre emergir e evoluir sobre **significados comuns**, criados comunitariamente, em rede. E propósito, sustentável, não pode ser **da** organização, deve ser **do** ecossistema, compartilhado por todos os agentes em rede.

5. **A estratégia de marketing** e o **marketing estratégico** são parte essencial da **estratégia do negócio**. Até porque se confundem com ela em quase tudo que diz respeito a comunidades, mercados e ecossistemas, onde o negócio vive e se desenvolve.

6. **O Marketing do Futuro redesenha a arquitetura do negócio.** Nos mercados físicos, o grande problema do marketing, no passado, era **descobrir clientes para produtos**. Nos mercados figitais, no futuro, o problema do marketing é **descobrir produtos para clientes**. No presente, resta ao marketing pouco tempo para migrar do passado para o futuro.

7. **O Marketing do Futuro muda a organização do negócio.** Marketing figital está no centro do negócio. Mas não um centro hierárquico, muito menos um silo entre tantos. No mundo figital, os **negócios são redes**, e o **Marketing do Futuro é um hub**, por onde fluem e onde são afetadas todas as narrativas do, sobre e para o negócio e sua rede.

8. **O Marketing do Futuro acontece em tempo (quase) real.** No mundo figital a dimensão física é estendida pela digital, e o plano definido pelas duas é orquestrado na dimensão social, em tempo quase real. Não há, no futuro, estratégias – e orçamento – de marketing escritos em pedra para o ano inteiro. Nem para meses. Tampouco ações de marketing estratégico que se repetem como se o mundo estivesse parado. Não está. A dinâmica

do mundo figital exige um marketing com a mesma dinâmica só para seguir os líderes. Para ser líder, é preciso ser mais ágil e mais rápido. E começar antes.

9. **AEIOU:** as ações do **Marketing do Futuro** são orquestradas em todas as facetas do negócio. No ambiente de negócios e marketing, a estratégia de marketing e o marketing estratégico são as fundações para criar interações em comunidades nos ecossistemas habilitados por plataformas do e para o negócio. Todas as operações de marketing devem ser unificadas, no espaço figital, com a estratégia e as operações do negócio como um todo, para atingir seu propósito, seus objetivos e suas metas.

10. **O Marketing do Futuro demanda gente competente.** É preciso desenvolver, em escala, as competências e habilidades para o marketing figital. Os fundamentos do **Marketing do Futuro** ainda estão sendo estabelecidos, e estarão em estado de fluxo por muito tempo. A dinâmica de **formação de capital humano para o Marketing do Futuro** exige uma combinação de educação (teoria) e experiência (prática) que precisa ser trabalhada por e para todas as organizações, agora. É preciso desenvolver os profissionais do Marketing do Futuro já. Agora. Hoje. E evoluir tal processo continuamente.

2

O que está acontecendo?

Estamos em um período de grande ruptura. E diante do dilema de continuar convivendo com o marketing da revolução industrial ao mesmo tempo em que temos de pensar e viver – e trabalhar – com um novo marketing da economia e da sociedade do conhecimento.

Em tal cenário, especialistas em marketing e as pessoas, em suas comunidades, desempenham papéis fundamentais para a transformação do marketing, onde os primeiros enfrentam o desafio de conduzir e/ou se adaptar às mudanças e desenvolver estratégias eficazes para alcançar pessoas e comunidades cada vez mais exigentes e diversificadas. Os segundos (as pessoas), por sua vez, agem como principais agentes da mudança, pois suas percepções, exigências e ações moldam o **Marketing do Futuro** a partir de novas expectativas, necessidades e comportamentos.

O que vai nos levar mais rápido a fazer esse processo de transformação será a nossa capacidade de entender novos contextos de negócios na economia do mundo figital, combinada com a capacidade de compreender novos comportamentos humanos e o uso das tecnologias que estão a mudar tais comportamentos. Por isso, estamos apontando, neste texto, alguns **sinais** de para onde esse **Marketing do Futuro** caminha.

Sinais do futuro são indicadores fracos, eventos emergentes ou mudanças sutis no comportamento que podem prenunciar tendências futuras. São como pistas que, quando detectadas e interpretadas corretamente, podem revelar as direções que o futuro pode tomar.

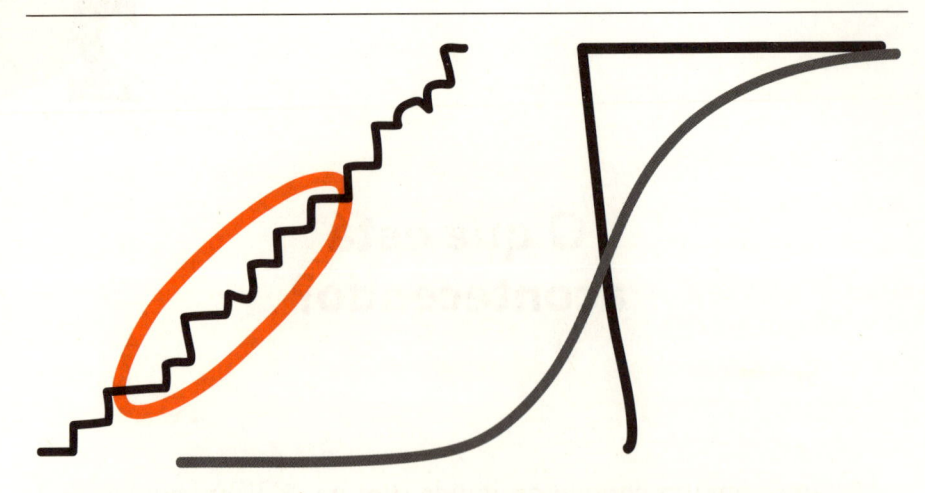

À ESQUERDA, INOVAÇÃO INCREMENTAL, DE ADAPTAÇÃO OU EVOLUÇÃO.
À DIREITA, INOVAÇÃO RADICAL. DE TRANSFORMAÇÃO, COMO UM "SALTO".

● FIGURA 2.1

Tendências, por outro lado, são padrões que se desenvolvem ao longo do tempo, com base em conjuntos de sinais e eventos, representando mudanças mais amplas e duradouras que moldam o futuro de maneira significativa.

Os **13 sinais** que abordaremos a seguir foram identificados em 2023 e nos levaram a pensar o **Manifesto do Marketing do Futuro**. São pistas que indicam tendências ou mudanças no comportamento do mercado ou das pessoas como consumidores no futuro. Eles foram identificados a partir de uma variedade de fontes, como pesquisas de mercado, análise de dados de vendas, fenômenos culturais e sociais, tecnologias e as inovações que elas habilitam, debates e nossa prática no dia a dia dos negócios. No entanto, é importante lembrar que os sinais de futuro não são garantias de tendências futuras, e outros fatores podem afetar a direção que uma variável seguirá.

13 Sinais do Marketing do Futuro

Eis os 13 sinais do **presente** que já exigem uma ação **hoje** para construir a base do Marketing do Futuro.

1. A narrativa é a rainha do Marketing do Futuro

Se antes o *storytelling* era rei, agora, o novo contexto de mercados em plataformas exige que sua marca construa, participe, entenda, crie e orquestre **narrativas**. Elas serão cocriadas por **conjuntos** de pessoas, e podemos correr o risco de perder a noção de quem as criou, até porque é isso mesmo que, em muitos casos, vamos querer. Os robôs e a inteligência artificial estão aí pra isso também.

Narrativas de maior potencial são aquelas que geram **efeitos de rede**, não apenas na sua rede, mas em muitas outras redes. É a capacidade de criar histórias envolventes e relevantes, que conectem a marca com a sua comunidade. Aqui você pode precisar de ajuda de inteligência artificial para as suas histórias ganharem **especificidade** e **escala** ao mesmo tempo.

Para criar narrativas **efetivas** e **escaláveis**, ferramentas de **IA** podem ajudar a analisar grandes volumes de dados e identificar sinais, tendências e preferências das pessoas, permitindo a criação de **histórias personalizadas** e altamente relevantes para diferentes segmentos de consumidores. Além disso, **IA** pode auxiliar na criação e rápida adaptação das narrativas conforme mudanças no comportamento e nas preferências dos consumidores, garantindo que o conteúdo seja sempre atual e significativo.

No entanto, é importante notar que a disseminação efetiva dessas narrativas depende também da **tecnologia** da plataforma utilizada. Plataformas que suportam comunidades precisam habilitar interações **nos** e **entre** grupos, facilitando compartilhamento e propagação de histórias. Se seu negócio não tem mecanismos adequados para disseminar sua narrativa, isso pode representar um problema inicial consideravelmente difícil de resolver.

2. Engajamento se uma torna métrica muito relevante

À medida que o marketing se transforma, e no contexto de um mundo cada vez mais figital e interconectado, métricas tradicionais que já dominaram o campo, como alcance e impressões, estão dando lugar a **novos** indicadores de impacto. No futuro do marketing, o engajamento se tornará a métrica mais relevante, refletindo uma mudança fundamental na maneira como as marcas interagem e se conectam com as pessoas.

Para CMOs e especialistas em marketing, essa mudança implica reavaliar como se entende e mede resultados. Plataformas habilitam **comunidades** em ecossistemas em que interação e participação de pessoas se tornam mais importantes do que exposição a mensagens publicitárias. Audiência massificada, na qual o foco era atingir o maior número possível de pessoas, perde força como uma métrica principal.

Nesse novo **cenário**, as marcas devem construir relacionamentos mais profundos e significativos com pessoas, onde o objetivo não é apenas alcançar um grande número de agentes em rede, mas engajá-los de forma a estabelecer conexões, relacionamentos e interações genuínas e duradouras. As pessoas deixam de ser meros espectadores e passam a ser **atores ativos**, contribuindo para conversão e fortalecendo a marca por meio de seu engajamento e sua construção coletiva de significados comuns.

Isso requer uma **mudança** na maneira como pensamos e conduzimos o marketing. Em vez de projetar campanhas para atrair atenção, devemos criar **experiências** que incentivem a participação e o envolvimento das comunidades de interesse. Isso pode demandar a criação de conteúdo interativo, a promoção de discussões e debates, ou a implementação de programas de fidelidade que recompensam os clientes por sua contínua interação e engajamento. É preciso ir além das métricas de vaidade, como *likes* e compartilhamentos, e tratar indicadores mais significativos de envolvimento, o que pode incluir o tempo que as pessoas investem em nossas propriedades figitais, a frequência de interação com nossas narrativas, a extensão em que se envolvem em discussões e comunidades em torno de nossa marca.

A mudança para **engajamento** como uma das métricas-chave também tem implicações para a estrutura e organização de nossas equipes de marketing, que devem passar a ter as competências, habilidades e ferramentas necessárias para criar e implementar estratégias de engajamento eficazes, com sistemas e processos apropriados para medir e monitorar efetivamente o engajamento nas e das comunidades.

As marcas, neste contexto, não são mais apenas fornecedoras de produtos ou serviços, mas **arquitetas** de experiências, facilitadoras de comunidades e administradoras de relacionamentos mais duradouros. Está em jogo a nossa capacidade de **criar valor** que se estenda além do ponto de venda, promovendo uma conexão mais profunda que transcende as interações comerciais tradicionais.

Além disso, a mudança para engajamento como uma métrica crítica ressalta a importância da **autenticidade** no futuro do marketing. À medida que os clientes se tornam participantes ativos nas narrativas da marca, suas **expectativas** de trocas autênticas e significativas com as marcas aumentam. Isso exige uma mudança radical no desenho das interações, saindo das mensagens escritas e unidirecionais em direção a **diálogos** genuínos e bidirecionais. As marcas que conseguirem ser transparentes, receptivas e genuínas em suas interações com as pessoas provavelmente terão níveis mais altos de engajamento e muito mais impacto no mercado.

As pessoas não são – apenas – receptores passivos de mensagens de marketing; são **cocriadores** de histórias de marca. Suas interações, experiências e *feedback* moldam a narrativa da marca e influenciam como outros clientes em potencial percebem a marca. Marcas que incentivam a participação do cliente, ouvem seus *feedbacks* e se adaptam com base nas necessidades das pessoas terão muito mais e melhores resultados no **Marketing do Futuro**.

As novas bases tecnológicas para o marketing – tecnologias do futuro, para o **Marketing do Futuro**– desempenharão um papel fundamental para facilitar o envolvimento do cliente: ferramentas de análise avançada podem ajudar a entender clientes em um nível granular, adaptando ofertas e interações para necessidades e preferências individuais. A **IA** pode automatizar interações personalizadas, garantindo que os clientes se sintam ouvidos e valorizados em todos os pontos de contato; uma grande combinação de ferramentas pode fornecer informação em tempo real sobre comportamento do cliente, levando à adaptação dinâmica de estratégias de engajamento, à medida que as necessidades do cliente evoluem.

O **Marketing do Futuro** não só fará uso intensivo de tecnologia, mas suas próprias bases serão algorítmicas: será pensado, criado e operado como se fosse – porque será...– um **algoritmo**.

Em conclusão, o **Marketing do Futuro** demanda engajamento significativo e a chave do sucesso para tal estará na capacidade de promover relacionamentos genuínos com as pessoas como clientes, criando valor que vai **além** do produto ou serviço em si. Ao focar no engajamento, as marcas podem atrair pessoas-como-clientes não apenas para impulsionar vendas, mas onde lealdade e defesa de longo prazo são parte da equação. Essa mudança em direção ao engajamento reflete uma tendência social mais ampla em relação à conexão e autenticidade, posicionando o **Marketing do Futuro** não apenas como uma função comercial, mas como base para **estratégias** de comunidades e construção de relacionamentos. À medida que avançamos para o futuro, fica claro que as marcas que podem efetivamente envolver seus clientes serão as **líderes** do futuro do marketing.

3. Estratégias de marketing são fluxos no espaço figital

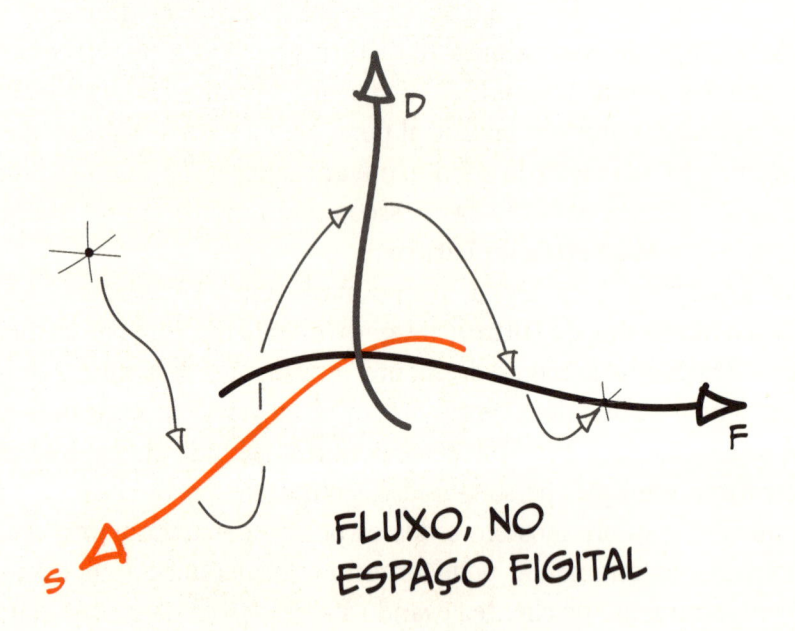

● **FIGURA 2.2**

A forma como entendemos o marketing está passando por uma transformação profunda, movida pelo fenômeno do "espaço figital" –

um híbrido de dimensões físicas, digitais e sociais onde todos os mercados e negócios operam. Para avançar efetivamente nesse novo cenário, precisamos reconsiderar as estratégias de marketing não mais como construções estáticas, mas sim como **fluxos** de informação e poder.

Foi há três décadas que o sociólogo Manuel Castells propôs que as redes, então emergentes como forma organizacional, não poderiam existir sem a mediação das tecnologias de informação e comunicação. Olhando para trás, podemos ver que Castells estava muito à frente de seu tempo. No decorrer dos últimos 15 anos, as redes transformaram-se na espinha dorsal das nossas relações de produção, originando **fluxos** de informação e poder que remodelaram completamente os sistemas de criação, produção e gestão de tudo.

O **Marketing do Futuro** não será apenas sobre criar **fluxos** de informação, mas sobre entender e orientar esses fluxos. Como Castells estabeleceu, fluxos são "sequências de trocas e interações propositais, repetitivas e programáveis realizadas por atores sociais (pessoas, organizações, coisas...) situados em posições potencialmente disjuntas, sobre as estruturas econômicas, políticas e simbólicas da sociedade."

Por isso, no coração do **Marketing do Futuro**, encontraremos a capacidade de gerir e orientar – e por que não, negociar – esses fluxos, de modo a criar interações significativas, desenvolver relações duradouras e proporcionar **valor** para os clientes e para a sociedade.

O **Marketing do Futuro** será **menos** sobre transações e **mais** sobre construir e manter relacionamentos, menos sobre dados demográficos e mais sobre entender os desejos, as necessidades e as experiências individuais. E nesse contexto o papel dos profissionais de marketing também será redefinido. Com a introdução de **IA** e a mudança para uma economia baseada em redes, a natureza do trabalho de marketing será transformada. O Chief Marketing Officer (CMO) do futuro será mais do que um executor de campanhas; será um arquiteto e maestro de fluxos de informação, um estrategista de redes e um engenheiro de experiências do cliente.

4. Adeus marketing do produto, chegamos à era do marketing da experiência

No futuro, o marketing passará por mudanças fundamentais. Rápidos avanços em tecnologia, plataformas e a chegada da Internet das

Coisas (IoT) nos levam a um mundo onde produtos são transformados em serviços. Tudo acontecerá quase em tempo real, alimentado por APIs manipuladas por agentes em rede para desenvolver e publicar aplicativos. Esse novo ecossistema inverterá os modelos de negócios tradicionais, levando a um paradigma de marketing que prioriza **serviços** em detrimento de produtos.

A IoT, caracterizada pela interconexão de objetos físicos por meio da internet, terá papel vital nessa transição, à medida que dispositivos conectados se tornam onipresentes, gerando grandes quantidades de dados que fornecem às empresas informações sobre o comportamento do consumidor. Tal **hiperconectividade** vai eliminar a barreira entre produtos e serviços, com os consumidores exigindo soluções cada vez mais integradas em plataformas, em vez de produtos independentes. Se os consumidores comprarem um termostato, eles esperam um serviço integrado que otimize seu uso de energia com base em seus hábitos e preferências. Assim, a IoT já está preparando as empresas para uma abordagem orientada a serviços.

A mudança para plataformas e comunidades acelera ainda mais a transição de produtos para serviços. No passado, as empresas criavam produtos e os empurravam para os consumidores. No futuro, plataformas das empresas permitirão que as **pessoas** se conectem a comunidades e colaborem com elas, com APIs permitindo que agentes em rede desenvolvam aplicativos que atendam às necessidades específicas da comunidade. Essa mudança de foco de vender produtos – pura e simplesmente – para criar plataformas que habilitam comunidades incentiva uma abordagem centrada em serviços para o marketing. As empresas não serão mais as únicas provedoras de valor; em vez disso, os usuários serão habilitados a contribuir e cocriar valor, levando a um mercado mais dinâmico e participativo.

A inversão dos modelos de negócios, com mais performances dos usuários do que das empresas, também facilita a mudança para o marketing de serviços. Nos modelos de negócios tradicionais, as empresas são as principais provedoras de valor, oferecendo produtos aos consumidores. Entretanto, no futuro os consumidores terão um papel mais ativo no processo de **criação** de valor e não serão apenas receptores passivos de produtos, mas participantes ativos, contribuindo para o desenvolvimento e a entrega de serviços. Essa inversão resulta em um modelo de negócios mais colaborativo e cocriativo, onde o marketing de serviços se torna a norma.

● **FIGURA 2.3**

Nesse contexto, dados e análises em tempo (quase) real serão fundamentais. A conectividade ubíqua e o fluxo constante de dados permitirão que as empresas entendam as necessidades e preferências dos consumidores em tempo real, possibilitando adaptar os serviços de acordo. Essa abordagem requer uma compreensão de que o produto não é mais o objetivo final; em vez disso, é o meio para fornecer um serviço que satisfaça uma necessidade, que resolve um **problema**. Aí, o marketing se tornará um processo contínuo de adaptação e melhoria do serviço, em vez de um esforço único para vender um produto, vez por outra.

À medida que o marketing se volta para serviços, o papel dos profissionais de marketing também evolui, com demandas para gerenciar plataformas, entender comportamentos e aproveitar dados em tempo real para fornecer serviços personalizados, fomentando comunidades e incentivando a participação do usuário. A ênfase será na construção de relacionamentos e na oferta **contínua** de valor, em vez de empurrar produtos.

Em conclusão, o futuro do marketing será dominado por uma abordagem centrada em serviços, impulsionada pelos avanços tecnológicos, modelos de negócios baseados em plataformas e o aumento da penetração de IoT. A distinção entre produtos e serviços se tornará mínima, com tudo se tornando um **serviço** em tempo real. Os profissionais de marketing precisarão se adaptar a esse novo paradigma, focando em fornecer valor contínuo e cultivar comunidades vibrantes e participativas. A era do marketing de produto está dando lugar à era do marketing de serviço, e é uma jornada empolgante que estamos apenas começando a descobrir.

5. Custo com marketing digital será bem maior e pode inviabilizar PMES

A rápida **evolução** do cenário digital criou oportunidades e desafios para empresas de todos os tamanhos. À medida que mais empresas competem por atenção no espaço digital, o **custo** do marketing digital disparou, colocando as pequenas e médias empresas (PMEs) em uma posição precária. Esse dilema levou a preocupações de que as PMEs estão caindo em uma armadilha de marketing digital nos mecanismos de busca e redes sociais, com uma falta significativa de retorno sobre o investimento em marketing, ameaçando sua viabilidade.

O marketing digital, em teoria, oferece às PMEs um meio acessível e eficiente de alcançar suas comunidades-alvo. Mas essa promessa está se tornando cada vez mais **ilusória**, já que os custos associados ao marketing digital continuam a aumentar. Há um aumento na demanda por "espaço publicitário digital" e isso, aliado ao fato de que as plataformas digitais limitam o número de anúncios exibidos para melhorar a experiência do usuário, resultou em um aumento nos preços da publicidade. Consequentemente, as PMEs estão achando cada vez mais difícil competir com grandes empresas que têm orçamentos de marketing mais substanciais.

Ao mesmo tempo, **algoritmos** complexos e em constante mudança que estão por trás dos mecanismos de busca e das plataformas de redes sociais representam outro desafio; eles são projetados para filtrar e direcionar conteúdo e garantir que os usuários vejam as informações mais relevantes. No entanto, eles também dificultam que as PMEs mantenham a **visibilidade**, a menos que invistam consistentemente em publicidade paga, o que pode se tornar – e para muitas já se tornou – proibitivamente caro. O crescente **ceticismo** dos consumidores em relação aos anúncios online agrava ainda mais o problema; um número cada vez maior de pessoas ignora anúncios, com aumento do uso de bloqueadores para eliminá-los completamente. Essa realidade reduz a eficácia dos esforços de marketing digital, levando a retornos decrescentes sobre o investimento para as PMEs.

Além disso, a saturação do espaço de marketing digital torna mais difícil para as PMEs se diferenciarem. Com tantos anúncios inundando a **paisagem** digital, destacar-se da multidão pode ser uma tarefa hercúlea. Mesmo quando as PMEs conseguem captar a atenção de suas comunidades-alvo, converter essa atenção em vendas é outro desafio totalmente diferente.

Parece muito claro que o modelo atual de marketing digital pode não ser **sustentável** para as PMEs no médio prazo. Como tal, o futuro do marketing para as PMEs provavelmente envolverá uma mudança das estratégias tradicionais de marketing, explorando métodos alternativos para alcançar comunidades, com melhores retornos sobre o investimento.

Uma abordagem poderia ser a construção de **comunidades**. Em vez de gastar grandes somas em anúncios, as PMEs poderiam se concentrar em criar comunidades dedicadas em torno de sua marca. Isso poderia envolver nutrir uma base de clientes fiéis por meio de conteúdo envolvente, atendimento de **excelência** ao cliente e interação genuína. A construção de comunidades pode proporcionar retornos significativos ao longo do tempo, pois os clientes fiéis têm mais probabilidade de se tornarem clientes recorrentes e defensores da marca. Outra estratégia poderia vir de parcerias com outras PMEs para alcançar comunidades mais amplas, trabalhando com empresas não concorrentes para alcançar novos clientes e compartilhar custos de marketing. As PMEs também podem aproveitar a análise de dados para otimizar seus esforços de marketing, entendendo melhor o comportamento do cliente, para identificar sinais, tendências e padrões que podem informar suas estratégias de marketing. Isso pode ajudá-los a alocar seus recursos de forma mais eficaz, levando a melhores retornos sobre o investimento.

Em conclusão, os custos crescentes e os retornos decrescentes do marketing digital representam um **desafio** significativo para as PMEs.

Ao explorar estratégias alternativas, como construção de comunidades, parcerias com outras empresas e análise de dados, as PMEs podem escapar da armadilha do marketing digital e construir um caminho alternativo sustentável. O **Marketing do Futuro** para PMEs provavelmente envolverá uma abordagem mais estratégica, orientada para comunidades e por dados, em contraste com as estratégias de marketing digital atuais, caras e muitas vezes ineficazes.

6. Marketing escalável será único a dar retornos consideráveis para empresas

Na evolução acelerada do marketing, **escalabilidade** tornou-se uma palavra de ordem para o sucesso. À medida que as empresas lidam com cenários em rápida mudança, a capacidade de escalar esforços de marketing com eficiência é um fator crítico que influencia decisivamente retornos sobre investimento. As plataformas avançadas de marketing e o tratamento simultâneo das dimensões digital, social e física do espaço competitivo, tratando **ecossistemas** onde essas dimensões coexistem e interagem, se traduzem em uma integração estratégica dos esforços de marketing figital – físico, digital e social – para criar experiências unificadas e integradas para os clientes. **Estratégias escaláveis** de **marketing figital** serão fundamentais para gerar retornos consideráveis para as empresas.

A **economia** do marketing tornou a escalabilidade uma necessidade. Em uma era em que os custos dos anúncios digitais estão aumentando e a competição pela atenção do consumidor é acirrada, as empresas precisam encontrar maneiras de ampliar seu alcance e impacto sem aumentar exponencialmente seus orçamentos de marketing. A escalabilidade oferece uma solução para esse desafio. Ao alavancar o poder das plataformas de marketing, as empresas podem automatizar processos, personalizar experiências de clientes e analisar dados de uma forma que lhes permita ampliar seus esforços de marketing de modo eficiente e eficaz.

As **plataformas** de marketing já fornecem uma variedade de ferramentas que permitem antever um marketing escalável. As ferramentas de automação permitem que as empresas gerenciem tarefas repetitivas, liberando um tempo valioso para planejamento estratégico e trabalho criativo. As ferramentas de personalização, por outro lado, ajudam as empresas a adaptar as experiências do cliente com base em preferências e comportamentos individuais, melhorando assim as taxas de engajamento e conversão. As de análise de dados permitem que as empresas obtenham *insights* acionáveis a partir de grandes quantidades de dados, capacitando-as a tomar decisões baseadas em dados que melhoram a **eficácia** do marketing.

Mas o aspecto verdadeiramente revolucionário dessas plataformas será a capacidade de integrar as dimensões físicas, digitais e sociais, criando assim as bases para conceber e realizar **estratégias holísticas** de **marketing figital**. No futuro, as empresas não farão mais distinção entre *online* e *offline* ou social e privado. Cada ponto de contato, seja o que for ou onde for, de um post nas redes sociais, uma visita ao site, uma interação na loja ou uma comunicação pessoal, fará parte de uma **jornada** unificada e interconectada do cliente, parte de um **fluxo**.

Nesta **paisagem** digital, a escalabilidade se tornará ainda mais crucial. As empresas precisarão entender, gerenciar e orquestrar um número crescente de pontos de contato, todos eles oportunidades potenciais para engajamento, conversão e construção de relacionamento com o cliente. Isso exigirá uma abordagem estratégica para alocação de recursos, garantindo que todo investimento em marketing – seja em tecnologia, talento ou tempo – contribua para um crescimento escalável.

Considere uma empresa de **varejo** que deseja melhorar a experiência do cliente. Em uma abordagem de **marketing figital**, ferramentas de **IA analisam** dados do cliente em todas as dimensões – de compras na loja a navegação on-line, passando por interações sociais – e tomam **decisões** para personalizar experiências, oferecendo **recomendações** personalizadas de produtos ou personalizando **experiências** na loja com base em **preferências** online e vice-versa. As ferramentas de automação também podem gerenciar com eficiência as **interações** com os clientes em diferentes **dimensões**, garantindo uma mensagem consistente e personalizada. Todos esses esforços podem ser ampliados ou reduzidos com base nas necessidades e nos recursos do negócio, maximizando assim o retorno sobre o investimento.

A **dimensão física** da jornada do cliente também permanece crucial. Mesmo com a crescente importância do digital e social, os consumidores valorizam interações físicas, seja experimentando roupas em uma loja, participando de um evento ou recebendo um pacote pelo correio. As empresas precisarão encontrar maneiras inovadoras de combinar experiências físicas, digitais e sociais, o que pode passar pelo uso de realidade aumentada para aprimorar compras na loja ou experiências contínuas – fluxos, no espaço figital – que permitam aos clientes alternar entre dimensões das experiências sem esforço.

O marketing figital escalável também envolve um compromisso com o **aprendizado** e a adaptação contínuos. O cenário está evoluindo em um ritmo vertiginoso, com novas tecnologias e usos surgindo o tempo todo; entender tais desenvolvimentos e estar disposto a experimentar novas ferramentas e estratégias, ser flexível para ajustar sua abordagem com base no *feedback* e nos resultados, garantindo que seus esforços de marketing permaneçam eficazes e relevantes, serão atitudes **vitais** para competir.

Além disso, as empresas precisarão prestar muita atenção às métricas de marketing para garantir que suas estratégias estejam gerando resultados escaláveis e sustentáveis. O retorno sobre o **investimento** continuará sendo um indicador-chave do sucesso do marketing; no entanto, as empresas também precisarão considerar outras métricas, como valor da vida útil do cliente, taxas de engajamento e satisfação do cliente. Ao monitorar de perto essas métricas, as empresas podem tomar decisões baseadas em dados que impulsionam a melhoria contínua em seu desempenho de marketing.

Em conclusão, o futuro do marketing está em uma abordagem **escalável** e **figital** que integra as dimensões físicas, digitais e sociais de todas as performances. À medida que as empresas navegam nesse novo cenário, elas precisarão dominar o uso de plataformas avançadas de marketing, adotar uma mentalidade holística e se comprometer com aprendizado e adaptação contínuos. Aqueles que conseguirem fazer isso de maneira eficaz estarão bem posicionados para gerar retornos consideráveis e alcançar um crescimento sustentável no futuro.

7. Agências do passado já não existem mais (e as do futuro ainda não existem)

Ao tentar entender o papel das agências no **Marketing do Futuro**, parece claro que elas estão a caminho de uma grande transformação.

A mudança iminente será moldada pela evolução dos ecossistemas de **plataformas**, a crescente importância de transações sem atrito e um maior foco no envolvimento do cliente, privacidade e ética de dados.

Para começar, a economia está migrando progressivamente para ecossistemas de plataforma habilitando comunidades interconectadas. Isso representa uma mudança **radical**, de um entendimento de mundo como canais de marketing fragmentados, para espaços integrados e voltados para comunidades, habilitados por plataformas. A crescente prevalência de plataformas figitais provavelmente obrigará as agências a adaptar, evoluir e transformar suas estratégias, para tratar de comunidades e inclusão.

Marketing, nesse cenário, tem menos a ver com empurrar produtos e mais com **facilitar** transações contínuas e fluidas de todos os tipos. Trata-se de criar ambientes em que a jornada do cliente seja livre de obstáculos e a mais simplificada possível.

No mundo figital, conectado, marketing não é uma função autônoma, mas um aspecto **onipresente** dos negócios, entrelaçado com todas as facetas, processos e funções, incluindo a inovação. Essa dispersão do marketing em uma organização reflete a rápida evolução do seu papel nas organizações, passando a lidar com todo o **ciclo de vida de valor** em um negócio, desde a criação até a sustentação.

Debates sobre a natureza do marketing – arte ou ciência, racional ou emocional, meramente atividades de comunicação ou a relevância do marketing de conteúdo – não resolverão os **desafios** do marketing. Em vez disso, as empresas precisam reavaliar os **princípios** básicos do marketing à luz da transformação para uma economia de plataformas.

No ecossistema de **Marketing do Futuro**, empresas são entidades interconectadas, interdependentes, que cooperam e colaboram em espaços figitais. A ideia de um "ecossistema de marketing" refere-se à criação de um sistema hiperconectado de gestão estratégica de todo o ciclo de vida de conexões, relacionamentos, interações e informação **do**, **no** e **para o** negócio, substituindo conceitos centenários associados a funis de *leads* (proposto originalmente em **1898**). Esse ecossistema abrange clientes, concorrentes e categorias; indivíduos e organizações; plataformas, agências, fornecedores, distribuidores, provedores, fornecedores e outras partes relacionadas e interdependentes. Ao aumentar seu envolvimento em um ecossistema de negócios, as empresas podem alavancar múltiplos agentes e fluxos, indivíduos e empresas trabalhando juntos para envolver as comunidades de uma indústria em novas formas e espaços.

Nesse contexto, é provável que o papel das **agências**, no **Marketing do Futuro**, mude para que se tornem novos intermediários e facilitadores nesses ecossistemas, habilitando as empresas a navegar e aproveitar as oportunidades que os novos ambientes oferecem, incluindo tecnologias emergentes para quais as agências de marketing precisarão repensar suas estratégias. De imediato, é preciso inserir, na **agenda de transformação** das agências de marketing:

- **Personalização baseada em dados:** com o declínio dos *cookies* de terceiros, as agências precisam repensar como usam dados para personalização. Eles podem se concentrar mais nos dados primários coletados diretamente dos clientes, que geralmente são mais confiáveis e compatíveis com a privacidade. Oferecer serviços para ajudar as empresas a coletar, gerenciar e analisar dados primários pode ser uma área significativa de crescimento e as agências podem fornecer soluções usando IDs universais ou ambientes privados para publicidade personalizada, mantendo a privacidade do usuário.

- **Publicidade contextual:** como alternativa aos *cookies*, as agências podem oferecer publicidade contextual, onde os anúncios são combinados com conteúdo relevante em tempo real. Essa abordagem respeita a privacidade do usuário e pode levar a posicionamentos de anúncios altamente relevantes, melhorando potencialmente a eficácia do anúncio.

- **Estratégias de marketing que priorizam privacidade:** em um mundo cada vez mais preocupado com a privacidade, as agências de marketing devem priorizar estratégias que respeitem e protejam os dados do usuário. Isso pode envolver ajudar as empresas a navegar pelas leis de privacidade, otimizar suas práticas de dados e comunicar seu compromisso com a privacidade de seus clientes.

- **Facilitando colaborações dentro dos ecossistemas:** as agências podem atuar como intermediárias, ajudando as empresas a estabelecer e manter relacionamentos dentro de seus ecossistemas de negócios. Podem fornecer serviços para ajudar as empresas a se coordenarem com plataformas, outras empresas e clientes no ecossistema, promovendo uma abordagem de marketing mais colaborativa e integrada.

- **Marketing figital:** as agências devem explorar como podem ajudar as empresas a se envolverem com os clientes em espaços figitais, combinando as dimensões física, digital e social das performances dos negócios e das pessoas. Isso pode envolver a criação de experiências imersivas que abrangem todas as dimensões ou ajudar as empresas a estabelecer uma presença em plataformas emergentes.

- **Otimização da experiência do cliente:** à medida que as transações sem atrito se tornam mais relevantes, as agências de marketing podem oferecer serviços focados na melhoria de toda a jornada do cliente. Isso pode envolver a otimização para usabilidade em todas as dimensões do espaço figital, simplificação do processo de compra ou desenvolvimento de estratégias para melhorar o atendimento ao cliente.

- **Marketing baseado em valor:** as agências de marketing devem ajudar as empresas a alinhar suas estratégias de marketing com seus valores centrais e metas de responsabilidade social. Isso pode envolver ajudar as empresas a comunicar seus valores de maneira eficaz, desenvolver campanhas em torno de questões sociais ou ajudar as empresas a tornar suas operações mais sustentáveis.

O valor verdadeiro que as agências de marketing podem criar no futuro está em sua **capacidade** de ajudar as empresas a navegar no cenário figital em constante mudança, construir relacionamentos significativos com os clientes e se adaptar às tecnologias, sinais e tendências emergentes. Elas precisarão se concentrar na criação de experiências integradas e personalizadas que respeitem a privacidade do usuário e se alinhem com os valores centrais dos negócios. Isso envolverá um processo constante de aprendizado, adaptação e inovação à medida que o cenário figital continua a evoluir.

Em conclusão, está claro que as agências de marketing ainda não estão "acabadas" em sua forma atual, mas à beira de uma transformação empolgante. O futuro provavelmente as verá evoluir para facilitadoras em ecossistemas interconectados, usando novas tecnologias para se envolver com as comunidades de maneiras inovadoras. Como sempre, a chave para o sucesso será adaptabilidade, compreensão clara do cenário em mudança e foco incansável em atender às necessidades do cliente.

8. Efeitos de rede serão o coração da estratégia de marketing

No mundo do marketing, uma **mudança** sísmica está em andamento. As estratégias de marketing tradicionais, que dominavam o cenário dos negócios, estão sendo derrubadas, dando lugar a novos métodos de atração, engajamento, retenção e monetização de clientes. Diante dessas mudanças, emerge um conceito antigo, em um novo formato, como eixo das estratégias de marketing bem-sucedidas: **efeitos de rede**, particularmente aqueles que abrangem dimensões físicas, digitais e sociais, ou **efeitos de rede no espaço figital**.

A economia do marketing mudou fundamentalmente. O marketing não é mais apenas um mecanismo para atrair *leads* e convertê-los em vendas; está se transformando em uma função holística que é central para todos os aspectos da experiência do cliente. O papel do marketing está se expandindo para abranger não apenas a atração de clientes, mas seu engajamento e retenção, por meio de jornadas envolventes e personalizadas.

Essa mudança de foco decorre de uma realidade econômica simples: adquirir um novo cliente pode custar muitas vezes mais do que reter um existente. Do ponto de vista do investimento, é mais econômico dedicar recursos para manter os clientes satisfeitos e engajados, promovendo assim a fidelidade à marca, do que buscar continuamente novos *leads* e convertê-los.

Para entender por que os **efeitos de rede** estão se tornando a peça central das estratégias de marketing, é importante primeiro entender o que são e como funcionam. Um efeito de rede ocorre quando um produto ou serviço se torna mais valioso à medida que mais pessoas o utilizam. O exemplo clássico é o telefone: quanto mais pessoas têm telefones, mais valioso é o telefone para cada proprietário. No contexto do marketing, os efeitos de rede podem ser amplificados pela interação das dimensões físicas, digitais e sociais. O fenômeno **figital** se manifesta quando o valor de um produto ou serviço aumenta não só pelo número de usuários, mas pela profundidade e amplitude de seu envolvimento em várias plataformas e múltiplas dimensões do espaço competitivo.

As implicações disso para o marketing são profundas. Em um mundo de plataformas, onde as empresas operam cada vez mais em ecossistemas interconectados de consumidores, concorrentes e colaboradores, a capacidade de aproveitar, conceber, dimensionar e operar **efeitos figitais de rede** é fundamental.

Considere o exemplo de um app para smartphone que permite aos usuários avaliar restaurantes locais. Quanto mais usuários o app tiver, mais avaliações estarão disponíveis e mais útil o aplicativo se tornará. Mas o valor do aplicativo pode ser aumentado com a integração de elementos digitais, físicos e sociais. O aplicativo pode usar tecnologia GPS para fornecer recomendações específicas de localização (uma integração digital-física) ou pode permitir que os usuários compartilhem comentários nas mídias sociais ou vejam onde seus amigos jantaram (uma integração digital-social). Ao criar uma experiência figital, o aplicativo pode aumentar o engajamento e a retenção de usuários, ampliando assim seus efeitos de rede.

Isso representa uma inversão das prioridades tradicionais de marketing. Em vez de despejar recursos para atrair *leads* de anúncios, as empresas devem se concentrar em promover esses tipos de efeitos figitais de rede. Isso pode envolver o investimento em tecnologia para integrar as experiências digitais e físicas do cliente ou a criação de recursos de compartilhamento social que permitam que os clientes se envolvam uns com os outros e com a marca. Também pode envolver análise de dados para entender o comportamento do cliente e adaptar sua experiência de acordo. Ao criar uma jornada de cliente envolvente e personalizada, as empresas podem promover a fidelidade à marca, aumentar o valor da vida útil do cliente e, finalmente, obter um maior **retorno** sobre seu investimento em marketing.

Além disso, à medida que o marketing absorve a demanda para projetar a experiência do cliente, ele se tornará naturalmente o centro do atendimento **ao** cliente e entendimento **do** cliente. Afinal, no mundo atualmente interconectado, cada contato que um cliente tem com uma marca é uma oportunidade de aprimorar sua experiência e aprofundar seu envolvimento. Isso pode envolver o uso de **IA** e aprendizado de máquina para fornecer recomendações personalizadas de produtos ou alavancar mídias sociais e comunidades online para fornecer suporte ao cliente em tempo real. Ao colocar o atendimento ao cliente no centro de sua estratégia de marketing, as empresas podem reter os clientes existentes, além de atrair novos.

Os efeitos de rede são fundamentais para esse novo **paradigma** de marketing e podem ser particularmente pronunciados em plataformas, onde cada novo usuário pode agregar valor para todos os outros. Isso tem implicações para a aquisição e retenção de clientes, pois é mais provável que os clientes permaneçam com uma **plataforma** que consideram valiosa e amplamente utilizada.

O conceito de ecossistemas de marketing expande essa ideia. Em vez de ver os esforços de marketing de uma empresa como ações isoladas, a perspectiva de ecossistema os vê como parte de uma rede maior e interconectada de atividades. Isso inclui os esforços e fluxos de marketing da própria empresa e de partes relacionadas e adjacentes, como fornecedores, distribuidores e clientes. Ao participar ativamente desse ecossistema, as empresas podem aumentar sua visibilidade e alcance, potencialmente levando a relacionamentos mais fortes com os clientes e melhores resultados de negócios.

Além disso, a integração das dimensões física, digital e social em uma estratégia de marketing figital e unificada pode gerar efeitos sinérgicos. Hoje, os clientes interagem com as marcas em supostos "canais", com todas as complicações que isso representa; no futuro, uma experiência holística e consistente pode ajudar a criar confiança e lealdade. A abordagem figital também pode facilitar a criação de ex-

periências centradas no cliente, onde suas necessidades e preferências estão na vanguarda das decisões de marketing.

Embora esses conceitos sejam promissores, sua implementação efetiva pode ser um desafio. Requerem uma compreensão profunda da indústria, pensamento criativo e vontade de experimentar novas estratégias. Também demandam consideração cuidadosa dos fatores econômicos, como o retorno do investimento em atividades de marketing. As empresas devem encontrar um equilíbrio entre investir na aquisição e retenção de clientes, ao mesmo tempo em que garantem que suas estratégias de marketing sejam sustentáveis em longo prazo.

9. Declínio dos influenciadores digitais

No **palco** fluido e dinâmico da economia figital, surge a constante evolução das estratégias, táticas e operações de marketing. Um dos mais recentes fenômenos nesta saga é um certo auge e, agora, a potencial desaceleração da relevância dos influenciadores. A aparente queda dessas personalidades de grande alcance online não é inesperada, mas parte de uma trajetória evolutiva normal, onde novos padrões de engajamento emergem para substituir antigos.

Para CMOs e especialistas na área, essa mudança exige uma nova visão sobre o marketing de influência e uma readaptação das estratégias de engajamento. Isso levanta a questão: quais são os fatores por trás da possível diminuição da relevância dos influenciadores e o que isso implica para o **Marketing do Futuro**?

Um dos elementos mais significativos que contribuem para a mudança é a fadiga das comunidades. A superexposição a influenciadores nas redes levou a uma sensação de saturação, com as pessoas buscando formas mais autênticas e individuais de se conectar com as marcas. Isso tem desencadeado um universo de microinfluenciadores e articuladores de comunidades, cujo envolvimento mais próximo com pessoas e grupos pode gerar um engajamento mais profundo e significativo.

Além disso, problemas associados a transparência e confiança afetaram a credibilidade de muitos influenciadores. As controvérsias em torno de conteúdos patrocinados e endossos pagos tornaram as pessoas cada vez mais céticas sobre a autenticidade das recomendações de influenciadores. As marcas, por sua vez, estão em busca de formas de construir confiança e fidelidade no longo prazo, ao invés de dependerem de endossos de celebridades instantâneas, transitórias e, em muitos casos, duvidosas e de alto risco.

Outro fator a ser considerado é a mudança regulatória. À medida que governos em todo o mundo começam a impor restrições mais rigorosas sobre marketing de influência, torna-se mais desafiador para as marcas e influenciadores navegarem por essa malha de maneira eficaz. Isso aumenta a necessidade de um marketing mais transparente e ético que priorize verdade e responsabilidade.

Além disso, com o surgimento de tecnologias emergentes como **IA** e realidade virtual, estamos vendo um deslocamento no cenário de marketing; as marcas estão explorando essas novas fronteiras para criar experiências mais imersivas e personalizadas para suas comunidades, que podem ser mais eficazes do que o marketing de influência tradicional.

Por fim, as mudanças nas políticas das plataformas de redes sociais também podem limitar a eficácia dos influenciadores. Com restrições mais rigorosas sobre o conteúdo patrocinado e práticas de marketing de influência, as marcas podem achar mais difícil alcançar suas comunidades através de ações unicamente nessa dimensão do espaço figital.

Em resumo, embora os influenciadores tenham desempenhado um papel importante no marketing nos últimos anos, CMOs e especialistas em marketing precisam estar preparados para uma possível mudança de paradigma. A adaptação a novas tendências, o engajamento de maneiras mais significativas e a exploração de tecnologias emergentes se tornarão cada vez mais importantes. Em lugar dos influenciadores convencionais, podemos esperar o surgimento de articuladores de redes – indivíduos que constroem e nutrem comunidades, proporcionando um envolvimento mais autêntico e de longo prazo.

A busca pela transparência e pela confiança será a força unificadora dessa nova fase. À medida que as pessoas se tornam mais exigentes, as marcas precisarão oferecer não só produtos ou serviços, mas valores e compromissos autênticos. As pessoas, cada vez mais atentas às questões sociais, ambientais e éticas, esperam que as marcas se posicionem de maneira clara e consistente sobre esses tópicos. E isso implica que, no **Marketing do Futuro**, certamente haverá trocas mais complexas e multifacetadas entre marcas, clientes e a sociedade como um todo.

Além disso, é importante que CMOs e especialistas em marketing estejam na vanguarda da inovação. A adoção de **IA**, realidade aumentada e virtual, *blockchain* e outras tecnologias emergentes poderá oferecer oportunidades únicas para engajar as pessoas de maneiras inovadoras. Essas tecnologias têm o potencial de **personalizar** a experiência do cliente de maneira inédita, permitindo um relacionamento mais profundo e duradouro entre as marcas e clientes.

Em última análise, a possível saída de cena dos influenciadores sinaliza uma oportunidade para as marcas se reorientarem e se reconectarem com suas comunidades. A chave será criar estratégias de marketing autênticas, engajadas e adaptáveis, refletindo as mudanças contínuas na sociedade e na tecnologia. Esta é a essência do **Marketing do Futuro**: um processo dinâmico e interativo que valoriza a conexão genuína e a cocriação de valor entre as marcas e as comunidades que elas servem.

Os influenciadores como os conhecemos hoje podem estar em declínio, e o que está surgindo em seu lugar é uma visão de marketing mais enraizada na colaboração, nas comunidade e na autenticidade. Isso exige uma nova forma de pensar no marketing, com uma ênfase renovada no envolvimento profundo e significativo com suas comunidades, utilizando tecnologia e inovação para criar experiências verdadeiramente envolventes e memoráveis.

10. Cresce o protagonismo da dimensão física do espaço figital

No cenário de **Marketing do Futuro**, observamos uma tendência intrigante – a ressurgência do espaço físico como um dos **principais** elementos de todas as estratégias. Este renascimento, contudo, não implica um retorno à antiga forma de fazer negócios, mas sim uma evolução para um novo paradigma: **o físico como parte do universo figital**, que combina os espaços físico, digital e social, reconhecendo que todos são essenciais e inseparáveis em nosso mundo cada vez mais conectado.

O espaço físico, mesmo em um mundo cada vez mais digital e social, ainda mantém sua importância fundamental. Não só porque ele é a **es-**

fera primária da existência humana, mas porque tem potencial para se tornar uma fonte crítica conexões, relacionamentos, interações, transações e, porque não dizer, de *leads*, na era da Internet das Coisas (IoT). À medida que IoT continua a se integrar mais profundamente em nossas vidas, os espaços físicos – lojas, shopping centers, restaurantes, praças – têm a oportunidade de se **transformar** em pontos de contato altamente eficazes para engajar os clientes e conduzir negócios.

Nesse contexto, **localização** ganha um novo significado; para uma empresa ou loja, não é mais apenas um endereço físico, mas um ponto de acesso a uma rede de interações digitais, sociais e físicas. O conceito de "hiperlocalidade" entra em campo, onde o marketing é direcionado para comunidades específicas dentro de uma área geográfica restrita. Esta abordagem permite um nível de **personalização** sem precedentes, aproveitando a análise de dados e **IA** para criar ofertas e experiências personalizadas para os clientes.

Para CEOs de shopping centers e redes de varejo, esse novo paradigma exige uma reavaliação das estratégias de marketing legadas. O **desafio** é como integrar o físico, o digital e o social de maneira eficaz para **criar experiências unificadas** para o cliente. Isso poderia envolver a implementação de tecnologias como realidade aumentada para melhorar a experiência de compra na loja, ou o uso de dados coletados em pontos de contato digitais para personalizar as ofertas na loja.

É também uma questão de **colaboração**. A criação de um ecossistema de negócios onde varejistas, tecnologia e fornecedores de serviços trabalhem em conjunto para criar uma experiência verdadeiramente integrada é essencial. Esse ecossistema não apenas conecta os clientes com as marcas de maneira mais significativa e permite que os negócios se adaptem rapidamente às mudanças no comportamento do consumidor.

Além disso, é crucial que o espaço físico seja projetado para promover engajamento e interação. Isso poderia significar a criação de ambientes comunitários dentro de shopping centers, ou a organização de eventos e experiências que incentivem clientes a interagir com a marca e principalmente **uns com os outros**, nas lojas. Trata-se de uma maneira de transformar clientes em defensores da marca, aproveitando o poder das conexões humanas para construir lealdade e confiança.

Por fim, é vital entender que essa transformação **não** é apenas sobre a incorporação de novas tecnologias ou a revisão da estratégia de marketing. É também sobre uma mudança fundamental na maneira como percebemos e interagimos com nossos clientes. Na economia do conhecimento, os clientes não são apenas receptores passivos de mensagens de marketing, mas participantes ativos da rede de valor. Eles são tanto consumidores quanto criadores, moldando a marca e as narrativas do negócio tanto quanto são moldados por elas. Assim, o papel dos profissionais de marketing evolui para que se tornem facilitadores e orquestradores desses espaços de criação conjunta.

Isso representa uma grande oportunidade para empresas que estão dispostas a se adaptar e a abraçar essa nova realidade. Aquelas que conseguem criar uma presença **figital** forte, que combina o poder do físico, do digital e do social para criar experiências de cliente memoráveis e envolventes, estarão bem posicionadas para ter sucesso em um ambiente de negócios cada vez mais competitivo.

A transformação **figital** da economia criou novas formas de interação e engajamento entre marcas e clientes, mas é importante notar que a humanidade de nossos clientes permanece enraizada na realidade física e no desejo **humano** de interações sociais significativas. Portanto, como profissionais de marketing, temos a responsabilidade e o desafio de criar uma experiência de cliente que abranja tanto o digital e o social quanto o físico, de maneira harmoniosa e envolvente. Isso significa reconhecer o valor inerente do espaço **físico**, e como ele pode ser aproveitado para criar conexões mais fortes e duradouras com nossos clientes.

Na prática, isso pode significar uma variedade de abordagens. Para alguns, pode ser a remodelação dos espaços de varejo para integrar mais tecnologia, tornando-os mais interativos e imersivos. Para outros, pode significar a criação de eventos e **experiências** comunitárias que incentivem os clientes a sair de casa e a se envolver fisicamente com a marca. Em todos os casos, a ênfase está em criar uma experiência integrada e coesa que reforce a marca e a identidade do negócio e que atenda às necessidades e expectativas dos clientes.

A chave aqui é a **flexibilidade** e a **adaptabilidade**. Os profissionais de marketing precisam estar abertos a novas ideias e dispostos a experimentar novas abordagens. Isso requer uma mentalidade de inovação constante, uma disposição para aprender com os sucessos e fracassos, além da habilidade de se adaptar rapidamente às mudanças no ambiente de mercado.

Em última análise, **o futuro do marketing é figital**. É uma fusão do físico, do digital e do social, combinação do humano, do tecnológico e das redes. E aqueles que podem navegar com sucesso neste novo território serão os que estarão na vanguarda do **Marketing do Futuro**. Como líderes de marketing, nosso desafio é entender como podemos melhor integrar esses três mundos para criar uma experiência de cliente excepcional que conduza ao engajamento, à lealdade e, em última instância, ao sucesso do negócio.

11. Jornadas serão one-to-one

À medida que nos aproximamos de um futuro dominado pelo marketing figital, é fundamental que os líderes de negócios e de marketing entendam os sinais emergentes, dos quais se destaca a **personalização** extrema das jornadas dos clientes por meio do *inbound* marketing, possibilitada pelo avanço do uso de dados e **IA**.

No passado, as réguas de relacionamento no *inbound* marketing eram desenvolvidas com um enfoque grupal, criando estratégias que se destinavam a grupos demográficos ou segmentos amplos de mercado. Contudo, à medida que a tecnologia evoluiu, agora vemos uma mudança para um modelo mais personalizado, em que cada interação é moldada e adaptada para atender às necessidades de cada cliente. Esse é o conceito de **"mercados de um"**, onde a jornada de *inbound* é concebida para uma única pessoa, em vez de um grupo.

O advento de big data e **IA** facilitou essa mudança. Hoje, as empresas têm acesso a uma quantidade sem precedentes de **dados** sobre seus clientes, desde seus hábitos de consumo até suas interações nas redes sociais. Esses dados, quando combinados com algoritmos avançados de **IA**, permitem que as empresas criem perfis detalhados de seus clientes e adaptem suas estratégias de marketing para se ajustarem a esses perfis.

IA permite um nível de personalização que seria impraticável no passado. Algoritmos avançados podem analisar enormes conjuntos de dados e extrair insights sobre as preferências, os comportamentos e as necessidades individuais dos clientes. Esses insights podem ser usados para personalizar todas as etapas da jornada do cliente, desde a primeira interação até a compra final e o atendimento pós-venda.

Mas essa personalização não se aplica apenas ao indivíduo. As empresas também estão percebendo o valor dos efeitos de rede e estão explorando maneiras de usar a personalização para criar e evoluir **comunidades**. Em vez de se concentrar exclusivamente no indivíduo, o **Marketing do Futuro** busca criar conexões entre as pessoas, incentivando a comunicação, a curadoria de conteúdo, a colaboração e a formação de comunidades. Estas, por sua vez, criam efeitos de rede que podem amplificar significativamente o alcance e a eficácia das estratégias de marketing.

Portanto, ao planejar para o futuro, é vital que os líderes de marketing entendam e aproveitem essas características emergentes. Os "mercados de um" representam um novo **paradigma** no marketing, que demanda um maior grau de personalização e foco no indivíduo. Ao mesmo tempo, é importante lembrar o valor das comunidades e dos efeitos de rede. Em conjunto, pessoas e comunidades podem criar oportunidades significativas para as empresas que são capazes de se adaptar e evoluir com os tempos.

Finalmente, o desenvolvimento dessas jornadas personalizadas exige investimentos contínuos em **tecnologia**, **dados** e **talentos**. As ferramentas e técnicas que possibilitam esse nível de personalização estão em constante evolução, e as empresas precisam estar dispostas a investir nessa área para se manterem competitivas. Além disso, a habilidade para coletar, gerenciar e analisar grandes volumes de dados é uma necessidade absoluta. É imprescindível contar com uma equipe qualificada que possa gerenciar essas operações complexas e, ao mesmo tempo, garantir que a privacidade e a segurança dos dados sejam mantidas em todos os momentos.

A cultura da empresa também terá um papel importante nesse **Marketing do Futuro** orientado a dados e dependente deles. A personalização no nível do "mercado de um" só pode ser alcançada se cada membro da equipe compreender e estiver comprometido com essa abordagem. Isso significa que a **liderança** precisa investir na educação e formação contínua dos colaboradores, para garantir que todos entendam a importância desses sinais e tendências e como isso pode ser usado para aprimorar o desempenho da empresa.

No entanto, mesmo com o melhor uso da tecnologia e da análise de dados, nunca devemos esquecer que, no cerne de toda estratégia de marketing, estão os **clientes**. Independentemente de quão avançada seja **IA** ou o algoritmo, o sucesso no **Marketing do Futuro** dependerá da capacidade de compreender e atender às necessidades e aos desejos **humanos**. Portanto, é crucial manter um equilíbrio entre a tecnologia e o toque pessoal, garantindo que cada indivíduo se sinta valorizado e compreendido.

As empresas devem estar preparadas para revisar e reajustar suas estratégias à medida que aprendem mais sobre seus clientes. A implementação bem-sucedida de uma jornada *one-to-one inbound marketing* requer a disposição de experimentar, aprender com os erros e fazer melhorias constantes. E, embora a personalização extrema possa parecer uma tarefa assustadora, as recompensas em termos de maior satisfação do cliente e melhor desempenho de negócios podem ser substanciais e a única saída para criação de diferenciais competitivos sustentáveis.

Portanto, enquanto olhamos para o **futuro do marketing**, no contexto do **Marketing do Futuro**, é claro que estamos entrando em uma era de maior personalização e engajamento do cliente. As jornadas do tipo de *one-to-one inbound marketing* são um caminho a seguir, possibilitadas pelo crescimento de big data e dos avanços em **IA**. Os líderes de marketing que souberem aproveitar tais sinais emergentes estarão bem posicionados para levar suas empresas ao sucesso no cenário de negócios cada vez mais competitivo e orientado ao cliente do futuro.

12. Marketing se tornará um hub na organização

O marketing, na era da transformação figital, está se tornando cada vez mais complexo, intrincado, multifacetado e imerso em todas as operações dos negócios. Hoje, a função de marketing já se estende muito além do seu **propósito** tradicional de promoção de produtos e serviços. Agora, já é uma articulação vital na arquitetura de uma empresa, um hub central que articula, orquestra, impulsiona e informa todas as atividades de negócios.

À medida que as linhas que separam inovação, marketing, vendas, experiência do cliente, produtos e serviços se tornam cada vez mais tênues, há uma crescente e imediata necessidade de romper com os silos operacionais. O **Marketing do Futuro** não pode se dar ao luxo de operar isoladamente como um departamento, mas precisa ser integrado e imbricado na estrutura de negócios como um todo. Esta não é apenas uma reconfiguração do marketing, mas um **redesenho da arquitetura** (de criação de valor) e da organização (ou sistema operacional) da empresa.

Essa imersão do marketing na essência do negócio não é sem desafios. As fronteiras entre as diferentes funções de negócios estão se dissolvendo e, com isso, as responsabilidades de cada departamento se sobrepõem e se entrelaçam. Surge então o questionamento: quem é responsável pelo quê? Como os conflitos de competência podem ser resolvidos de forma eficaz? Afinal, a gestão eficaz do cliente exige um equilíbrio delicado entre a compreensão e a resposta às suas necessidades, desejos e comportamentos.

Uma solução para essa dissonância está na criação de um **hub estratégico de marketing**, um núcleo de orquestração do negócio que reuniria a expertise de todas as funções relevantes – de desenho de produtos e serviços a vendas, experiência do cliente, comunidades e negócios, um time multidisciplinar que trabalha em rede, com toda a organização, para desenvolver e implementar **estratégias** de marketing coesas e eficazes. A formação desse hub, no entanto, exige a participação ativa e o compromisso dos tomadores de decisão de alto nível. Esta é uma mudança estratégica e **estrutural** significativa que precisa ser apoiada e conduzida pela liderança.

Um hub de marketing estratégico não é apenas uma mudança na estrutura organizacional, é também uma mudança na **cultura** empresarial. Os membros desse hub devem ser capazes de trabalhar de maneira colaborativa e interdisciplinar, com mentalidade aberta e disposição para compartilhar conhecimento e recursos. Além disso, a cultura da empresa como um todo deve ser receptiva à integração e à colaboração, promovendo abertura, transparência e responsabilidade compartilhada.

Ao mesmo tempo, as organizações precisam investir na **aquisição** e no **desenvolvimento** das **competências e habilidades** necessárias para o **Marketing do Futuro**. Isso inclui habilidades em análise de dados, inteligência artificial e marketing figital, bem como a capacidade de pensar estrategicamente e entender o comportamento do cliente em um nível profundo. As organizações também precisam investir em tecnologia, garantindo que tenham as ferramentas e os sistemas necessários para apoiar suas atividades de marketing.

Finalmente, as organizações precisam estar preparadas para navegar pelas complexidades de operar em um ambiente figital, onde o físico, o digital e o social se misturam e interagem. Isso significa entender como os dados podem ser usados para melhorar a experiência do cliente, tanto online quanto offline, e como as estratégias de marketing podem ser adaptadas para atender a diferentes interações em um universo de pontos de contato em todas as dimensões do espaço figital.

Com a ascensão do marketing individualizado, ou "one-to-one", o papel do marketing como um hub central torna-se ainda mais crucial. Cada jornada de cliente é única, e o marketing precisa ser capaz de acompanhar, entender e responder a essas jornadas individuais em tempo (quase) real. A integração de algoritmos de **IA** e tecnologias de análise de dados avançadas será fundamental para permitir esse nível de personalização e responsividade.

Essa transformação no marketing, entretanto, não é apenas sobre tecnologia. É também sobre construir uma **relação de confiança** com os clientes, sendo transparente sobre como os dados são usados e colocando os interesses dos clientes em primeiro lugar. É sobre construir uma marca que os clientes respeitam e confiam, e que eles vão querer apoiar no longo prazo.

E o **Marketing do Futuro** vai muito além de promover produtos e serviços; é um hub estratégico que **orquestra**, **informa** e **impulsiona** todas as atividades de negócios, integrando-se profundamente na estrutura e na cultura das organizações. Isso exigirá uma mudança significativa na forma como as organizações são estruturadas e operam, mas aquelas que forem capazes de navegar com sucesso por essa transformação estarão bem posicionadas para prosperar numa nova era do marketing figital.

O desafio de **reestruturar** a organização não é pequeno. Exige uma liderança visionária e corajosa, uma cultura de colaboração e abertura, além de um investimento significativo em habilidades, competências e tecnologia. No entanto, para as organizações que estão dispostas a enfrentar esse desafio, a recompensa é uma empresa mais ágil, eficaz e centrada no cliente – e a capacidade de se destacar em um mercado cada vez mais competitivo.

O **Marketing do Futuro** será muito mais **integrado** e **colaborativo**. Em vez de um departamento isolado, marketing será tecido em todos os aspectos da organização. Cada time, de vendas a atendimento ao cliente, de desenvolvimento de produtos a recursos humanos, terá um papel a desempenhar na criação e manutenção desses fluxos de marketing. E a estratégia de marketing de uma empresa não será mais vista como responsabilidade exclusiva de um time "de" marketing, mas de todos, em toda a organização.

O **Marketing do Futuro** será, sem dúvida, muito mais complexo. No entanto, essa complexidade traz consigo uma infinidade de oportunidades para inovar, experimentar e descobrir novas maneiras de conectar-se com os clientes. Para CEOs e líderes empresariais, essa transformação oferece a chance de repensar a maneira como suas empresas se engajam com o mundo e de descobrir novas possibilidades de crescimento e sucesso.

13. Marketing será disciplina nas escolas

Ao pensar no futuro da educação e como ela pode preparar melhor os jovens para o mundo que irão encontrar, torna-se cada vez mais evidente que o marketing tem um **papel** a desempenhar. Longe de ser apenas uma disciplina reservada para especialistas e profissionais de negócios, marketing está se tornando uma habilidade cada vez mais relevante para todos, dado o mundo interconectado e figital em que vivemos.

A era figital nos imerge em um ambiente de **conexões, relacionamentos, interações e comunicação constante**, onde as habilidades de transmitir ideias, persuadir e entender os sistemas de **influência** passam a ser competências essenciais. As redes sociais e as plataformas figitais, que desempenham um papel cada vez mais relevante em nossas vidas são, em sua essência, espaços de marketing. Consequentemente, uma compreensão básica dos princípios e das práticas de marketing torna-se não só útil, mas necessária para a vida na era figital.

Incorporar marketing nos currículos do ensino médio pode proporcionar aos estudantes uma compreensão mais aprofundada de como a economia e a sociedade em geral funcionam. Os estudantes aprenderiam sobre a importância do *branding*, como as empresas usam dados para direcionar o marketing e como a percepção do consumidor pode ser moldada e **manipulada**. Isso equiparia os jovens com as ferramentas para serem consumidores mais informados e críticos.

Além disso, o ensino do marketing nas escolas pode **estimular** o empreendedorismo e a inovação. Os alunos aprenderiam como lançar e promover seus próprios produtos e serviços, o que poderia inspirar muitos a iniciar seus próprios negócios. Com uma compreensão básica do marketing, os jovens teriam mais uma vantagem ao entrar no mundo dos negócios.

A inserção do marketing no currículo escolar não seria apenas benéfica para os estudantes, mas para a sociedade em geral. Criaria uma geração de consumidores mais conscientes e informados, capazes de fazer escolhas de compra mais inteligentes. Também poderia fomentar uma cultura de empreendedorismo e inovação, à medida que os jovens usam suas habilidades de marketing para lançar novos produtos e serviços.

Entretanto, é fundamental que o ensino do marketing seja acompanhado de uma educação ética sólida. Os alunos devem aprender não só como usar o marketing para vender, mas a importância da **honestidade**, da **transparência** e do **respeito** ao outro, aos outros, e como consumidores também. O objetivo não é criar futuros profissionais de marketing, mas **cidadãos responsáveis e conscientes** da sociedade em que estão inseridos.

A proposta de tornar marketing uma disciplina regular nas escolas é uma ideia que vale a pena explorar. A demanda por profissionais de marketing qualificados só crescerá à medida que a economia figital continuar a se expandir, e é importante preparar a **próxima geração** para essa realidade. Além disso, as habilidades aprendidas no estudo do marketing, como **pensamento crítico**, **comunicação eficaz** e compreensão dos **sistemas de influência**, são úteis em muitos aspectos da vida, desde que se aprenda (sobre) marketing a partir de fundamentos, e não como fórmulas estabelecidas e de autoajuda para "fazer" marketing.

Por fim, as políticas públicas e os gestores educacionais terão papel crucial na implementação dessa visão, garantindo que marketing seja ensinado de maneira eficaz e ética. A educação é um dos pilares fundamentais para a formação de uma sociedade, e incorporar marketing como disciplina pode preparar melhor os jovens para um futuro cada vez mais figital e interconectado. Nesse cenário, educadores e profissionais de marketing têm a oportunidade de trabalhar juntos para criar programas educacionais atraentes e relevantes. Eles podem usar exemplos do mundo real, estudos de caso, projetos práticos e tecnologias para ensinar os alunos sobre as várias facetas do marketing, desde estratégias até análise de dados.

A discussão em torno do marketing como disciplina escolar deve ser encarada não apenas como uma necessidade econômica, mas como um passo importante para a formação de uma sociedade mais consciente. Afinal, vivemos em uma época em que somos constantemente bombardeados por mensagens de marketing. Ensinar os jovens a entender e navegar por este ambiente é uma maneira de capacitá-los, dando-lhes mais controle sobre suas decisões e ações.

No entanto, cabe aos formuladores de políticas garantir que essa transição seja feita de forma equilibrada. A inclusão do marketing no currículo não deve suplantar a importância de outras disciplinas essenciais, como matemática, ciências e humanidades. Em vez disso, o marketing deve ser integrado de uma maneira que complemente e enriqueça o currículo existente.

Por outro lado, gestores culturais também têm um papel a desempenhar, reconhecendo a crescente importância do marketing na economia criativa. Eles podem incentivar a formação de profissionais de marketing culturalmente conscientes e responsáveis, que podem ajudar a ampliar o alcance e o impacto da arte, da música e da literatura, por exemplo. Afinal, o marketing é, em sua essência, sobre contar histórias, sobre narrativas. É sobre compartilhar ideias, inspirar emoções e construir conexões. Se for aprendido apropriadamente, pode se tornar uma ferramenta poderosa para a expressão criativa e a comunicação eficaz.

Em conclusão, a introdução do marketing como disciplina no ensino médio pode representar uma grande evolução na educação. É um passo que reconhece a crescente influência das plataformas digitais em nossa sociedade e a necessidade de preparar os jovens para participar ativamente dela. Ao incorporar o **Marketing do Futuro** ao currículo escolar, temos a oportunidade de formar uma geração de consumidores informados, empreendedores inovadores e cidadãos figitais muito engajados.

Mais 11 sinais do Marketing do Futuro um ano depois

O futuro está vindo do futuro para o presente de forma cada vez mais acelerada. Se tivéssemos escrito o **Manifesto** hoje, adicionaríamos mais 11 sinais, que tratam desde interfaces até sustentabilidade, passando por economias virtuais, totalizando 24 sinais do **Marketing do Futuro**.

1. De interações baseadas em cliques para conversações

Marketing adaptará suas estratégias para incluir assistentes de voz e chatbots baseados em **IA,** tornando a interação com o consumidor mais natural e integrada ao cotidiano.

Esse já é mais que um sinal, passa a tendência emergente, com a interação por voz e os assistentes conversacionais se tornando cada vez mais presentes no marketing. Essa evolução representa um avanço significativo, alavancando a inteligência artificial para criar interfaces que permitem comunicação mais natural, intuitiva e eficiente entre marcas e consumidores.

A proliferação dessas tecnologias reflete uma adaptação às mudanças nos hábitos de consumo de mídia, onde a conveniência e a imediatez da informação são valorizadas. Assistente de voz e interfaces conversacionais oferecem aos usuários uma maneira direta e engajada de interagir com dispositivos e serviços, estendendo o alcance do marketing para contextos nos quais o uso de telas não é viável ou desejado.

Essas tecnologias aumentam a acessibilidade e abrem novas possibilidades para personalização em massa. Ao entender nuances da linguagem natural e preferências individuais, as marcas podem oferecer recomendações e conteúdos altamente relevantes, estabelecendo uma conexão mais profunda e significativa com as pessoas.

Adicionalmente, a integração dessas interfaces em muitos dispositivos e plataformas, de smartphones a eletrodomésticos, amplia significativamente os pontos de contato entre marcas e consumidores, permitindo uma onipresença e uma coleta de dados mais rica e contextualizada.

Por fim, a adesão crescente a essas tecnologias sinaliza uma mudança paradigmática no marketing digital, marcando uma **transição de interações baseadas em cliques para conversações**, e estabelecendo uma nova era de marketing interativo e adaptativo, focado na experiência e satisfação do usuário.

2. Conteúdo de vídeo interativo e comercializável

O conteúdo de vídeo já é e se tornará ainda mais interativo, permitindo que as pessoas interajam e realizem compras diretamente, criando uma experiência de consumo mais envolvente.

Esta é uma revolução iminente no marketing em que o vídeo transcende sua função tradicional de mídia passiva, transformando-se em uma plataforma dinâmica e interativa para engajamento e conversão. Esta evolução capitaliza avanços tecnológicos e mudanças de comportamento, refletindo uma fusão entre conteúdo, tecnologia e comércio.

Em primeiro lugar, a interatividade nos vídeos permite que os usuários participem ativamente do conteúdo que consomem, fazendo escolhas, respondendo a enquetes, navegando por diferentes caminhos narrativos ou comprando produtos diretamente por meio do vídeo. Essa imersão profunda aumenta o engajamento e potencializa a eficácia do conteúdo em termos de conversão e retenção.

Em segundo lugar, a integração do e-commerce nos vídeos representa uma fronteira significativa no marketing. As marcas podem utilizar vídeos interativos para contar histórias ou demonstrar produtos e facilitar a aquisição instantânea. Esse recurso elimina as barreiras entre inspiração e ação, permitindo que os consumidores transitem suavemente de espectadores a compradores, tudo dentro do mesmo ambiente digital.

Adicionalmente, esses vídeos oferecem dados valiosos sobre preferências e comportamentos dos usuários, fornecendo insights detalhados que podem ser usados para refinar estratégias de marketing e desenvolvimento de produto. A análise de como os consumidores interagem com o conteúdo interativo pode revelar quais elementos chamam mais atenção, incentivam a interação e efetivamente conduzem às conversões.

A adoção de vídeos interativos e comercializáveis também sinaliza uma evolução nas expectativas dos consumidores, que buscam experiências mais ricas, personalizadas e convenientes. À medida que a tecnologia avança, espera-se que esses vídeos se tornem cada vez mais sofisticados, oferecendo experiências hiper-realistas, talvez até utilizando realidade virtual ou aumentada para criar imersões ainda mais profundas.

Por fim, enquanto o potencial para marcas e consumidores é vasto, é crucial que as empresas abordem essa tendência com uma consideração cuidadosa sobre a usabilidade, acessibilidade e ética. Os vídeos devem ser projetados para serem intuitivos e inclusivos, garantindo que a interatividade não se torne um obstáculo, mas sim um meio para enriquecer a experiência do usuário.

3. IA generativa na criação de conteúdo e muito mais

Inteligência artificial generativa está redefinindo as fronteiras do marketing e dos negócios, marcando uma evolução sem precedentes na maneira como organizações se comunicam, interagem e entendem seus universos de interesse. Neste contexto, **IA** não é mais vista apenas como uma ferramenta para automatizar tarefas ou gerar conteúdo, mas como um agente transformador que permeia todas as facetas das operações de negócios e marketing, promovendo uma sinergia inovadora entre tecnologia e estratégia humana.

Um dos principais impactos de **IA** generativa na criação de conteúdo em marketing é a possibilidade de **personalização em escala**. Com a capacidade de analisar grandes volumes de dados sobre o comportamento e as preferências dos consumidores, **IA** pode criar conteúdos altamente relevantes e adaptados para cada indivíduo. Isso permite que as empresas estabeleçam uma comunicação mais efetiva e empática com seus clientes, aumentando o engajamento e a fidelização.

IA tem o potencial de aumentar significativamente a **produtividade** na criação de conteúdo em marketing. Ao automatizar tarefas repetitivas e demoradas, como a geração de textos, imagens e vídeos, **IA** permite que os profissionais de marketing se concentrem em atividades mais estratégicas e criativas. Isso resulta em uma maior eficiência operacional e na capacidade de produzir mais conteúdo em menos tempo, sem comprometer a qualidade.

Outro benefício de **IA** é a **escalabilidade** na criação de conteúdo. Com a capacidade de gerar grandes volumes de conteúdo personalizado em tempo real, as empresas podem expandir seu alcance e atender a uma base de clientes cada vez maior, sem a necessidade de aumentar proporcionalmente a equipe de marketing. Isso permite que as organizações cresçam de forma mais sustentável e competitiva, aproveitando todo o potencial de **IA** generativa.

IA também abre caminho para **novas formas de conteúdo** em marketing, podendo criar experiências interativas, personalizadas e envolventes, usando chatbots, assistentes virtuais e narrativas adaptativas. Essas novas formas de conteúdo permitem que as empresas se diferenciem no mercado, oferecendo experiências únicas e memoráveis para seus clientes.

IA também tem um papel importante na otimização para mecanismos de busca (**SEO**); aqui, pode gerar conteúdos otimizados para palavras-chave relevantes, melhorando a visibilidade e o ranking das páginas nos resultados de busca. Isso permite que as empresas alcancem um universo maior de pessoas e atraiam mais tráfego orgânico para suas propriedades digitais e sociais.

E **IA** pode ir além da geração de conteúdo e desempenhar um papel fundamental na **criação de estratégias e planos de marketing**.

IA pode ser utilizada para **criar estratégias de marketing** mais eficientes e eficazes. Ao analisar dados sobre o comportamento dos consumidores, tendências de mercado, desempenho de campanhas anteriores e informações sobre concorrentes, **IA** pode identificar oportunidades e desafios, e sugerir estratégias optimizadas para alcançar os objetivos da marca. Por exemplo, **IA** pode analisar o perfil dos clientes, suas preferências e jornadas de compra, além de sugerir segmentações de universos de interesse, nos mercados, mais precisas e personalizadas. Também pode identificar os fluxos de comunicação mais eficientes para cada segmento, bem como o melhor momento para interagir com eles. Além disso, **IA** pode analisar o desempenho de campanhas anteriores e sugerir ajustes nas estratégias para maximizar o retorno sobre o investimento (ROI).

IA também pode ser utilizada para criar **planos de marketing mais abrangentes e detalhados**. Ao considerar uma ampla gama de variáveis, como objetivos da empresa, orçamento disponível, recursos humanos e tecnológicos, e análise de mercado, **IA** pode gerar planos otimizados e adaptados às necessidades específicas de cada organização. Esses planos podem incluir a definição de metas e objetivos de marketing, a alocação de recursos, a seleção de fluxos de comunicação, a definição de indicadores de desempenho (KPIs) e a criação de cronogramas e orçamentos detalhados. **IA** pode simular diferentes cenários e prever os resultados de cada estratégia, permitindo que os profissionais de marketing tomem decisões mais informadas e assertivas.

No nível operacional, **IA** pode **automatizar e otimizar diversas tarefas e processos de marketing**, tornando a execução dos planos mais eficiente e escalável. Isso inclui a criação e personalização de conteúdo, a gestão de campanhas em diferentes dimensões do espaço figital, a otimização de anúncios, a automação de fluxos, entre outros.

IA pode **analisar o desempenho das ações de marketing** em tempo real, identificando oportunidades de melhoria e fazendo ajustes automáticos para maximizar os resultados, o que pode gerar relatórios e insights automatizados sobre o desempenho das ações de marketing, permitindo que os profissionais de marketing tenham uma visão mais completa e atualizada dos resultados e tomem decisões mais embasadas.

4. Marketing centrado na privacidade

Marketing centrado na privacidade surge como um imperativo no cenário atual, onde a preocupação com a segurança de dados alcança patamares sem precedentes. Este paradigma impõe que as estratégias de marketing sejam reestruturadas para incorporar práticas que garantam a transparência e ofereçam aos usuários controle total sobre seus dados pessoais. A nova abordagem exige que o consentimento para o uso de dados seja não apenas um requisito legal, mas um pilar de confiança e integridade entre marcas e consumidores.

Nesse contexto, o marketing deve se adaptar, evoluindo de táticas intrusivas para métodos que respeitem a privacidade e priorizem o consentimento ativo do usuário. Isso significa que as campanhas publicitárias e as estratégias de engajamento devem ser cuidadosamente planejadas para assegurar que a coleta e o uso de dados sejam transparentes e baseados na permissão explícita do usuário. Essa mudança atende às demandas regulatórias e reflete um compromisso ético com a proteção da privacidade individual.

Adotar o marketing centrado na privacidade também abre caminhos para inovações, como o desenvolvimento de tecnologias que potencializam a personalização e a relevância do conteúdo sem comprometer a segurança dos dados. As organizações podem se utilizar de análises avançadas e aprendizado de máquina para extrair insights a partir de dados agregados e anonimizados, respeitando a privacidade do usuário enquanto otimizam suas estratégias de marketing.

Além disso, essa abordagem pode fortalecer a relação entre empresas e consumidores, estabelecendo um diálogo baseado na confiança e no respeito mútuo. Os consumidores estão cada vez mais cientes de seus direitos relacionados à privacidade de dados e tendem a favorecer marcas que demonstram comprometimento com a proteção dessas informações. Portanto, empresas que adotam práticas de marketing centradas na privacidade se alinham com os requisitos legais e éticos e cultivam lealdade e confiança, elementos fundamentais para o sucesso em longo prazo.

Em síntese, o marketing centrado na privacidade não é apenas uma tendência, mas uma necessidade estratégica que reflete as expectativas contemporâneas dos consumidores e os imperativos legais. As organizações que se anteciparem a essa transformação, integrando a privacidade em suas estratégias de marketing, estarão bem posicionadas para liderar em um mercado cada vez mais consciente e exigente.

5. A chegada de estratégias de marketing multicommerce

A interconexão entre diferentes formas de comércio eletrônico, de **B2C** a **B2B**, **C2M** e **SC** (social commerce), passando por **B2B2C**, criará ecossistemas de varejo online altamente integrados, permitindo transições fluidas entre diferentes modelos de negócios e proporcionando uma experiência de compra abrangente e personalizada.

A integração dos diferentes modelos de e-commerce baseia-se na utilização de fundamentos comuns que podem potencializar a eficiência e a eficácia do comércio eletrônico em todas as suas formas. Esses fundamentos incluem plataformas tecnológicas avançadas, análise de dados integrada, personalização, automação e uma infraestrutura logística robusta e flexível:

- **Um ecossistema de plataformas** para suporte unificado a todos esses modelos permitiria a integração de processos, desde o gerenciamento de inventário até o atendimento ao cliente, facilitando uma visão holística do ciclo de vida do produto e do comportamento do consumidor.

- **Análise de dados integrada** com a capacidade de coletar e tratar dados em todas as etapas do processo de venda e produção permitiria previsões mais precisas, personalização e melhor tomada de decisão, reduzindo custos e aumentando a satisfação do cliente.

- **Personalização e automação**, utilizando dados para criar experiências de compra personalizadas em todos os níveis de interação – seja na fabricação personalizada (C2M), na oferta de produtos específicos para empresas (B2B) ou na adaptação da experiência de compra para o consumidor final (B2C).

- **Infraestrutura logística integrada** que atenda simultaneamente às necessidades de entrega direta ao consumidor, distribuição para empresas e recebimento de insumos de fabricação pode maximizar a eficiência e reduzir os prazos de entrega.

Ao integrar esses modelos, uma negociação B2C pode estar diretamente conectada a uma transação B2B e, simultaneamente, influenciar a relação C2M. Por exemplo, um aumento na demanda por um produto no varejo (B2C) pode acionar automaticamente pedidos de reposição ao distribuidor (B2B) e sinalizar ao fabricante (C2M) a necessidade de aumentar a produção. Isso não apenas reduz os custos de busca e as fricções no mercado, mas também permite uma cadeia de suprimentos mais responsiva e eficiente, melhorando a experiência de todos os envolvidos.

Além dos fundamentos já mencionados, a implementação de padrões de interoperabilidade entre sistemas é crucial para que as informações fluam sem obstáculos entre os diferentes setores e para que as ações em um nível (como B2C) tenham reflexos imediatos nos outros níveis (B2B e C2M).

Essa integração vai além da simples automação de processos e entra no território da inteligência colaborativa, onde os dados e insights gerados em uma esfera podem informar e otimizar as práticas nas outras. Por exemplo, a análise preditiva em B2C pode ajudar a identificar tendências de consumo que orientam a produção em C2M e a gestão de estoque em B2B, criando um ciclo de feedback contínuo que aumenta a eficiência geral do mercado.

Além disso, a integração também promove uma maior sustentabilidade nas operações comerciais, reduzindo desperdícios através de uma melhor previsão de demanda e ajuste de produção, otimizando recursos e alinhando as empresas com as crescentes demandas por práticas comerciais responsáveis e sustentáveis.

No contexto de marketing, essa integração permite uma comunicação mais eficaz e direcionada, pois o entendimento profundo dos padrões de consumo e as necessidades de diferentes segmentos do mercado podem ser usados para personalizar as mensagens e as ofertas, maximizando a relevância e o impacto em cada ponto de contato. Assim, a integração plena dos modelos de e-commerce representa uma evolução crucial para o setor, apontando para um futuro em que eficiência, personalização e responsabilidade ambiental são intrinsecamente conectadas.

6. O surgimento de ecossistemas descentralizados de marketing

Blockchain poderá permitir plataformas de marketing descentralizadas, proporcionando aos consumidores maior controle sobre seus dados e fomentando uma relação de transparência e confiança com as marcas.

Esta seria uma evolução significativa no campo do marketing, onde a tecnologia blockchain assume um papel central. Essa transformação modifica as estratégias de marketing e redefine a relação entre marcas e consumidores, fundamentando-se em princípios de transparência, confiança e autonomia do usuário.

Nesse contexto, as empresas migrarão de abordagens centralizadas, onde poucos detêm controle total sobre os dados e a experiência do usuário, para plataformas descentralizadas que democratizam o marketing. Os consumidores passarão a ter mais controle sobre seus próprios dados, podendo escolher como, quando e quais informações compartilhar, incentivando um marketing mais ético e consentido.

A adoção de ecossistemas de marketing descentralizados permitirá que as marcas construam relações mais autênticas e significativas com as pessoas. Em vez de mensagens massificadas, marketing poderá ser personalizado de forma ética, respeitando a privacidade do usuário e a lealdade à marca.

A transição para plataformas descentralizadas também incentivará inovação, habilitando novos modelos de negócios e parcerias colaborativas entre empresas e consumidores. As marcas poderão se beneficiar de insights mais profundos e precisos, derivados de dados compartilhados voluntariamente pelos usuários, melhorando a eficácia das campanhas e a relevância das ofertas.

A descentralização no marketing poderá abrir caminho para maior democratização e inclusão, onde pequenos produtores e novos entrantes podem competir de forma mais equânime com grandes corporações. Isso estimula a competição saudável e promove uma diversidade maior no mercado, beneficiando consumidores com mais opções e inovação.

Em resumo, ecossistemas descentralizados de marketing representam uma evolução natural em resposta às demandas contemporâneas por mais transparência, privacidade e personalização, marcando um novo capítulo na forma como as empresas se comunicam e se relacionam com suas comunidades.

7. Marcas apostam em plataformas de jogos... e na volta do Metaverso?

A economia de **Roblox** é um exemplo de como economias virtuais podem transformar marketing em espaços digitais. Em Roblox, as pessoas interagem com jogos e experiências criadas por outras e têm a oportunidade de contribuir com suas próprias criações, usando a moeda virtual Robux. Essa economia interna permite que marcas criem campanhas publicitárias inovadoras, como lojas virtuais ou eventos temáticos que oferecem produtos exclusivos dentro do jogo, engajando diretamente com uma comunidade ativa e engajada.

Há um potencial ainda maior em futuros **metaversos distribuídos sobre blockchains**. Esses espaços permitiriam a criação de economias virtuais descentralizadas, onde a propriedade, o comércio e a interação são reforçados pela segurança e transparência do protocolo blockchain. Empresas podem criar ativos digitais únicos, proporcionando novas dimensões de exclusividade e valor para os usuários. Além disso, haveria muitas oportunidades para o marketing experiencial, onde as marcas poderiam construir universos completos para imersão dos consumidores, promovendo um engajamento profundo e memorável.

A influência das economias virtuais no marketing tem um gigantesco potencial de transformação, e poderá ser uma mudança paradigmática na interação entre marcas e pessoas. À medida que mundos virtuais e games se tornam espaços cotidianos para um número crescente de pessoas, as empresas têm a chance de se inserir nesses ambientes, proporcionando experiências únicas. A utilização de bens e moedas virtuais pode se estabelecer como um meio inovador para engajamento, permitindo uma imersão que transcende as abordagens tradicionais de marketing.

Nesses ambientes, marcas podem ir além da publicidade, participando ativamente das experiências figitais dos usuários. Ao criar eventos exclusivos, itens virtuais personalizados e até economias internas nos jogos ou plataformas virtuais, as empresas podem gerar um novo nível de interação e fidelização. Isso diversifica o portfólio de marketing e cria pontos de contato mais significativos com as redes e comunidades.

8. Marketing se tornará verdadeiramente figital

A integração multidimensional do marketing no contexto figital representa uma abordagem inovadora que **reconhece** e **harmoniza** as dimensões física, digital e social da experiência humana e organizacional. As estratégias de marketing que adotam essa visão multidimensional buscam criar experiências coesas e fluidas, que transcendem as barreiras entre o online e o offline, o individual e o coletivo.

Neste cenário, as marcas são desafiadas a orquestrar campanhas que se manifestam consistentemente através de múltiplos fluxos e formatos, proporcionando uma jornada integrada para o consumidor. Isso envolve a utilização de dados e tecnologias avançadas para compreender e antecipar as necessidades e os comportamentos dos consumidores em diferentes contextos, adaptando as mensagens e interações de acordo com cada situação.

A integração figital enfatiza a importância de criar pontos de contato tecnicamente integrados e contextual e emocionalmente relevantes. Isso implica oferecer experiências que sejam genuínas, enriquecedoras e que reflitam os valores e propósitos da marca, estabelecendo conexões mais profundas e duradouras com as comunidades.

No setor **saúde**, por exemplo, a integração figital pode permitir que pacientes tenham uma experiência de cuidado contínuo que combina telemedicina, monitoramento remoto de saúde e consultas presenciais. As informações coletadas por dispositivos vestíveis podem ser analisadas em tempo real, proporcionando insights para médicos e pacientes, melhorando a personalização do tratamento.

No âmbito do **varejo**, essa abordagem permite uma experiência de compra fluida, integrando lojas físicas, e-commerce e plataformas sociais. Um cliente pode experimentar um produto na loja, receber recomendações personalizadas através de um aplicativo móvel e finalizar a compra online, com a opção de retirar o produto em uma loja física ou receber em casa, tudo isso enquanto interage com a marca em redes sociais.

No setor de **educação**, a integração multidimensional do marketing figital poderia revolucionar tanto a experiência de aprendizado quanto a interação entre instituições, estudantes e educadores. Imagine uma universidade que emprega uma abordagem figital para oferecer cursos que combinam aprendizado online com experiências práticas e colaboração social. Os alunos poderiam acessar conteúdo digital, participar de simulações virtuais e colaborar em projetos em tempo real, enquanto também participam de aulas e laboratórios presenciais que complementam e enriquecem sua experiência educacional.

Neste cenário, o marketing educacional figital pode **personalizar** o recrutamento e a retenção de estudantes, utilizando análises de dados para entender melhor as necessidades e preferências de cada aluno, adaptando as comunicações e ofertas de acordo com o contexto. Além disso, essa abordagem pode **fortalecer** a comunidade educacional, fomentando redes de ex-alunos e incentivando a colaboração entre estudantes, professores e profissionais do setor, criando um ecossistema educacional vibrante e interconectado.

Ao adotar uma perspectiva figital, as organizações podem superar as limitações dos enfoques tradicionais, explorando novas possibilidades para inovar, engajar e criar valor de forma sustentável. Isso eleva o padrão das iniciativas de marketing e contribui para o fortalecimento da marca e a fidelização do cliente em um ambiente cada vez mais dinâmico e interconectado.

9. Plataformas e marketing social de nicho

A potencial evolução para plataformas sociais descentralizadas, muitas delas sendo prototipadas enquanto você lê este texto, representaria uma mudança paradigmática para marketing, onde o foco se desloca da publicidade tradicional e influenciadores para conteúdos gerados por usuários e **influência social coletiva**. Neste cenário, as comunidades tornam-se epicentros de engajamento e autenticidade, valorizando vozes individuais e coletivas em detrimento de mensagens corporativas.

Tais **plataformas** operam em redes distribuídas, proporcionando maior transparência, privacidade e controle aos usuários sobre seus dados. O marketing, por conseguinte, deve adaptar-se a esses ambientes, incentivando e curando conteúdos gerados por usuários, que ressoam mais efetivamente com as audiências por serem percebidos como mais genuínos e confiáveis.

A **descentralização** favorece a criação de nichos de mercado e comunidades engajadas em torno de interesses específicos, permitindo estratégias de marketing altamente segmentadas e personalizadas.

Empresas podem colaborar com estas comunidades, apoiando e valorizando suas vozes, ao invés de tentar impor mensagens publicitárias.

À medida que avançamos para plataformas (sociais) descentralizadas, o marketing se transformará para abraçar um modelo mais participativo e democrático, onde o conteúdo gerado pelo usuário e a influência coletiva são primordiais. Imagine uma plataforma onde os usuários compartilham conteúdo, participam da governança e das decisões estratégicas da própria plataforma, moldando ativamente a direção e os valores da comunidade.

Por exemplo, uma plataforma descentralizada no setor de **moda** poderia permitir que os usuários criassem nas próximas tendências, compartilhassem seus designs, ou até decidissem quais produtos devem ser produzidos. O papel do marketing seria fomentar, facilitar e amplificar essas conversas orgânicas, incentivando a cocriação e o compartilhamento de experiências.

No setor **alimentício**, poderíamos ver plataformas onde receitas são compartilhadas e avaliadas pela comunidade, com os usuários influenciando diretamente quais produtos alimentícios são desenvolvidos ou quais restaurantes recebem maior destaque. O marketing nesse contexto precisaria se adaptar para ser mais um curador e colaborador, em vez de um anunciante.

Em **tecnologia**, imagine uma plataforma onde desenvolvedores, consumidores e entusiastas colaboram no desenvolvimento de produtos de software. O feedback e as ideias da comunidade moldam o produto final e geram campanhas de marketing orgânicas, baseadas no entusiasmo e no endosso genuíno dos participantes.

Essas plataformas sociais descentralizadas irão requerer uma mudança fundamental na maneira como as marcas interagem com suas comunidades, valorizando a autenticidade, a transparência e a participação ativa. O marketing terá que evoluir para ser menos intrusivo e mais integrado às experiências e aos valores da comunidade, refletindo uma verdadeira parceria entre marcas e consumidores.

Em longo prazo, as plataformas sociais descentralizadas podem redefinir as dinâmicas de poder no mundo figital, priorizando o valor coletivo e a colaboração sobre a centralização e o controle. Para os profissionais de marketing, isso significa explorar novas formas de engajamento, onde a transparência, a comunidade e a cocriação são fundamentais para construir relações duradouras e significativas com os consumidores.

10. Marketing biométrico avançado

O marketing biométrico avançado representa uma inovação significativa, oferecendo um nível de personalização sem precedentes ao analisar dados biométricos para entender as respostas emocionais e fisiológicas dos consumidores. Imagine campanhas que adaptam conteúdos em tempo real com base nas reações das comunidades, otimizando mensagens para gerar maior engajamento e conexão emocional.

O marketing biométrico avançado fundamenta-se na coleta e análise de dados biométricos para fornecer insights profundos sobre as respostas emocionais e fisiológicas dos consumidores. Os fundamentos desta abordagem encontram-se na neurociência e na psicologia comportamental, aplicando tecnologias avançadas para capturar sinais como frequência cardíaca, expressões faciais e, no limite, padrões de ondas cerebrais.

Dispositivos como smartwatches, pulseiras de atividade e tecnologia de reconhecimento facial podem coletar dados biométricos em tempo real, fornecendo uma rica camada de informação emocional e fisiológica que pode ser utilizada para personalizar a experiência do consumidor. Estes dispositivos, integrados com inteligência artificial e aprendizado de máquina, permitem interpretar esses dados para ajustar mensagens de marketing de forma dinâmica e em tempo real.

No setor de **varejo**, por exemplo, essa tecnologia poderia ser usada para avaliar a reação dos consumidores a diferentes produtos ou configurações de loja, adaptando a experiência de compra para maximizar o engajamento e a conversão. Em **entretenimento**, análises biométricas poderiam personalizar recomendações de conteúdo com base nas respostas emocionais dos usuários, melhorando a satisfação e fidelidade à plataforma.

No âmbito da **saúde**, o marketing biométrico poderia informar os consumidores sobre produtos de bem-estar e fitness que se alinham às suas necessidades fisiológicas específicas, enquanto no **setor financeiro** a detecção de stress ou hesitação poderia ajudar a personalizar serviços e comunicações para aumentar a confiança e satisfação do cliente.

O papel do marketing, neste contexto, evolui para um facilitador de experiências altamente personalizadas e significativas, utilizando dados biométricos para entender e antecipar as necessidades e preferências dos consumidores de maneira mais eficaz, estabelecendo uma conexão mais profunda e emocional com a marca.

Ao implementar o marketing biométrico avançado, as organizações se deparam com significativas preocupações relativas à segurança de dados, privacidade e ética. A coleta de dados biométricos envolve informações extremamente sensíveis e pessoais, cujos uso e armazenamento devem ser rigorosamente protegidos para evitar violações de dados ou usos indevidos.

Do ponto de vista da privacidade, é essencial que os consumidores estejam plenamente cientes e concordem explicitamente com o uso de seus dados biométricos. Isso requer transparência total sobre quais dados são coletados, como são usados e com quem podem ser compartilhados. Além disso, os consumidores devem poder optar por não participar e ter a garantia de que seus dados possam ser excluídos a qualquer momento.

Do ponto de vista ético, surge o questionamento sobre até que ponto é adequado usar respostas emocionais e fisiológicas para influenciar o comportamento do consumidor. Essa prática pode ser vista como manipulativa, especialmente se os indivíduos não tiverem controle total ou consciência de como suas informações biométricas estão sendo utilizadas.

Portanto, enquanto o marketing biométrico avançado oferece oportunidades inovadoras para personalização e engajamento, é fundamental que essas iniciativas sejam conduzidas com a máxima responsabilidade, respeitando a privacidade, a segurança e a ética para manter a confiança e a lealdade do consumidor.

11. Dominância do marketing sustentável e ético

A transição para o marketing sustentável e ético reflete uma adaptação necessária às crescentes demandas dos consumidores por responsabilidade social e ambiental das marcas. Em 2023, evidenciou-se um ano crucial para a ação sustentável, com consumidores exigindo que as marcas assumam a responsabilidade pelo progresso na sustentabilidade. As empresas estão respondendo com investimentos sérios em um futuro renovável e sustentável, reconhecendo que a responsabilidade corporativa vai além das operações internas e se estende por toda a cadeia de valor.

Empresas de diversos setores estão percebendo que a sustentabilidade pode gerar receita, satisfazer investidores e reguladores, melhorar a reputação e reduzir a pegada ambiental. A sustentabilidade ajuda a aprofundar o senso de propósito organizacional, engajando e retendo uma nova geração de funcionários. Transformações organizacionais são necessárias para abraçar desafios sistêmicos maiores e colaborações entre diversos atores, incluindo ONGs, governos, instituições financeiras e empresas, são fundamentais para abordar questões de sustentabilidade de maneira holística.

No âmbito do marketing, a sustentabilidade melhora o engajamento dos funcionários, alinhando os valores corporativos aos valores pessoais. Políticas de sustentabilidade social podem melhorar a vida diária dos funcionários, aumentando a satisfação e reduzindo a rotatividade. Além disso, práticas sustentáveis ajudam as organizações a cumprir com regulamentações ambientais e sociais crescentes e podem aumentar os lucros, ao reduzir custos operacionais e atrair investimentos baseados em avaliações ESG positivas.

Para garantir que as estratégias de marketing sustentável e ético sejam genuinamente eficazes e cumpram sua promessa de responsabilidade ambiental e social, as empresas devem abraçar profundamente esses valores em sua cultura corporativa e operações, o que responde à demanda crescente dos consumidores por práticas sustentáveis e constrói uma base sólida para o sucesso e resiliência em longo prazo.

O envolvimento de todas as facetas da organização é crucial. Desde a liderança até os colaboradores em todos os níveis, deve haver um comprometimento compartilhado com a sustentabilidade, que seja evidente nas decisões diárias, nas operações da empresa e, claro, em suas estratégias de marketing. A integração de práticas sustentáveis deve ser vista não como um custo, mas como um investimento no futuro da empresa e do planeta.

As empresas podem adotar várias abordagens para implementar o marketing sustentável e ético:

1. **Análise de cadeia de valor:** as empresas devem examinar sua cadeia de valor para identificar onde podem reduzir o desperdício, melhorar a eficiência energética, usar materiais sustentáveis e garantir práticas trabalhistas justas.

2. **Comunicação transparente:** o marketing deve comunicar de maneira transparente e honesta os esforços e realizações da empresa em sustentabilidade, evitando o greenwashing e construindo confiança com os consumidores.

3. **Engajamento do consumidor:** encorajar e facilitar o envolvimento dos consumidores em práticas sustentáveis, seja por meio de programas de reciclagem, produtos reutilizáveis ou iniciativas de conscientização.

4. **Inovação e colaboração:** as empresas devem buscar inovações que permitam práticas mais sustentáveis e colaborar com parceiros, ONGs e até concorrentes para promover mudanças positivas no setor.

5. **Responsividade às partes interessadas:** ouvir clientes, funcionários, comunidades e investidores para entender suas expectativas em relação à sustentabilidade e ajustar as estratégias de acordo.

Em longo prazo, as empresas que adotarem essas práticas não apenas sobreviverão, mas se destacarão, tornando-se líderes em um mercado cada vez mais voltado para a sustentabilidade. Elas serão capazes de captar a lealdade dos consumidores, atrair e reter talentos, cumprir com regulamentações cada vez mais rigorosas e, em última análise, contribuir significativamente para um futuro sustentável

Em resumo

A sociedade e a economia emitem um número cada vez maior de **sinais** de um futuro em que **fluxos** de conexões, relacionamentos, interação e informação desempenham um papel sem igual no passado, e vital no presente e no futuro. As **redes** criaram ambientes onde interação e interconexão passaram a ter uma escala global sem precedentes, criando um **espaço** em que as fronteiras entre o físico, o digital e o social estão cada vez mais tênues.

Estamos testemunhando a proliferação de **plataformas** que moldam as relações pessoais, sociais, de consumo e de vida, alterando a maneira como interagimos, nos comunicamos e fazemos compras. As empresas estão se esforçando para estar presentes em todos os pontos de contato do cliente, proporcionando uma experiência unificada em todas as dimensões do espaço figital. A Internet das Coisas, grandes volumes de dados e **IA** estão permitindo que as empresas capturem e analisem dados em tempo real para entender melhor o comportamento do cliente e personalizar suas ofertas.

Além disso, a **emergência** de novas formas de trabalho e colaboração está mudando as estruturas tradicionais de performance nos negócios e remodelando a maneira como as empresas operam e inovam. E graças ao aprendizado de máquina e à inteligência artificial, os sistemas e processos de marketing estão se tornando cada vez mais automatizados e precisos, melhorando a eficiência e a eficácia do marketing.

Juntos, esses fatores estão criando um **ambiente** em que o marketing não pode mais ser visto como uma função isolada, mas como uma parte integrante do **ecossistema** de negócios e social mais amplos, redefinindo as relações de produção em **fluxos** de informação e poder em rede e ecossistemas, transformando todas as audiências em **comunidades**, departamentos de marketing em hubs estratégicos preparando o terreno para o **Marketing do Futuro**.

3

Desorganizando posso (re)organizar

Mercados, sociedade e mundo estão em transição para uma era **figital**, um movimento sem retorno na integração das dimensões **física**, **digital** e **social** nas performances das pessoas e organizações de todos os tipos, do varejo ao Estado. A onipresença da **internet** passou da fase de especulação e se tornou uma realidade incontestável. Depois de uma hesitação coletiva em aceitar essa **transição**, o foco agora deve ser a navegação competente neste novo universo.

A internet fez **uma** mágica, além de transformar **comunicação** em **conectividade**: criou o **digital em rede**, uma nova dimensão da realidade, onde se publicam **algoritmos**. Um site é um algoritmo, e algoritmos, escritos em **software**, são capazes de **virtualizar** o que existe na dimensão física da realidade. Um e-commerce é o **virtual** de uma loja e não precisa dela para existir, já que pode virtualizar só o conceito de loja, e não uma loja específica.

A dimensão **digital** já mudava radicalmente o mundo, reduzindo a geografia física, em muitos cenários, a um ponto. Mas algoritmos, online, habilitam outras mágicas, e uma delas é criar **fundações** para **formar redes**: algoritmos também habilitam a terceira dimensão da realidade, a **social**, onde **audiências** são **transformadas** em **redes** e **público**, em **comunidades**. A dimensão social já orquestra e articula quase tudo o que acontece nas dimensões **física** e **digital** do **espaço figital**.

A **realidade figital** exige o entendimento e a imersão em uma nova dinâmica econômica, social e política. Vivemos uma **revolução** que

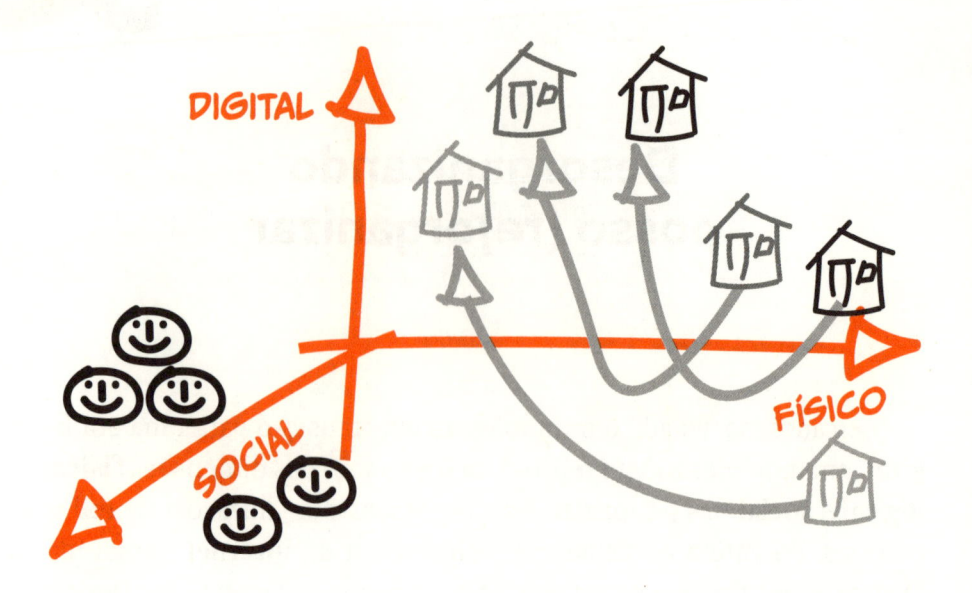

remodela as estruturas de **conexões**, **relacionamentos** e **interações** humanas e de negócios. Incessantemente. As dimensões digital e social do espaço competitivo são escritas em código e modificadas, continuamente, por todo mundo que escreve código.

Cada pequena **mudança** nos **algoritmos online** reescreve pequena parte de mercados inteiros. Mudanças maiores podem transformar mercados. Mudanças radicais criam mercados e destroem outros. Novas classes de algoritmos online criam mercados do zero e muitas vezes afetam toda a realidade figital; o caso mais recente são os modelos linguísticos que, deste ponto de vista, são "só" mais uma classe de algoritmos online.

Navegar neste universo exige uma agilidade estratégica inédita, além de disposição para repensar e recalibrar constantemente práticas e teorias. Frequentemente, nos deparamos com o desafio de as teorias existentes não conseguirem acompanhar a velocidade das mudanças.

LINHA DO TEMPO DO [FUTURO] FIGITAL

digital privado
[1970 - 1990]

primeiras **trocas de documentos** eletrônicos via **redes digitais privadas**

primeiros **padrões para negócios online** permitem iniciativas como catálogos e **vendas online**

negócios em rede
[1990 - 2000]

95

ecossistemas digitais
[2000 - 2010]

primeiras soluções de serviços compartilhados para negócios baseados em **nuvens computacionais**

integração de organizações de todos os portes a **ecossistemas figitais** através de novos negócios digitais inovadores

25

transformação figital
[2010 - 2020...]

ecossistemas de plataformas
[...2020...2030...]

negócios de **classe global** integram as **maiores** e **menores organizações** do mundo em **plataformas de negócios figitAIs**

● **FIGURA 3.2**

Plataformas, comunidades, ecossistemas e efeitos de rede, o **novo quarteto do marketing**, é a fundação que habilita o **espaço figital** e tudo o que nele acontece.

Na dimensão digital do espaço, **plataformas** são a infraestrutura e os serviços básicos que ampliam, estendem, virtualizam e substituem coisas e negócios físicos. São elas que transformam públicos em **comunidades**, criam engajamento e conhecimentos úteis sobre comportamento nos mercados. **Ecossistemas** são redes complexas e dinâmicas de **plataformas**, **comunidades** e seus **relacionamentos**. Os **efeitos de rede** intensificam a disseminação e a influência desses relacionamentos e interações, criando oportunidades para crescimento e impacto no mercado. É essencial entender esse quarteto para implementar abordagens de marketing inovadoras e eficazes.

Esta **base** é essencial para desvendar os vetores de **criação de valor** nos negócios contemporâneos, para entender o **futuro do marketing**, criar e otimizar **estratégias** e cultivar valor sustentável em mercados cada vez mais interconectados e influenciados pelos fenômenos emergentes dessas **quatro forças fundamentais**.

Não há futuro para negócios isolados. Tudo acontece em rede. No espaço figital. Habilitado por plataformas. Com as pessoas em rede, em comunidades, que são os novos mercados, onde efeitos de rede moldam a realidade. Uma realidade de ecossistemas de plataformas e comunidades.

Daqui pra frente, tudo o que se disser e discutir neste livro está neste contexto.

Mas, antes disso, vamos definir tudo, ao pé da letra.

As plataformas e os ecossistemas

Plataformas são **sistemas** (de informação) que **podem ser programados** e personalizados por desenvolvedores externos – usuários – e adaptados a necessidades e demandas que seus desenvolvedores originais não contemplaram por falta de tempo, recursos, conhecimento ou, talvez até mais apropriadamente, por opção estratégica, de adicionar ou não. Toda plataforma deve ter a **infraestrutura** e **serviços** capazes, dada uma certa **governança**, de habilitar a formação de comunidades, sua evolução e manutenção.

Toda **plataforma** deve ser **programável** por agentes externos ao seu grupo de desenvolvedores. Se não é, não é uma plataforma.

Toda **plataforma** deve habilitar **comunidades**. Se não é, não é uma plataforma.

É **só** um sistema de informação, tal qual a velha folha de pagamentos.

Infraestruturas e **serviços** das plataformas devem ser processos interdependentes, orquestrados, não podem estar cercados de burocracia, para que possam ser usados para realizar outras ações de forma **elegante**, o que demanda **times**, ágeis e flexíveis, parte de uma **organização em rede**, que aprende continuamente com o que percebe dentro e fora dela.

Plataformas figitais são as camadas de **infraestrutura** e **serviços** que, orquestradas por mecanismos de **governança** que regulam os usos de suas interfaces para permitir que **agentes** – indivíduos, negócios, coisas, apps – desenvolvam **aplicações** e estabeleçam as **conexões** que são bases para **relacionamentos** a partir dos quais se for-

PLATAFORMAS

ECOSSISTEMAS

MERCADOS

COMUNIDADES

APLICAÇÕES

GOVERNANÇA

INTERFACES

SERVIÇOS

INFRAESTRUTURA

● **FIGURA 3.3**

mam **comunidades** capazes de serem os ambientes em que acontecem **interações** em redes, que frequentemente levam às **transações** nos **mercados** habilitados pelas plataformas.

Comunidades são **redes** de **agentes** (indivíduos, grupos, organizações) que se **articulam** e **interagem** sobre plataformas, utilizando as funcionalidades e interfaces disponíveis para estabelecer **conexões**, **relacionamentos** e **interações**, o que leva a **trocas** de informação, conhecimento e valor, de forma dinâmica e **interdependente**, moldando e sendo moldadas pelas propriedades e dinâmicas das plataformas e das próprias comunidades em que se inserem, refletindo as possibilidades e contradições das transformações sociais, econômicas e políticas da era figital.

De mais de uma forma, plataformas são **novas fundações** para criação, entrega e captura de valor. Plataformas **formam** mercados, mediando a interação entre clientes e **coordenando** a demanda em todos os lados do mercado, especialmente quando os ecossistemas habilitados são de **trabalho. Mercados figitais** dependem de uma **plataforma figital** que media, integra e distribui informação de ou para usuários e de ou para muitos produtos e serviços, conectando consumidores, fornecedores, complementadores e intermediários de mercado. Plataformas **facilitam** conexões, relacionamentos, interações e transações entre múltiplos lados que atendem, sempre tentando fazer com que agentes de um lado tenham **maior** probabilidade de entrar na **plataforma** quantos **mais** membros dos outros lados o fizerem.

Plataformas, por outro lado, reduzem **dois custos**: os de **busca**, pelos quais passam agentes de todos os lados **antes** de qualquer transação, o que é feito reduzindo a **assimetria de informação** entre as partes; e custos **compartilhados**, incorridos durante as próprias transações, como os de pagamento.

O valor das plataformas depende de poucos elementos: a rede de **usuários** finais, de **facilitadores e complementadores**, o **escopo** e **arquitetura** da plataforma. Isso não quer dizer que plataformas são simples de analisar e entender, muito menos de desenvolver, evoluir e popular. À medida que quase tudo o que está associado a valor, em rede, deixa de ser um produto autônomo e passa a depender de plataformas, definições e limites dos mercados de produtos deixam de ser relevantes para definir o **tipo** e a **intensidade** da **concorrência** e identificar os concorrentes relevantes.

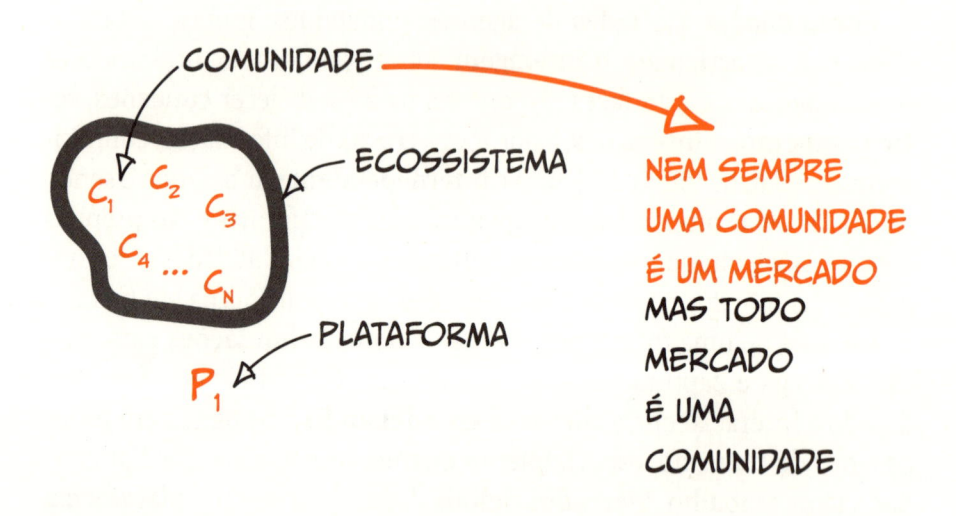

Ecossistemas são redes complexas e dinâmicas de **plataformas, comunidades** e seus **relacionamentos**, que coevoluem e se influenciam mutuamente com base em fluxos de informação, interações e trocas de valor. Ecossistemas são caracterizados por **propriedades de rede**, como formação de **hubs** e emergência de efeitos de rede, e são moldados por forças econômicas, políticas e sociais mais amplas. Ao mesmo tempo em que oferecem novas possibilidades de conexão, colaboração e inovação, os ecossistemas figitais refletem e podem reforçar as desigualdades e assimetrias de poder existentes na sociedade. Compreender essas dinâmicas é fundamental para o desenvolvimento de estratégias e políticas que promovam ecossistemas digitais mais inclusivos e sustentáveis.

Quando **plataformas** habilitam **ecossistemas**, a **competição** se dá **entre mercados**. Produtos criados e negociados em (ou por meio de) plataformas não se limitam a um ou a poucos setores, e mercados habilitados por plataformas podem abranger múltiplos mercados (clássicos) de produtos. Tratar tais mercados (de produtos) de forma separada deixaria de lado o **ponto-chave** dos mercados figitais: a **interconexão** e **interdependência** entre produtos em muitos mercados e setores que podem formar um **sistema integrado de produtos e serviços para os clientes finais.**

Plataformas e, em particular, mercados multilaterais habilitados por plataformas, capturam tal nível de **agregação** e **interdependência**. Na teoria da concorrência (de antes das plataformas), mercados são estáticos; empresas competem em mercados definidos, tomando a estrutura de mercado como **fixa**, onde o foco das análises está em como as **ações** competitivas entre empresas rivais **afetam** sua **capacidade** de capturar uma parte maior do valor total **disponível** em determinado mercado.

Na competição de, ou entre, **plataformas**, a ênfase muda para **criação de valor**, com as plataformas **redesenhando** mercados ao tentar maximizá-los. Os vetores do comportamento competitivo entre provedores rivais podem diferir, com alguns agindo para criar mais valor para seus usuários, mesmo quando podem desencadear retaliação de rivais, em contraste com o comportamento em mercados tradicionais.

Plataformas são o principal esteio de sustentação de modelos de negócios digitais ou intensivos em efeitos ou performances digitais. Um modelo de negócios é o **conjunto de respostas** às perguntas: *quem paga o quê, para quem, por que e como, para quem fazer o quê, para quem, onde, quando, por que e como?...*

Em detalhes, um modelo de negócios é *uma **representação abstrata** de uma organização, de seus principais **arranjos** arquitetônicos, cooperativos e financeiros, inter-relacionados, projetados e desenvolvidos para o presente e futuro, bem como como os principais produtos e/ou serviços que a organização oferece, ou oferecerá, com base nesses arranjos, necessários para atingir suas metas e objetivos estratégicos.*

Daí, um modelo de negócios **figital** é uma ***extensão conceitual** de modelos de negócios, habilitada por **tecnologias figitais** e **dados** para **transformação digital** do negócio, com foco **na** entrega de **ofertas** e **experiências figitais** aos clientes através de **plataformas figitais** e **no** objetivo de criar soluções **escaláveis** em **ecossistemas** habilitados por tecnologias da **informação e comunicação**.*

Negócios escaláveis em ecossistemas de plataformas. É disso que se fala quando se discute efeitos de rede. É para isso que eles servem. É por isso que devem ser tratados como parte das fundações para os negócios que verdadeiramente dependem de plataformas, dos negócios que são figitais por desenho, construção, execução e evolução.

Comunidades e ecossistemas

As **comunidades** no espaço figital são mais do que simples agrupamentos de pessoas com interesses em comum; elas são **ecossistemas** dinâmicos que desempenham um papel crucial no mundo digital. Comunidades são habilitadas por plataformas que oferecem as ferramentas e o ambiente necessários para fomentar o engajamento, a colaboração e a criação coletiva.

No marketing figital, as **comunidades** são um eixo central na interação entre marcas e consumidores, transformando públicos em redes e eliminado, de uma vez por todas, os canais do marketing analógico. Em uma comunidade, os usuários não são meros receptores de mensagens, mas participantes ativos, cujas interações contribuem para uma **dinâmica de rede** vibrante, gerando valor recíproco para todos os envolvidos.

O **compartilhamento** de experiência e conhecimento está no cerne das comunidades, onde agentes em rede não apenas consomem

conteúdo, mas o criam e disseminam, fomentando um ambiente rico em **colaboração** e **inovação**. Marcas que reconhecem e valorizam a essência das suas comunidades conseguem ampliar alcance e aprofundar relacionamentos com os consumidores, construindo uma base de **lealdade** e **confiança** que transcende transações comerciais convencionais.

A **gestão** eficaz de comunidades envolve o monitoramento e a análise das interações para extrair **insights**, que podem ser utilizados para aprimorar produtos e serviços, personalizar a comunicação e antecipar tendências. Estratégias de engajamento bem-sucedidas são aquelas que reconhecem e respeitam a **autenticidade** e a **voz** dos membros da comunidade, promovendo um espaço inclusivo e representativo.

Líderes de comunidade, muitas vezes usuários influentes, desempenham um papel crucial na moderação e no incentivo à participação, agindo como embaixadores da marca e como pontes entre a empresa e a comunidade. O reconhecimento e o suporte a esses líderes podem amplificar significativamente o impacto das interações dentro da comunidade.

Ferramentas oferecem recursos para a gestão de comunidades, para segmentação, personalização de conteúdos e comunicação em tempo real, elementos essenciais para manter a relevância e o dinamismo. No entanto, a construção e manutenção de comunidades exigem um **compromisso contínuo** com qualidade e consistência. Comunidades bem-sucedidas são aquelas que evoluem junto com seus membros, adaptando-se às suas mudanças e permanecendo relevantes e engajadoras ao longo do tempo.

E comunidades não surgem do nada quase nunca. Elas são criadas. Por **conexões**, **relacionamentos** e **interações**.

Conexões referem-se ao potencial para comunicação dentro das redes sociais, representando as possibilidades de contato entre os indivíduos ou entidades. São os pontos de ligação que permitem fluxos de informação e a base para qualquer interação subsequente. Conexões podem ser diretas ou indiretas, ampliando o alcance da comunicação e a disseminação de informação.

Relacionamentos são os laços sociais que emergem a partir das conexões estabelecidas. Eles representam uma dimensão mais profunda e significativa nas redes, caracterizados por algum grau de reciprocidade, confiança e entendimento mútuo. Os relacionamentos podem variar em intensidade e importância, influenciando diretamente a dinâmica da rede e o comportamento dos seus membros.

Interações são as trocas dinâmicas que ocorrem dentro das redes, ativadas pelas conexões e moldadas pelos relacionamentos existentes. Elas envolvem comunicação ativa entre os agentes, seja por meio de mensagens, compartilhamento de conteúdo ou outras formas de engajamento. As interações são fundamentais para a criação de significados, o desenvolvimento da cultura da rede e a formação de comunidades.

Estes **três** componentes são essenciais para o entendimento das redes sociais, sendo mutuamente influenciados pelas mensagens que circulam e podem ser reconfigurados pelas narrativas compartilhadas. Eles são a base das comunidades e da transformação de audiências em redes.

Significados emergem das interações sociais, representando a compreensão e interpretação que os indivíduos atribuem às mensagens e situações dentro das redes. Eles refletem a complexidade das relações humanas e a diversidade de interpretações possíveis, sendo constantemente renegociados à medida que novas informações são compartilhadas e novas experiências são vivenciadas pelos membros da rede.

Cultura é moldada e transmitida através das redes sociais, enfatizando a interdependência entre comunicação, informação e identidade social. Representa o conjunto de normas, valores, práticas e símbolos compartilhados que caracterizam um grupo ou comunidade, influenciando como os membros interagem entre si e interpretam o mundo ao seu redor. A cultura é dinâmica, evoluindo com as interações e contribuições dos indivíduos dentro da rede.

CRISC é a estrutura conceitual que integra **C**onexões, **R**elacionamentos, **I**nterações, **S**ignificados e **C**ultura, desempenhando um papel crucial na dinâmica das redes sociais, narrativas, fluxos e efeitos de rede. As **C**onexões estabelecem o potencial para a comunicação e o compartilhamento de informações, formando a base sobre a qual **R**elacionamentos são construídos, caracterizados por reciprocidade e confiança.

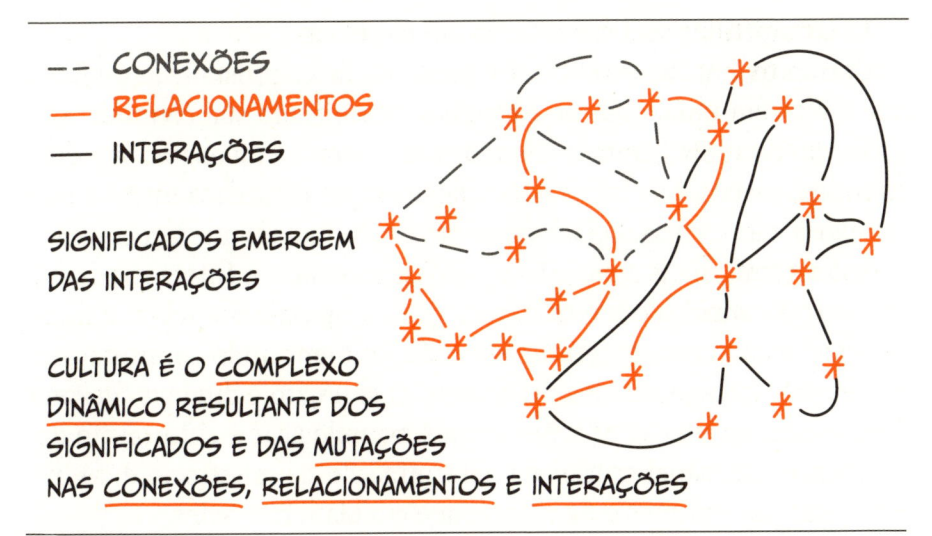

-- CONEXÕES
— RELACIONAMENTOS
— INTERAÇÕES

SIGNIFICADOS EMERGEM
DAS INTERAÇÕES

CULTURA É O COMPLEXO
DINÂMICO RESULTANTE DOS
SIGNIFICADOS E DAS MUTAÇÕES
NAS CONEXÕES, RELACIONAMENTOS E INTERAÇÕES

● **FIGURA 3.5**

As Interações, ativadas por essas conexões e relacionamentos são fundamentais para a criação de Significados, que emergem das trocas dinâmicas e moldam a interpretação das mensagens. A Cultura, por sua vez, é tanto moldada quanto transmitida pelas interações, refletindo normas, valores e práticas compartilhadas. Esse **complexo interativo** é central para a compreensão de como as comunidades são formadas, evoluem e são modificadas, influenciando os fluxos de informação e os efeitos de rede que resultam das interações entre seus membros.

Comunidades, neste contexto, são agrupamentos formados em torno de interesses ou propósitos compartilhados, distinguindo-se por um senso de pertencimento e apoio mútuo entre seus membros. As comunidades são caracterizadas pela interação constante e pela troca de informações, ideias e recursos, facilitadas pelas plataformas figitais que permitem a comunicação instantânea e a formação de laços sociais.

A **identidade** de uma comunidade é moldada tanto pelos interesses comuns que unem seus membros quanto pelas práticas culturais e normas que desenvolvem ao longo do tempo, reforçando a coesão do grupo e influenciando a maneira como os membros interagem entre si e com o exterior.

E comunidades se desenvolvem em **contexto**.

Contexto, em sua essência, é o conjunto de circunstâncias ou fatos que envolvem uma situação específica, permitindo sua compreensão e interpretação. No âmbito das redes, o contexto engloba os aspectos culturais, sociais, históricos e tecnológicos que moldam a forma como conexões são criadas, relacionamentos habilitados, interações acontecem e como mensagens são enviadas, recebidas e interpretadas. O contexto é o quadro referencial para que os significados sejam criados e negociados entre os agentes em rede, influenciando as interações, percepções e respostas dos indivíduos. O contexto é dinâmico; evolui com as mudanças nas relações sociais, tecnológicas e culturais, e desempenha um papel crucial na determinação da relevância e do impacto das informações e narrativas que circulam nas redes.

E tudo são ecossistemas

Ecossistemas figitais são ambientes complexos e dinâmicos que emergem da coexistência e coevolução de **plataformas** figitais e **comunidades** de usuários, desenvolvedores e outros atores. Esses **ecossistemas** são sistemas adaptativos complexos, onde múltiplas **redes** de usuários, tecnologias, informação e serviços interagem continuamente, fomentando um **ambiente** multifacetado de **conexões, relacionamentos, interações** e trocas de valor.

A base para a formação e o funcionamento desses ecossistemas é a capacidade das **plataformas** conectarem distintos grupos de agentes em rede, facilitando a **conexão, comunicação** e **colaboração** de maneira a transcender possibilidades de mercados e comunidades analógicas. As plataformas digitais, através de sua arquitetura modular e interfaces padronizadas, fornecem a infraestrutura tecnológica e os mecanismos de governança necessários para a criação e captura de valor nesses ecossistemas.

As **comunidades**, por sua vez, são redes de atores autônomos – indivíduos, grupos, organizações e mesmo outras plataformas – que se formam em torno das plataformas digitais, utilizando seus recursos e funcionalidades para interagir, colaborar e cocriar valor. Essas comunidades podem ser compostas por desenvolvedores de aplicativos, fornecedores de serviços complementares, usuários finais e outros stakeholders que contribuem para a proposição de valor da plataforma.

A interação entre **plataformas** e **comunidades** origina ciclos de feedback e efeitos de rede que amplificam o valor gerado no **ecossistema**. Quanto mais usuários uma plataforma atrai, mais valor é criado para todos os participantes, gerando um ciclo virtuoso de crescimento e inovação. Ao mesmo tempo, atividades e transações realizadas nas comunidades fornecem dados e insights que permitem às plataformas evoluir e se adaptar às necessidades em constante mudança do ecossistema.

A **arquitetura** desses ecossistemas é caracterizada pela modularidade e pela presença de interfaces bem definidas que permitem a integração de componentes e serviços complementares. A arquitetura modular permite que as plataformas criem e se beneficiem de economias de escala e de escopo, ao mesmo tempo em que possibilita a inovação e a diferenciação por parte das comunidades de desenvolvedores e fornecedores de serviços.

A **governança** dos ecossistemas é um aspecto crítico e envolve a definição de regras, padrões e mecanismos de controle para coordenar as interações entre os diversos atores e estabelecer as regras de uso de suas interfaces. Dependendo da estrutura de **propriedade** da plataforma (centralizada, consórcio ou descentralizada), diferentes modelos de governança podem ser adotados, buscando equilibrar controle e padronização com e autonomia e a flexibilidade necessárias para fomentar a inovação.

Os mecanismos de **criação de valor** em ecossistemas envolvem tanto a **facilitação** eficiente de transações entre os participantes quanto o **fornecimento** de recursos e ferramentas que permitam inovação e desenvolvimento de soluções complementares. As plataformas digitais atuam como **intermediários**, combinando oferta e demanda e reduzindo os custos de transação, ao mesmo tempo em que fornecem APIs, SDKs e outros recursos que habilitam a criação de valor por parte das comunidades.

O grau de **autonomia** dos **complementadores** (desenvolvedores e fornecedores de serviços) é um fator importante na dinâmica dos ecossistemas. Complementadores com alta autonomia contribuem para a diversidade e a inovação, enquanto aqueles com baixa autonomia formam parcerias estratégicas que reforçam a proposição de valor central da plataforma. O **desafio** para os proprietários de plataformas é encontrar o equilíbrio adequado entre controle e autonomia, de modo a maximizar a **criação de valor** no ecossistema.

A **competição** nesses ecossistemas ocorre em múltiplos níveis: entre plataformas, entre complementadores e entre ecossistemas. A presença de **efeitos de rede** e a tendência à concentração de mercado podem levar a dinâmicas de "vencedor leva tudo", onde poucas plataformas dominantes emergem. No entanto, a modularidade e a interoperabilidade também permitem a coexistência de múltiplos ecossistemas e a formação de nichos especializados.

Por fim, é importante ressaltar que os **ecossistemas de plataformas figitais** estão em constante evolução, fomentados pelo rápido avanço tecnológico e pelas mudanças nas necessidades e preferências dos usuários. A capacidade de adaptação e a resiliência desses ecossistemas dependem da habilidade das plataformas e comunidades se ajustarem a essas mudanças, aproveitando as oportunidades de inovação e criação de valor que surgem nesse ambiente dinâmico e complexo.

Efeitos de rede

Em termos simples, **efeitos de rede** se referem ao impacto que o número de usuários de um produto ou serviço tem em seu valor para cada usuário individual. Imagine um aplicativo de mensagens: quanto mais pessoas o utilizam, mais útil ele se torna para você, pois você tem mais pessoas com quem se comunicar.

Em termos econômicos, essa dinâmica é chamada de **externalidade de rede**. Uma **externalidade positiva de rede** ocorre quando o valor do produto ou serviço aumenta para cada usuário com o aumento do número total de usuários. Já uma **externalidade negativa de rede** acontece quando o valor diminui devido ao congestionamento ou outros problemas causados pelo aumento do número de usuários.

A utilidade marginal, que representa a satisfação adicional que um usuário obtém ao usar uma unidade adicional de um produto ou serviço, é um conceito importante na análise de externalidades de rede. No caso de externalidades positivas de rede, a utilidade marginal aumenta com o número de usuários, pois o usuário passa a ter mais opções de uso do produto ou serviço. Já nas externalidades negativas de rede, a utilidade marginal diminui com o aumento do número de usuários, caso este afete negativamente a qualidade do serviço.

Efeitos de rede assumem grande importância quando um número significativo de usuários (massa crítica) se junta a uma plataforma. Eles têm o potencial de aumentar a eficiência de plataformas que facilitam mercados multilaterais, mas as dinâmicas envolvidas podem tornar os equilíbrios suscetíveis e imprevisíveis, especialmente sob a influência de subsídios, incentivos e mudanças na governança das plataformas. Em muitos casos, após a massa crítica ser atingida, o valor de um produto ou serviço supera seu preço e passa a ser determinado por uma combinação de efeitos associados à base de usuários. No entanto, o crescimento dessa base a partir de um ponto de saturação pode deixar de agregar mais valor.

O poder de mercado de muitos negócios digitais está diretamente ligado a fatores relacionados aos seus efeitos de rede, como economias de escala e escopo, complementaridade de demandas e custos, e custos de busca e mudança para os usuários e de entrada para novos competidores. A força dos efeitos de rede, do ponto de vista da economia dos negócios e da economia como um todo, pode ser resumida da seguinte maneira: **os efeitos de rede fazem o valor crescer exponencialmente, enquanto os custos crescem de forma linear**. Isso significa que, à medida que mais usuários se juntam a uma plataforma, o valor que ela oferece aumenta exponencialmente, ao passo que os custos de fornecer esse valor aumentam apenas linearmente. Essa dinâmica é fundamental para o sucesso de muitos negócios digitais.

Efeitos de rede não são meras coincidências nem frutos exclusivos de novas tecnologias, como alguns acreditam. Explorar as **oportunidades** geradas pelos **desafios da economia de plataformas** exige muito mais do que apenas **tecnologias digitais inovadoras**.

As infraestruturas e os serviços que viabilizam negócios figitais precisam ser **transformados** para maximizar o **valor econômico das conexões em rede**. Isso requer **estratégias específicas para mercados multilaterais**. No entanto, a **transição** nem sempre se dá de modo linear, migrando de silos e verticais para plataformas e ecossistemas.

Há situações como **redes de negócios e/ou de soluções** em que as empresas detêm o controle da "sua" comunidade. Essas redes não são necessariamente anteriores, mas alternativas às **redes abertas**. As redes abertas, por sua vez, viabilizam e dependem de **modelos de negócios** onde múltiplos atores – inclusive a empresa – **colaboram** em diferentes papéis. Isso exige **modelos de negócios inteligíveis** tanto para especialistas em negócios quanto em tecnologia.

A competição em mercados digitais exige de todos uma **perspectiva baseada em plataformas**.

Os efeitos de rede podem ter um **impacto significativo no valor e na demanda** de um produto ou serviço, tornando-o mais valioso para os usuários e atraindo mais usuários. Isso pode criar **ciclos virtuosos**, onde mais usuários levam a mais valor, e mais valor a mais usuários.

Os efeitos de rede também podem criar **barreiras à entrada de novos concorrentes**, pois é difícil para um novo participante em uma rede estabelecida oferecer valor superior ao da rede existente. Como resultado, essas externalidades podem levar à formação de mercados dominados por **poucos players com poder de mercado significativo**.

EFEITOS DE REDE

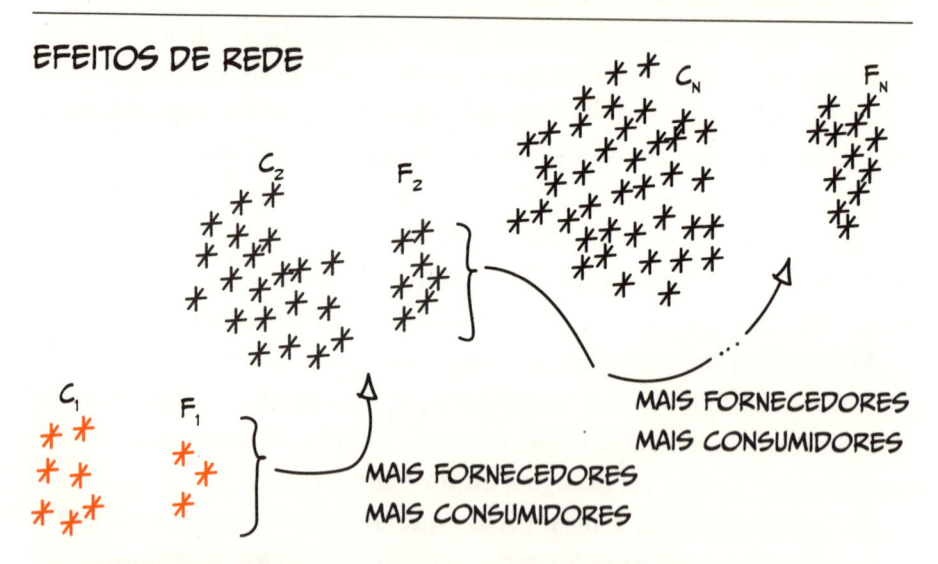

MAIS USO, POR MAIS AGENTES, CRIA MAIS VALOR PARA CADA VEZ MAIS AGENTES. ACIMA, O CASO TÍPICO DE UM MARKETPLACE

● FIGURA 3.6

Uma vez que as **comunidades** de algumas plataformas atingem **massa crítica**, novos competidores enfrentam um mercado extremamente desafiador. Isso ocorre porque os usuários já possuem perfis, conexões, relacionamentos e históricos de atividades nas **plataformas existentes**. Essas plataformas **dominantes** exercem seu **poder de mercado**, como no caso das redes sociais incumbentes, definindo preços (altos) para **anunciantes** e (altas) taxas de **integração à plataforma**. O principal efeito colateral dos efeitos de rede para os indivíduos é a **perda de controle** sobre sua vida figital na plataforma em que vivem sua vida social ou onde parte de suas experiências é habilitada.

É importante ressaltar que os efeitos de rede **não são garantidos** e podem **não acontecer** em todas as redes. Eles dependem de vários fatores, como a **qualidade e usabilidade** do produto ou serviço, da capacidade da rede de gerar valor para seus usuários e da existência de **complementaridade** com outros produtos ou serviços. Além disso, as externalidades de rede podem ser afetadas por fatores externos, como mudanças nas preferências dos consumidores, **regulação** ou avanços tecnológicos.

O **poder de mercado** dos negócios que dependem de efeitos de rede pode ser **frágil**. Mudanças na governança, como a introdução de novas regras de mercado, podem afetar a base de usuários, levando a uma **queda** no seu poder. O comportamento dos usuários também pode mudar rapidamente e exemplo disso foi o declínio do MySpace e do Orkut e a ascensão meteórica do Facebook como a **plataforma dominante** de rede social.

Empresas que **dependem de efeitos de rede** precisam estar atentas aos desejos e às necessidades dos usuários, bem como às mudanças no mercado e nas tecnologias de suporte, para manter seu poder de mercado e valor. Elas também devem ser **especialistas** em como esses efeitos funcionam e quais fatores podem afetar seu poder de mercado. **Estratégias** para magnificar efeitos de rede e manter a base de usuários engajada devem ser focadas em busca e experimentação contínua, com o objetivo de criar novos recursos e serviços que incentivem o uso da plataforma e a integração de outras empresas que a complementam.

As empresas que operam em mercados com efeitos de rede precisam estar cientes dos **desafios e oportunidades** que essa dinâmica apresenta. Através da compreensão profunda dos efeitos e da implementação de estratégias eficazes, as empresas podem navegar com sucesso nesse ambiente competitivo e gerar valor para seus usuários. Investir em estratégias que maximizem os benefícios dos efeitos de rede, ao mesmo tempo em que se adaptam às mudanças do mercado e às necessidades dos usuários, será fundamental para o sucesso em longo prazo.

A nova tríade do marketing exige que as empresas aceitem **a desorganização criativa** do mundo figital e se reorganizem para prosperar em um ambiente mais complexo. É preciso adotar uma nova mentalidade, caracterizada por:

- **Agilidade estratégica:** capacidade de responder rapidamente a mudanças, ajustando estratégias e táticas conforme a dinâmica do mercado.

- **Foco inabalável no cliente:** entender profundamente as necessidades e aspirações das comunidades, colocando-as no centro de todas as ações.

- **Cultura de experimentação:** disposição para aprender, testar novos formatos e assumir riscos calculados para inovar constantemente.

- **Valorização da cocriação:** reconhecer o poder das comunidades e investir em estratégias colaborativas que fortaleçam a conexão com sua base leal.

O **Marketing do Futuro** é mais uma aventura no espaço figital, uma jornada repleta de desafios e oportunidades. Ao dominar a nova tríade do marketing – plataformas, comunidades e efeitos de rede – e se reorganizar para a desorganização criativa do mundo figital, as empresas podem prosperar e construir relacionamentos autênticos e duradouros com seus clientes.

A ordem do mundo mudou. A desorganização criativa é quase certamente a única chance que as empresas do passado e do futuro têm de trazer o futuro para o presente.

4

Como o AEIOU reinventa marketing para o futuro

Marketing do Futuro é um posicionamento vanguardista e ousado de apresentar ao mercado uma nova teoria de marketing. A **teoria AEIOU** representa um novo método para resolver problemas de marketing a partir de uma abordagem estratégica essencial em meio à complexidade crescente do ambiente de negócios moderno.

A **teoria** não se limita a adaptar-se às tendências; trata-se de **antecipar** o futuro do marketing para garantir vantagens competitivas sustentáveis. A essência dessa abordagem consiste em desvendar e refinar estratégias fundamentais, muitas vezes veladas pelas rotinas operacionais, e articular um plano claro que não apenas integre o marketing às estratégias de negócio, mas o coloque no cerne da criação de valor.

Na **teoria AEIOU**, o marketing transcende sua função tradicional e passa a se alinhar diretamente com a estratégia, os objetivos e as metas empresariais amplas. Isso envolve um processo contínuo de inovação e reconfiguração estratégica, no qual o marketing e as estratégias de negócios são inseparáveis e coevolutivos, projetados para cultivar um ambiente competitivo dinâmico. Por esse prisma, os líderes são incentivados a adotar uma mentalidade imersiva de marketing focada na geração e evolução contínua de valor e na redefinição do jogo competitivo, equipando suas organizações para prosperar em mercados altamente conectados e em constante evolução.

Adotar essa perspectiva exige **coragem** e uma **disposição** inédita, no mundo corporativo legado, para liderar inovações. Líderes audaciosos são chamados a navegar nesse território desconhecido, reconhecendo que o sucesso nessa nova era depende de sua capacidade de se adaptar, inovar e tecer estratégias que aproveitem o potencial desses ecossistemas dinâmicos. Para efetuar essa mudança, é imperativo desenvolver culturas que não apenas aceitam, mas buscam inovação, incentivando a experimentação e abraçando os riscos como parte integrante do desenvolvimento e do futuro dos negócios.

Essa transição não é para os cautelosos, mas para aqueles dispostos a assumir a liderança, desbravando novos caminhos e moldando o futuro do marketing com visão, criatividade e ousadia. É um chamado para transformar não apenas estratégias de mercado, mas a própria essência de como as organizações interagem com suas comunidades, construindo conexões, relacionamentos e interações de maior significado e redefinindo a criação de valor em um ecossistema de mercado cada vez mais integrado e interativo.

A implementação da **teoria AEIOU** no marketing não é uma jornada baseada em conjecturas ou intuições superficiais; ao contrário, é um processo embasado em metodologia científica rigorosa, que se distingue por sua fundação sólida na evolução das práticas e estudos acadêmicos em inovação, comunicação e marketing. Esta abordagem se beneficia diretamente do acúmulo de conhecimento gerado por décadas de pesquisa e teorização, refletindo os insights e as contribuições de alguns dos mais proeminentes pensadores do campo.

A **teoria AEIOU** se apoia na herança intelectual de gigantes como Philip Kotler, considerado por muitos o pai do marketing moderno, cujas ideias sobre marketing estratégico e foco no cliente moldaram profundamente a disciplina. Kotler enfatizou a importância de entender os mercados, os desejos e as necessidades dos consumidores, além da criação de valor como núcleo da prática de marketing.

A teoria também bebe da fonte de autores como Theodore Levitt, que introduziu o conceito de **miopia** em marketing, alertando para os perigos da concentração excessiva no produto e/ou processo produtivo em detrimento das necessidades e dos desejos dos consumidores. Levitt defendeu uma visão ampla que reconhece a importância de adaptar-se e inovar constantemente para atender às expectativas em evolução do mercado.

A **teoria AEIOU** igualmente reflete contribuições de Michael Porter, cujo trabalho em estratégia competitiva e as cinco forças que moldam a concorrência no mercado oferecem insights sobre como as empresas podem posicionar-se estrategicamente para obter vantagem competitiva sustentável.

Como método científico, a **teoria AEIOU** não se baseia em suposições; trata-se de uma síntese das melhores práticas e teorias que evoluíram ao longo do tempo, proporcionando uma estrutura robusta para a implementação de estratégias de marketing eficazes. Adotar a **teoria AEIOU** significa confiar em um processo comprovado, que integra a sabedoria acumulada de gerações de pensadores do marketing, garantindo uma abordagem tanto inovadora quanto fundamentada na ciência, longe do simples achismo.

A **teoria AEIOU** inaugura uma era de abordagens inovadoras e integradas, destacando-se por um número de pontos de vista únicos:

- **Visão holística dos mercados:** ecossistemas interconectados, nos quais as dimensões física, digital e social coexistem e interagem em complexidade crescente. Esta perspectiva revolucionária reconhece a importância de navegar nesses ecossistemas com uma estratégia que valoriza tanto a coexistência quanto a interação dinâmica entre diferentes dimensões e plataformas.

- **Centralidade nas comunidades:** a nova era do marketing amplifica o foco nas comunidades dentro desses ecossistemas, identificando agrupamentos de usuários unidos por interesses, valores e necessidades comuns. Esta abordagem comunitária enfatiza a construção de conexões, relacionamentos e interações genuínas e duradouras, promovendo um sentido de pertencimento e engajamento autênticos.

- **Engajamento estratégico:** as marcas são incentivadas a se engajar ativamente com as comunidades, transcendendo a tradicional dinâmica de venda para se tornarem participantes ativos no diálogo e na cocriação de valor. Este engajamento estratégico visa fomentar conexões profundas, estabelecendo as marcas como contribuintes significativos dentro dos ecossistemas de suas comunidades.

- **Orquestração de narrativas envolventes:** o marketing contemporâneo eleva a arte de orquestrar narrativas, priorizando histórias que transmitem mensagens de marca e envolvem os participantes em experiências significativas. A habilidade de tecer essas narrativas depende crucialmente da análise de dados e insights para capturar a essência das comunidades-alvo, permitindo que as marcas se apresentem como curadoras de experiências memoráveis e enriquecedoras.

- **Criação de conexões emocionais profundas:** as histórias criadas são desenhadas para transcender a simples publicidade, visando forjar laços emocionais fortes e significativos com os consumidores. Esta construção narrativa é alimentada por uma profunda compreensão dos desejos e das necessidades da comunidade, assegurada pelo uso estratégico de dados e análises.

- **Fomento à participação comunitária:** encorajando uma participação ativa da comunidade, as marcas transformam consumidores em cocriadores e embaixadores, promovendo uma cultura de engajamento e colaboração. Este modelo participativo amplifica o alcance das narrativas e enriquece o ecossistema de marca com perspectivas diversas e inovadoras.

- **Criação de valor:** no coração da **teoria AEIOU**, a criação de valor emerge como o princípio fundamental, especialmente no contexto do **Marketing do Futuro**, que é enriquecido pela análise inteligente de dados e a implementação de algoritmos avançados. Esta abordagem transforma radicalmente o paradigma tradicional, substituindo suposições e intuições por um processo de tomada de decisão embasado em evidências concretas, derivadas da interpretação de padrões de dados complexos e do comportamento dos usuários. Ao fazer isso, a **teoria AEIOU** destaca a personalização como a essência da criação de valor, garantindo que cada ponto de contato com a marca seja cuidadosamente adaptado às necessidades e preferências únicas de cada consumidor.

- **Experiências únicas:** não é apenas uma estratégia, é uma promessa do marketing. Neste cenário dinâmico, cada momento se transforma em uma oportunidade para criar conexões profundas, reimaginando processos com uma dose de criatividade sem limites, abraçando tecnologias revolucionárias e desenhando sistemas que nos permitem dançar ao ritmo da inovação com agilidade operacional que desafia a imaginação. A magia começa com a integração de tecnologias de ponta – inteligência artificial que antecipa desejos, realidade aumentada que nos transporta para mundos extraordinários, e a Internet das Coisas que tece a essência do nosso dia a dia em experiências personalizadas.

Conhecendo o método AEIOU

O método **AEIOU** é um conjunto de bases estruturadas para disse-car, entender e reconstruir um plano de marketing para resolver de-safios e problemas de marketing a partir de cinco pilares, **Ambiente, Estratégia, Interações, Operações** e **Unificação**, que são definidos formalmente como um conjunto de fundações, leis, corolários e KPIs, descritos em texto em separado deste livro e disponível em aberto[1].

1. **Ambiente (A):** aqui se trata da análise crítica do espaço compe-titivo dos mercados em rede, onde se ressalta a importância de entender o negócio e seu valor único no ecossistema figital. O **ambiente** foca na avaliação estratégica de cenários de mercado, preparando o terreno para a tomada de decisões informadas e inovação proativa em estratégias de marketing. Em resumo, o **A** trata do *design* de **cenários competitivos**, do *desenvolvimento* de **mercados em rede** e sua *entrega* é a *definição* dos **fatores de competitividade** para o negócio.

2. **Estratégia (E):** no coração do **AEIOU**, a **estratégia** começa pelo desenho de aspirações e hipóteses, pragmáticas e práticas, para resolver problemas do negócio e do marketing. O **E** alinha os obje-tivos do negócio e de seu marketing com a dinâmica real do mer-cado, aproveitando *insights* orientados por dados e colaboração criativa. Aqui se enfatiza a criação de capacidades que transfor-mam aspirações estratégicas em soluções de mercado, com vistas a adaptabilidade e sustentabilidade em um cenário de mercado em rápida evolução. Em resumo, o **E** trata do *design* de **aspirações**

1 marketingdofuturo.org

e hipóteses, do *desenvolvimento* de **capacidades** e sua *entrega* é a *definição* das **soluções de mercado** para o negócio.

DELIVER	COMPETITIVIDADE	SOLUÇÕES	NARRATIVAS	EXPERIÊNCIAS	ORGANIZAÇÕES EM REDE
DEVELOPER	MERCADOS EM REDE	CAPACIDADES	CRISC	PROCESSOS	ORQUESTRAÇÃO
DESIGN	CENÁRIOS E PERSONAS	ASPIRAÇÕES E HIPÓTESES	FLUXOS	DADOS E ALGORITMOS	ARQUITETURA
	AMBIENTE	ESTRATÉGIA	INTERAÇÕES	OPERAÇÕES	UNIFICAÇÃO

● **FIGURA 4.1**

3. **Interações (I):** as **interações** são a síntese da estratégia (de marketing) em ação, com foco nos fluxos de rede e nas narrativas que moldam o engajamento das pessoas como clientes no espaço figital. As **interações** tratam de entender e orquestrar a complexa teia de conexões, relacionamentos, interações, significados, cultura, comunidades e comunicação em espaços figitais, promovendo **narrativas** (não só de) marketing personalizadas e dinâmicas que ressoam com as comunidades-alvo. O **I** trata do *design* de **fluxos no espaço figital**, do *desenvolvimento* de **conexões**, **relacionamentos**, **interações**, **criação de significados**, **cultura e comunidades** que vão levar à *entrega* das **narrativas de/para mercado** do negócio.

4. **Operações (O):** as **operações** redefinem a aplicação prática das estratégias de marketing, integrando ciência de dados, algoritmos e o (re)desenho e a automação de processos para entrega de **experiências**. Aqui se destaca a mudança da execução tática para a facilitação estratégica e holística das experiências do cliente, ressaltando a importância da integração e da eficiência operacional nos esforços de marketing. O pilar **O** cuida do *design*

de **ciclos de vida de dados e algoritmos** e sua gestão estratégica para o negócio, do *desenvolvimento* dos **processos** que *entregam* as **experiências** que criam valor para o negócio no mercado.

5. **Unificação (U):** esta última "letra", **U** para **unificação**, traz coerência e sinergia ao arcabouço **AEIOU**. Aqui se defende uma arquitetura organizacional dinâmica onde o marketing transcende as fronteiras tradicionais, tornando-se um **hub ecossistêmico**. O **U** orquestra as muitas funções do negócio, articula estratégias nas múltiplas facetas de criação de valor da organização, redesenha a organização em si, a fim de promover a colaboração dentro de um ecossistema de negócios no espaço figital. Ao **unificar** a organização, o **U** unifica a organização com o seu ecossistema. Em resumo, o **U** trata do *design* de **arquiteturas competitivas no espaço figital**, do *desenvolvimento* de processos de **orquestração de negócio** que *entregam* **organizações em rede**.

Cada pilar da **teoria AEIOU** tem uma abordagem tripartite para entregar resultados, com estágios de **design** (desenhar), **development** (desenvolver) e **deliver** (entregar), que desempenham papel fundamental na criação de todos os artefatos de marketing, da segmentação à estratégia, o plano e as operações.

Esta tríade não é uma sequência de estágios isolados, mas um *continuum*, com cada estágio entrelaçado com os outros, formando uma rede complexa e dinâmica de esforços estratégicos, levando a uma metamorfose do marketing, que transcende seu papel tradicional como mero comunicador para assumir os papéis multifacetados de *designer*, *desenvolvedor* e, em última análise, *entregador* de valor. Essa evolução não é uma mudança superficial, mas uma transformação profunda que se alinha com a visão do manifesto para o futuro do marketing.

Ao olhar **design**, **develop** e **deliver** como *camadas* dos *pilares* do AEIOU, é possível entender toda a jornada de marketing como um entrelaçamento de níveis.

- **Design:** deste ponto de vista, tratamos de **compreender** o mercado, a marca e análise dos cenários de uso do produto ou serviço, **definir** aspirações e necessidades que a estratégia visa atender, **delinear** como os usuários vão interagir com a marca,

especificar o ciclo de vida dos dados e algoritmos que permitirão a operação da estratégia e, por fim, **criar** a arquitetura sistêmica que unifica todos os elementos em uma solução coesa.

- **Develop:** aqui, marketing assume a **responsabilidade** de desenvolver os mercado em rede onde vamos competir, as **capacidades** para dar conta de nossas aspirações estratégicas, **resolver** o complexo de conexões, relacionamentos, interações, significados e cultura das comunidades onde acontecem (e que dão suporte às) narrativas, é essencial no estabelecimento dos processos que, a partir de dados e algoritmos, **entregam** as experiências e, por fim, **orquestra** a arquitetura do negócio para criar uma organização em rede.

- **Deliver:** marketing **materializa** esforços de design e desenvolvimento em uma oferta tangível e competitiva, que **resolve** os problemas das comunidades-alvo de forma atraente, sustentável e inclusiva, **portada** por narrativas únicas que possibilitam a harmonização dos vários elementos do processo para **criar** uma experiência de usuário final satisfatória e engajante, **entregue** por uma organização em rede... que será, se já não é agora, a única forma de um negócio competir em mercados em rede.

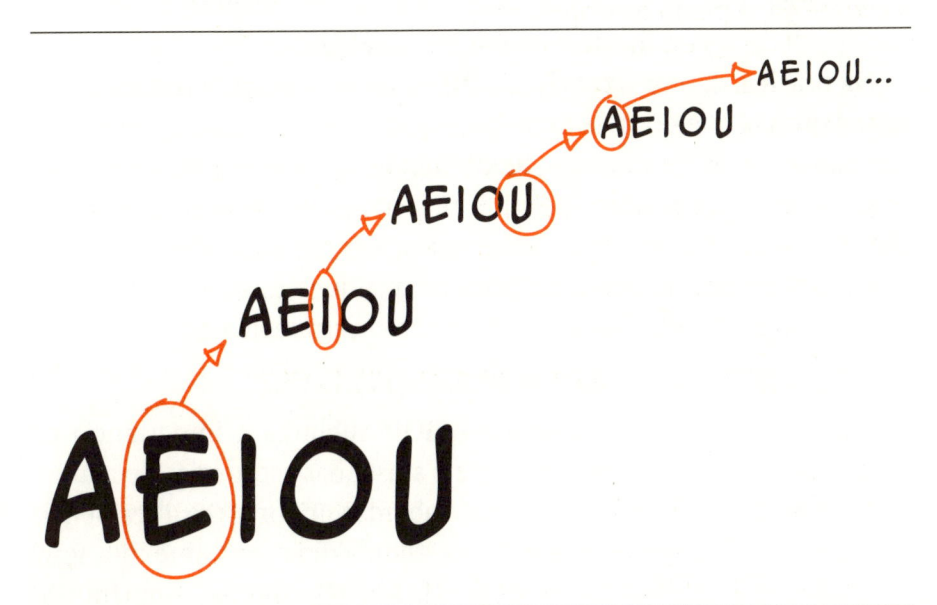

● **FIGURA 4.2**

Uma teoria fractal

A **teoria AEIOU** do **Marketing do Futuro** tem uma perspectiva não linear e dinâmica, uma natureza intrinsecamente fractal e, portanto, recursiva. Cada pilar – **A**, **E**, **I**, **O**, **U** – não apenas contribui para a totalidade, mas abrange a inteireza da teoria em si.

Um fractal é uma forma que exibe padrões repetidos em diferentes escalas. Quando aplicado ao **Marketing do Futuro**, essa ideia sugere que cada fase do **AEIOU**, visto como processo, reflete, de maneira condensada, o espectro completo da teoria. Por exemplo, no Ambiente há elementos de Estratégia, Interações, Operações e Unificação, cada um a refletir e informar os demais. Da mesma forma, Interações abarca considerações sobre Ambiente, Estratégia, Operações e Unificação em torno do usuário final e dos objetivos organizacionais.

Implicações para estratégias de marketing

Tal estrutura recursiva promove uma visão holística e integrada do marketing, diluindo as fronteiras entre pilares e estágios e encorajando uma estratégia de marketing mais fluida e adaptável. Essa percepção da teoria facilita a compreensão de que **mudanças em um aspecto** do processo podem ter repercussões em outros, incentivando ciclos contínuos de **aprendizado e evolução estratégica**.

Na prática, adotar a **teoria AEIOU** exige uma **cultura organizacional adaptável** que priorize experimentação, colaboração e aprendizado constante, capaz de entregar **flexibilidade** nas estratégias de marketing, passíveis de ajustes ágeis frente a novas informações ou alterações no espaço competitivo. Isso é quase sempre impossível sem uma **visão estratégica aberta** a insights de qualquer estágio do processo, que devem ser integrados ao planejamento estratégico geral.

Adaptação contínua da estratégia de marketing

A natureza recursiva da **teoria AEIOU** sublinha a importância da adaptação contínua, onde a revisão e o ajuste das estratégias de marketing são processos ininterruptos. Esta abordagem fortalece a resiliência organizacional diante de incertezas e estimula uma constante inovação.

Entender a natureza fractal da **teoria AEIOU**, com foco em Unificação, cria uma nova maneira de conceber e implementar estratégias de marketing, que não só transforma a perspectiva organizacional sobre marketing, mas redefine como as organizações se adaptam e respondem às dinâmicas de ambientes de negócios em evolução.

A teoria AEIOU e o marketing legado

O **Marketing do Futuro** difere do marketing tradicional principalmente pelo **uso intensivo de tecnologias digitais** o que permite interação direta e instantânea com as pessoas e comunidades. Isso contrasta com o marketing tradicional, que se apoia em mídias físicas, como impressos e televisão, para disseminar suas mensagens, ou trata as dimensões física, digital e social do mundo figital como canais... que não são. As tecnologias digitais levam a campanhas personalizadas, análise de dados em tempo real e um alcance global sem precedentes.

Enquanto o marketing tradicional mira em audiências passivas, a **teoria AEIOU** tem um **foco nos efeitos de rede e comunidades** engajadas em torno de marcas e produtos, por meio de plataformas que promovem a interação e o compartilhamento, aproveitando os efeitos de rede para amplificar o alcance e a influência de forma orgânica.

A **capacidade de personalização e mensuraç**o é um pressuposto da **teoria AEIOU**, possibilitada pelo vasto acesso a dados dos consumidores. Isso permite que as marcas criem experiências personalizadas para seus consumidores, o que marketing tradicional, com sua abordagem mais genérica, não consegue igualar. Além disso, a capacidade de mensurar resultados em tempo real permite ajustes ágeis nas estratégias, otimizando o retorno sobre investimento.

Por fim, nada impede, e tudo justifica, na **teoria AEIOU**, a **integração de estratégias digitais e tradicionais**. A chave para não reside na escolha entre digital e tradicional, mas na habilidade de integrar ambos de forma complementar, nas dimensões do espaço figital. Isso significa usar a força e o alcance das mídias tradicionais, ao mesmo tempo em que se aproveita a precisão e a interatividade que é possível nas dimensões social e digital da realidade para criar campanhas coesas que falam diretamente às pessoas como clientes, independentemente de onde estejam.

De estratégia predefinida para abordagem integrativa

- **Marketing tradicional:** a estratégia é estabelecida antecipadamente, com o marketing desempenhando um papel subsequente, focado principalmente na implementação tática dessas estratégias predefinidas. Essa abordagem pode restringir a capacidade de resposta e a adaptabilidade do marketing a novas informações ou alterações no ambiente de mercado, tornando-o menos influente nas decisões estratégicas gerais da empresa.

- **Teoria AEIOU:** defende uma abordagem integrativa na qual o marketing é um componente-chave no desenvolvimento inicial da estratégia de negócios. Essa integração assegura que o marketing contribua ativamente para o planejamento e a execução da visão da empresa, adaptando-se e evoluindo com as mudanças do mercado e as exigências do consumidor. Isso resulta em estratégias mais flexíveis e dinâmicas, permitindo que o marketing influencie e direcione o crescimento e a inovação dentro da organização, garantindo que as ações de marketing estejam alinhadas com os objetivos corporativos mais amplos e respondam eficazmente às oportunidades e aos desafios do mercado.

De públicos para comunidades

- **Marketing tradicional:** o enfoque está em tratar o público como um coletivo passivo, mirando-o por meio de campanhas que visam impactar o maior número possível de consumidores sem necessariamente engajar-se com eles em um nível mais profundo. Esta abordagem é transacional, priorizando a disseminação de mensagens para estimular vendas diretas, sem fomentar um diálogo contínuo ou construir relações significativas

- **Teoria AEIOU:** enfatiza a criação de comunidades em que o engajamento com a marca transcende a simples transação. Aqui, o marketing se concentra em estabelecer um diálogo multidirecional com os consumidores, entendendo suas necessidades, preferências e valores para cocriar experiências e produtos. Essa dinâmica promove um relacionamento mais intenso e duradouro, transformando consumidores em defensores da marca e participantes ativos em seu ecossistema, reforçando a importância da interação e do valor compartilhado.

De campanhas para estratégias

- **Marketing tradicional:** é comum a confusão entre estratégia e a execução de campanhas, com muitas organizações concentrando-se em esforços de curto prazo sem enraizar essas ações em uma estratégia mais ampla e duradoura. Isso pode resultar em iniciativas desarticuladas que não sustentam o crescimento ou a visão em longo prazo da empresa.

- **Teoria AEIOU:** estabelece uma distinção clara entre estratégia e táticas. A estratégia, neste contexto, é a fundação que define o direcionamento e os valores da marca, mirando o futuro e a construção de um legado duradouro. As campanhas, enquanto táticas, são desenvolvidas para atender a objetivos específicos e imediatos, mas sempre alinhadas e contribuindo para a estratégia maior. Isso assegura que cada campanha reforce o posicionamento da marca e contribua para uma construção de valor (como um todo) consistente e progressiva.

De investimento em publicidade para efeitos de rede

- **Marketing tradicional:** concentra a maior parte dos investimentos em publicidade convencional, como TV e rádio, que podem não alcançar o mesmo impacto em um ambiente cada vez mais digital. Esta abordagem pode não engajar eficazmente os consumidores mais conectados, que passam mais tempo em ambientes digitais e sociais.

- **Teoria AEIOU:** enfatiza o poder dos efeitos de rede e a eficácia das estratégias digitais. Ao investir em plataformas online e ferramentas que maximizam esses efeitos, as marcas podem estimular o crescimento orgânico e sustentar uma presença mais resiliente e influente. Esta abordagem aproveita a interconectividade das redes sociais e digitais, potencializando o alcance e o impacto da marca de maneira mais natural e engajadora.

De marketing de produto para experiência do consumidor

- **Marketing tradicional:** faz marketing de produto e deixa a experiência do consumidor a cargo de outras áreas, sem integração com o marketing. Isso pode levar (quase sempre leva) a uma desconexão entre a promessa da marca e a experiência real do consumidor.

- **Teoria AEIOU:** integra a experiência das **pessoas como clientes e consumidores** como um pilar central do marketing. Entende que cada ponto de contato é uma oportunidade para reforçar a marca e construir relacionamentos. Isso requer uma colaboração estreita entre todas as áreas para garantir uma experiência coesa e alinhada com os valores da marca.

DE MARKETING LEGADO → **PARA TEORIA AEIOU**

ESTRATÉGIA PREDEFINIDA → ABORDAGEM INTEGRATIVA

PÚBLICOS → COMUNIDADES

CAMPANHAS → ESTRATÉGIAS

GASTO EM PUBLICIDADE → EFEITOS DE REDE

MARKETING DE PRODUTO → EXPERIÊNCIA DO CONSUMIDOR

● FIGURA 4.3

Do começo deste livro até aqui, você já leu a palavra **pessoas** dezenas de vezes. E nós dizemos, sempre, **pessoas**, ou pessoas **como** clientes e/ou consumidoras. Por quê?

Porque, no **MdF**, **negócios não têm clientes** nem **consumidores**.

Uma **pessoa** é, ao mesmo tempo, pai, filho, professor, engenheiro, coder, biker, torcedor, carnavalesco, recifense... um sem-número de facetas, simultaneamente. **Conectadas** entre si, na pessoa. E com muitas **outras** pessoas, em rede.

Aliás, a rede, ou as redes às quais cada pessoa pertence, **define**, em parte, a pessoa. Informação, ideias e influências, nas redes, não apenas impactam preferências e decisões de compra, mas até mesmo a **personalidade** das pessoas.

O **MdF** rompe com as **limitações** do marketing tradicional, que frequentemente trata pessoas como números ou segmentos e, em vez de manipular e segmentar, o **MdF busca entender, conectar e cocriar com as pessoas**.

Alguma hora, quem sabe, e muito vez por outra, quando elas tiverem **um problema para resolver**, teremos a oportunidade, talvez única, de lhes oferecer uma **experiência mágica** que cria uma solução e as atrai para uma das redes das quais nós, marketing, também fazemos parte. Aí, como parte do marketing do futuro, se tivermos uma estratégia, podemos **entender as pessoas e nos conectar e cocriar com elas**.

Ao adotar a **teoria AEIOU**, as organizações podem criar estratégias de marketing mais adaptáveis, **centradas nas pessoas** e sustentáveis, superando as limitações do marketing tradicional e preparando-se melhor para o futuro dinâmico do mercado.

marketing
estratégia
teoria
aeiou
tradicional
abordagem
mercado
negócio
interações
rede
futuro
marca
dados
criação
processo
consumidores
comunidades
negócios
digitais
figital
capacidade
objetivos
implementação
insights
estratégico
entender
experiências
desenvolvimento
ambiente
experiência
visão
forma
importância
digital
design
criar
necessidades
narrativas
organização
evolução
dimensões
conexões
dinâmica
publicidade
desejos
pilar
padrões
aproveita
mudanças
adaptabilidade
produtos
destaca
depende
informação
tecnologias
através
orquestrar
táticas
vista
navegar
principalmente
organizações
prática
estejam
alterações
estratégica
interação
inovação
essência
ecossistemas
transcende
fractal
enfatiza
levitt
plano
competitivo
definição
exige
empresa
perspectiva
personalizadas
engajamento
kotler
promove
orquestra
participação
legado
significativas
possível
diálogo
cliente
interagem
ideias
ampla
uso
ciclos
chave
final
oportunidade
dia
pai
sempre
esforços
entrega
produto
clientes
profundas
relacionamentos
participantes
fluxos
resolver
práticas
complexidade
estágios
entregar
colaboração
adaptar-se
problemas
ponto
operações
significados
mensagens
mercados
quanto
ecossistema
execução
coração
arquitetura
plataformas
complexa
posicionamento
garantindo
pensadores
adaptável
outras
elas
integra
ajustes
análise
orquestração
adaptação
processos
garantir
priorizando
pilares
promessa
comunidade
cultura
contínuo
ações
ágeis
constante
tática
prazo
valores
cria
alinha
áreas
marcas
crescimento
campanhas
alcance
foco
resumo
única
integração
mdf
redes
aspirações
cocriar
significa
estágio
develop
simples
limitações
começa
integrativa
hipóteses
aproveitando
investimento
efeitos
engajar
quase
unificação
fundação
usuários
longo
apoia
e/ou
método
mudança
nova
espaço
papel
consumidor
visa
muitas
elementos
comunidades-alvo
algoritmos
deliver
versus
holística
dinâmico
vida
partir
até
construção
desenvolver
decisões
cenários
entregam
pessoa
neste
social
atender
natureza
real
leis
promovendo
diretamente
estratégicas
competitiva
assegura
recursiva
quais
solução
abraçando
defende
transforma

Ambiente – cenários, mercados, competitividade

*No Ambiente, **desenhamos** cenários,*
***desenvolvemos** mercados em rede*
*e **entregamos** competitividade.*

Ponto de partida para iniciar a jornada do **AEIOU**, o **Ambiente** é a base para analisar as estratégias de negócios e de marketing na era figital. O **Ambiente** não é um simples cenário, mas um espaço dinâmico e interativo que molda e é moldado, o tempo todo, pelas tomadas de decisões das empresas.

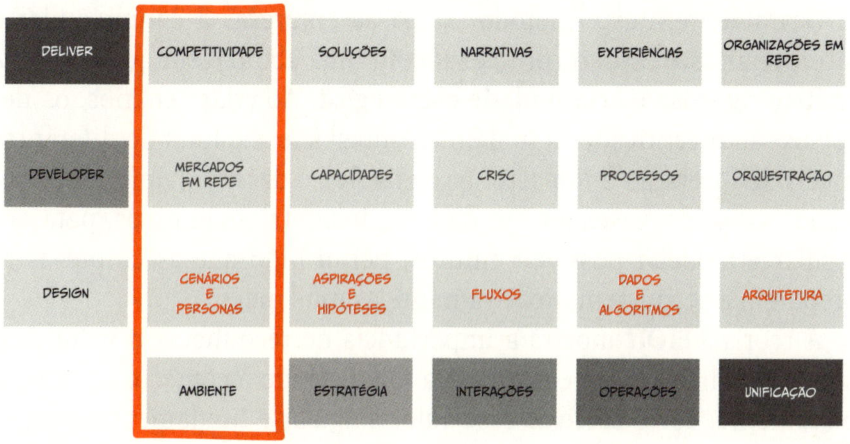

DELIVER	COMPETITIVIDADE	SOLUÇÕES	NARRATIVAS	EXPERIÊNCIAS	ORGANIZAÇÕES EM REDE
DEVELOPER	MERCADOS EM REDE	CAPACIDADES	CRISC	PROCESSOS	ORQUESTRAÇÃO
DESIGN	CENÁRIOS E PERSONAS	ASPIRAÇÕES E HIPÓTESES	FLUXOS	DADOS E ALGORITMOS	ARQUITETURA
	AMBIENTE	ESTRATÉGIA	INTERAÇÕES	OPERAÇÕES	UNIFICAÇÃO

● **FIGURA 5.1**

O **Ambiente** é uma realidade figital, que envolve aspectos físicos, digitais e sociais. Avanços como plataformas, **IA** e análise de dados influenciam o **Ambiente** e permitem conhecer melhor o comportamento do consumidor, otimizar redes de valor, operações e processos e ajudar a criar estratégias de marketing personalizadas. Este é o primeiro aspecto a considerar para entender o contexto em que o marketing do futuro opera.

A outra constatação é que o **Ambiente** é cada vez mais global, ultrapassa limites de lugares e culturas. A globalização facilitada por plataformas abre possibilidades de novos mercados e talentos e submete as empresas a riscos geopolíticos e diferenças culturais que requerem cuidado, principalmente nas **narrativas** criadas pelas estratégias de marketing.

Compreender o ambiente é levar em conta as **diferentes dimensões** – de mercado, tecnológicas, econômicas, culturais, políticas e sociais – que estão sempre (re)moldando o cenário de negócios e, consequentemente, de marketing. No contexto do Marketing do Futuro, isso significa reconhecer tendências emergentes, entender o comportamento e as necessidades dos consumidores, além de prever movimentos da concorrência para criar uma base firme para a tomada de **decisões estratégicas**. Assim, o Ambiente possibilita uma visão holística e integrada, que considera os fatores imediatos de influência e as conexões estruturais que definem o ecossistema de negócios figital.

O ambiente, neste método, ajuda as empresas a compreender e interpretar este espaço complexo, com uma abordagem que combina **análise rigorosa e criatividade estratégica**. Ao criar cenários, os negócios são incentivados a ir além da superfície, explorando diferentes níveis de interação e impacto. Isso envolve o desenvolvimento de cenários variados, baseados em dados e insights qualitativos, para antecipar e modelar possíveis futuros, permitindo que as empresas se preparem e se ajustem proativamente às mudanças.

A teoria **AEIOU** mostra a importância de reconhecer o **valor único** de cada negócio no ecossistema figital desde o começo, ao estudar o ambiente. **Ter** e **cultivar** esse valor singular é fundamental para se destacar em mercados muito competitivos. As empresas são estimuladas a pensar sobre sua **proposta de valor** e seu **propósito** frente aos desafios que o mundo apresenta, sua missão e sua visão, garantindo que elas estejam de acordo com as expectativas e as demandas do ambiente em que atuam.

A construção de valor de uma marca passa pela incorporação do seu potencial competitivo, que se manifesta na habilidade de incorporar e harmonizar **múltiplas camadas de valor**, em profundidade (integração vertical), conectando diferentes etapas de produção, fornecimento e consumo, e amplitude (integração horizontal), abarcando uma diversidade de setores ou tipos de mercado.

No **AEIOU**, o ambiente precisa encontrar essa competitividade, que pode ser entendida como a **capacidade de integração vertical e horizontal de produtos, serviços, experiências e mercados**.

Este capítulo dedicado ao **Ambiente**, primeiro pilar da **teoria AEIOU**, tem um papel essencial ao estabelecer o contexto no qual as organizações devem operar e inovar. O **Ambiente**, no contexto dessa teoria, não se refere simplesmente ao espaço físico ou natural, mas ao espaço competitivo e estratégico onde as empresas se posicionam e interagem com seus stakeholders. Vamos explorar a complexidade e as múltiplas facetas do ambiente figital, destacando a necessidade de compreensão profunda e crítica para identificar oportunidades e antecipar desafios em um mercado em constante evolução. Neste capítulo propomos uma jornada de exploração e entendimento do **Ambiente** figital, desdobrando suas camadas, entendendo suas dinâmicas e revelando como ele pode ser navegado e influenciado estrategicamente.

Design é o primeiro passo do Ambiente e consiste em **compreender o mercado** e ter a habilidade de **antecipar e influenciar o futuro**, baseando-se em um mapeamento tão completo quanto possível e em uma análise crítica dos cenários competitivos. Esse papel vai além da tradicional avaliação superficial, exigindo uma profundidade nas dinâmicas que afetam o negócio, desde alterações tecnológicas até mudanças no comportamento do consumidor. É essencial que as organizações conheçam não apenas o seu espaço imediato, mas os amplos e interligados ecossistemas em que atuam, permitindo a identificação de oportunidades e riscos em um contexto amplo e integrado.

Entendendo o cenário competitivo

O design de cenários implica a criação de modelos baseados em dados e projeções que ajudam a visualizar possíveis futuros e orientar a tomada de decisões estratégicas. **Cenários Mínimos Viáveis (MVS)** são essenciais neste processo, permitindo que as organizações testem hipóteses e avaliem sua viabilidade e seu impacto. Estes cenários devem ser flexíveis, capazes de se adaptar conforme novas informações surgem, garantindo que a empresa permaneça ágil e proativa diante das mudanças do mercado.

Muitas teorias e modelos podem ser aplicados para compreender e antecipar as dinâmicas competitivas para o desenho de mercados em rede bem-sucedidos no espaço figital. Aqui estão algumas das principais teorias que podem ser úteis para entender cenários de competição.

1. **A Teoria dos Jogos** analisa situações estratégicas em que os resultados dependem das decisões de uma empresa e das ações de seus concorrentes. Ela indica como as empresas podem tomar decisões levando em consideração as possíveis reações dos concorrentes.

2. **A Análise das Cinco Forças de Porter** avalia as forças competitivas que moldam a lucratividade de uma indústria, incluindo rivalidade entre concorrentes, ameaça de novos entrantes, poder de barganha dos fornecedores e compradores, e a ameaça de produtos ou serviços substitutos.

3. **A Teoria dos Mercados de Dois Lados** é relevante para plataformas em rede, onde a empresa precisa atrair e equilibrar dois grupos distintos de usuários, como anunciantes e consumidores, ou desenvolvedores e usuários finais.

4. **A Teoria da Vantagem Competitiva** examina como as empresas podem criar e sustentar uma vantagem competitiva por meio de estratégias de liderança em custos, diferenciação ou foco em um segmento específico.

5. **A Teoria dos Recursos e Capacidades** enfatiza a importância dos recursos e capacidades únicos de uma empresa como fonte de vantagem competitiva sustentável. No espaço figital, isso pode incluir recursos tecnológicos, dados, talentos e redes.

6. **A Teoria da Ruptura, de Christensen,** analisa como empresas relativamente pequenas e com recursos limitados podem desafiar e eventualmente substituir empresas estabelecidas e bem-sucedidas em um mercado.
7. **A Teoria da Coopetição** examina as situações em que empresas cooperam em algumas áreas enquanto competem em outras, criando ecossistemas complexos de concorrência e colaboração.

As teorias, aplicadas de maneira adequada, podem criar bases para o desenvolvimento de mercados em rede bem-sucedidos no espaço figital. É importante ressaltar que elas não são mutuamente exclusivas e, muitas vezes, podem e devem ser combinadas para uma compreensão mais abrangente das dinâmicas competitivas no espaço figital.

A Tabela 5.1 resume as principais teorias e seu foco principal.

Teoria	Foco principal
Teoria dos jogos	Estratégias ótimas considerando as ações dos concorrentes
Cinco forças	Forças competitivas que moldam a lucratividade da indústria
Mercados de dois lados	Equilíbrio entre dois grupos distintos de usuários em plataformas
Vantagem competitiva	Criar e sustentar uma vantagem competitiva por meio de estratégias específicas
Recursos e capacidades	Recursos e capacidades únicos como fonte de vantagem competitiva
Ruptura	Impacto de modelos de negócios inovadores e de ruptura
Coopetição	Cooperação e competição simultâneas em diferentes áreas

● **FIGURA 5.1**

Muitas das teorias acima, em conjunto, podem servir de suporte às **práticas** a seguir, que sugerimos para o desenho combinado de cenários e personas que resolve o estágio de Design do Ambiente no **AEIOU**.

Design: desenho de cenários e personas

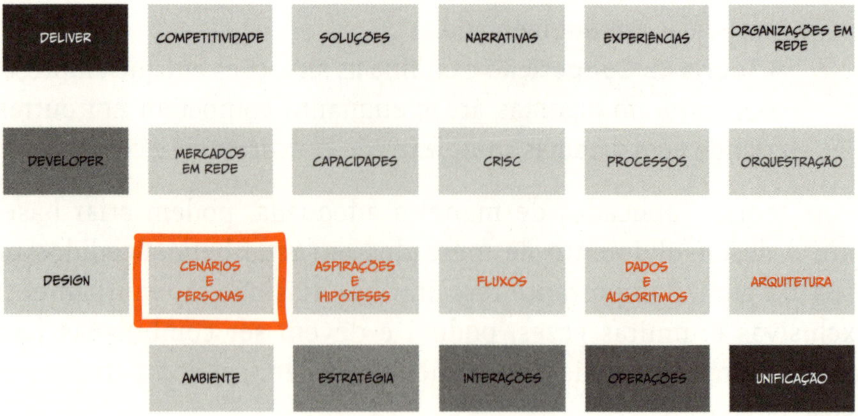

FIGURA 5.2

Para começar a desenhar estratégias de marketing eficientes, é crucial entender, no **Ambiente**, os clientes potenciais, seus comportamentos, necessidades e preferências. Isso se consegue usando vários métodos de pesquisa e abordagens para identificar como indivíduos e grupos sociais selecionam, compram ou descartam bens de consumo, vivem experiências, satisfazem seus desejos e suas necessidades. Tudo isso irá subsidiar a segmentação do target, resultando na construção de personas que representam categorias específicas de clientes dentro de um mesmo segmento de mercado.

Nesse caso, é fundamental contarmos com ajuda de estudiosos da sociologia do consumo e os times de monitoramento de marca que olham insights dia após dia de conversas em redes sociais. Aqui também cabe conhecer os indicadores de mídias, pagas ou orgânicas, que auxiliam na compreensão de jornadas digitais.

O mapeamento do comportamento do consumidor traz uma riqueza de informações para construção do cenário, e é importante considerar diversas fontes, desde pesquisas tradicionais, quantitativas e qualitativas, até a escuta social feita de forma espontânea nas redes sociais.

Após o conhecimento aprofundado dos atores que estão envolvidos no cenário, é o momento de entender como eles se movimentam e as "regras do jogo", ou seja, as regulamentações, tecnologias envolvidas e tendências. Para isso, sugerimos um maior conhecimento sobre métodos de designs de cenários.

Definição e importância

Cenários são representações detalhadas e baseadas em dados do ambiente em que uma empresa opera, incluindo fatores como condições de mercado, tendências econômicas, desenvolvimentos tecnológicos e comportamento do consumidor. Eles fornecem uma base sólida para a tomada de decisões estratégicas, ajudando a visualizar possíveis futuros e planejar respostas eficazes.

Personas, por outro lado, são arquétipos detalhados que representam os diferentes segmentos do universo-alvo de uma empresa. Eles são criados a partir de dados reais e insights qualitativos, incluindo características demográficas, psicográficas, comportamentais e emocionais. As personas ajudam a personalizar e direcionar as estratégias de marketing e produto, assegurando que as ofertas e mensagens sejam relevantes para cada segmento específico.

Desenhar cenários eficazes para competir no mercado atual exige uma abordagem holística que considera uma ampla gama de variáveis e como elas interagem. As empresas devem examinar seu setor específico, fatores macroeconômicos, tendências culturais e sociais, avanços tecnológicos e mudanças regulatórias. Este exame profundo fornece uma visão panorâmica do ambiente de negócios, revelando oportunidades e ameaças potenciais.

Da mesma forma, o **desenho de personas** demanda um entendimento íntimo do cliente. Além de dados demográficos básicos, é crucial explorar as motivações, as preferências, os valores e os comportamentos dos clientes. Essa compreensão rica e multidimensional permite que as empresas se conectem com seu universo de interesse de maneira mais autêntica e eficaz, criando experiências de cliente memoráveis e construindo relacionamentos duradouros.

O **desenho de cenários e personas** é fundamental para navegar na complexidade do ambiente de negócios contemporâneo. Ao antecipar o futuro e compreender profundamente suas potenciais comunidades, as empresas podem desenvolver estratégias mais resilientes, inovadoras e centradas no cliente.

A seguir trataremos do desenho de cenários e personas no **AEIOU**.

7 pontos essenciais

1. Análise do ambiente

A análise do ambiente é uma etapa básica no processo de desenho de cenários e personas, servindo como a espinha dorsal para estratégias de marketing e negócios bem-informadas e eficazes. Este processo envolve a coleta e interpretação de dados abrangentes para obter uma compreensão completa do contexto em que a empresa opera. Aqui estão os componentes principais dessa análise:

Para desenhar um cenário abrangente, é crucial iniciar com perguntas que direcionem a pesquisa e análise. Essas perguntas devem abordar, no mínimo:

- **Quais** são as principais tendências e forças que estão moldando o setor?
- **Como os** concorrentes estão se posicionando e inovando?
- **Quais** são os fatores tecnológicos, econômicos, sociais, políticos e legais relevantes?

Mas o mundo – e o Ambiente competitivo, e o cenário que o representa – é muito mais complexo do que pode ser representado pelas respostas a três perguntas que até parecem ser simples demais. Para ter uma ideia de que teríamos de tratar se fôssemos resolver o cenário com mais precisão, considere estas perguntas adicionais:

- **Quais** são as mudanças nos padrões de demanda e preferências do consumidor?
- **Como** as expectativas dos clientes estão evoluindo em relação a produtos, serviços e experiências?
- **Quais** são as principais ameaças e oportunidades apresentadas por novos entrantes e substitutos no mercado?

- **Como** as mudanças nas cadeias de suprimentos e nos modelos de distribuição estão impactando o setor?

- **Quais** são as principais incertezas e riscos que podem afetar o ambiente de negócios no futuro?

- **Como** as mudanças nos padrões demográficos e nas estruturas populacionais podem influenciar o mercado?

- **Quais** são as principais preocupações e prioridades dos reguladores e formuladores de políticas?

- **Como** as mudanças nas normas sociais, nos valores e estilos de vida estão moldando as atitudes e os comportamentos dos consumidores? **Quais** são as principais tendências e inovações em tecnologias adjacentes e complementares que podem impactar o setor?

- **Como** as mudanças nas condições econômicas globais e regionais podem afetar a demanda e o poder de compra dos clientes?

- **Quais** são as principais preocupações e expectativas das partes interessadas em relação à sustentabilidade e responsabilidade social corporativa?

- **Como** as mudanças nas dinâmicas competitivas e nas estruturas de mercado estão influenciando as estratégias e táticas dos concorrentes?

- **Quais** são as principais tendências e desenvolvimentos em mercados internacionais relevantes?

- **Como** as mudanças nas infraestruturas físicas e digitais podem afetar as operações e a entrega de valor aos clientes?

Somente ao considerar um grande número de fatores e suas interações, é possível desenvolver cenários e personas que refletem com precisão as realidades do mercado e servem de base para a tomada de decisões estratégicas. Essa abordagem abrangente e multidimensional é essencial para navegar no ambiente de negócios em rápida evolução e criar estratégias resilientes e adaptáveis que estimulam o crescimento e a vantagem competitiva em longo prazo.

Também deve ficar claro que raramente se dispõe, ao mesmo tempo, das capacidades e do tempo para tratar tantas dimensões da análise do ambiente em uma só fase do processo. Essa descoberta é quase sempre interativa, iterativa e incremental, até porque uma boa parte das perguntas a serem respondidas é descoberta à medida que se começa a tratar outras facetas do problema maior de desenho de cenários e personas.

2. Segmentação de pessoas como potenciais clientes

Após a análise do ambiente, o próximo passo no processo de desenho de cenários e personas é o detalhamento de segmentos, para compreender os diversos grupos do seu mercado-alvo, facilitando a personalização de estratégias para atender às necessidades e preferências específicas de cada segmento.

As respostas a duas perguntas básicas resolvem todo o problema de segmentação, se e quando detalhadas:

- **Quais** são os principais agrupamentos de clientes e suas características demográficas, psicográficas e comportamentais?
- **Como** cada segmento se diferencia em termos de necessidades, preferências e comportamentos de compra?

Entretanto, o problema passa claramente por ordens de magnitude mais complexa e busca por respostas, entre muitas outras, a estas perguntas:

- **Quais** são os principais desafios e dores de cada segmento de cliente?
- **Como** cada segmento percebe e avalia as ofertas atuais do mercado?
- **Quais** são as motivações e os objetivos de cada segmento ao buscar soluções?
- **Como** cada segmento prefere se comunicar e se relacionar com as marcas?
- **Quais** são os as dimensões de e pontos de contato preferidos por cada segmento? Qual é o poder aquisitivo e a sensibilidade a preço de cada segmento?
- **Como** cada segmento se comporta em relação à adoção de novas tecnologias e inovação?

- **Quais** são os valores e as crenças fundamentais que guiam as decisões de cada segmento?

- **Como** cada segmento se diferencia em termos de lealdade à marca e propensão a mudar para concorrentes?

- **Como** cada segmento se diferencia em termos de frequência, volume e ocasião de compra?

- **Quais** são as principais influências sociais e de referência para cada segmento?

- **Como** cada segmento percebe e lida com os riscos associados à compra e ao uso de produtos/serviços?

- **Quais** são as expectativas de cada segmento em relação ao atendimento ao cliente e suporte pós-venda?

Ao explorar as respostas a essas perguntas, você chegará a um entendimento granular e multidimensional de cada segmento, permitindo o desenvolvimento de estratégias de marketing e experiências altamente personalizadas e eficazes.

3. Mapeamento do ecossistema

O mapeamento do ecossistema é uma etapa crítica no processo de desenho de cenários e personas, permitindo que as empresas compreendam o ambiente mais amplo em que operam e as complexas redes de relacionamentos e influências que moldam sua realidade competitiva.

Ao identificar os principais atores, suas interconexões e os potenciais impactos de suas ações, as organizações podem desenvolver estratégias mais robustas e adaptáveis que levam em consideração as dinâmicas do ecossistema. Um conjunto básico de questões a responder é:

- **Quem** são os principais atores no ecossistema (concorrentes, parceiros, fornecedores, reguladores) e como eles se relacionam?

- **Como** as ações e decisões de cada ator podem afetar a empresa e o ecossistema como um todo?

Além dessas perguntas fundamentais, é essencial explorar outras dimensões do ecossistema para obter uma visão mais completa e nuançada. Perguntas adicionais a serem consideradas incluem:

- **Quais** são os principais fluxos de valor, informação e influência entre os atores do ecossistema?
- **Como** as mudanças nas estratégias e comportamentos de um ator podem desencadear efeitos cascata em todo o ecossistema?
- **Quais** são as principais interdependências e sinergias potenciais entre os atores do ecossistema?
- **Como** as inovações e rupturas introduzidas por um ator podem remodelar a dinâmica competitiva e as posições de valor no ecossistema?
- **Quais** são as principais barreiras à entrada e saída no ecossistema e como elas influenciam o comportamento dos atores?
- **Como** as mudanças nas condições macroeconômicas, regulatórias e sociais podem afetar as interações e o equilíbrio de poder no ecossistema?
- **Quais** são os principais pontos de alavancagem e intervenção no ecossistema onde a empresa pode influenciar estrategicamente os resultados?
- **Como** a empresa pode se posicionar e alinhar seus incentivos para fomentar a colaboração e a criação de valor compartilhado no ecossistema?

Ao abordar essas perguntas adicionais, é possível obter uma compreensão mais sofisticada das dinâmicas do ecossistema, identificando potenciais riscos, oportunidades e estratégias para moldar proativamente o ambiente competitivo a seu favor.

4. Entendendo plataformas figitais

No contexto do desenho de cenários e personas em ambientes figitais, o entendimento e a otimização das plataformas são passos fundamentais após o mapeamento do ecossistema. As plataformas, que combinam elementos dos mundos físico, digital e social, tornaram-se pilares essenciais para operar efetivamente em ambientes de negócios modernos.

Seu papel central na facilitação de conexões, promoção da segurança e confiabilidade, e no fomento da cocriação e inovação conjunta, torna as plataformas um foco estratégico crítico para as empresas que

buscam competir e prosperar em um cenário cada vez mais digital. A empresa deve analisar as plataformas figitais relevantes, avaliando seu papel na facilitação de conexões, segurança, confiabilidade e inovação. Perguntas básicas são...

- **Quais** são as principais plataformas figitais no setor e como elas estão evoluindo?
- **Como** essas plataformas facilitam a interação, colaboração e co-criação entre os diferentes atores?

Além dessas perguntas iniciais, é crucial explorar outras dimensões das plataformas figitais para obter uma compreensão mais completa de seu impacto e potencial. Perguntas adicionais a serem consideradas incluem:

- **Como** o design e a arquitetura das plataformas figitais influenciam os padrões de interação e o comportamento dos usuários?
- **Quais** são as principais barreiras e facilitadores para a adoção e o engajamento dos usuários nas plataformas figitais?
- **Como** as plataformas figitais estão moldando as expectativas dos clientes em relação à conveniência, personalização e experiência?
- **Quais** são as implicações das plataformas figitais para a segmentação de clientes, a diferenciação de produtos e as estratégias de precificação?
- **Como** as plataformas figitais estão remodelando as cadeias de valor tradicionais e os modelos de negócios em diferentes setores? Quais são as principais considerações de segurança, privacidade e ética relacionadas às plataformas figitais e como elas podem ser abordadas?
- **Como** as empresas podem alavancar as plataformas figitais para obter insights sobre o comportamento do cliente, preferências e tendências emergentes?
- **Quais** são as oportunidades de parcerias estratégicas e colaboração habilitadas pelas plataformas figitais no ecossistema mais amplo?

O entendimento abrangente das plataformas figitais é um componente essencial do processo de desenho de cenários e personas em ambientes competitivos. Esse conhecimento permite que os negócios desenvolvam estratégias proativas para alavancar as plataformas figitais de maneira a aprimorar a experiência do cliente, acelerar inovação e criar vantagens competitivas sustentáveis.

5. Compreensão das necessidades do cliente

No cenário das plataformas figitais, onde a interatividade e a personalização são elementos-chave para competir, a compreensão das necessidades e comportamentos do cliente torna-se um pilar estratégico para as empresas. À medida que as interações digitais se tornam cada vez mais centrais na jornada do cliente, a capacidade de oferecer experiências envolventes, relevantes e personalizadas emerge como um diferencial competitivo crítico. Nesse contexto, esta seção explora como as empresas podem aprimorar seu entendimento dos clientes, a fim de desenvolver soluções e experiências que atendam e superem suas expectativas.

As perguntas orientadoras são...

- **Quais** são as principais necessidades, desejos e expectativas de cada segmento de cliente?
- **Como** os clientes interagem com produtos e serviços similares e quais são seus padrões de comportamento?

Para além dessas perguntas fundamentais, é essencial explorar outras dimensões da compreensão do cliente para obter insights mais ricos e acionáveis. Questões adicionais a serem consideradas incluem:

- **Quais** são os principais pontos de dor, frustrações e barreiras enfrentadas pelos clientes em sua jornada de compra e uso do produto/serviço?
- **Como** os diferentes segmentos de clientes percebem e valorizam os diferentes atributos e benefícios das ofertas existentes no mercado?
- **Quais** são as motivações subjacentes e os fatores emocionais que motivam as decisões e comportamentos dos clientes?
- **Como** as preferências e expectativas dos clientes variam ao longo de diferentes pontos de contato e fluxos de interação?

- **Quais** são as influências sociais, culturais e contextuais que moldam as percepções e atitudes dos clientes em relação à categoria de produto/serviço?

- **Como** as necessidades e os comportamentos dos clientes estão evoluindo ao longo do tempo, e quais são as tendências emergentes que podem impactar suas expectativas futuras?

- **Quais** são as oportunidades para surpreender e encantar os clientes, entregando experiências excepcionais que vão além de suas expectativas declaradas?

- **Como** os insights sobre os clientes podem ser traduzidos em oportunidades de inovação e diferenciação no desenvolvimento de produtos, serviços e experiências?

Esse entendimento rico e multidimensional permite que as organizações desenvolvam estratégias centradas no cliente que priorizam a relevância, a personalização e a excelência na experiência do usuário. Em um ambiente competitivo em que as expectativas dos clientes são elevadas e as alternativas abundantes, a capacidade de compreender e atender às necessidades mais profundas dos clientes torna-se uma vantagem competitiva poderosa e sustentável.

6. Potencial de inovação e colaboração transversal

Em um cenário de negócios cada vez mais dinâmico e competitivo, explorar o potencial de inovação e colaboração transversal na organização e com parceiros externos torna-se um imperativo estratégico. Essa etapa é fundamental para unificar as visões sobre cenários e personas, bem como para ativar a capacidade de inovação da empresa, permitindo respostas ágeis e eficazes às demandas do mercado. Nesta seção, aprofundaremos como as organizações podem fomentar a inovação e a colaboração transversal, criando um ambiente propício para o desenvolvimento de soluções criativas e de ruptura.

A empresa deve explorar oportunidades de inovação e colaboração na organização e com parceiros externos. Perguntas orientadoras passam por:

- **Como** a colaboração transversal pode ser incentivada para estimular a inovação?
- **Quais** parcerias estratégicas podem ser estabelecidas para co-criar soluções inovadoras?

Para aprofundar a análise do potencial de inovação e colaboração transversal, é importante considerar questões adicionais, tais como:

- **Como** podemos criar uma cultura organizacional que valorize a diversidade de pensamento, a experimentação e o aprendizado contínuo?
- **Quais** mecanismos e incentivos podemos implementar para encorajar a colaboração e o compartilhamento de conhecimento entre diferentes áreas e níveis hierárquicos?
- **Como** podemos identificar e aproveitar as competências e os talentos únicos de nossos colaboradores para impulsionar inovação?
- **Quais** metodologias e ferramentas de inovação podemos adotar para sistematizar e acelerar o processo de geração e implementação de novas ideias?
- **Como** podemos estabelecer parcerias estratégicas com startups, universidades e outras organizações para acessar novos conhecimentos, tecnologias e modelos de negócio?
- **Quais** critérios devemos usar para priorizar e selecionar as iniciativas de inovação mais promissoras e alinhadas com nossa estratégia?
- **Como** podemos criar um ambiente seguro para a experimentação, onde o fracasso é visto como uma oportunidade de aprendizado e melhoria?
- **Quais** métricas e indicadores devemos utilizar para mensurar o desempenho e o impacto de nossas atividades de inovação e colaboração transversal?

Explorar e potencializar a inovação e a colaboração transversal é um fator crítico de sucesso para as organizações que buscam se destacar em um mercado cada vez mais competitivo e orientado pela inovação.

Ao adotar uma abordagem proativa e estratégica, que estimula a diversidade de pensamento, a experimentação e a cocriação, as empresas podem desenvolver uma capacidade de inovação sustentável e diferenciada. O ecossistema de inovação e colaboração permite às organizações antecipar e responder de forma ágil às mudanças no mercado, desenvolver soluções mais alinhadas às necessidades dos clientes e gerar vantagens competitivas duradouras.

7. Visões e insights para entrar em mercados em rede

Na fase final do processo de desenho de cenários e personas, é fundamental integrar e harmonizar as visões internas e externas para que a organização esteja alinhada e preparada para atuar de forma eficaz em mercados em rede. Essa etapa é crucial para consolidar os insights gerados ao longo do processo e assegurar que a estratégia da empresa esteja em sintonia com as dinâmicas do mercado e as expectativas dos clientes. Aqui, exploramos como as empresas podem alcançar esse alinhamento e se posicionar em um ambiente de negócios interconectado e em constante evolução.

Nossas perguntas-chave são:

- **Como** garantir um entendimento compartilhado sobre os cenários e personas dentro da organização e com parceiros externos?
- **Quais** processos podem ser implementados para permitir a revisão e adaptação contínua das estratégias com base em novos insights?

Para aprofundar esse alinhamento e essa preparação para atuar em mercados em rede, é importante considerar questões adicionais, tais como:

- **Como** podemos criar uma cultura organizacional que valorize a colaboração, o compartilhamento de conhecimento e a adaptabilidade?
- **Quais** mecanismos podemos estabelecer para facilitar a comunicação e o engajamento contínuo com nossa rede de valor?
- **Como** podemos desenvolver a capacidade de antecipar e responder rapidamente a mudanças nos cenários de mercado e no comportamento das personas?

- **Quais** competências e recursos precisamos desenvolver para prosperar em um ambiente de negócios em rede?
- **Como** podemos aproveitar as tecnologias digitais para melhorar nossa capacidade de coletar, analisar e agir sobre insights do mercado em tempo real?
- **Quais** indicadores-chave de desempenho (KPIs) devemos monitorar para avaliar nossa eficácia na atuação em mercados em rede?
- **Como** podemos fomentar uma mentalidade de inovação e experimentação que nos permita adaptar e evoluir nossas estratégias de forma ágil?
- **Quais** parcerias estratégicas podemos formar para ampliar nossa visão, acessar novos insights e recursos, e cocriar valor em mercados em rede?

Integrar e **harmonizar visões** internas e externas é um passo crítico para garantir que as organizações estejam preparadas para prosperar em mercados em rede. Ao adotar uma abordagem colaborativa e adaptável, que valoriza o alinhamento contínuo e a troca de insights com toda a rede de valor, as empresas podem desenvolver estratégias mais resilientes e sintonizadas com as realidades do mercado.

Esse alinhamento permite que as organizações mobilizem seus recursos de forma mais eficiente, tomem decisões mais embasadas e respondam com agilidade às mudanças no ambiente de negócios. Além disso, ao fomentar uma cultura de inovação, experimentação e aprendizado contínuo, as empresas podem continuamente refinar suas estratégias e se adaptar às necessidades e expectativas em evolução dos clientes. Em última análise, dominar a arte de integrar visões e insights para atuar em mercados em rede é uma competência essencial para o sucesso no espaço figital.

Develop: desenvolvimento de mercados em rede

Após a conclusão da fase de Design, na qual exploramos o desenho de cenários e personas, nosso foco se volta para o estudo e desenvolvimento dos mercados onde nossos produtos e serviços serão inseridos.

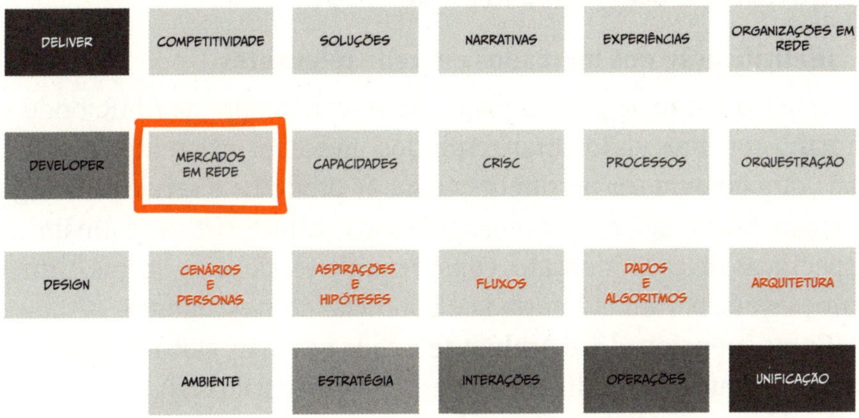

DELIVER	COMPETITIVIDADE	SOLUÇÕES	NARRATIVAS	EXPERIÊNCIAS	ORGANIZAÇÕES EM REDE
DEVELOPER	MERCADOS EM REDE	CAPACIDADES	CRISC	PROCESSOS	ORQUESTRAÇÃO
DESIGN	CENÁRIOS E PERSONAS	ASPIRAÇÕES E HIPÓTESES	FLUXOS	DADOS E ALGORITMOS	ARQUITETURA
	AMBIENTE	ESTRATÉGIA	INTERAÇÕES	OPERAÇÕES	UNIFICAÇÃO

● **FIGURA 5.3**

Como mencionado anteriormente, o Ambiente é uma realidade figital que envolve aspectos físicos, digitais e sociais, onde avanços como plataformas, **IA** e análise de dados influenciam e permitem conhecer melhor o comportamento do consumidor, otimizar redes de valor, operações e processos, além de ajudar a criar estratégias de marketing personalizadas. Nesse contexto, o desenvolvimento de mercados em rede se torna essencial para o sucesso das organizações.

Ao abordar o desenvolvimento de mercados em rede, duas etapas fundamentais se destacam: a Arquitetura dos Mercados em Rede (**AMR**) e o Product Market Fit (**PMF**). AMR nos permite compreender e moldar a estrutura e dinâmica dos mercados em rede nos quais pretendemos atuar, enquanto PMF assegura que nossas soluções estejam alinhadas com as necessidades e demandas reais dos clientes nesses mercados.

Embora possam existir outros aspectos a considerar no desenvolvimento de mercados, como a análise da concorrência, estratégias de precificação ou planos de *go-to-market*, AMR e PMF formam a base sólida sobre a qual esses outros elementos podem ser construídos. Ao focar nessas duas etapas essenciais, podemos direcionar nossos esforços para os fatores mais críticos de sucesso, otimizando recursos e aumentando nossas chances de criar valor sustentável nos mercados em rede escolhidos.

Arquitetura dos mercados em rede

Identificação dos mercados em rede relevantes

Este é o ponto de partida para o desenvolvimento da AMR, onde se procura ter uma visão abrangente dos mercados existentes e potenciais que possam ser pertinentes para os produtos e serviços da organização. Essa etapa requer uma análise das características e dinâmicas específicas de cada mercado, considerando tendências, forças, principais players, barreiras à entrada e potencial de crescimento.

Como mencionado, o **Ambiente** é cada vez mais global e ultrapassa limites de lugares e culturas. Portanto, é essencial considerar os mercados locais e também oportunidades em escala global, avaliando os riscos e desafios associados, como questões geopolíticas e diferenças culturais. Aqui as perguntas-chave são:

- **Quais** são os mercados em rede existentes ou potenciais que são relevantes para nossos produtos e serviços?
- **Como** podemos identificar e priorizar os mercados em rede mais promissores e alinhados com nossa estratégia?

E há muitas perguntas adicionais, entre as quais:

- **Quais** são as características e dinâmicas específicas de cada mercado em rede identificado?
- **Como** esses mercados em rede estão evoluindo e quais são as tendências e forças que os moldam?
- **Quais** são os principais players, influenciadores e *gatekeepers* nesses mercados em rede?
- **Quais** são as barreiras à entrada e os fatores críticos de sucesso nesses mercados em rede?
- **Como** podemos avaliar o tamanho, o crescimento e o potencial de rentabilidade de cada mercado em rede?

Análise da estrutura e dinâmica dos mercados em rede

Após a identificação dos mercados em rede relevantes, é necessário aprofundar a análise da estrutura e dinâmica desses mercados. Essa

etapa envolve o mapeamento das relações entre os diferentes atores, a compreensão dos fluxos de valor e informação, além da identificação dos mecanismos de captura de valor.

É importante considerar como as plataformas e tecnologias digitais estão moldando a estrutura e a dinâmica dos mercados em rede, conforme abordado na seção "Entendendo plataformas figitais" do texto. Essas plataformas têm o poder de redefinir as regras do jogo, influenciando a maneira como os atores interagem e criando novas oportunidades e novos desafios. As perguntas básicas são:

- **Como** podemos mapear e analisar a estrutura e as relações entre os diferentes atores nos mercados em rede de interesse?
- **Quais** são as principais fontes de valor, fluxos de informação e mecanismos de captura de valor nesses mercados em rede?

E, entre muitas perguntas adicionais, podemos citar:

- **Como** as plataformas e tecnologias digitais estão moldando a estrutura e a dinâmica desses mercados em rede?
- **Quais** são os principais pontos de alavancagem e influência nesses mercados em rede?
- **Como** as relações de poder e dependência entre os atores afetam a estabilidade e a evolução desses mercados em rede?
- **Quais** são as principais fontes de inovação e ruptura nesses mercados em rede?
- **Como** as mudanças regulatórias e políticas podem afetar a estrutura e a dinâmica desses mercados em rede?

Desenho da arquitetura de mercados em rede

Com base nos insights obtidos nas etapas anteriores, o próximo passo é o desenho da arquitetura dos mercados em rede. Essa etapa envolve a criação de uma estrutura que favoreça a criação de valor para todos os participantes e seja sustentável em longo prazo. O desenho da AMR deve considerar as melhores práticas e os princípios identificados na análise dos mercados existentes, bem como incorporar inovações e diferenciais que possam gerar vantagens competitivas. É essencial definir regras claras, incentivos alinhados e mecanismos de governança que promovam a confiança e a colaboração entre os atores. Quais são as perguntas-chave?

- **Como** podemos projetar e arquitetar mercados em rede que criem valor para todas as partes envolvidas e sejam sustentáveis em longo prazo?
- **Quais** são os princípios e as melhores práticas para o desenho de mercados em rede eficazes e equilibrados?

Outras perguntas que melhoram muito nosso entendimento do desenho da AMR:

- **Como** podemos definir regras, incentivos e mecanismos de governança adequados para os mercados em rede projetados?
- **Quais** são as estratégias para atrair e reter uma massa crítica de participantes nos mercados em rede desenhados?
- **Como** podemos projetar mecanismos de feedback e reputação que promovam a confiança e a colaboração nos mercados em rede?
- **Quais** são as considerações éticas e de equidade no desenho de mercados em rede?
- **Como** podemos incorporar flexibilidade e adaptabilidade no desenho de mercados em rede para lidar com mudanças e incertezas?

Product Market Fit (PMF)

Avaliação das necessidades e demandas do mercado

Este é o passo crítico para atingir o **PMF**. É fundamental compreender profundamente os desafios, as dores e os desejos não atendidos dos clientes nos mercados em rede de interesse. Conforme mencionado na seção "Compreensão das necessidades do cliente" do texto, essa avaliação requer uma abordagem multidimensional, que vai além de dados demográficos básicos e explora motivações, preferências, valo-

res e comportamentos dos clientes. Essa compreensão rica e granular permite desenvolver soluções que realmente ressoem com as comunidades-alvo.

Perguntas-chave:

- **Quais** são as principais necessidades, dores e desejos não atendidos dos clientes nos mercados em rede de interesse?
- **Como** podemos validar e quantificar a demanda potencial para nossas soluções nesses mercados em rede?

Perguntas adicionais:

- **Quais** são os critérios de decisão e as preferências dos clientes ao escolher soluções nesses mercados em rede?
- **Como** as necessidades e demandas dos clientes variam entre diferentes segmentos e nichos de mercado?
- **Quais** são as soluções alternativas e concorrentes existentes nesses mercados em rede e como elas atendem às necessidades dos clientes?
- **Como** podemos identificar oportunidades de inovação e diferenciação com base nas necessidades não atendidas dos clientes?
- **Quais** são as tendências e mudanças nas necessidades e demandas dos clientes ao longo do tempo nesses mercados em rede?

Desenvolvimento e iteração das soluções

Com base na avaliação das necessidades e demandas do mercado, o próximo passo é o desenvolvimento e iteração das soluções. Esse processo envolve a criação de produtos e serviços que atendam e excedam as expectativas dos clientes nos mercados em rede de interesse. É essencial adotar uma abordagem centrada nos clientes, envolvendo-os no processo de desenvolvimento por meio de práticas como cocriação e design participativo. Além disso, a iteração contínua com base no feedback e aprendizado do mercado é fundamental para refinar as soluções e garantir um ajuste ideal às necessidades dos clientes. Aqui, temos de responder duas perguntas básicas:

- **Como** podemos desenvolver soluções que atendam e excedam as necessidades e expectativas dos clientes nos mercados em rede de interesse?
- **Quais** são as estratégias para iterar e refinar nossas soluções com base no feedback e aprendizado do mercado?

E cinco perguntas adicionais:

- **Como** podemos envolver os clientes no processo de desenvolvimento e cocriação de nossas soluções?
- **Quais** são as funcionalidades, os benefícios e as experiências essenciais que nossas soluções devem oferecer para ter um forte ajuste ao mercado?
- **Como** podemos prototipar e testar rapidamente nossas soluções para validar sua adequação ao mercado e obter feedback valioso? Quais métricas e indicadores devemos monitorar para avaliar o desempenho e a adequação de nossas soluções ao mercado? Como podemos incorporar agilidade e flexibilidade em nosso processo de desenvolvimento para responder rapidamente às mudanças no mercado e nas necessidades dos clientes?

Alinhamento estratégico e *go-to-market*

Após o desenvolvimento de soluções com forte PMF, é crucial garantir o alinhamento estratégico e planejar a entrada no mercado de forma eficaz. Esse alinhamento envolve a integração do PMF com a estratégia geral de negócios e proposta de valor da organização. É essencial assegurar que os objetivos de negócios estejam alinhados com as estratégias de marketing e vice-versa, criando uma sinergia que maximize os resultados e o retorno sobre o investimento. Além disso, é necessário desenvolver um plano de *go-to-market* que considere a segmentação dos mercados em rede, os canais mais adequados para alcançar os clientes-alvo e as estratégias de precificação e modelo de negócio apropriadas. O que é essencial saber?

- **Como** podemos alinhar nosso PMF com nossa estratégia geral de negócios e proposta de valor nos mercados em rede de interesse?
- **Quais** são as estratégias e táticas mais eficazes para lançar, posicionar e escalar nossas soluções nesses mercados em rede?

Nesse caso, as perguntas adicionais são:

- **Como** podemos segmentar e priorizar os mercados em rede e os segmentos de clientes para um *go-to-market* focado e eficiente?
- **Quais** são os fluxos e as parcerias mais adequados para alcançar e atender nossos clientes-alvo nesses mercados em rede?
- **Como** podemos desenvolver um plano de *go-to-market* que equilibre velocidade, escala e sustentabilidade?
- **Quais** são as estratégias de precificação e modelo de negócio mais apropriadas para nosso PMF nesses mercados em rede?
- **Como** podemos alinhar nossos esforços de vendas, marketing e *customer success* para incentivar a adoção e o crescimento de nossas soluções nesses mercados em rede?

Enfim...

O **desenvolvimento de mercados em rede** é uma fase crucial para o sucesso de produtos e serviços em ambientes competitivos figitais. Ao focar em AMR e PMF, podemos criar uma base sólida para entrar e crescer nesses mercados de maneira sustentável e orientada para o cliente.

AMR nos permite compreender e moldar a estrutura e dinâmica dos mercados em rede, identificando oportunidades, desafios e pontos de alavancagem. Já PMF assegura que nossas soluções estejam alinhadas com as reais necessidades e demandas dos clientes, criando valor diferenciado e sustentável.

Embora haja outros aspectos importantes, como análise da concorrência e estratégias de *go-to-market*, eles podem ser abordados de maneira mais eficaz uma vez que tenhamos uma compreensão sólida de AMR e PMF. Ao priorizar essas duas etapas fundamentais, podemos otimizar nossos esforços e recursos, aumentando nossas chances de sucesso nos mercados em rede escolhidos.

Em última análise, o desenvolvimento de mercados em rede requer uma abordagem estratégica, iterativa e centrada no cliente. Ao fazer as perguntas certas, analisar profundamente os mercados e desenvolver soluções que ressoem com os clientes, podemos criar um forte product market fit e estabelecer uma presença sustentável e valiosa nos mercados em rede de interesse.

Deliver: competitividade em mercados em rede

Chegamos à etapa final do Ambiente na **teoria AEIOU**: o **Deliver**. Após as fases de design e desenvolvimento de mercados em rede, em que exploramos a criação de cenários, personas e a arquitetura e dinâmica dos mercados em rede, agora nosso foco se volta para a entrega da competitividade. Nesta fase, a estratégia de marketing deve definir quais serão os fatores competitivos da marca diante do cenário estudado, considerando as complexidades e oportunidades dos mercados em rede.

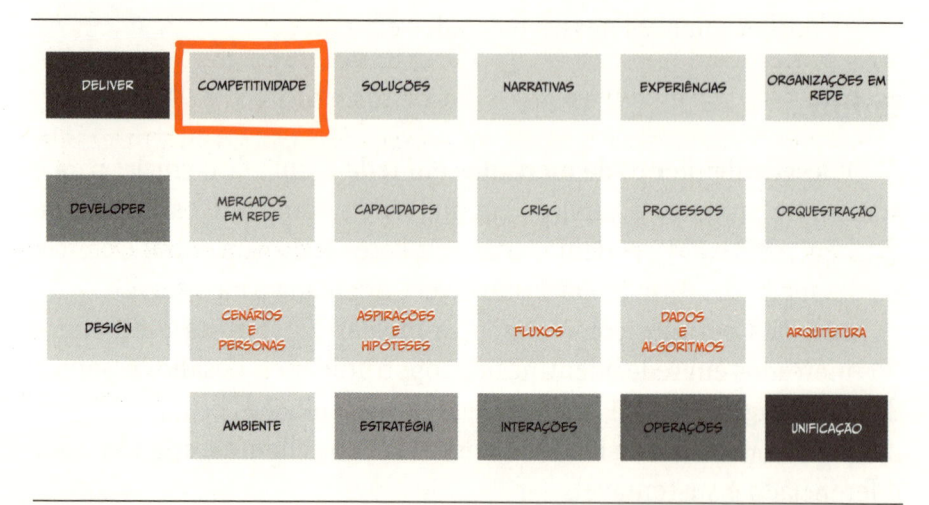

● FIGURA 5.4

A ascensão das plataformas digitais e a crescente interconectividade dos atores econômicos têm redefinido as regras da competição nos mercados. Nesse contexto, a competitividade vai além da simples oferta de produtos e serviços isolados, envolvendo a capacidade de orquestrar e influenciar um ecossistema complexo de agentes interdependentes. Para prosperar nesse ambiente, as empresas precisam dominar a arte de integrar vertical e horizontalmente diversos serviços e mercados, criando valor sustentável para todos os participantes do ecossistema. A seguir, discutimos os principais **fatores competitivos** em mercados em rede.

Arquitetura de plataforma e ecossistema

Um dos principais fatores competitivos em mercados em rede é a arquitetura da plataforma e do ecossistema. Conforme mencionado na seção "Entendendo plataformas figitais", as plataformas devem ser projetadas com flexibilidade e escalabilidade, permitindo a integração de uma ampla gama de serviços, produtos e soluções. Isso requer o uso de tecnologias avançadas, interfaces modulares e APIs abertas que facilitem a personalização e a adaptação a diferentes contextos de mercado.

Além disso, a arquitetura da plataforma deve ser capaz de suportar e fomentar um ecossistema vibrante de participantes, incluindo usuários, desenvolvedores e parceiros. Isso envolve a criação de ambientes colaborativos em que esses atores possam interagir, inovar e contribuir para a evolução contínua da plataforma, gerando valor compartilhado para todos os envolvidos. O que temos que entender sobre isso?

- **Como** podemos projetar uma arquitetura de plataforma flexível e escalável que permita a integração de diversos serviços e soluções?
- **Quais** tecnologias e abordagens podemos adotar para facilitar a personalização e adaptação da plataforma a diferentes contextos de mercado?

E o que mais?...

- **Como** podemos criar um ecossistema vibrante e engajado em torno da nossa plataforma, incentivando a participação ativa de usuários, desenvolvedores e parceiros?

- **Quais** mecanismos e incentivos podemos implementar para fomentar a inovação e a colaboração dentro do nosso ecossistema?

- **Como** podemos garantir a interoperabilidade e a integração *seamless* entre os diferentes componentes e serviços da nossa plataforma? Quais métricas e indicadores devemos monitorar para avaliar a saúde e o desempenho do nosso ecossistema ao longo do tempo?

- **Como** podemos adaptar e evoluir continuamente nossa arquitetura de plataforma em resposta às mudanças nas necessidades do mercado e dos usuários?

Efeitos de rede e engajamento da comunidade

Outro fator competitivo crítico em mercados em rede são os efeitos de rede e o engajamento da comunidade. Como destacado anteriormente, o valor de uma plataforma aumenta exponencialmente à medida que mais participantes se juntam ao ecossistema, criando uma dinâmica de retroalimentação positiva. Para aproveitar ao máximo esses efeitos de rede, as empresas devem adotar estratégias que incentivem a participação ativa e a expansão da base de usuários.

Isso pode envolver a oferta de benefícios exclusivos, a facilitação de interações significativas entre os participantes e a construção de um senso de comunidade e pertencimento em torno da plataforma. Além disso, é fundamental empoderar os usuários e parceiros, fornecendo-lhes as ferramentas e os recursos necessários para que possam contribuir ativamente para o sucesso e a evolução do ecossistema. As principais perguntas a responder são:

- **Como** podemos incentivar a participação ativa e a expansão da nossa base de usuários para maximizar os efeitos de rede?

- **Quais** estratégias podemos adotar para construir um senso de comunidade e pertencimento em torno da nossa plataforma?

Com um número de perguntas adicionais:

- **Quais** benefícios exclusivos e diferenciados podemos oferecer aos nossos usuários e parceiros para aumentar a atratividade e a fidelidade à nossa plataforma?

- **Como** podemos facilitar interações significativas e valiosas entre os participantes do nosso ecossistema, fomentando a colaboração e a troca de conhecimentos? Quais ferramentas e recursos podemos fornecer para empoderar nossa comunidade e permitir que ela contribua ativamente para a evolução da plataforma?

- **Como** podemos reconhecer e recompensar as contribuições mais valiosas dos membros da nossa comunidade, incentivando ainda mais o engajamento e a participação?

- **Quais** métricas e indicadores devemos acompanhar para avaliar o nível de engajamento e a saúde da nossa comunidade ao longo do tempo?

Integração vertical e horizontal de serviços e mercados

A capacidade de integrar vertical e horizontalmente diversos serviços e mercados é um fator competitivo essencial em mercados em rede. Conforme destacado na introdução, essa integração envolve a habilidade de conectar diferentes etapas da cadeia de valor, desde a produção até o consumo (integração vertical), bem como a expansão para setores e mercados adjacentes (integração horizontal).

Essa abordagem permite que as empresas ofereçam soluções mais completas e personalizadas aos clientes, ao mesmo tempo em que capturam uma parcela maior do valor gerado ao longo do ecossistema. Para alcançar essa integração de modo eficaz, é necessário desenvolver parcerias estratégicas, realizar investimentos seletivos e estabelecer uma governança que alinhe os interesses de todos os stakeholders envolvidos, com base na resposta destas duas perguntas-chave:

- **Como** podemos identificar oportunidades de integração vertical e horizontal que nos permitam oferecer soluções mais completas e personalizadas aos nossos clientes?

- **Quais** parcerias estratégicas e investimentos podemos realizar para viabilizar essa integração de serviços e mercados?

E das respostas a algumas perguntas adicionais:

- **Como** podemos garantir uma governança eficaz e transparente que alinhe os interesses dos diferentes atores envolvidos na nossa estratégia de integração?
- **Quais** sinergias e eficiências podemos gerar ao conectar diferentes etapas da cadeia de valor e expandir para setores adjacentes?
- **Como** podemos adaptar nosso modelo de negócios para acomodar diferentes fluxos de receita e estruturas de custos decorrentes da integração vertical e horizontal?
- **Quais** desafios e riscos devemos considerar ao buscar a integração de serviços e mercados, e como podemos mitigá-los de forma proativa? Como podemos mensurar e comunicar o valor agregado gerado pela nossa estratégia de integração para os diferentes stakeholders do nosso ecossistema?

No **Deliver** da **teoria AEIOU**, a entrega da competitividade em mercados em rede requer uma abordagem estratégica e multidimensional. Ao considerar os fatores competitivos apresentados – arquitetura de plataforma e ecossistema, efeitos de rede e engajamento da comunidade, e integração vertical e horizontal de serviços e mercados – as empresas podem desenvolver uma visão abrangente de como se diferenciar e prosperar nesses ambientes complexos.

No entanto, é fundamental reconhecer que esses fatores competitivos não são estáticos e exigem uma postura de constante adaptação e evolução. As empresas devem estar preparadas para monitorar as mudanças no ambiente competitivo, antecipar tendências e ajustar suas estratégias de forma ágil e proativa.

Além disso, a entrega da competitividade em mercados em rede também requer uma forte atuação do marketing. É essencial criar e comunicar uma proposta de valor diferenciada, alinhar o produto aos desejos e necessidades das pessoas, monitorar e adaptar continuamente as estratégias, além de construir narrativas consistentes que reforcem o posicionamento e a atratividade da plataforma.

Em última análise, o sucesso no **Deliver** da **teoria AEIOU** depende da capacidade das empresas de orquestrar de forma equilibrada e sinérgica todos esses elementos, criando um ecossistema dinâmico, colaborativo e orientado para a geração de valor sustentável. Ao dominar essa abordagem, as organizações estarão bem posicionadas para enfrentar os desafios e aproveitar as oportunidades apresentadas pelos mercados em rede, construindo vantagens competitivas duradouras na era figital.

Em resumo...

O **Ambiente**, primeiro pilar da **teoria AEIOU**, estabelece o contexto no qual as organizações devem operar e inovar na era figital. Este capítulo explorou a complexidade e as múltiplas facetas do ambiente figital, destacando a necessidade de uma compreensão profunda e crítica para identificar oportunidades e antecipar desafios em um mercado em constante evolução.

Por meio das etapas de **Design**, Develop e **Deliver**, o método **AEIOU** propõe uma jornada de exploração e entendimento do **Ambiente** figital, desdobrando suas camadas, entendendo suas dinâmicas e revelando como ele pode ser navegado e influenciado estrategicamente.

No Design, a criação de cenários e personas fornece uma base sólida para a tomada de decisões estratégicas, permitindo que as empresas se preparem e se ajustem proativamente às mudanças do mercado. A análise abrangente do ambiente, a segmentação detalhada de clientes, o mapeamento do ecossistema, o entendimento das plataformas figitais, a compreensão das necessidades dos clientes, o potencial de inovação e colaboração transversal, e a integração de visões para atuar em mercados em rede são etapas fundamentais nesse processo.

No **desenvolvimento de mercados em rede**, a **arquitetura dos mercados em rede** e o **product market fit** são pilares essenciais. A AMR permite compreender e moldar a estrutura e dinâmica dos mercados em rede, enquanto o PMF assegura que as soluções estejam alinhadas com as necessidades e demandas reais dos clientes. Essa abordagem estratégica, iterativa e centrada no cliente é crucial para estabelecer uma presença sustentável e valiosa nos mercados em rede.

Por fim, no Deliver, a entrega da competitividade em mercados em rede requer a consideração de fatores como arquitetura de plataforma e ecossistema, efeitos de rede e engajamento da comunidade, e integração vertical e horizontal de serviços e mercados. Além disso, a atuação do marketing é fundamental para criar e comunicar uma proposta de valor diferenciada, alinhar o produto aos desejos e necessidades das pessoas, monitorar e adaptar continuamente as estratégias, além de construir narrativas consistentes.

Em um mundo cada vez mais interconectado e dinâmico, a capacidade de compreender, navegar e influenciar o **Ambiente** figital torna-se uma competência essencial para o sucesso das organizações. Ao adotar a abordagem proposta pela **teoria AEIOU**, as empresas podem desenvolver estratégias mais resilientes, inovadoras e centradas no cliente, construindo vantagens competitivas duradouras na era figital.

O Ambiente não é só um desafio para a sobrevivência, mas também uma chance de prosperar e influenciar o rumo dos negócios. Ao acolher a complexidade, a adaptabilidade e a colaboração, as organizações podem se tornar agentes de mudança, gerando valor sustentável para todos os envolvidos e promovendo o avanço em um mundo em constante transformação.

Estágio	Objetivos	Perguntas norteadoras
Design	Compreender o mercado, antecipar tendências e mudanças, e identificar oportunidades e riscos.	Como podemos antecipar as tendências que moldarão o futuro do nosso mercado? Quais são as forças que definem o cenário competitivo atual? Como as mudanças tecnológicas impactam nosso mercado? De que maneira as preferências do consumidor estão evoluindo? Quais são os principais desafios que nosso mercado pode enfrentar no futuro? Como podemos identificar e avaliar os ecossistemas de mercado dinâmicos? Em que medida o contexto geopolítico e socioeconômico influencia nosso mercado?

Develop	(Re)avaliar a estratégia do negócio com foco na identificação do nicho de mercado-alvo, avaliação da escalabilidade da plataforma ou do produto/serviço, compreensão do modelo de monetização e análise do market share ideal. Busca pelo Product Market Fit.	Qual é a proposta de valor única do nosso negócio no mercado em rede? Como podemos medir e otimizar a escalabilidade da nossa solução? Qual é o impacto do nosso modelo de monetização no crescimento sustentável? Como identificar e adaptar-se ao market share ideal? Quais inovações podem ser integradas para melhorar nosso Product Market Fit? Como podemos ajustar nossa estratégia com base em feedback e análises de dados? Quais são os fatores críticos para o sucesso no nicho de mercado escolhido?
Deliver	Maximizar a competitividade e consolidar a posição de mercado da marca.	Quais estratégias podemos utilizar para maximizar a competitividade da marca? Como construir e manter relacionamentos estratégicos valiosos? De que maneiras podemos otimizar nossa rede de distribuição e canais de comunicação? Como a inovação contínua contribui para a competitividade no mercado? Quais são as melhores práticas para a gestão de alianças estratégicas? Como podemos medir o sucesso e o impacto das nossas estratégias de Deliver? De que forma podemos adaptar rapidamente nossas estratégias diante de mudanças no mercado?

● **TABELA 5.2 – UM RESUMO DO AMBIENTE.**

marketing
integração
expectativas
compreensão
plataformas
estratégias
negócios
desenho
figital
serviços
necessidades
oportunidades
empresas
rede
principais
perguntas
soluções
mercados
ecossistema
colaboração
segmento
ambiente
figitais
mercado
personas
mudanças
análise
clientes
cenários
diferentes
desenvolvimento
inovação
organizações
plataforma
estratégicas
essencial
teoria
criar
atores
recursos
design
dados
fatores
arquitetura
desenvolver
cliente
compreender
usuários
decisões
empresa
considerar
estrutura
insights
desafios
aeiou
evolução
fase
sucesso
base
forma
antecipar
capacidade
contexto
sociais
vertical
horizontal
explorar
comunidade
dinâmica
experiências
entendimento

Estratégia – aspirações, capacidades, soluções

A Estratégia trata do *design* de **aspirações e hipóteses**, do *desenvolvimento* de **capacidades** e sua *entrega* é a *definição* das **soluções de mercado** para o negócio.

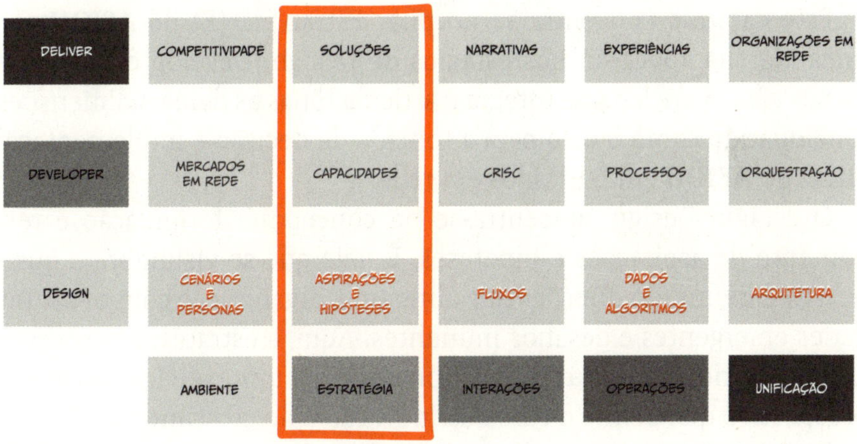

DELIVER	COMPETITIVIDADE	SOLUÇÕES	NARRATIVAS	EXPERIÊNCIAS	ORGANIZAÇÕES EM REDE
DEVELOPER	MERCADOS EM REDE	CAPACIDADES	CRISC	PROCESSOS	ORQUESTRAÇÃO
DESIGN	CENÁRIOS E PERSONAS	ASPIRAÇÕES E HIPÓTESES	FLUXOS	DADOS E ALGORITMOS	ARQUITETURA
	AMBIENTE	ESTRATÉGIA	INTERAÇÕES	OPERAÇÕES	UNIFICAÇÃO

● FIGURA 6.1

No mundo físico, as estratégias eram frequentemente vistas como planos rígidos e estáticos, elaborados para permanecer inalterados ao longo do tempo. Tais estratégias clássicas, baseadas em suposições de mercados e ambientes (relativamente) estáveis, passaram a falhar muito frequentemente em tentar responder às rápidas mudanças e rupturas do mundo figital onde a emergência das plataformas e dos mercados em rede exige uma abordagem estratégica radicalmente diferente.

As estratégias figitais têm que ser dinâmicas, fluidas e ágeis, projetadas para se adaptar continuamente às mudanças no ecossistema. Devem ser leves, livres das restrições das estruturas hierárquicas tradicionais, permitindo que as organizações sejam mais responsivas e inovadoras. Essas estratégias abraçam a complexidade dos mercados em rede, reconhecendo as interdependências e os efeitos de rede que moldam o cenário competitivo.

Em vez de tentar impor planos rígidos, as estratégias figitais atuam como estruturas flexíveis que orientam a tomada de decisões e a ação. Elas incorporam feedbacks em tempo real dos stakeholders, utilizando análises avançadas de dados e inteligência artificial para antecipar tendências e identificar oportunidades. Além disso, essas estratégias promovem a colaboração e a cocriação, aproveitando a sabedoria coletiva de ecossistemas diversificados.

Este capítulo concentra-se no pilar Estratégia (E) do **AEIOU**, delineando sua aplicação nos estágios de Design, Develop e Deliver. A estratégia é o núcleo que integra e articula todas as demais dimensões, funcionando como o eixo para a tomada de decisão e implementação eficaz do **AEIOU** em mercados em rede.

O estágio Design concentra-se na concepção, formulação e refinamento de aspirações e hipóteses. É nele que se vislumbra o que é possível, definindo direções que alinham a organização com oportunidades emergentes e desafios iminentes. Aqui, a estratégia transcende a simples alocação de recursos, tornando-se um exercício criativo e prospectivo que define o curso da inovação e do crescimento.

O estágio Develop avança a partir do desenho inicial para a arquitetura de capacidades, transformando ideias em ativos organizacionais. Este é o terreno em que a estratégia começa a se materializar, envolvendo o desenvolvimento de competências, habilidades, processos, sistemas e plataformas que permitirão à empresa executar sua visão. O enfoque é na construção e no aprimoramento de capacidades que sustentarão as vantagens competitivas no longo prazo.

Finalmente, o estágio Deliver envolve a entrega de soluções competitivas, traduzindo a estratégia e as capacidades desenvolvidas em

valor real para o mercado e os stakeholders. Este estágio é onde a estratégia se encontra com a realidade, adaptando-se e evoluindo em resposta ao feedback do mercado, às mudanças no ambiente de negócios e aos resultados alcançados.

Além desses estágios, discutimos a importância da colaboração criativa em rede, um princípio vital no contexto atual de negócios. A estratégia, no ambiente figital, não pode ser formulada em isolamento. A cocriação com stakeholders – incluindo clientes, parceiros, fornecedores e até concorrentes – é essencial para desenhar estratégias que inovadoras, resilientes e alinhadas com as necessidades e expectativas do ecossistema mais amplo.

Este capítulo, portanto, trata de uma compreensão profunda de como a dimensão Estratégia no framework **AEIOU** capacita as organizações a competir e prosperar na fronteira do futuro do marketing. Ao explorar os estágios de Design, Develop e Deliver, além do imperativo da colaboração, desvendamos como as empresas podem sintetizar insights, tecnologias e capacidades para criar estratégias que não apenas enfrentem, mas que também definam os contornos dos mercados em rede. A jornada estratégica no contexto do **AEIOU** é uma exploração contínua, um ciclo perpétuo de inovação e adaptação que desafia as convenções e busca incessantemente o crescimento sustentável e a relevância no mercado em constante evolução.

A estratégia no AEIOU: um panorama

A estratégia, no contexto do framework **AEIOU**, é um nexo dinâmico que coordena e integra as várias facetas de uma organização em um mundo de negócios cada vez mais complexo e interconectado. Estratégia não é um plano estático, mas um processo adaptativo e contínuo que interage com as outras quatro dimensões do **AEIOU** – Ambiente, Interações, Operações e Unificação. Esta interconexão reflete a realidade multifacetada dos negócios, em que a estratégia deve ser resiliente e flexível, capaz de evoluir em resposta a mudanças rápidas no ambiente externo, alavancar recursos internos e articular a rede de valor do negócio, tudo ao mesmo tempo. Agora.

Interconexão com as outras dimensões do AEIOU

A interação da Estratégia com o Ambiente (A) é fundamental, porque a compreensão do contexto – incluindo competidores, regulação, tendências tecnológicas e expectativas dos clientes – é crucial para formular estratégias de alto potencial. O Ambiente informa e molda a estratégia, para que ela seja relevante e viável. Da mesma forma, a conexão entre Estratégia e Interações (I) enfatiza a relevância dos fluxos de interação, comunicação e colaboração tanto internos quanto externos. Uma estratégia apropriada incorpora e fomenta interações com clientes, parceiros e colaboradores, aproveitando esses relacionamentos para construir uma proposição de valor coesiva e engajadora.

Na dimensão Operações (O), a estratégia se traduz em ações e processos que entregam experiências. A capacidade de implementar estrategicamente a visão e os objetivos da empresa através de operações eficientes é um diferencial competitivo crucial, permitindo a materialização de aspirações estratégicas em resultados tangíveis e mensuráveis.

Finalmente, a Unificação (U) garante que a estratégia seja integrada e alinhada em toda a organização, promovendo a coesão e a sinergia entre os diversos departamentos e funções. A estratégia serve como uma rede que articula os esforços individuais e coletivos em direção a objetivos comuns, fomentando uma cultura organizacional que é estratégica, orientada por metas e adaptável.

A necessidade de um paradigma estratégico para mercados em rede

Nos mercados em rede, caracterizados por interconexões complexas e mudanças rápidas, o paradigma estratégico tradicional baseado em previsibilidade e controle linear já não é suficiente. A necessidade de um novo paradigma estratégico, embutido no framework **AEIOU**, é evidente – um que seja dinâmico, interativo e adaptável, capaz de navegar na incerteza e capitalizar em oportunidades emergentes de maneira ágil.

A estratégia no contexto **AEIOU** não é somente sobre a posição competitiva e a alocação de recursos; é sobre a criação, evolução e transformação de ecossistemas adaptativos e responsivos que possam prosperar em meio à fluidez dos mercados em rede. Isso requer uma visão holística que compreenda as interdependências e possa orquestrar capacidades internas e externas para gerar inovação contínua e vantagem sustentável.

Em suma, a base da estratégia no **AEIOU** é um convite para repensar e remodelar o conceito e a prática da estratégia de produtos, serviços, marketing, negócios, adaptando-se e prosperando em um mundo onde conectividade, adaptabilidade e colaboração são vantagens e imperativos absolutos para o sucesso sustentado.

No restante deste capítulo, tratamos os estágios Design, Develop e Deliver com foco específico em marketing. Fazemos isso conscientes de que, no **AEIOU**, marketing é tratado como negócio, e negócio, por sua vez, como marketing. Assim, a seguir, explicitamos todo o discurso de Design, Develop e Deliver para marketing, para chegarmos a soluções específicas de marketing para o negócio.

Design: concepção de aspirações e hipóteses

No framework **AEIOU**, o estágio de **Design** é essencial para definir a **abordagem estratégica de marketing** para um **novo produto, serviço ou campanha**. Este estágio trata de estabelecer a **estratégia de marketing**, como um processo fundamentado que define a **direção** e o enquadramento para as **futuras ações de marketing**. No **AEIOU**, **Design** é o alicerce que determina como uma empresa interpreta seu **ambiente de marketing**, concebe seus **objetivos de marketing** para essa **nova oferta** e planeja alcançá-los.

DELIVER	COMPETITIVIDADE	SOLUÇÕES	NARRATIVAS	EXPERIÊNCIAS	ORGANIZAÇÕES EM REDE
DEVELOPER	MERCADOS EM REDE	CAPACIDADES	CRISC	PROCESSOS	ORQUESTRAÇÃO
DESIGN	CENÁRIOS E PERSONAS	ASPIRAÇÕES E HIPÓTESES	FLUXOS	DADOS E ALGORITMOS	ARQUITETURA
	AMBIENTE	ESTRATÉGIA	INTERAÇÕES	OPERAÇÕES	UNIFICAÇÃO

● FIGURA 6.2

A importância do **Design estratégico de marketing** está em sua capacidade de alinhar a **visão de marketing** com sua execução prática, garantindo que as **decisões e iniciativas de marketing** para esse **novo lançamento** estejam sincronizadas com o **propósito central** da empresa. Esse alinhamento é crucial para a capacidade de **inovação em marketing** e **adaptação** da empresa, permitindo-lhe responder dinamicamente às mudanças no **ambiente de marketing**.

Navegação por aspirações e hipóteses: formulando o futuro

Aqui, **Design** começa com a definição das **aspirações de marketing** para essa **nova oferta**. Essas **aspirações**, enraizadas na **missão e visão** da empresa, estabelecem o que ela aspira alcançar no longo prazo com esse **produto, serviço ou campanha de marketing** específico. Elas devem ser ambiciosas, mas alcançáveis, servindo como um farol para a **orientação estratégica de marketing**.

Em seguida, entra a fase de desenvolvimento e teste de **hipóteses de marketing** para essa **nova oferta**. Essas hipóteses são suposições informadas sobre como a empresa pode alcançar suas **aspirações de marketing**, baseadas em uma análise profunda de **insights de mercado** e **tendências emergentes** relacionadas a esse **novo lançamento**. Cada hipótese é um experimento que, quando testado, oferece **aprendizados valiosos** que refinam e aprimoram a **estratégia de marketing**.

Definição de aspirações

A definição clara das **aspirações de marketing** para essa **nova oferta** é o ponto de partida fundamental para o desenvolvimento de uma **estratégia de marketing sólida**. Essas aspirações devem refletir a **missão** e a **visão** da empresa, bem como seu entendimento do **ambiente de marketing** e do **futuro desejado** para esse **novo produto, serviço ou campanha**. É essencial envolver os principais **stakeholders** neste processo, a fim de garantir uma ampla perspectiva e um alinhamento com as diversas partes interessadas.

Articular **aspirações de marketing** bem definidas é crucial, pois elas fornecem a **direção** e o **propósito** que nortearão todas as **decisões e ações subsequentes de marketing** para essa **nova oferta**. Essas aspirações devem ser ambiciosas, porém realistas, e devem considerar as forças e fraquezas da empresa, bem como as oportunidades e ameaças do **ambiente de marketing**.

Ao envolver **stakeholders-chave**, como funcionários, clientes, investidores e parceiros, a empresa pode obter uma compreensão mais abrangente das expectativas, necessidades e desafios enfrentados por cada grupo em relação a essa **nova oferta**. Essa abordagem colaborativa fortalece o comprometimento e o alinhamento além de enriquecer o processo de definição das **aspirações de marketing** com diferentes perspectivas e experiências.

Uma vez definidas claramente, as **aspirações de marketing** para essa **nova oferta** servem como farol orientador para toda a **estratégia de marketing**, garantindo que todas as ações e decisões estejam alinhadas com a **visão de longo prazo** da empresa para esse **novo lançamento**. Elas fornecem um senso de propósito e direção, inspirando e motivando os membros da organização a trabalharem em conjunto para alcançar **metas ambiciosas, mas factíveis de marketing**.

Formulação de hipóteses estratégicas

Após a definição clara das **aspirações de marketing** para essa **nova oferta**, o próximo passo é a formulação de **hipóteses estratégicas de marketing**. Esse processo segue o método científico, começando pela formulação de hipóteses que são inferências dedutivas decorrentes das **aspirações** e do entendimento atual do **mercado-alvo** e da **indústria** em que essa **nova oferta** será lançada.

As **hipóteses estratégicas de marketing** devem ser específicas, testáveis e fundamentadas em **dados e insights** disponíveis sobre esse **novo produto, serviço ou campanha**. Elas representam suposições iniciais sobre como a empresa pode alcançar suas **aspirações de marketing**, considerando as condições atuais do **mercado-alvo**, as **tendências futuras**, as capacidades internas e os recursos disponíveis.

Ao formular **hipóteses estratégicas de marketing**, é essencial que elas sejam claras, mensuráveis e baseadas em evidências. Essas hipóteses devem abordar questões-chave, como a **proposta de valor**, o **posicionamento no mercado**, os **segmentos-alvo**, as **vantagens competitivas**, os **modelos de negócios** e as **abordagens promocionais** para essa **nova oferta**.

É importante que as **hipóteses estratégicas de marketing** sejam testáveis, permitindo que a empresa colete dados e evidências para validá-las ou refutá-las. Esse processo iterativo de teste e refinamento é fundamental para garantir que a **estratégia de marketing final** seja sólida e baseada em insights concretos, em vez de suposições infundadas.

Laboratórios de verificação e validação de hipóteses

Após a formulação das **hipóteses estratégicas de marketing** para essa **nova oferta**, o próximo passo é estabelecer **laboratórios de marketing**, ambientes controlados onde cada hipótese pode ser verificada e validada. Esses laboratórios empregam uma combinação de abordagens analíticas e empíricas, utilizando **simulações de mercado**, **estudos com consumidores**, **experimentos promocionais** e **protótipos de produto/serviço** para testar a viabilidade e os impactos potenciais das **hipóteses estratégicas de marketing**.

Os **laboratórios de verificação e validação de hipóteses de marketing** desempenham um papel crucial no processo de desenvolvimento da **estratégia de marketing**, pois permitem que a empresa teste suas suposições em um ambiente controlado antes de implementar mudanças em larga escala para essa **nova oferta**. Essa abordagem reduz riscos e custos, ao mesmo tempo em que fornece insights para aprimorar e ajustar as **hipóteses estratégicas de marketing** com base nos resultados obtidos.

Nesses laboratórios, as **hipóteses de marketing** são submetidas a uma variedade de testes e experimentos, que podem incluir **simulações computacionais de cenários de mercado**, **pesquisas e grupos focais com consumidores**, **testes promocionais de campo** e o **desenvolvimento de protótipos** dessa **nova oferta**. Cada abordagem visa coletar dados e evidências empíricas que possam confirmar ou refutar as suposições subjacentes às **hipóteses estratégicas de marketing**.

Iteração e refinamento

O desenvolvimento de uma **estratégia de marketing eficaz** para essa **nova oferta** é um processo iterativo, no qual cada ciclo de testes e validação fornece insights que aprimoram e refinam as **hipóteses estratégicas de marketing** iniciais. Essa abordagem reconhece que a

estratégia de marketing não é um produto estático, mas um conjunto de premissas que evoluem à medida que novas informações e aprendizados sobre esse **novo lançamento** são obtidos.

Durante a fase de testes nos **laboratórios de marketing**, é fundamental coletar feedbacks e aprendizados de forma sistemática. Esses insights podem vir de diversas fontes, como resultados de **pesquisas com consumidores**, **dados de protótipos testados**, **simulações computacionais** ou **observações de campo**. Independentemente da fonte, esses feedbacks fornecem uma compreensão mais profunda da viabilidade e dos impactos potenciais das **hipóteses estratégicas de marketing** para essa **nova oferta**.

Com base nesses aprendizados, as **hipóteses estratégicas de marketing** são refinadas ou reformuladas de forma iterativa. Esse processo pode envolver ajustes menores, como a **redefinição de metas** ou a **alteração de parâmetros específicos da estratégia**, ou pode exigir uma reformulação mais abrangente das hipóteses, caso os resultados dos testes sejam significativamente diferentes das expectativas iniciais para esse **novo produto, serviço ou campanha**.

A iteração e o refinamento contínuo são essenciais para garantir que a **estratégia de marketing** para essa **nova oferta** evolua de maneira adaptativa e baseada em evidências. À medida que novas informações são obtidas, as hipóteses são atualizadas para refletir essa compreensão aprimorada do **mercado-alvo**, das **preferências dos consumidores** e das capacidades internas da empresa.

Esse processo iterativo também promove uma cultura de **aprendizado contínuo em marketing** dentro da organização. Ao incorporar feedbacks e insights de forma sistemática, a empresa se torna mais ágil e capaz de se adaptar às mudanças do mercado ou do ambiente competitivo para esse **novo lançamento**. Além disso, a iteração e o refinamento incentivam a experimentação e a inovação em marketing, permitindo que a organização explore novas oportunidades de modo seguro e controlado.

Fundações: preparando a organização para a execução estratégica

Após definir as **aspirações de marketing** e **hipóteses estratégicas** para qualquer oferta, em existência ou sendo criada **nova ofer-**

ta, o estágio de **Design** foca no desenvolvimento de **fundações orga-nizacionais essenciais** para a execução da **estratégia de marketing**. Identificar e desenvolver essas fundações requer o entendimento dos **recursos, habilidades e competências** que a empresa precisa cultivar para alcançar seus **objetivos estratégicos de marketing**.

O alinhamento entre as **fundações organizacionais** e os **objeti-vos de marketing** para qualquer **nova oferta** ou evolução de ofertas existentes é fundamental. Cada fundação deve contribuir diretamente para a realização das **metas de marketing** da empresa, garantindo que os esforços e investimentos estejam focados nos aspectos que geram o maior impacto para esse **novo produto, serviço ou campanha**. Ou **estratégia**, como um todo. Como já dissemos, o **AEIOU** é um fractal; quando passamos pelo pilar Estratégia do framework, podemos estar no processo desenho de uma estratégia de produto, serviço, experiên-cia, marketing... e até de negócios.

Promover uma **cultura de aprendizagem e inovação** é crucial neste processo. As organizações devem encorajar a experimentação, a tomada de riscos calculados e o aprendizado contínuo, assegurando que as **fun-dações de marketing** evoluam e se adaptem às necessidades futuras.

Design de marketing na prática

A aplicação prática do estágio de **Design estratégico de marketing** pode ser melhor compreendida por meio de **estudos de caso e exemplos do mundo real**. Essas histórias revelam como empresas de diferentes se-tores e tamanhos abordaram o **design de estratégias de marketing** para **novos produtos, serviços ou campanhas** e os resultados alcançados.

Por exemplo, uma **empresa de tecnologia** pode ter usado o **De-sign estratégico de marketing** para lançar um novo produto **capaz de causar uma ruptura no mercado**, redefinindo suas **aspirações e hi-póteses de marketing** com base em insights sobre o comportamento do consumidor. Outra organização, talvez uma **varejista**, pode ter de-senvolvido uma **nova campanha de marketing** para **reposicionar sua marca**, envolvendo stakeholders-chave na definição das **aspirações e testando hipóteses** através de laboratórios de consumidor.

Esses **casos reais de marketing** oferecem **insights** sobre as me-lhores práticas, desafios comuns e estratégias eficazes no estágio de

Design estratégico de marketing para novos lançamentos. Eles fornecem **aprendizados cruciais** que outras empresas podem adaptar e aplicar em seus próprios **projetos de desenvolvimento de novos produtos/serviços ou campanhas**, destacando a universalidade e a adaptabilidade do **Design estratégico de marketing** no framework **AEIOU**.

Develop: arquitetura e desenvolvimento de capacidades

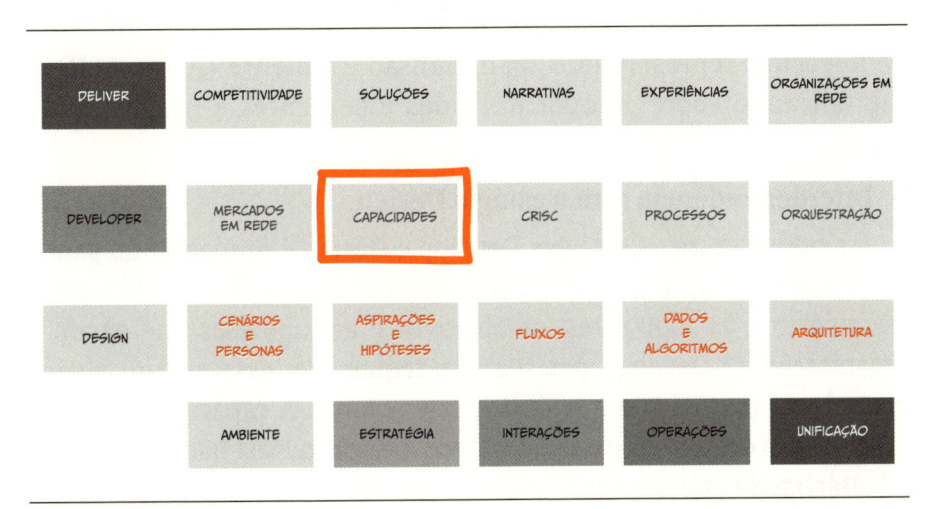

● **FIGURA 6.3**

O estágio Develop do framework **AEIOU** é essencial para a transformação estratégica, pois ele conecta de forma concreta a elaboração teórica de estratégias e a execução prática de soluções que aumentam a competitividade. Este estágio é onde as ideias e intenções se cristalizam em ações e estruturas organizacionais, estabelecendo a fundação sobre a qual a organização irá construir seu futuro.

Contextualização e importância

O estágio Develop é intrinsecamente projetado para transpor a visão e os planos estratégicos delineados no estágio de Design para o reino tangível e operacional. Nesta etapa, é fundamental entender que desenvolver não é apenas sobre a execução cega de tarefas, mas sobre criar e aprimorar habilidades, processos e recursos que permitirão à organização alcançar suas metas estratégicas de maneira eficaz. Portanto, o papel do Develop vai além da implementação: trata-se de dar vida à estratégia, assegurando que as aspirações da organização sejam enraizadas em capacidades reais e mensuráveis.

Ao enfatizar a ponte que o Develop constrói entre a teoria e a prática, reconhecemos a importância de transformar as aspirações estratégicas, moldadas e refinadas durante o Design, em competências que propiciem vantagens competitivas sustentáveis. Estas capacidades devem ser desenvolvidas de modo que a organização não apenas atinja, mas supere os desafios impostos pelo ambiente de negócios, representados na dimensão Ambiente (A) do **AEIOU**, capitalizando sobre as oportunidades emergentes e os pontos de diferenciação estratégica.

Interdependência com o estágio Design

A sinergia entre os estágios Develop e Design é fundamental para a coerência e eficácia da estratégia global. O Design oferece o blueprint estratégico – as aspirações, os objetivos e as hipóteses que guiam a organização. O Develop, por sua vez, requer que essa estrutura conceitual seja traduzida em realidade operacional. A capacidade de uma organização de alinhar essas duas fases determina sua habilidade de se adaptar, inovar e competir.

O processo de desenvolvimento das capacidades deve ser dinâmico e iterativo, refletindo e respondendo aos aprendizados contínuos e ajustes necessários identificados durante a fase de Design. Isso significa que qualquer novo insight ou revisão estratégica deve ser integrado rapidamente e de modo eficiente nas operações e capacidades organizacionais. Assim, Develop depende do Design para direção, e realimenta o ciclo estratégico, fornecendo dados e experiências que podem refinar ou reorientar as estratégias futuras.

O estágio Develop é onde a teoria se encontra com a prática, onde as aspirações se tornam ações e onde a organização realmente começa a moldar seu futuro competitivo. O sucesso neste estágio não se mede apenas pela execução de tarefas, mas pela habilidade de integrar, adaptar e evoluir continuamente, assegurando que a organização atenda, antecipe e forme o ambiente em que opera. Neste contexto, Develop é menos um passo linear e mais um componente crítico de um processo de gestão estratégica contínua, vital para a realização e sustentação de vantagens competitivas duradouras.

No cerne do estágio Develop está uma metodologia estruturada para a **transformação de aspirações e hipóteses** estratégicas em **capacidades organizacionais** tangíveis, essenciais para o sucesso organizacional. Esta metodologia, dividida em cinco etapas críticas, oferece um roteiro claro para alinhar as metas estratégicas da organização com suas capacidades operacionais, fomentando assim um ambiente propício ao crescimento e à inovação contínua.

Ao abordar o estágio Develop dentro do framework **AEIOU**, focamos na criação e no fortalecimento das capacidades de marketing, essenciais para transformar as aspirações estratégicas em resultados tangíveis. Este estágio desempenha um papel crucial, integrando insights de marketing com a execução estratégica para impulsionar a competitividade e a inovação. A seguir, detalhamos cada uma das cinco etapas principais, ampliando o foco no marketing e estabelecendo conexões claras entre as capacidades estratégicas de negócios e de marketing.

1. Mapeamento e diagnóstico de capacidades atuais de marketing:

- **Objetivo:** realizar um diagnóstico completo das capacidades de marketing atuais, alinhando-as com as metas estratégicas e identificando áreas que requerem desenvolvimento ou reforço.

- **Processo:** iniciar com uma auditoria de marketing abrangente, que examina a eficácia das campanhas atuais, a penetração de mercado, o engajamento do cliente e a análise competitiva. Ferramentas analíticas e indicadores de desempenho devem ser utilizados para avaliar a eficiência dos fluxos de marketing, o retorno sobre o investimento (ROI) e a adequação das estratégias ao contexto de mercado atual.

- **Resultado esperado:** um relatório detalhado que destaca as competências de marketing vigentes, evidenciando áreas de excelência e aspectos que necessitam de melhoria ou inovação, estabelecendo a base para o planejamento estratégico subsequente.

2. Desenvolvimento de hipóteses de capacidade de marketing:

- **Objetivo:** formular suposições estratégicas sobre novas capacidades de marketing requeridas para atingir os objetivos da organização, orientando o desenvolvimento futuro.

- **Processo:** baseando-se no diagnóstico inicial, desenvolver hipóteses que abordem as lacunas identificadas e as oportunidades de mercado. Isso pode incluir capacidades em marketing digital, *analytics*, experiência do cliente ou inovação em produto. Essas hipóteses devem ser alinhadas com tendências emergentes e expectativas futuras do setor.

- **Resultado esperado:** um conjunto de hipóteses claras e fundamentadas, que direcionam o foco para áreas críticas onde o desenvolvimento de novas capacidades de marketing pode oferecer vantagens competitivas significativas.

3. Validação e priorização de hipóteses de capacidade de marketing:

- **Objetivo:** testar a relevância e eficácia das hipóteses propostas para assegurar que elas estejam alinhadas com as estratégias globais e o ambiente de mercado.

- **Processo:** implementar estudos piloto e análises de mercado para validar as hipóteses. Utilizar feedback de stakeholders, análises competitivas e métricas de performance para determinar quais capacidades oferecem o maior potencial estratégico e merecem prioridade no desenvolvimento.

- **Resultado esperado:** um conjunto validado de capacidades de marketing estrategicamente relevantes, priorizadas com base em seu potencial de impacto na execução das aspirações e objetivos organizacionais.

4. Desenvolvimento e implementação de capacidades de marketing:

- **Objetivo:** construir e incorporar as capacidades validadas e priorizadas dentro da estrutura organizacional, garantindo que a equipe de marketing esteja equipada para executar as estratégias definidas.

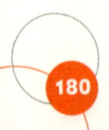

- **Processo:** desenvolver iniciativas de treinamento e desenvolvimento, integrar novas tecnologias e adaptar processos e fluxos de trabalho para apoiar as capacidades emergentes. Fomentar uma cultura de inovação e agilidade que permita a adaptação contínua às demandas do mercado.

- **Resultado esperado:** a implementação efetiva de capacidades de marketing avançadas que potencializam a execução estratégica e contribuem para o sucesso e a competitividade organizacional.

5. Monitoramento e ajuste contínuo das capacidades de marketing:

- **Objetivo:** assegurar que as capacidades de marketing se mantenham alinhadas com as metas estratégicas e sejam flexíveis para adaptações rápidas conforme evoluem as dinâmicas de mercado.

- **Processo:** estabelecer um ciclo contínuo de avaliação e revisão, utilizando métricas e KPIs para monitorar a performance e a eficácia das capacidades de marketing. Encorajar o feedback contínuo e a reavaliação das estratégias para garantir que as capacidades permaneçam relevantes e impactantes.

- **Resultado esperado:** um sistema dinâmico e responsivo de capacidades de marketing que sustenta a inovação contínua, a relevância no mercado e o crescimento organizacional em longo prazo.

Ao aprofundar o estágio **Develop** da **Estratégia**, no contexto do marketing, enfatizamos a criação e otimização de capacidades que atendem demandas imediatas, preparam a organização para desafios e oportunidades futuras. Essas capacidades abrangem diversas áreas, desde o entendimento profundo do cliente até o uso avançado de tecnologias digitais, todas alinhadas para transformar o desempenho e a inovação estratégica em marketing:

- **Desenvolvimento sustentável e escalável de capacidades de marketing:** o processo de desenvolvimento de capacidades de marketing deve ser contínuo e progressivo, garantindo sustentabilidade e escalabilidade. Isso envolve a implementação de habilidades e tecnologias novas ou melhoradas, e a construção de uma infraestrutura que suporte o crescimento e a evolução contínua. A integração de sistemas de gerenciamento de dados, ferramentas analíticas avançadas e plataformas de automação de marketing são exemplos críticos que podem amplificar a eficácia das capacidades de marketing, proporcionando insights aprimorados e eficiência operacional.

- **Integração funcional e alinhamento organizacional:** as capacidades de marketing desenvolvidas devem estar harmoniosamente integradas com outras funções dentro da organização, assegurando que haja alinhamento e sinergia em toda a empresa. Isso implica colaboração estreita entre departamentos de marketing, vendas, TI, e desenvolvimento de produtos, entre outros, garantindo que as iniciativas de marketing estejam alinhadas aos objetivos globais da empresa e potencializem os esforços de todas as equipes.

- **Inovação contínua e adaptação ao mercado:** as organizações devem estabelecer processos que incentivem a inovação contínua dentro do marketing, permitindo a rápida adaptação a mudanças de mercado e aproveitamento de novas oportunidades. Inovação, alinhada estrategicamente com marketing e operações de negócios, catalisa transformação e crescimento, enquanto a adoção de tecnologias emergentes possibilita a criação de capacidades organizacionais diferenciadas.

Inovação no contexto do marketing não se limita a novos produtos ou campanhas criativas; ela permeia todos os aspectos do marketing, desde análise de dados até a interação com o cliente, passando pela criação e evolução de fluxos figitais. A integração de tecnologias emergentes como plataformas de engajamento, **IA**, análise preditiva, automação potencializa a capacidade da organização de se antecipar e responder às demandas e oportunidades do mercado.

Além disso, a orquestração da inovação deve ser vista como um componente crítico dentro do estágio Develop, assegurando que as novas capacidades de marketing sigam as tendências ao mesmo tempo em que estabelecem padrões no setor. Isso envolve a implementação de processos para articular o ciclo de vida de inovação que, na prática, pode ser pensando como o próprio **AEIOU** em ação execução e avaliação, alinhando inovação com os objetivos estratégicos da empresa.

Os frameworks e modelos que apoiam a integração da inovação no desenvolvimento de capacidades organizacionais dão um roteiro para identificar, testar e implementar inovação de maneira sistemática. Esses modelos ajudam a garantir que o investimento em inovação seja estratégico, focado e eficiente, maximizando retornos e fomentando um ambiente de inovação contínua na organização.

- **Cultura de melhoria contínua e excelência em marketing:** desenvolver uma cultura organizacional que valorize a melhoria contínua e a busca pela excelência em marketing é fundamental. Isso envolve a capacitação e o desenvolvimento profissional contínuo da equipe de marketing e a implementação de padrões de qualidade, métricas de desempenho e processos de revisão que garantam a otimização constante das atividades de marketing e o alinhamento com as melhores práticas do setor.

- **Feedback, medição e ajuste:** para garantir que as capacidades de marketing se mantenham efetivas e alinhadas com as metas estratégicas, é crucial estabelecer sistemas robustos de feedback e medição. Implementar KPIs específicos de marketing, realizar avaliações periódicas e coletar feedbacks de stakeholders internos e externos são práticas essenciais que permitem monitorar a eficácia das capacidades de marketing e realizar ajustes conforme necessário. Essa abordagem assegura que a organização possa refinar suas estratégias de marketing de maneira contínua, mantendo sua relevância e seu impacto no mercado.

Ao considerar esses elementos adicionais na fase Develop, reforçamos a interconexão entre capacidades estratégicas de negócios e de marketing, criando um ecossistema robusto que promove a excelência, a inovação e a adaptação contínua no ambiente empresarial dinâmico. Essa abordagem integrada e focada fortalece o marketing e tem o potencial de alavancar todo o negócio para criar valor sustentável e competitividade no longo prazo.

Marketing não deve ser percebido apenas como um conjunto de táticas ou uma função isolada, mas como uma componente integral da estratégia de negócios. A abordagem estratégica em marketing garante que as iniciativas sejam alinhadas com os objetivos de longo prazo da empresa, maximizando impacto e sustentabilidade. Na sequência, reestruturamos o fechamento do estágio Develop, destacando a importância estratégica do marketing.

- **Marketing como componente estratégico integral:** marketing transcende a promoção e venda de produtos ou serviços; é um elemento crítico que define a direção do negócio, sua interação com o mercado e a construção de relacionamentos duradouros com os clientes. Uma abordagem estratégica em marketing considera profundamente o posicionamento da empresa, a identificação de oportunidades de mercado, o desenvolvimento de vantagens competitivas e a construção de uma marca forte e confiável.

- **Alinhamento entre marketing e estratégia de negócios:** para que o marketing seja efetivamente estratégico, deve haver um alinhamento claro entre as atividades de marketing e os objetivos de negócios globais da organização. Isso significa que as decisões de marketing devem ser informadas e sustentadas pela estratégia geral da empresa, contribuindo para o crescimento sustentável, a inovação e a competitividade no mercado.

- **Impacto e sustentabilidade do marketing estratégico:** o impacto do marketing vai além dos resultados imediatos em vendas ou visibilidade; ele influencia a percepção da marca, a fidelidade do cliente e o valor no longo prazo para a empresa. Marketing estratégico foca em resultados sustentáveis, cultivando ativos de marca que proporcionam vantagens competitivas duradouras e promovem o crescimento contínuo.

- **Marketing e responsabilidade corporativa:** em um contexto de crescente conscientização sobre questões sociais, ambientais e éticas, o marketing estratégico também abraça a responsabilidade corporativa. Ao alinhar as iniciativas de marketing com práticas sustentáveis e éticas, as empresas fortalecem sua marca e reputação e contribuem para o bem-estar social e a preservação ambiental, fatores cada vez mais valorizados por consumidores e stakeholders.

Em suma...

Ao finalizar o estágio Develop, enfatizamos que o marketing deve ser intrinsecamente estratégico e integralmente integrado à estratégia de negócios. A abordagem estratégica em marketing possibilita que as empresas respondam às dinâmicas de mercado, ao mesmo tempo que as antecipam e moldam, estabelecendo bases sólidas para o sucesso contínuo e a sustentabilidade. Em última análise, marketing estratégico é essencial para que empresas compreendam e atuem proativamente no ambiente de negócios, garantindo resiliência, inovação e crescimento em longo prazo.

Deliver: ciclos de entrega de soluções

Deliver representa a fase final do ciclo estratégico, onde todas as peças cuidadosamente moldadas nos estágios anteriores se unem para se materializar em **ações** e **resultados** concretos no **mercado**. É o momento em que as **capacidades** organizacionais desenvolvidas e as **estratégias** formuladas se traduzem em **soluções** tangíveis e **competitivas** que atendem ou, idealmente, superam expectativas dos clientes e do mercado.

DELIVER	COMPETITIVIDADE	SOLUÇÕES	NARRATIVAS	EXPERIÊNCIAS	ORGANIZAÇÕES EM REDE
DEVELOPER	MERCADOS EM REDE	CAPACIDADES	CRISC	PROCESSOS	ORQUESTRAÇÃO
DESIGN	CENÁRIOS E PERSONAS	ASPIRAÇÕES E HIPÓTESES	FLUXOS	DADOS E ALGORITMOS	ARQUITETURA
	AMBIENTE	ESTRATÉGIA	INTERAÇÕES	OPERAÇÕES	UNIFICAÇÃO

● **FIGURA 6.4**

Caracterização do estágio deliver como catalisador estratégico

O estágio **Deliver** atua como **catalisador** estratégico que move a organização em direção à realização de suas aspirações. Ele é o elo vital que **conecta a teoria à prática**, transformando planos em realizações palpáveis. **Deliver** orquestra a sinergia entre a estratégia visionária, o desenvolvimento de capacidades e a execução eficiente.

A importância de **alinhar** esses três elementos – estratégia, capacidades e execução – será enfatizada como fundamental para garantir uma **entrega** eficaz e impactante de soluções. Como um maestro conduzindo uma orquestra, Deliver trabalha para que todos os componentes trabalhem de forma articulada, entregando uma prática estratégica que ressoa com o mercado e os clientes.

Deliver é responsável por **traduzir as aspirações e hipóteses estratégicas** refinadas nos estágios anteriores em **soluções competitivas e diferenciadoras**. Seja um novo produto, serviço ou campanha de marketing, o estágio Deliver garante que essas ofertas não sejam apenas lançadas, mas que sejam entregues de maneira a **maximizar seu impacto e ressonância no mercado**.

Deliver age como o **elo crucial entre a visão e a realização**, transformando sonhos em realizações tangíveis. É o palco em que a organização demonstra sua capacidade de **executar com excelência**, superando expectativas e estabelecendo novos padrões de desempenho no mercado.

A entrega como um sistema adaptativo complexo

No dinâmico e imprevisível ambiente de mercados em rede, o estágio **Deliver** não pode ser um processo rígido e inflexível. Em vez disso, ele deve ser concebido como um **sistema adaptativo complexo**, capaz de **responder com agilidade às mudanças constantes e aos desafios emergentes** que caracterizam o ecossistema mercadológico contemporâneo.

A **natureza adaptativa inerente do Deliver** lhe permite **evoluir e se transformar** em resposta às flutuações no ambiente de mercado. Assim como um organismo vivo, o processo de entrega deve ser **resiliente, flexível e capaz de se ajustar às novas realidades** que surgem continuamente.

Estratégias fundamentais que garantam a adaptabilidade e a resiliência do processo de entrega, reconhecendo que a rigidez é uma receita para o fracasso em um mundo em constante mutação. Uma dessas estratégias é o **uso de feedback contínuo**, coletado de múltiplas fontes, como dados de mercado, análises de clientes e métricas de desempenho.

Este **feedback contínuo** atua como um **mecanismo de ajuste em tempo real**, permitindo que a organização **refine e otimize suas abordagens de entrega** em resposta aos insights mais recentes. Assim, o processo de entrega não é um caminho pré-determinado, mas uma jornada em evolução, moldada pelas realidades dinâmicas do mercado.

Outra estratégia crucial é a **compreensão profunda das dinâmicas de mercado**, essencial para uma **entrega efetiva**. As organizações devem desenvolver uma **compreensão sofisticada das forças** que moldam o ambiente de mercado, incluindo tendências de consumo, ações de concorrentes, desenvolvimentos tecnológicos e mudanças regulatórias.

Com essa **compreensão**, as organizações podem **antecipar e responder proativamente** às mudanças, **ajustando estratégias e operações em tempo real** para garantir que suas soluções permaneçam relevantes e competitivas. Essa capacidade de adaptação contínua é a chave para o sucesso duradouro em um mundo em constante fluxo.

O estágio **Deliver** abraça a complexidade inerente dos mercados em rede, reconhecendo que a entrega eficaz requer uma **orquestração cuidadosa de múltiplos fatores interdependentes**. Longe de ser um processo linear, a entrega é um **ecossistema dinâmico** que exige **coordenação, colaboração e aprendizado contínuo** para prosperar.

O ciclo iterativo de entrega

No coração do estágio **Deliver** reside um **processo iterativo fundamental** que estimula a evolução e o aprimoramento constante das soluções entregues ao mercado. Longe de ser um evento pontual, a entrega é uma **jornada contínua de refinamento e adaptação**, alimentada por um fluxo constante de **feedback, dados e insights**.

Este **ciclo iterativo de entrega** começa com o **desenvolvimento meticuloso de protótipos** que representam as soluções propostas. Esses protótipos podem assumir várias formas, desde modelos conceituais até versões iniciais funcionais de produtos ou serviços. O objetivo aqui é criar uma representação tangível que possa ser testada e avaliada antes de um lançamento em larga escala.

Uma vez que os protótipos são desenvolvidos, a próxima etapa é a coleta abrangente de **feedback** de uma variedade de fontes relevantes. Isso pode incluir **pesquisas com clientes**, **grupos focais**, **testes de usabilidade**, bem como insights de especialistas do setor e análises de tendências de mercado. Esse feedback é então cuidadosamente analisado e sintetizado, fornecendo uma compreensão profunda das forças, fraquezas, oportunidades e ameaças associadas às soluções propostas.

Com base nessas **perspectivas multifacetadas**, a organização então **realiza ajustes e refinamentos** nas soluções, incorporando os aprendizados obtidos. Esse processo de **iteração contínua** é fundamental, pois garante que as soluções entregues não sejam apenas baseadas em suposições internas, mas **moldadas pelas realidades e preferências do mercado**.

Métricas e análises de dados são acríticas para informar e orientar a **evolução das soluções entregues**. Métricas cuidadosamente selecionadas, que capturam aspectos-chave como adoção pelo cliente, engajamento, retenção e satisfação, fornecem **insights acionáveis** que permitem ajustes precisos e eficazes.

Abordagens ágeis e Lean, como Scrum, Kanban e Lean Startup, aprimoram significativamente o **ciclo iterativo de entrega**. Essas metodologias incentivam **ciclos de feedback rápidos**, **entregas incrementais** e uma **mentalidade de melhoria contínua**, permitindo que as organizações respondam com agilidade às mudanças nas condições de mercado e nas expectativas dos clientes.

Estudos de caso de empresas que adotaram com sucesso essas abordagens iterativas, apontam para **soluções mais bem-sucedidas, relevantes e alinhadas com as necessidades dos clientes**. São exemplos reais dos benefícios tangíveis de abraçar a iteração e o aprendizado contínuo no estágio **Deliver**.

Em essência, este **ciclo iterativo de entrega** é o que permite que as organizações **naveguem com sucesso** nas águas turbulentas dos mercados em rede, adaptando-se continuamente às demandas em constante mudança. É um processo que celebra a **imperfeição inicial** como uma oportunidade para o crescimento e o aprimoramento, em vez de buscar uma perfeição ilusória desde o início.

Marketing como orquestrador na entrega de soluções inovadoras

No cerne da implementação estratégica, marketing emerge como uma força condutora, transformando a visão e estratégia da empresa em iniciativas tangíveis e resultados mensuráveis. Neste contexto, o papel de marketing transcende a comunicação tradicional, assumindo a responsabilidade de integrar e sincronizar diversas áreas da organização para garantir uma entrega coesa e impactante.

Para efetivar essa orquestração, o primeiro passo é garantir que marketing tenha um entendimento profundo e abrangente da estratégia global da empresa. Isso envolve uma comunicação fluente e contínua com todas as áreas envolvidas, desde o desenvolvimento de produto até o atendimento ao cliente, assegurando que todos estejam alinhados e mobilizados em torno dos objetivos comuns.

Utilizando dados e análises como pilares, marketing deve monitorar constantemente o mercado e o desempenho das iniciativas em curso. Isso implica empregar ferramentas avançadas de Business Intelligence e Analytics para coletar e interpretar informações, permitindo ajustes ágeis e informados nas estratégias e táticas em execução. Essa abordagem *data-driven* possibilita uma tomada de decisão mais precisa e embasada, aumentando significativamente as chances de sucesso das campanhas e iniciativas.

A tecnologia também desempenha um papel crucial nesse processo. Plataformas de automação de marketing, CRM e soluções de análise preditiva podem ser utilizadas para otimizar a entrega e personalizar as interações com as comunidades-alvo, criando experiências mais ricas e engajadoras. Ao mesmo tempo, essas tecnologias facilitam a colaboração interna, proporcionando uma visão unificada e atualizada do progresso em direção aos objetivos estratégicos.

A colaboração interdepartamental é outro elemento essencial na orquestração bem-sucedida pelo marketing. A integração de insights e recursos entre diferentes áreas da empresa fortalece a capacidade de implementar estratégias de forma coesa e inovadora. Promovendo uma cultura de comunicação aberta e trabalho em equipe, o marketing pode liderar esforços conjuntos, maximizando o impacto de cada ação e garantindo que a entrega final esteja alinhada com a visão e missão da organização.

Adicionalmente, estudos de caso que exemplificam como marketing liderou entregas bem-sucedidas servem como inspiração e modelo para outras empresas. Esses exemplos ilustram práticas eficazes de integração, inovação e execução estratégica, demonstrando como uma abordagem orquestrada pode gerar diferenciais competitivos e resultados excepcionais.

Em resumo, marketing, atuando como orquestrador na entrega de soluções inovadoras, deve articular estrategicamente recursos, dados e talentos para transformar planos estratégicos em realidades de mercado. Esse papel exige competências técnicas e analíticas, de liderança e visão, além da capacidade de inspirar e mobilizar equipes em torno de um objetivo comum, levando a entregas que atendem e excedam as expectativas do mercado e reforcem a posição estratégica do negócio.

Em resumo

À medida que concluímos a exploração do estágio **Deliver** no contexto do framework **AEIOU**, destacamos a relevância indispensável do marketing em cada etapa do processo estratégico, desde a concepção inicial no **Design** até a implementação final no **Deliver**. O marketing, neste panorama estratégico, transcende a sua função tradicional, posicionando-se como um integrador vital que traduz visões e aspirações em soluções tangíveis e impactantes.

O marketing estratégico emerge como um catalisador para o sucesso empresarial, orientando a organização desde a definição de cenários

e aspirações até a materialização de soluções inovadoras. Além disso, o papel do marketing estende-se muito além do lançamento e entrega, influenciando a percepção e a sustentabilidade do negócio, produtos e serviços ao longo do tempo.

No estágio Deliver, marketing atua como orquestrador, alinhando estratégias, capacidades e execução para garantir que as soluções entregues sejam eficazes, eficientes e sustentáveis no mercado. Ao integrar dados, tecnologia e colaboração interdepartamental, o marketing assegura uma entrega que não somente atende, mas supera as expectativas do mercado, estabelecendo um novo paradigma de excelência e inovação.

A estratégia de marketing, portanto, é um componente crítico que perpassa todos os estágios do **AEIOU**, moldando a oferta de produtos e serviços e a própria essência e direção do negócio. Nesse sentido, o marketing deve ser percebido e operacionalizado não como uma atividade isolada, mas como um aspecto intrínseco da estratégia de negócios, essencial para navegar no dinamismo dos mercados em rede e para garantir a resiliência e o crescimento sustentável.

Em última análise, a integração de marketing nas estratégias de negócio permite que as organizações reajam às transformações do mercado e, por outro, as antecipem e influenciem, moldando ativamente o futuro do negócio. Assim, reforçamos a ideia de que o marketing, embasado em inteligência, inovação e estratégia, é fundamental para conduzir a organização em direção ao sucesso contínuo e à relevância duradoura no cenário empresarial contemporâneo.

Estágio	Objetivos	Perguntas norteadoras
Design Concepção de Aspirações e Hipóteses	Estabelecer uma fundação para a estratégia de marketing, alinhando visão e missão com as dinâmicas do mercado.	Como alinhar as aspirações com os valores e a visão da empresa? Quais tendências do mercado podem influenciar nossa estratégia? Como validar hipóteses estratégicas para o marketing? De que forma incorporar inovação no design da estratégia?

Develop **Arquitetura e** **Desenvolvimento** **de Capacidades**	Desenvolver capacidades que permitam a execução das estratégias de marketing e a adaptação a mudanças do mercado.	Quais competências precisam ser desenvolvidas ou aprimoradas? Como alinhar o desenvolvimento de capacidades com mudanças de mercado? Como integrar capacidades de marketing com estratégias globais? Quais indicadores medirão a efetividade das capacidades desenvolvidas?
Deliver **Ciclos de Entrega** **de Soluções**	Transformar estratégias e capacidades em ações e resultados, adaptando-se a feedbacks e mudanças do mercado.	Como assegurar a implementação eficaz das estratégias de marketing? Como monitorar e avaliar o impacto das ações de marketing? Como adaptar estratégias com base em feedbacks e mudanças? Quais práticas garantem a entrega contínua de valor?

● TABELA 6.1 – UM RESUMO DA ESTRATÉGIA.

7

A estratégia de Marketing do Futuro

Criar uma **estratégia de marketing** é um desafio significativo para as organizações, especialmente no mundo figital. E boa parte do problema decorre da compreensão muitas vezes superficial dos princípios que regem a estratégia de marketing. Assim, torna-se imperativo desvendar todos os aspectos desse conceito, delineando uma estratégia de marketing eficaz e como ela se interconecta com os demais pilares da teoria **AEIOU**: Ambiente, Interações, Operações e Unificação.

Contrariamente à criação isolada de um plano de marketing, a **estratégia de marketing** é um processo analítico e direcionador que considera o ambiente de negócios em sua totalidade para definir a trajetória futura das atividades de marketing. Isso implica uma compreensão holística em que a estratégia informa e é informada pelas interações, operações e pelos esforços de unificação da organização.

A **estratégia de marketing do futuro** transcende a abordagem tradicional, incorpora uma visão proativa e adaptativa que responde às rápidas mudanças tecnológicas, às novas expectativas dos consumidores e à evolução do ambiente competitivo. Neste cenário, a estratégia se torna intrinsecamente ligada à inovação e à capacidade de prever tendências, integrando dados e insights para criar uma abordagem que atende necessidades atuais do mercado e antecipa **demandas futuras**.

O futuro é agora. No futuro, **marketing é negócio** e o **negócio é marketing**.

E a **estratégia de marketing do futuro** é a **estratégia do futuro dos negócios**.

E vice-versa.

A **estratégia** de marketing do futuro não é estática, é **fluida**. Porque o mundo é em **rede**. E o **funil** do marketing **morreu**, porque os mercados do futuro são habilitados por **plataformas**, as plataformas são a base para formar **comunidades**, onde estão os **mercados** em rede. Mercados em rede são criados e evoluem por **efeitos de rede** e, **conectados**, formam **ecossistemas** de **comunidades** e **plataformas**.

Nos **ecossistemas**, não há **público-alvo**, porque plataformas **transformaram** públicos em **redes**, e **audiências** em **comunidades**, onde os mercados podem – e quase sempre devem – ser de "**um indivíduo**." De indivíduos **autônomos** e **interdependentes**, em **rede**.

Para isso, as **relações** e **interações**, nos **mercados**, têm que ser **um-a-um-a-muitos**. Tal grau de **personalização** em rede só é possível se a **estratégia do marketing do futuro** for intensiva em **dados, análise** e **inteligência** para criar **jornadas** e **interações únicas**, que levam a experiências mágicas. E o que mudou?

1. **O espaço é figital:** os "canais de comunicação" da publicidade analógica ainda existem, mas são cada vez menos efetivos, porque sua lógica foi substituída pela do **espaço figital**, das dimensões física, digital e social das performances humanas e dos negócios, onde tudo são fluxos, sequências de trocas e interações, propositais, repetitivas e programáveis, realizadas por agentes interdependentes em rede, sobre as **plataformas** da sociedade.

A estratégia de marketing do futuro é figital.

2. **Imersão total em plataformas:** as plataformas digitais são alicerces fundamentais do marketing contemporâneo, catalisando a formação de **comunidades** e **mercados** em **rede**. A estratégia de marketing do futuro deve mergulhar profundamente nessas plataformas, extrair seu potencial inerente e construir sobre elas um terreno fértil para engajamento e crescimento.

A estratégia de marketing do futuro são plataformas.

3. **O fim do funil:** a estratégia de marketing tradicional, centrada no funil, cede lugar a uma abordagem adaptativa que reflete a natureza

interconectada e em rede dos mercados. Essa visão requer estratégias que transcendam trajetórias lineares, abraçam a complexidade e a dinâmica dos ecossistemas de **plataformas** e **comunidades**, e facilitando **interações** autênticas em todos os pontos de contato.

A estratégia de marketing do futuro são redes.

4. **Maximização dos efeitos de rede:** a compreensão e o aproveitamento dos efeitos de rede tornam-se imperativos, para criar, habilitar e evoluir conexões, relacionamentos e interações que possibilitam interconectividade e a colaboração dentro dos ecossistemas para amplificar o valor e o alcance da marca. A estratégia deve abraçar esses efeitos, fomentando ecossistemas onde comunidades e plataformas interagem de maneira sinérgica.

A estratégia de marketing do futuro são efeitos de rede.

5. **Transformação de público em comunidades:** a transição de um marketing voltado para públicos para um focado em comunidades reflete uma mudança fundamental na abordagem estratégica. Reconhecendo que cada indivíduo ou grupo pode não apenas criar as narrativas de suas comunidades, mas constituir mercados únicos, a estratégia de marketing do futuro deve priorizar o engajamento e a personalização em comunidades interativas e dinâmicas.

A estratégia de marketing do futuro são comunidades.

6. **Personalização em nível individual:** a estratégia de marketing do futuro promove uma abordagem personalizada, tratando cada interação como única e **cada pessoa** como potencial cliente sendo tratado como um **mercado-de-um**. Esse nível de personalização demanda uma compreensão profunda das pessoas, em suas comunidades, suportada por análises detalhadas e insights precisos.

A estratégia de marketing do futuro são pessoais.

7. **Intuição baseada em dados e análise:** no cerne da estratégia de marketing do futuro está no uso intensivo de dados e inteligência analítica, habilitando o desenvolvimento de **jornadas**

e **interações** personalizadas que cativam e engajam as pessoas em níveis altamente relevantes e significativos.

A estratégia de marketing do futuro são dados e análises para intuição.

8. **De anúncios para narrativas, cocriadas:** a estratégia de marketing do futuro pensa, cria e faz em rede, e as pessoas não são leads a serem convertidos. Elas são parte integral da criação de **narrativas sustentáveis** da marca, cujas entregas vão muito além da vendam entrega e garantia. As narrativas são **das** pessoas, **nas** comunidades, e causam e são afetadas **por** efeitos de rede, nas plataformas.

A estratégia de marketing do futuro são narrativas.

9. **Entrega de experiências mágicas:** as experiências oferecidas às pessoas como clientes e consumidoras devem exceder o ordinário, aspirando ao extraordinário. A estratégia de marketing do futuro existe e trabalha para encantar e surpreender, transformando cada ponto de contato em uma oportunidade para proporcionar momentos mágicos e memoráveis, elevando percepção e conexão com a marca.

A estratégia de marketing do futuro são experiências.

10. **Colaboração transversal:** a estratégia de marketing do futuro é um processo de transformação do marketing em um hub que articula toda a organização através do marketing, orquestrando todas as funções de negócio entregar uma só coisa, em rede com todo o seu ecossistema: encantamento. A estratégia de marketing do futuro é centrada na colaboração entre muitas áreas da organização e com parceiros, potencializando impacto e eficácia das iniciativas de marketing e assegurando que cada ação esteja alinhada com os objetivos estratégicos mais amplos da empresa.

A estratégia de marketing do futuro é unificadora.

Essa **evolução estratégica** implica a adoção de novas tecnologias, na valorização de dados como ativo estratégico e na constante busca por relevância e conexão genuína com as redes e comunidades, estabelecendo assim uma marca que não apenas se comunica, mas que dialoga, envolve e inspira um mundo em constante transformação.

Materializando a estratégia de marketing

1. Priorização das comunidades

A sinergia entre a estratégia de marketing e a estratégia empresarial global é crucial. Essa abordagem estratégica implica reconhecer as mudanças contínuas no ambiente de mercado e se adaptar a elas, identificando e priorizando comunidades que representam segmentos de mercado e refletem o dinamismo e a interconexão dos mercados atuais.

A análise ambiental serve como alicerce para essa conexão, orientando a organização no direcionamento de suas iniciativas de marketing. Uma das etapas cruciais nesse processo é a **priorização de comunidades específicas**, uma abordagem que reconhece a evolução dos mercados-alvo para ecossistemas de comunidades interconectadas.

Philip Kotler, no modelo STP (Segmentação, Targetização e Posicionamento), cria uma estrutura para essa tarefa, enfatizando a necessidade de compreensão aprofundada do "público-alvo." A segmentação detalhada, a escolha criteriosa do "público-alvo" e um posicionamento de marca significativo são etapas fundamentais que garantem a ressonância da estratégia com as necessidades e expectativas do consumidor. Segundo Kotler, a abordagem STP não é apenas um método para definir e alcançar o "público-alvo", mas uma forma de entender profundamente o mercado e posicionar a marca de maneira que ela se torne visível e relevante para as comunidades-alvo.

Segmentação e compreensão das comunidades-alvo

Na fase de segmentação, a priorização de comunidades exige ir além das características demográficas e psicográficas tradicionais, investigando os laços que unem as pessoas em comunidades. Isso pode envolver a análise de interesses compartilhados, atividades conjuntas ou valores comuns, fornecendo uma base sólida para engajamentos mais significativos e direcionados.

A escolha do cliente-alvo, em seguida, requer precisão cirúrgica, concentrando esforços e recursos em comunidades específicas que oferecem o maior potencial de engajamento e retorno. É preciso entender não apenas quem são os indivíduos dentro das comunidades, mas como eles interagem entre si e com a marca, permitindo uma comunicação mais efetiva e personalizada.

No que diz respeito ao posicionamento, Kotler argumenta que uma marca deve se distinguir claramente no mercado, criando uma proposição de valor única que ressoe com o "público-alvo". No contexto de comunidades, isso significa entender os valores, as expectativas e os desejos específicos da comunidade, e refletir esses insights no posicionamento da marca, garantindo que a mensagem da marca seja ouvida, valorizada e adotada pela comunidade.

Ao se concentrar em comunidades, a marca pode cultivar relacionamentos mais profundos e significativos, engajando com grupos de indivíduos unidos por interesses ou necessidades comuns, promovendo um senso de pertencimento e lealdade que transcende transações comerciais convencionais. Isso permite uma interação mais personalizada e uma maior precisão no atendimento às suas expectativas. Esse engajamento fortalece a posição da marca dentro da comunidade e otimiza o retorno sobre o investimento, à medida que membros da comunidade se tornam defensores da marca, ampliando seu alcance e influência, fortalecendo o relacionamento entre marca e consumidor e otimizando o retorno sobre o investimento.

2. Posicionamento de marca

O posicionamento de marca representa um pilar fundamental na estratégia de marketing, desempenhando um papel crucial na definição de como uma marca é percebida no mercado e na mente dos consumidores. Utilizar a matriz BCG para categorizar produtos fornece uma base sólida para alinhar o posicionamento de marca com o desempenho e as expectativas de cada produto, permitindo uma alocação de recursos mais estratégica e focada.

A matriz BCG, ao identificar produtos como Estrelas, Interrogações, Vacas Leiteiras ou Abacaxis, orienta a empresa sobre onde concentrar seus esforços de marketing. Por exemplo, produtos Estrela, com alto crescimento e participação de mercado, exigem investimentos para sustentar ou ampliar sua liderança, enquanto Vacas Leiteiras, estáveis e geradoras de lucro, necessitam de estratégias para manter a rentabilidade sem investimentos significativos.

A compreensão do Ciclo de Vida do Produto oferece insights para o ajuste fino do posicionamento. Durante a introdução, o foco está em criar consciência e atrair adotantes iniciais. À medida que o produto cresce, o objetivo muda para ampliar o alcance e consolidar a posição no mercado. Na maturidade, diferenciar-se dos concorrentes torna-se essencial, enquanto no declínio, estratégias de revitalização ou descontinuação são consideradas.

Al Ries e Jack Trout dizem que o sucesso do marketing depende menos dos atributos do produto e mais da posição que a marca ocupa na mente do consumidor. O posicionamento eficaz, portanto, deve criar uma associação única e diferenciada para a marca, facilitando sua identificação e preferência pelos consumidores.

Kotler expande essa discussão ao enfatizar a importância de uma Proposição de Valor Única (UVP) que distingue claramente a marca na percepção dos consumidores. A UVP deve ser relevante, convincente e exclusiva, refletindo os benefícios e atributos que tornam a marca preferível em relação às alternativas.

Na evolução contemporânea do marketing, a marca é vista não apenas como um símbolo ou um conjunto de atributos, mas como uma plataforma que facilita interações, engajamento e cocriação de valor. Nesse ecossistema, a marca transcende sua função tradicional para se tornar um epicentro de atividades, experiências e relações, ampliando sua influência e seu impacto.

Integrar o posicionamento de marca de maneira coesa e estratégica na visão global de marketing requer uma compreensão abrangente dos fatores que influenciam a percepção e o valor da marca. Alinhando as estratégias de produto, comunicação e interação com a UVP e os princípios de posicionamento, as organizações podem assegurar que sua marca resista ao teste do tempo e evolua em um ambiente de mercado cada vez mais dinâmico e interconectado.

3. Efeitos de rede na estratégia de Marketing do Futuro

A **estratégia de marketing do futuro** deve incorporar plenamente os efeitos de rede, reconhecendo o valor crescente de produtos e ser-

viços à medida que mais usuários os adotam, um aspecto essencial na formulação de estratégias de marketing eficazes, particularmente no contexto figital. A incorporação consciente dos efeitos de rede na estratégia de marketing potencializa o alcance e influência de uma marca e multiplica exponencialmente o valor que os produtos ou serviços oferecem aos usuários.

O valor de uma rede aumenta como uma função – certas horas exponencial – do número de usuários. Essa compreensão é vital para as estratégias de marketing, enfatizando a importância de construir e manter uma base de usuários sólida e engajada. No marketing, isso se traduz em focar na aquisição de novos usuários e na manutenção e engajamento de usuários existentes, criando um ambiente propício para o crescimento orgânico da rede.

O lançamento e a adoção inicial de um produto ou serviço são etapas críticas que podem se beneficiar significativamente dos efeitos de rede. Estratégias como programas de referência, incentivos para compartilhamento e a promoção de casos de uso reais podem estimular a adesão inicial, criando as bases para um crescimento acelerado por meio dos efeitos de rede.

A criação de conteúdo de impacto é uma manifestação poderosa dos efeitos de rede, onde o conteúdo de alto engajamento é compartilhado amplamente, alcançando rapidamente uma audiência vasta e diversificada. Campanhas de marketing que incentivam o compartilhamento e a interação, como concursos, desafios e conteúdo colaborativo, podem desencadear essa dinâmica, ampliando significativamente o alcance da marca.

Plataformas e comunidades online oferecem um terreno fértil para cultivar e aproveitar os **efeitos de rede**. Ao estabelecer presença ativa nessas plataformas, as marcas podem engajar diretamente com seus usuários, incentivando discussões, feedback e colaboração. Além disso, esses ambientes permitem que os usuários se tornem cocriadores de valor, participando ativamente na evolução e no aprimoramento de produtos e serviços.

A **retroalimentação** contínua fornecida pelos usuários dentro de redes ativas é inestimável para o aprimoramento contínuo de produtos e serviços. Empresas podem utilizar esses insights para realizar ajustes rápidos, responder a tendências emergentes e inovar em sintonia com as necessidades e os desejos do usuário, mantendo a relevância e fortalecendo a lealdade à marca.

A integração dos efeitos de rede na estratégia de marketing configura uma abordagem dinâmica e interativa, essencial para o sucesso em um mercado cada vez mais conectado. Ao entender e aplicar os princípios dos efeitos de rede, as marcas podem acelerar seu crescimento, maximizar o valor proporcionado aos usuários e fortalecer sua posição competitiva. Essa abordagem responde às exigências do ambiente de marketing e prepara as organizações para capitalizar sobre oportunidades futuras em um cenário em constante evolução.

4. Narrativas em ecossistemas

A narrativa da marca, em um contexto de ecossistemas interconectados, assume uma nova dimensão. Abandonando a abordagem tradicional de storytelling para uma mais rica em diálogo e interação, as marcas devem fomentar narrativas que permitam aos consumidores cocriar e participar ativamente das suas histórias. Essa estratégia de narrativas contribui para a percepção e valorização da marca, criando um vínculo mais profundo e significativo com o universo de comunidades de interesse.

A transição do storytelling tradicional para narrativas de marca em ecossistemas reflete uma mudança fundamental: em vez de simplesmente transmitir mensagens unidirecionais, as marcas agora convidam os consumidores a entrar em um diálogo, a contribuir com suas próprias experiências e a cocriar o enredo da marca. Essa abordagem cria uma experiência mais rica e envolvente para o consumidor, aumentando o engajamento e a lealdade.

Para efetivamente fomentar **narrativas em ecossistemas**, as marcas devem estabelecer plataformas e fluxos que incentivem a participação ativa dos consumidores. Isso pode incluir mídias sociais, fóruns, aplicativos interativos e eventos ao vivo, onde os consumidores podem compartilhar suas histórias, ideias e feedback. Ao fazer isso, a marca ganha insights sobre suas e fortalece a conexão emocional com ele, transformando consumidores em embaixadores da marca.

As **narrativas interativas e imersivas** proporcionam diversos benefícios tanto para as marcas quanto para os consumidores. Para as marcas, elas oferecem uma oportunidade única de se diferenciar, de humanizar a sua imagem e de construir uma comunidade leal. Para os consumidores, elas oferecem uma experiência mais pessoal e significativa, em que podem ver suas próprias histórias e contribuições sendo valorizadas e reconhecidas.

As marcas devem monitorar continuamente as **interações e contribuições** dos consumidores para entender como a narrativa está evoluindo e garantir que ela permaneça alinhada com os valores e objetivos da marca. Isso pode envolver a análise de feedback, o acompanhamento de tendências nas conversas online e a adaptação da narrativa para refletir novas ideias e insights.

Em resumo, as narrativas em ecossistemas representam uma abordagem estratégica vital para as marcas que desejam prosperar em um ambiente de mercado cada vez mais dinâmico e participativo. Ao adotar essa abordagem, as marcas podem cultivar um relacionamento mais profundo e envolvente com suas comunidades, fortalecendo sua presença no mercado e construindo uma base para o crescimento sustentável e a inovação contínua.

5. Diretrizes para a experiência figital

Na convergência entre os mundos físico, digital e social, no espaço figital, a experiência do consumidor assume uma complexidade e profundidade sem precedentes. Para as marcas, isso representa uma oportunidade única de engajar os consumidores em múltiplos níveis e de criar uma jornada de cliente consistente, profundamente imersiva e memorável.

Para navegar com sucesso na era figital, as marcas devem estabelecer diretrizes integradas que englobem todos os pontos de contato com o consumidor. Isso significa que cada interação, seja online ou offline, deve ser cuidadosamente projetada para refletir e reforçar a identidade da marca, bem como para avançar seus objetivos estratégicos. A **consistência** se torna chave, assegurando que a marca seja percebida de maneira **coesa** em todos os fluxos e plataformas.

A unificação das experiências online e offline exige uma orquestração em que tecnologia desempenha um papel central. As ferramentas digitais devem ser utilizadas não apenas para replicar, mas para enriquecer a experiência física, criando um ambiente figital onde os dois mundos se complementam. Isso pode incluir desde o uso de realidade aumentada em lojas físicas até a integração de experiências sensoriais em plataformas online.

No coração da experiência figital está a **personalização**, que permite às marcas criar interações relevantes com cada consumidor. Ao coletar e analisar dados sobre preferências, comportamentos e histórico de interações, as marcas podem personalizar suas comunicações, ofertas e experiências, aumentando o engajamento e a fidelidade do cliente. Para garantir que a experiência figital permaneça eficaz e alinhada com as expectativas dos consumidores, as marcas devem adotar uma abordagem de monitoramento e otimização contínua. Isso implica coletar feedback regularmente, avaliar o desempenho em diferentes pontos de contato e ajustar estratégias com base em insights concretos.

Em conclusão, as diretrizes para a experiência figital fornecem o **alicerce** sobre o qual as marcas podem construir interações significativas e memoráveis que transcendem a divisão entre os mundos físico e digital. Ao aderir a essas diretrizes, as marcas elevam a experiência do consumidor e reforçam sua identidade e avançam seus objetivos estratégicos, posicionando-se de forma proeminente na paisagem dinâmica do mercado figital.

6. Diretrizes para o plano de marketing

As diretrizes para o plano de marketing constituem a espinha dorsal que assegura a **tradução efetiva da estratégia de marketing em ações concretas e mensuráveis**, refletindo-se em cada aspecto da execução tática. Esse plano é um roteiro para ações de marketing e um reflexo fiel da estratégia maior da marca, que deve permeá-lo integralmente.

Cada **elemento** do plano de marketing, desde campanhas publicitárias até interações em mídias sociais e lançamentos de produtos, precisa ser uma extensão da estratégia nuclear da marca. Isso significa que todas as ações de marketing devem estar em harmonia com a visão e os objetivos globais da empresa, garantindo uma experiência de consumo unificada e reforçando a identidade e os valores da marca em cada ponto de contato com o consumidor.

O **orçamento** desempenha um papel-chave na implementação do plano de marketing, servindo como um **facilitador** para a execução das estratégias delineadas. Uma distribuição orçamentária estrategicamente alinhada assegura que os recursos sejam alocados eficientemente às iniciativas mais impactantes e essenciais, evitando o desperdício de recursos e maximizando o **retorno sobre o investimento**. Isso envolve um alinhamento preciso entre os recursos disponíveis e as prioridades estratégicas, bem como uma avaliação cuidadosa do potencial de retorno de cada investimento.

O plano de marketing deve estar **intrinsecamente ligado** à estrutura de criação de valor da organização, garantindo que cada ação de marketing contribua de forma significativa para os objetivos mais amplos da empresa. Isso requer uma integração profunda com os processos de negócios vitais e com a estratégia corporativa, reforçando o papel do marketing não apenas como uma função promocional, mas como um motor central para o crescimento e sucesso do negócio.

A execução do plano de marketing dentro de uma estrutura organizacional coesa e interconectada permite que diferentes departamentos e funções trabalhem em **sinergia**, potencializando os esforços de marketing. Isso envolve uma colaboração estreita entre equipes, a troca contínua de informações e insights, além de uma abordagem coordenada que maximiza a eficácia de cada iniciativa de marketing.

Em resumo, o plano de marketing é um documento vital que precisa refletir e materializar a estratégia de marketing em ações tangíveis, garantindo que cada iniciativa seja alinhada, impactante e integrada à visão mais ampla da empresa. Ao seguir tais diretrizes, as organizações podem assegurar que seu marketing ressoe com os consumidores e contribua de maneira significativa e mensurável para o crescimento e a sustentabilidade do negócio.

7. A unificação do marketing na organização

A unificação do marketing dentro de uma organização não é meramente uma meta estratégica, é um **imperativo operacional** que assegura a coerência e a maximização do impacto de todas as iniciativas de marketing. Essa unificação transcende a integração de mensagens e campanhas, envolvendo uma **sinergia operacional** e **estratégica** entre o marketing e todas as outras funções organizacionais.

A essência da unificação reside na promoção de uma **cultura de colaboração e integração**, onde o marketing atua não isoladamente, mas em consonância com as demais funções da organização. Isso envolve a criação de fluxos de comunicação efetivos, processos de trabalho compartilhados e sistemas de informação integrados que facilitam a troca de insights e a coordenação de esforços.

Ao alinhar estreitamente o marketing com outras áreas, como desenvolvimento de produtos, vendas, atendimento ao cliente e recursos humanos, a organização pode garantir que a proposta de valor da marca seja consistentemente comunicada e reforçada em todas as interações com clientes, parceiros e até entre funcionários. Essa abordagem amplia o alcance e a ressonância da mensagem da marca, potencializando sua eficácia e impacto no mercado.

A unificação assegura que as iniciativas de marketing estejam alinhadas e sincronizadas com os objetivos globais da empresa, transformando o marketing em um vetor de realização estratégica e não apenas uma função de suporte. Isso implica que cada campanha, cada conteúdo e cada ação de marketing contribuam diretamente para o avanço dos objetivos corporativos, desde o crescimento de receitas até a expansão de mercado e a construção de reputação.

A estratégia de unificação deve também fomentar um ambiente de **trabalho em rede**, onde o conhecimento e os recursos são compartilhados livremente entre departamentos, promovendo a inovação e a agilidade organizacional. Nesse ambiente, o marketing torna-se um hub de inteligência de mercado, insights de consumidores e criatividade estratégica, alimentando e sendo alimentado pelas diversas funções da empresa.

Em síntese, a unificação do marketing na organização é um processo que fortalece a marca, alinha esforços e maximiza o retorno sobre os investimentos de marketing. Ao promover uma integração profunda entre o marketing e as demais funções organizacionais, a empresa assegura uma comunicação de marca coesa e impactante, estabelece uma base sólida para o sucesso e crescimento sustentáveis no cenário competitivo atual.

Componente	Descrição
Resumo do Ambiente	Análise panorâmica do ambiente operacional, incluindo tendências, forças competitivas, comportamentos do consumidor e oportunidades emergentes.
Priorização de target	Definição detalhada do universo de agentes de interesse do negócio, considerando a evolução do target para comunidades segmentadas.
Posicionamento de marca	Estratégia para criar uma percepção distinta e atraente da marca na mente dos consumidores, considerando seu papel como plataforma de um ecossistema.
Efeitos de rede	Integração dos efeitos de rede (Lei de Metcalfe etc.) para aumentar o valor do produto/serviço e promover a adoção pelo usuário.
Interações	Orientações para desenvolver narrativas colaborativas e envolver as comunidades na cocriação da história da marca.
Operações	Diretrizes detalhadas para o plano de marketing, orçamento, uso de dados estratégicos e desenho da experiência do consumidor, alinhadas à estratégia global.
Unificação	Mecanismos para promover a integração do marketing com outras áreas da empresa, reforçando a colaboração e os objetivos globais.
Impacto	Definição de KPIs e métricas para mensurar o sucesso da estratégia de marketing e realizar ajustes necessários.

● **TABELA 7.1 – RESUMO DA ESTRATÉGIA DE MARKETING.**

Em suma...

Em um mundo cada vez mais volátil e interconectado, a **estratégia de Marketing do Futuro** é um guia essencial para navegar no ambiente competitivo do mercado atual. Essa estratégia não é apenas um conjunto de diretrizes operacionais, trata-se de uma visão holística que interliga todos os aspectos da organização, desde a compreensão profunda do ambiente até a execução de interações significativas, operações eficientes e uma unificação organizacional estratégica. A abordagem detalhada, que abarca desde a priorização das comunidades até a integração dos efeitos de rede, cria um tecido robusto e resiliente que sustenta a marca no presente e pavimenta seu caminho para o futuro.

Ao reconhecer a importância de adaptar-se e evoluir com as dinâmicas do mercado, as organizações podem garantir que suas marcas não apenas sobrevivam, mas prosperem. A implementação eficaz da **estratégia de marketing do futuro** requer um compromisso contínuo com a inovação, a colaboração e a excelência, permitindo que as empresas se antecipem às mudanças, respondam proativamente aos desafios e explorem oportunidades emergentes. Neste contexto, a narrativa da marca, a experiência figital e a sinergia operacional tornam-se pedras angulares, fundamentais para construir relacionamentos duradouros com os consumidores e para solidificar a posição da marca no mercado.

Em última análise, a **estratégia de marketing do futuro** é um convite para as organizações embarcarem em uma jornada de transformação contínua, na qual a adaptabilidade, a visão estratégica e a integração orgânica são chaves para o sucesso. Ao abraçar essa abordagem orientada para o futuro, as empresas criam um potencial de vantagem competitiva sustentável e contribuem para o desenvolvimento de um ecossistema de negócios dinâmico e inovador, beneficiando-se de um crescimento contínuo e da realização de seu potencial máximo no cenário global.

8

Interações – fluxos, comunidades e narrativas

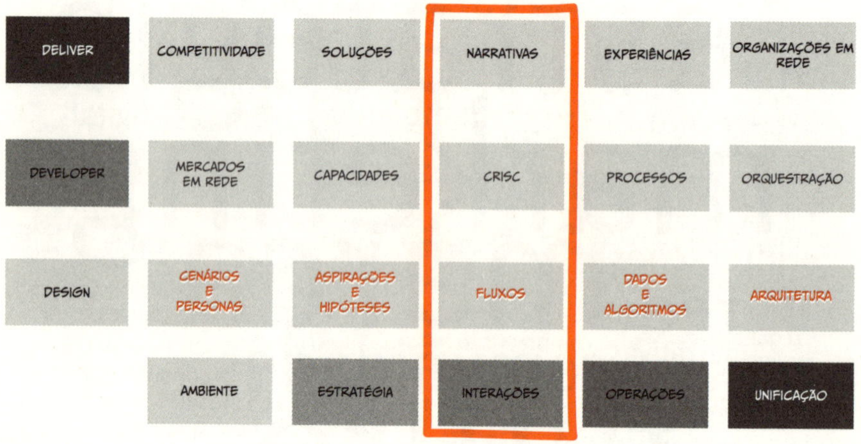

DELIVER	COMPETITIVIDADE	SOLUÇÕES	NARRATIVAS	EXPERIÊNCIAS	ORGANIZAÇÕES EM REDE
DEVELOPER	MERCADOS EM REDE	CAPACIDADES	CRISC	PROCESSOS	ORQUESTRAÇÃO
DESIGN	CENÁRIOS E PERSONAS	ASPIRAÇÕES E HIPÓTESES	FLUXOS	DADOS E ALGORITMOS	ARQUITETURA
	AMBIENTE	ESTRATÉGIA	INTERAÇÕES	OPERAÇÕES	UNIFICAÇÃO

● FIGURA 8.1

No ambiente figital, caracterizado por intensa competição, negócios demandam maneiras eficazes de se destacar e conquistar a atenção e fidelidade dos consumidores, e a construção de comunidades vibrantes e engajadas é uma solução promissora para a criação de valor, crescimento e sustentabilidade das marcas, consequentemente, das empresas.

A formação de comunidades virtuais foi uma das consequências da internet. Hoje podemos, com muita facilidade, nos conectar, a partir de interesses comuns, transcendendo barreiras geográficas e sociais. Tais comunidades figitais oferecem diversos benefícios aos negócios, como aumento do engajamento e tempo de permanência, maior fidelidade dos membros, geração de conteúdo valioso, fomento à inovação e redução de custos com marketing e suporte.

O pilar **Interações** da **Teoria AEIOU** é dedicado ao desenvolvimento de comunidades, partindo do **design de fluxos** interativos, **desenvolvimento do framework CRISC** [Conexões, Relacionamentos, Interações, Significados e Cultura] e **entrega de narrativas envolventes**. As interações no espaço figital não são um adicional às estratégias tradicionais de marketing; elas são o núcleo de uma nova abordagem, adaptada à realidade contemporânea onde conectividade e interatividade predominam.

No espaço figital, a noção de **interação** se expande. **Não se trata apenas de comunicação direta entre marcas e consumidores**, mas de uma teia complexa de interações que inclui dados, algoritmos, experiências de usuário e a construção e evolução de comunidades. Aqui, as interações ganham uma nova profundidade, influenciando a percepção de marca, a criação de valor e a inovação em produtos e serviços.

A **Teoria AEIOU** nos oferece uma lente através da qual podemos examinar e compreender este novo mundo. **Ambiente**, **Estratégia**, **Interações**, **Operações** e **Unificação** são os pilares que estruturam a teoria, e as **Interações** desempenham um papel pivotal nesta estrutura, como forças vitais que impulsionam a estratégia, informam as operações e catalisam a unificação de esforços e objetivos em um ambiente figital em constante evolução.

Este capítulo tem o objetivo de desdobrar o conceito de **Interações** na **Teoria AEIOU**, explorando como podemos **desenhar** fluxos de interação eficazes, **desenvolver** o complexo **CRISC** [Conexões, Relacionamentos, Interações, Significados e Cultura] e, por fim, **entregar** narrativas que ressoem e criem impacto nas comunidades-alvo. Abordaremos a importância de entender o espaço figital para operar de maneira efetiva, demonstrando como um **design de fluxos** bem-estruturado pode potencializar as narrativas e, consequentemente, o valor gerado para as marcas e para os consumidores.

Exploraremos como as Interações são a chave para o desenvolvimento de relações duradouras e significativas com os consumidores, fundamentais para a construção de comunidades engajadas. Discutiremos como, por meio de um entendimento aprofundado de **CRISC**, as organizações podem criar **comunidades**, ambientes ricos e dinâmicos que fomentem a inovação e o crescimento sustentável. E, por último, analisaremos como a entrega de **narrativas** poderosas pode ser a culminação deste processo, conectando de forma genuína e impactante com pessoas, grupos específicos e comunidiades inteiras, e reforçando a presença de marca no espaço figital.

Design de fluxos

Lembrando qual é o papel de cada pilar do **AEIOU** e de cada estágio, neles, o **design de fluxos** é onde delineamos como pessoas vão interagir com a marca.

Compreender que comunicação não é mais regida pela lógica de canais é uma das maiores rupturas do **Marketing do Futuro**. Por décadas, os planos de marketing foram confundidos com campanhas publicitárias. Diante disso, o grande papel da "estratégia de marketing" era escolher os meios de comunicação e criar uma única campanha, em diversos formatos, para atender cada mídia.

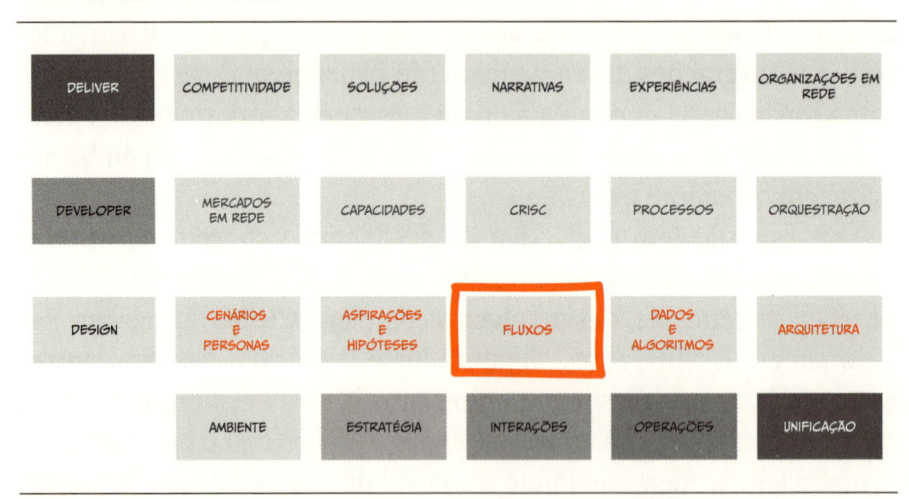

● FIGURA 8.2

O marketing "em canais" é influenciado pelas teorias que se baseavam em um modelo linear, onde a comunicação é vista como um processo de envio de mensagens de um ponto a outro através de um canal. Três teorias fundamentais nesse contexto são o Modelo de Shannon-Weaver, o Modelo de Lasswell e a contribuições de McLuhan.

Shannon-Weaver é um modelo linear que descreve o processo de comunicação através de seis elementos: fonte de informação, transmissor, canal, receptor, destinatário e ruído. Ele enfatiza a importância da transmissão precisa da informação, considerando a codificação, o canal e a decodificação da mensagem.

Lasswell é outro modelo linear que descreve o processo de comunicação de massa através de cinco elementos: quem [comunicador], diz o quê [mensagem], por qual canal [meio], para quem [receptor] e com que efeito [impacto]. Ele destaca a ideia de que a comunicação é um processo intencional e persuasivo, no qual o comunicador busca gerar um efeito específico no receptor.

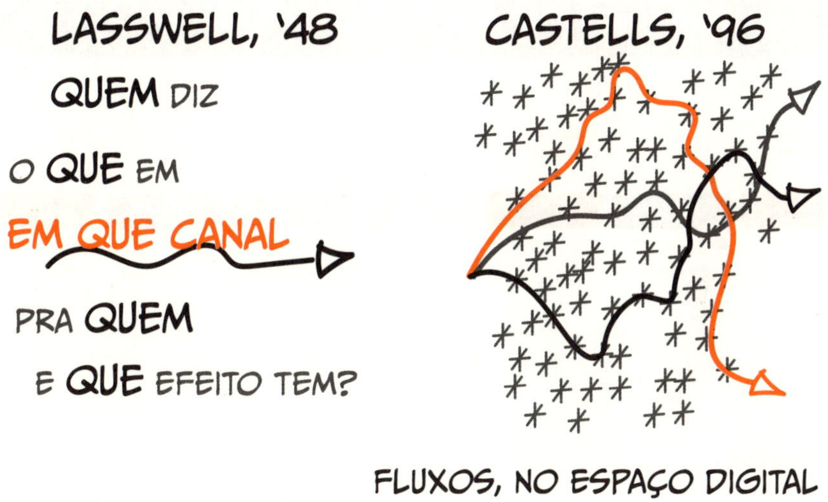

FIGURA 8.3

O modelo de **McLuhan**, por sua vez, concentra-se mais nas implicações sociais e culturais dos meios de comunicação do que no processo de transmissão de mensagens. Ele argumenta que o meio em si, e não apenas o conteúdo que ele transmite, tem um efeito significativo na sociedade e na maneira como as pessoas percebem e interagem com o mundo.

Shannon-Weaver e Lasswell são modelos lineares que se concentram no processo de transmissão de mensagens, enquanto o modelo de McLuhan se afasta dessa estrutura linear e se concentra mais no impacto dos meios de comunicação na sociedade. Além disso, os modelos de Shannon-Weaver e Lasswell são mais focados em elementos específicos do processo de comunicação, enquanto o modelo de McLuhan aborda questões mais amplas relacionadas aos efeitos dos meios de comunicação na percepção e interação humanas.

Todos esses modelos ainda entendiam o canal como fundamental na transmissão da mensagem, a partir de uma abordagem linear fundamentada na sua experiência de vida naquele momento. Ainda não era possível falar de plataformas, efeitos de rede e fluxos.

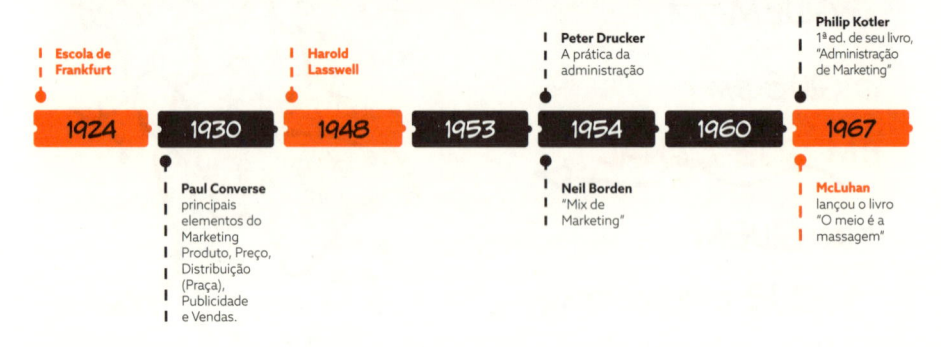

ENCONTRO DO PENSAMENTO DO MARKETING E DE COMUNICAÇÃO

Escola de Frankfurt		Harold Lasswell		Peter Drucker — A prática da administração		Philip Kotler — 1ª ed. de seu livro, "Administração de Marketing"
1924	1930	1948	1953	1954	1960	1967
	Paul Converse — principais elementos do Marketing — Produto, Preço, Distribuição (Praça), Publicidade e Vendas.			Neil Borden — "Mix de Marketing"		McLuhan — lançou o livro "O meio é a massagem"

● **FIGURA 8.4**

E para nós do **Marketing do Futuro**, à medida que a sociedade passa a se organizar em fluxos, os canais perdem relevância. Como?

Imagine que a marca publica um post no Instagram, alcança milhões de pessoas, recebe milhões de curtidas e a mensagem é entregue. E pronto. O Instagram foi usado como um **canal**. Agora, imagine que a marca faz um post no Instagram e direciona o leitor para interagir em **sua** plataforma, a qual ele se conecta, o que, depois de um tempo, se converte numa transação [na sua plataforma], seguida de um feedback [nela, de novo] que melhora seu serviço, que leva você a retornar ao cliente [nela...], que, por sua vez, responde [onde?] desejando comprar mais... Isso é um **fluxo** de interações.

Pensar em fluxos é imaginar caminhos que a narrativa precisa percorrer, em múltiplas dimensões articuladas do espaço de performances, para chegar à ação desejada, e isso não se faz apenas postando conteúdo no Instagram. É necessário montar um ecossistema onde toda a sua comunicação esteja relacionada.

Fluxos são movimentos de informação entre pontos ou entidades, destacando a natureza dinâmica e contínua da comunicação, as possibilidades de [des, re]conexão, de criar novos relacionamentos, interações e significados. Fluxos podem ser uni-, b- e multidirecionais, e sua complexidade vai desde uma simples transmissão de dados até interações multifacetadas envolvendo feedback e interação em tempo real, sem falar no redesenho de comunidades inteiras.

Fluxos só começam a aparecer no pensamento da comunicação a partir de Manuel Castells, sociólogo espanhol, cuja obra "A Sociedade em Rede" marcou um ponto de inflexão nos estudos sobre a era da informação. Publicada como o primeiro volume da trilogia "A Era da Informação: Economia, Sociedade e Cultura" no final dos anos 1990, a teoria de Castells analisa a transformação social provocada pelas tecnologias de informação e comunicação. Sua contribuição fundamental para entender os fluxos na sociedade em rede. Ela pode ser resumida nos seguintes pontos:

A estrutura da rede: a sociedade moderna está estruturada em torno de redes globais de informação. Diferente de estruturas hierárquicas tradicionais, as redes são abertas, flexíveis e dinâmicas, permitindo conexão, relacionamento e interação sem precedentes entre os nós, sejam eles indivíduos, organizações ou nações.

Economia informacional: uma nova forma econômica, a economia da informação, é caracterizada pela capacidade de gerar, processar e aplicar eficientemente o conhecimento baseado na informação. Esta economia é global e está fundamentada na inovação constante, habilitada por tecnologia.

Espaço de fluxos: o "espaço de fluxos" é a articulação espacial das funções sociais dominantes através de redes globais de conectividade, transporte e eletricidade. Diferentemente do "espaço de lugares" tradicional, o espaço de fluxos privilegia as conexões e os relacionamentos entre posições de poder e decisão, independente da localização geográfica.

Identidade e sociedade em rede: os indivíduos podem construir e expressar suas identidades de maneira mais fluida, múltipla e fragmentadas participando de diferentes comunidades virtuais e adotando múltiplas personas online. Ao mesmo tempo, a globalização e a homogeneização cultural promovidas pelos fluxos pode levar a uma crise de identidade e movimentos de resistência que buscam reafirmar identidades locais, étnicas ou religiosas.

Poder e resistência nas redes: Castells também discute o papel do poder nas redes, observando como o poder está distribuído de maneira desigual entre os diferentes nós. Ele identifica potenciais para resistência e mudança social dentro das redes, pois elas permitem novas formas de comunicação e mobilização.

A contribuição de Manuel Castells é crucial para entender a complexidade das sociedades contemporâneas, marcadas por intensos fluxos de capital, informação, tecnologia e pessoas. Seu trabalho ajuda a compreender como as tecnologias de informação e comunicação transformaram as estruturas sociais, econômicas e políticas, influenciando praticamente todos os aspectos da vida humana na era figital.

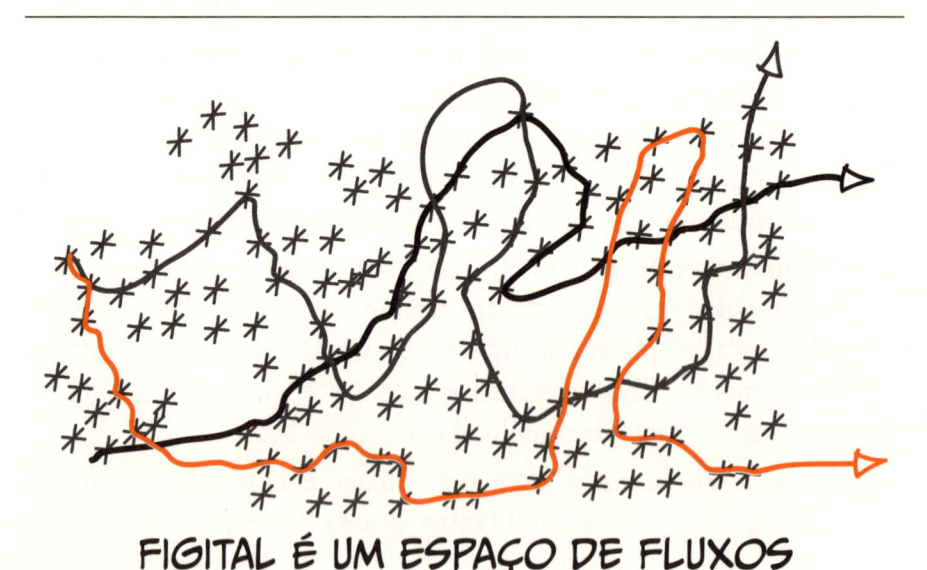

FIGITAL É UM ESPAÇO DE FLUXOS

● **FIGURA 8.5**

De forma bem resumida, a principal diferença entre fluxos e canais reside em sua função e conceituação:

- **Fluxos:** enfatizam a natureza ativa e processual da comunicação, focando na maneira como a informação circula dentro de um sistema ou entre entidades. Eles representam a transferência contínua de informação e a interação entre remetente e receptor, adaptando-se e mudando conforme as necessidades e os contextos se alteram.

- **Canais:** referem-se especificamente aos meios ou veículos pelos quais os fluxos de informação são conduzidos; são o meio físico ou virtual que carrega a mensagem de um lugar para outro, determinando a forma e a eficácia com que a comunicação ocorre. Os canais podem limitar ou facilitar a forma e a velocidade dos fluxos de comunicação, dependendo de suas características e capacidades.

Essa distinção é crucial para entender como as mensagens são transmitidas e recebidas, bem como para projetar sistemas eficazes que otimizem tanto os canais quanto os fluxos para alcançar a máxima eficiência e impacto.

O **design de fluxos** no contexto das interações figitais transcende a tradicional ideia de canais de comunicação estáticos. No espaço figital, um ambiente sinérgico das realidades física, digital e social, os fluxos representam as dinâmicas interativas que se estendem além dos limites da comunicação unidirecional, englobando um espectro mais amplo que inclui a troca de informações, a colaboração e a cocriação de valor.

Definição de fluxos: fluxos são sequências contínuas e dinâmicas de interações e trocas propositais, repetitivas e programáveis que facilitam o movimento de informação e valores entre entidades interconectadas. Estes não se limitam a simples transferências de dados; eles incorporam a essência da interatividade, adaptabilidade e reconfiguração constante, refletindo a natureza orgânica e evolutiva das redes figitais. Fluxos são habilitados pelas plataformas simbólicas, econômicas e sociais que definem, hoje, a realidade de pessoas, empresas, mercados, tudo.

Importância dos fluxos: a importância de um design de fluxos eficaz é multifacetada no marketing do espaço figital. Primeiro, um fluxo bem desenhado amplifica a relevância e o alcance das mensagens, potencializando os efeitos de rede e incrementando o engajamento. Além disso, permite uma integração mais profunda entre as marcas e suas comunidades, facilitando a construção de relacionamentos significativos e a promoção de experiências imersivas e personalizadas.

Transição de canais para fluxos: historicamente, o marketing focava em canais específicos para alcançar audiências. Hoje, no entanto, a transição para o espaço figital requer uma abordagem mais integrada e fluida. A transição de canais para fluxos reflete a mudança de uma comunicação baseada em meios isolados para uma interatividade contínua e multifacetada, em que diferentes pontos de contato e interações se entrelaçam para formar uma experiência coesa.

Criação de ecossistemas comunicacionais integrados: os ecossistemas comunicacionais integrados são estruturas onde fluxos de informação, interações sociais, e operações de negócios coexistem harmoniosamente, reforçando uns aos outros. O design desses ecossistemas envolve a articulação entre diversas plataformas e fluxos, garantindo que os fluxos de comunicação sejam consistentes, relevantes e engajadores em todos os pontos de contato.

Estratégias para design de fluxos

Para criar fluxos eficazes, é essencial mapear e entender **as jornadas e interações** dos usuários dentro do espaço figital. Isso inclui identificar pontos de contato críticos, prever possíveis caminhos de interação e garantir que os fluxos de informação sejam claros, relevantes e envolventes. As estratégias podem envolver a utilização de dados e análises para otimizar continuamente esses fluxos, bem como a aplicação de tecnologias emergentes para personalizar e enriquecer as interações.

Ao desdobrar esses componentes, o design de fluxos no espaço figital se revela como um elemento crucial para a eficácia e inovação no marketing contemporâneo, facilitando a comunicação e interação em múltiplas dimensões e capacitando as marcas a construir relações mais profundas e significativas com suas comunidades, promovendo o engajamento, a fidelização e o crescimento sustentável.

Personalização e contextualização: os fluxos devem ser adaptativos às necessidades e preferências individuais dos usuários, fornecendo conteúdo personalizado que ressoe com suas experiências únicas e contexto atual. Isso implica em empregar análise de dados avançada para capturar insights do usuário e adaptar os fluxos em tempo real.

Integração de tecnologias emergentes: a incorporação de **IA**, realidade aumentada, IoT e outras tecnologias emergentes pode enriquecer os fluxos, tornando-os mais interativos, imersivos e reativos. Essas tecnologias podem ajudar a criar experiências mais envolventes que capturam a atenção e a imaginação dos usuários.

Feedback e iteração: os fluxos devem ser concebidos para incorporar feedback dos usuários em tempo real, permitindo ajustes contínuos e melhorias. Isso aumenta a relevância e eficácia dos fluxos e promove um relacionamento mais colaborativo entre marcas e consumidores.

Medição e análise: avaliar o desempenho dos fluxos é crucial para entender seu impacto e eficácia. Isso inclui monitorar métricas de engajamento, conversão e satisfação do usuário, permitindo que as marcas refinem continuamente suas estratégias de fluxo.

Sustentabilidade e escalabilidade: fluxos devem ser projetados para atender necessidades atuais, serem sustentáveis e escaláveis. Isso assegura que eles possam evoluir com o tempo, adaptando-se às mudanças no ambiente figital e nas expectativas dos usuários.

Colaboração e cocriação: fomentar a participação ativa dos usuários nos fluxos pode promover uma maior conexão e lealdade. Isso pode incluir oportunidades para feedback, personalização e cocriação de conteúdo ou experiências, fortalecendo a comunidade em torno da marca.

Ao implementar essas abordagens, o design de fluxos no espaço figital pode transformar a maneira como as marcas se comunicam e interagem com seus universos de interesse, criando um marketing mais adaptativo, responsivo e centrado no usuário, alinhado com os princípios da **Teoria AEIOU**.

Develop: CRISC para desenvolver comunidades

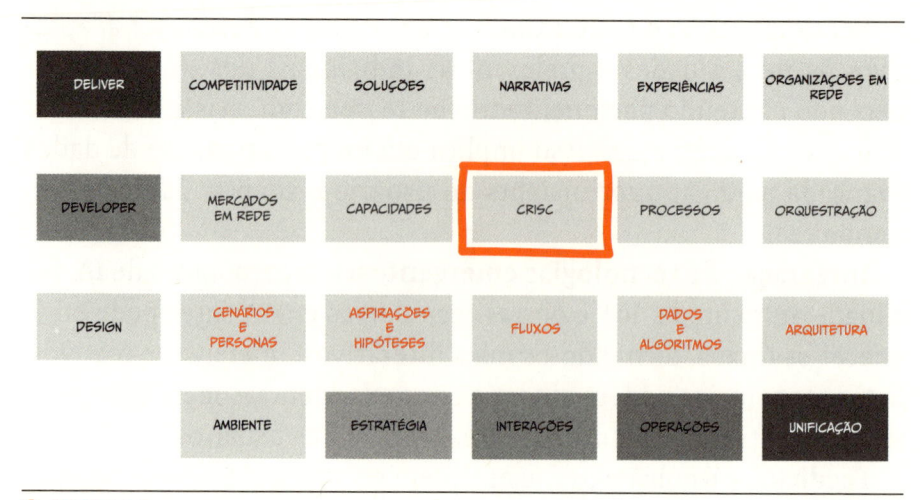

CRISC, um acrônimo para Conexões, Relacionamentos, Interações, Significados e Cultura, é fundamental para criar, engajar e cultivar **comunidades** no espaço figital. Esses componentes, quando integrados, fornecem uma estrutura sólida para empresas e marcas interagirem com eficácia em ambientes digitais, fortalecendo sua presença e impacto.

CRISC em detalhe

Conexões representam os laços fundamentais entre entidades no espaço figital, sejam elas pessoas, grupos ou sistemas. As conexões são o alicerce sobre o qual se constrói o engajamento, e é crucial que sejam relevantes e significativas para criar uma base sólida.

As conexões figitais são esteios que sustentam a estrutura das interações e transcendem a simples troca de mensagens para abraçar uma dimensão de interatividade mais rica e engajadora. No ambiente figital, essas conexões são:

1. **Multidimensionalidade:** não se restringem a interações unidirecionais ou bidirecionais, mas se desdobram em várias dimensões, permitindo um tecido de comunicação complexo e interconectado que abrange múltiplos nós e fluxos.

2. **Qualidade sobre quantidade:** a eficácia das conexões não se mede pela quantidade, mas pela qualidade e relevância. Conexões significativas geram maior engajamento e retorno, tanto para indivíduos quanto para organizações.

3. **Autenticidade:** devem ser genuínas para fomentar a confiança e o respeito mútuo. A autenticidade é crucial para estabelecer laços duradouros e significativos no espaço figital, onde a percepção de valor genuíno pode ser um diferencial importante.

4. **Valor mútuo:** as conexões devem proporcionar benefícios recíprocos, garantindo que todas as partes envolvidas percebam e recebam valor, o que sustenta a motivação para manter e aprofundar o relacionamento.

5. **Engajamento:** conexões robustas incentivam maior participação e engajamento, criando um ambiente dinâmico onde indivíduos e grupos são motivados a contribuir, compartilhar e colaborar.

6. **Feedback contínuo:** a interação contínua permite a adaptação e o refinamento das conexões, garantindo que elas permaneçam relevantes e eficazes ao longo do tempo, adaptando-se às mudanças nas necessidades e preferências dos usuários.

Ao investir na criação e manutenção de conexões de alta qualidade no espaço figital, marcas e comunidades podem estabelecer bases sólidas para relacionamentos mais profundos e significativos, catalisando o desenvolvimento de comunidades vibrantes e resilientes.

Relacionamentos vão além das conexões iniciais, representando laços mais profundos e engajados, desenvolvidos ao longo do tempo e essenciais para a construção de confiança e lealdade, componentes vitais para qualquer comunidade ou marca.

Relacionamentos no contexto figital vão além das meras conexões iniciais, evoluindo para engajamentos mais profundos e significativos que são construídos e fortalecidos ao longo do tempo. Eles representam a essência de uma comunidade engajada e são caracterizados por:

1. **Construção progressiva:** relacionamentos desenvolvem-se gradualmente, necessitando de interações constantes e significativas. Eles são forjados através de experiências compartilha-

das, confiança mútua e entendimento, crescendo em profundidade e força.

2. **Base de confiança:** relacionamentos são fundamentais para estabelecer uma base sólida de confiança, que é essencial para qualquer interação significativa no espaço figital. A confiança promove um ambiente seguro para a expressão e colaboração.

3. **Lealdade e advocacia:** relacionamentos fortes fomentam a lealdade, que, por sua vez, pode se transformar em advocacia de marca. Usuários engajados muitas vezes se tornam embaixadores da marca, compartilhando suas experiências positivas e influenciando outros.

4. **Relevância e personalização:** relacionamentos eficazes no espaço figital são sustentados pela relevância e personalização, garantindo que cada interação tenha significado e valor para os envolvidos.

5. **Feedback e adaptação:** através de um loop contínuo de feedback, os relacionamentos no espaço figital são capazes de se adaptar e evoluir, respondendo às mudanças nas necessidades e expectativas dos usuários.

6. **Impacto emocional:** relacionamentos profundos têm o poder de engajar emocionalmente, criando uma conexão mais humana e pessoal com a marca ou comunidade, o que é essencial para a fidelização e engajamento a longo prazo.

No espaço figital, o desenvolvimento de relacionamentos ricos e autênticos é vital para transcender a superficialidade das interações efêmeras, criando laços duradouros que resultam em aumento do valor percebido e a satisfação dos envolvidos, consolidando assim a base para comunidades virtuais coesas e engajadas.

Interações são as trocas dinâmicas que ocorrem nas redes, entre usuários, plataformas e conteúdos. São essenciais para manter a comunidade viva e ativa, promovendo um ambiente rico em trocas e colaborações.

Este capítulo sobre interações mostra como elas são fundamentais para a vitalidade e o movimento das comunidades no espaço figital, evidenciando um ciclo virtuoso onde os fluxos e CRISC se conectam. Elas desempenham um papel não somente de conexão entre usuários, plataformas e conteúdo, mas de estimuladores de um rico mosaico de experiências compartilhadas.

1. **Natureza recursiva das interações:** as interações alimentam e são alimentadas pelo próprio sistema que as engendra, criando uma dinâmica recursiva onde fluxos e **CRISC** se reforçam mutuamente. Interações embalam a evolução dos fluxos e, ao mesmo tempo, são refinadas por eles, contribuindo para um sistema autossustentável de engajamento e crescimento.

   Você deve ter notado que interações é um dos pilares do **AEIOU**, ali bem no meio, como quem faz a ponte entre o AE e o OU... e aparece de novo aqui no CRISC, de novo no meio, como se fosse ponte entre o CR e o SC. Sua pergunta deve ser... mas é o mesmo I? Sim. Lembra que dissemos, no Cap. 3, que a **Teoria** era fractal? Pois é. Não é só o caso que em cada letra do **AEIOU** está -quando se olha de perto- todo o **AEIOU**. É que, em cada estágio -CRISC é um estágio do I- está o pilar inteiro [no caso, o I] que, aqui, ele aparece explicitamente, em função de sua relevância para o marketing.

   Sua pergunta pode ter mudado para... Não poderia ser mais **simples**? Claro. Mas, aí, não explicaríamos a **Teoria**, seus estágios e sua aplicação, já muito simplificados no espaço que temos neste texto. Para simplificar ainda mais, sem complicar muito... é só lembrar que, em cada pilar e cada estágio da **Teoria**, está toda **Teoria de novo**, lá, esperando por você. *Ad infinitum, per omnia saecula saeculorum*.

2. **Trocas dinâmicas:** as interações envolvem sequências de trocas dinâmicas que são cruciais para a vitalidade da comunidade. Essas trocas transcendem a transmissão de informação, envolvendo emoções, ideias, feedback e criatividade, e criam efeitos nas conexões, relacionamentos, significados e cultura das comunidades.

3. **Efeito amplificador:** cada interação tem o potencial de gerar novas conexões, aprofundar relacionamentos, enriquecer signi-

ficados e fortalecer a cultura. Assim, as interações atuam como amplificadores, propagando seu impacto através da rede e intensificando o engajamento comunitário.

4. **Promoção de colaboração:** interações promovem colaboração, cocriação e aprendizado mútuo, fundamentais para a resiliência e evolução das comunidades figitais. Elas incentivam a participação ativa, permitindo que os membros contribuam com seus talentos únicos e perspectivas, enriquecendo o ecossistema figital.

5. **Adaptação e evolução:** as interações também permitem a adaptação e evolução contínua das comunidades, ajustando-se às mudanças ambientais, tecnológicas e culturais. Elas fornecem feedback essencial que pode ser utilizado para refinar estratégias, conteúdos e plataformas, assegurando a relevância e eficácia contínuas.

As interações são o coração do espaço figital, centro do desenvolvimento e implementação de fluxos e **CRISC** de maneira integrada e sinérgica, expressão da teia de relações que define comunidades figitais, fundamentais para a criação de valor, inovação e sustentabilidade nos seus ecossistemas.

Significados são essenciais para a coesão das comunidades no espaço figital, emergindo de maneira orgânica e coletiva a partir de interações e relacionamentos, cada um dos quais contribui para um repositório de experiência e conhecimento, a partir do qual significados são derivados e continuamente reformulados. Significados, compartilhados, ajudam a definir a identidade da comunidade e o propósito coletivo, criando um senso de unidade e direcionamento.

Quando membros da comunidade se engajam em diálogos, trocam ideias e compartilham experiências, eles interagem e contribuem para a criação de um contexto rico em significado. Esse contexto influencia como os membros interpretam suas experiências na comunidade, além de moldar suas ações e interações futuras, criando um ciclo contínuo de feedback e adaptação.

1. **Coconstrução de significados:** significados emergem do diálogo contínuo e da troca de perspectivas entre os usuários. Este

processo de coconstrução permite que significados sejam dinâmicos e refletivos da diversidade da comunidade.

2. **Influência na identidade e ação:** os significados influenciam profundamente como os membros da comunidade se percebem e agem, delineando o propósito e os valores coletivos que orientam as interações e decisões.

3. **Evolução e adaptação:** significados não são estáticos; eles evoluem com o tempo, refletindo as mudanças na comunidade e no ambiente mais amplo. Esta adaptabilidade é crucial para a relevância e resiliência da comunidade.

4. **Ancoragem de relacionamentos e cultura:** significados atuam como âncoras para os relacionamentos e a cultura dentro da comunidade, fornecendo um senso compartilhado de pertencimento e direção.

5. **Facilitação do engajamento:** significados relevantes facilitam o engajamento ao ecoar experiências e aspirações dos membros da comunidade, incentivando a participação ativa e o comprometimento.

Os significados, portanto, são fundamentais para a coesão e o dinamismo das comunidades digitais, atuando como elementos centrais que sustentam a integração e interação dentro do espaço figital. Eles são essenciais para a formação de uma identidade comunitária sólida e para a promoção de um ambiente de colaboração e inovação.

Cultura pode ser definida como transmissão de informação em contexto. Cultura é a rede de significados criados pelos membros da comunidade, influenciando suas próprias percepções e comportamentos. Cultura reflete os valores, normas e práticas compartilhados pela comunidade e emerge das experiências compartilhadas, moldadas pelas conexões, relacionamentos, interações e significados nela estabelecidos. A cultura desempenha papel chave na forma como a comunidade se percebe e se comporta.

Cultura, no espaço figital e mesmo só na dimensão física, não é estática; evolui com o complexo **CRISC**, que inclui... a **cultura**. Ela cria um conjunto de expectativas comportamentais e normativas, orientando membros sobre como interagir e quais ações são valorizadas ou desencorajadas. Esses elementos culturais são vitais para criar um ambiente onde membros se sintam pertencentes e engajados, o que normalmente leva a mais colaboração e comprometimento. Ao fomentar uma cultura positiva e inclusiva, as comunidades podem aumentar sua coesão, promover inovação e facilitar adaptação às mudanças, garantindo sua sustentabilidade e crescimento a longo prazo.

A seguir, mostramos um resumo dos pontos-chave de cultura como o **C** de **CRISC**.

1. **Formação e evolução:** a cultura emerge organicamente das conexões, relacionamentos, interações e significados, adaptando--se às experiências e aprendizados compartilhados pela comunidade e se desenvolve continuamente à medida que novas ideias, comportamentos e normas são introduzidos e assimilados.

2. **Valores compartilhados:** os valores centrais da cultura de uma comunidade definem o que é importante para seus membros, guiando decisões e comportamentos. Esses valores são reflexos dos objetivos comuns e da missão compartilhada, fundamentais para a unidade e direcionamento coletivo.

3. **Normas e práticas:** a cultura estabelece normas que orientam as interações e práticas dentro da comunidade. Estas normas, apoiadas por práticas consistentes, criam um ambiente previsível e seguro, facilitando a colaboração e o engajamento.

4. **Papel nos comportamentos:** a cultura influencia diretamente como os membros se comportam e interagem entre si, definindo padrões de conduta que são aceitáveis e esperados. Ela atua como um guia para novos membros e um lembrete constante dos valores da comunidade para os existentes.

5. **Impacto na percepção e identidade:** a cultura contribui significativamente para a percepção externa da comunidade e para a identidade que os membros internalizam, influenciando como se veem e como veem sua relação com o mundo exterior.

Para entender as razões pelas quais muitas comunidades evoluem e se tornam bases de seus mercados e, às vezes, "o" mercado, e muitas mais se perdem e desaparecem chamamos atenção para os fatores abaixo.

Expansão e dinamismo da cultura: a cultura em comunidades digitais é moldada e remodelada por interações e relacionamentos contínuos, refletindo a evolução constante do ambiente figital. À medida que membros interagem e compartilham experiências, a cultura absorve e integra novos elementos, demonstrando sua natureza adaptativa e viva.

Profundidade dos valores compartilhados: os valores dentro de uma comunidade digital não são meramente abstratos; eles são vivenciados diariamente através de comportamentos e decisões. Eles fornecem uma bússola moral, guiando a comunidade por princípios éticos e propósitos alinhados.

Operacionalização das normas e práticas: além de estabelecer normas, a cultura eficaz se manifesta através de práticas consistentes, que são observáveis e mensuráveis. Estas práticas reforçam as normas e ajudam a incutir uma sensibilidade comum em toda a comunidade.

Influência comportamental: a cultura impacta diretamente o comportamento dos membros, influenciando desde interações cotidianas até decisões de longo prazo. Ela funciona tanto como um fator motivacional quanto regulatório, encorajando comportamentos que são valorizados pela comunidade e desencorajando aqueles que não são.

Identidade e percepção externa: a cultura de uma comunidade contribui para sua identidade única e como a comunidade é percebida externamente. Uma cultura forte e positiva pode atrair novos membros e parceiros, enquanto uma cultura negativa ou fraca pode afastá-los.

Integrando estes detalhamentos, a cultura nas comunidades figitais aparece como um elemento vital que permeia todos os aspectos da vida comunitária, influenciando ações, moldando percepções e fortalecendo a coesão interna e a resiliência.

Desenvolvimento de comunidades

Entender e usar **CRISC** facilita a construção de comunidades figitais, que são essenciais para o crescimento e sustentabilidade de qualquer marca no espaço figital. Comunidades fortes promovem maior interação, lealdade e defesa da marca, além de oferecerem insights e promoverem inovação.

Desenvolver comunidades no espaço figital demanda, em primeiro lugar, conectar pessoas às plataformas que suportam as comunidades, assunto que tratamos em **Efeitos de Rede**, resolvendo o problema-base do qual depende haver pessoas em rede para se conectarem entre si... o que vai girar a espiral de **CRISC**. Sem pessoas na rede -na comunidade- nada do que está escrito abaixo acontece. Com pessoas, muito do que está escrito abaixo pode acontecer.

E, do que e no que se diz abaixo, para criar e evoluir **comunidades sustentáveis de marca**, o marketing tem que se ligar, e muito, para a ideia-força de que a marca é só mais um dos agentes em rede que fazem parte da comunidade. Muitas marcas ainda não entenderam esta noção; e terão dificuldade em entender, enquanto as empresas por trás delas forem **silos de pirâmides de poder** da revolução industrial e o mercado... **redes**. Ecossistemas de comunidades habilitados por plataformas figitais.

Mas vamos lá. Qual é o papel de **CRISC** na formação de comunidades?

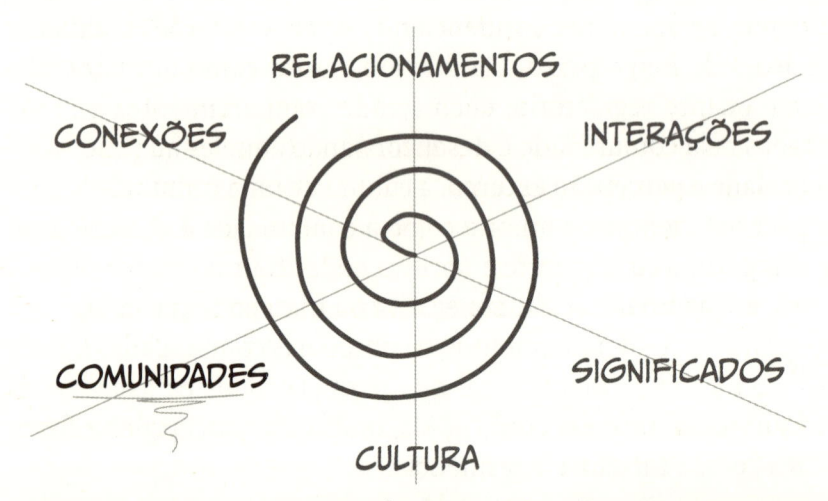

CRISC, COMO O AEIOU, É FRACTAL. NÃO SE DESENVOLVE COMUNIDADES "NUMA RODADA", É UMA ESPIRAL, CONTÍNUA, NO TEMPO...

● FIGURA 8.7

Conexões

- **Experiências personalizadas:** cada membro da comunidade tem necessidades, interesses e objetivos únicos. **CRISC** reco-

nhece isso e incentiva a criação de grupos de interesse específicos, eventos personalizados e recomendações de conteúdo relevante com base em análises de dados sobre o comportamento e as preferências dos membros. Por exemplo, ao monitorar as interações e tópicos mais discutidos, a comunidade pode identificar segmentos com interesses compartilhados e oferecer experiências sob medida.

- **Ampliação do alcance:** para crescer e se manter vibrante, uma comunidade precisa constantemente atrair novos membros. **CRISC** fornece estratégias para ampliar o alcance, como segmentação em campanhas de marketing direcionadas, colaborações estratégicas com comunidades afins e influenciadores relevantes para promover a comunidade para novos grupos que possam eventualmente se transformar em comunidades.

- **Fortalecimento de laços:** a base de qualquer comunidade sustentável está nas conexões entre seus membros. **CRISC** incentiva a criação de eventos online e offline interativos, como webinars, happy hours virtuais e encontros presenciais. Esses eventos devem ser planejados para maximizar as oportunidades de networking, compartilhamento de experiências e construção de laços. Por exemplo, a incorporação de atividades de quebra-gelo, discussões temáticas e ferramentas de engajamento pode promover um ambiente acolhedor e propício à interação genuína.

Relacionamentos

- **Confiança e fidelidade:** construir relacionamentos duradouros e de confiança com os membros é fundamental. **CRISC** incentiva o suporte personalizado, que possa responder prontamente às dúvidas e preocupações dos membros. Além disso, é essencial criar um ambiente acolhedor e inclusivo, reconhecendo e valorizando as contribuições dos membros por meio de programas de reconhecimento, badges e destaque em fluxos da comunidade.

- **Comunicação transparente** é crucial para construir relacionamentos de confiança. **CRISC** orienta as empresas a serem transparentes sobre seus objetivos, atividades e decisões, mantendo os membros da comunidade informados e atualizados por meio de fluxos de comunicação claros e consistentes, como newsletters, atualizações em fóruns e eventos ao vivo. Essa abordagem ajuda a construir uma base sólida de confiança mútua.

- **Feedback e colaboração:** o feedback contínuo dos membros é essencial para o crescimento e a melhoria da comunidade. O CRISC incentiva a coleta regular de feedback por meio de pesquisas, grupos focais e análise de dados de interação. Essas informações são então utilizadas para tomar decisões e implementar melhorias contínuas, criando um ciclo virtuoso de colaboração e aprimoramento.

Interações

- **Diálogo e colaboração:** CRISC promove interações significativas entre os membros da comunidade, incentivando o diálogo, a colaboração e a troca de conhecimentos. Isso pode ser facilitado por meio de fóruns online estruturados, com moderadores capacitados para promover discussões produtivas e construtivas. Além disso, ferramentas de colaboração, como canvas compartilhados e documentos editáveis em conjunto, podem enriquecer o envolvimento e a produtividade.

- **Compartilhamento de conhecimento:** é um dos principais benefícios de uma comunidade e CRISC o incentiva por meio de debates, fóruns, blogs, wikis e outras plataformas. Mecanismos de incentivo, como sistemas de gamificação e reconhecimento de contribuições de destaque, podem incentivar os membros a compartilhar seu conhecimento e experiências de forma mais ativa.

- **Aprendizagem e desenvolvimento:** CRISC incentiva a criação de oportunidades de aprendizado, como workshops, webinars, cursos online e parcerias com instituições educacionais ou especialistas para oferecer recursos exclusivos e de alta qualidade à comunidade.

Significados

- **Escuta ativa:** CRISC enfatiza a importância de escutar ativamente os membros da comunidade para identificar suas necessidades, expectativas e pontos de melhoria. Isso pode ser feito por meio de pesquisas, entrevistas, grupos focais e análises de dados de interação. Além disso, a comunidade pode implementar fluxos dedicados para feedback, como fóruns de sugestões e linhas diretas com representantes, garantindo que a voz dos membros seja ouvida e considerada.

- **Análise de dados:** a análise de dados coletados de plataformas, interações em rede e outras fontes pode fornecer insights sobre o comportamento dos membros da comunidade e as tendências dentro do ecossistema. Técnicas como análise de sentimentos, monitoramento de tópicos populares e mapeamento de jornadas do usuário podem revelar insights profundos sobre o engajamento, as necessidades e as áreas de melhoria da comunidade.

- **Adaptação e melhoria:** o feedback e os dados coletados através do monitoramento de sinais permitem que as empresas adaptem suas estratégias e ações para melhor atender às necessidades da comunidade e garantir sua satisfação. No entanto, é crucial que essas melhorias estejam alinhadas com os valores e objetivos centrais da comunidade, preservando sua essência e propósito fundamental.

Cultura

- **Valores compartilhados:** uma cultura positiva e inclusiva é fundamental para o sucesso da comunidade. CRISC incentiva a definição de valores compartilhados que guiem o comportamento dos membros da comunidade e promovam um ambiente positivo e acolhedor. Esses valores precisam ser comunicados de forma clara e consistente, por meio de diretrizes de conduta, materiais de onboarding e exemplos práticos de líderes e membros influentes.

- **Senso de pertencimento:** o CRISC incentiva a criação de um senso de pertencimento entre os membros da comunidade. Isso pode ser alcançado celebrando conquistas coletivas e individuais, reconhecendo e valorizando as contribuições dos membros por meio de programas de recompensas e destaque em fluxos da comunidade. Além disso, a criação de tradições e rituais únicos da comunidade pode fortalecer os laços emocionais e o senso de identidade compartilhada.

- **Diversidade e inclusão:** CRISC promove a diversidade e a inclusão dentro da comunidade. Isso significa criar um ambiente onde todos se sintam bem-vindos e respeitados, independentemente de suas origens, crenças ou opiniões. Isso pode ser alcançado por meio de políticas claras de conduta, treinamento de moderadores e líderes em habilidades de inclusão, e a celebração ativa da diversidade por meio de eventos e iniciativas dedicadas.

Ao implementar o framework CRISC de forma abrangente e estratégica, incorporando essas práticas e diretrizes detalhadas, as empresas podem construir comunidades vibrantes, engajadas e duradouras que contribuem para o sucesso da marca e para o bem-estar de seus membros. Além disso, a adoção desse modelo pode amplificar inovação, a fidelidade do consumidor e um crescimento sustentável a longo prazo.

Na prática, podemos observar comunidades de marca bem-sucedidas que utilizam CRISC para cultivar ambientes digitais ricos e engajadores. Por exemplo, uma plataforma social que prioriza conexões significativas e promove interações autênticas pode desenvolver um senso robusto de comunidade e cultura. Essa abordagem não só aumenta o engajamento, mas enriquece a experiência do usuário, contribuindo para o sucesso da plataforma.

Comunidades bem desenvolvidas são incubadoras de inovação e vetores de crescimento de negócios. Elas fornecem feedback contínuo, apoiam a cocriação de valor e estimulam a lealdade dos clientes. Além disso, uma comunidade engajada pode se tornar um poderoso canal de marketing e suporte, amplificando mensagens e ajudando na resolução colaborativa de problemas.

Em suma, o desenvolvimento de CRISC figital é uma abordagem estratégica que permeia todas as dimensões da interação figital, melhorando a qualidade e a profundidade do engajamento da comunidade e servindo como um catalisador para inovação e crescimento sustentável.

Efeitos de rede

Já definimos efeitos de rede no Cap. 3 e vamos, aqui, nos concentrar nas relações entre os efeitos e CRISC, onde eles assumem um papel fundamental na amplificação de cada um dos elementos.

Nas **conexões**, a cada novo membro que se junta à comunidade, as oportunidades de interação e colaboração se multiplicam, expandindo a rede de conexões e abrindo novas possibilidades. A intensificação dos **relacionamentos** mediada pelos efeitos de rede facilita o estabelecimento de laços mais fortes e duradouros entre os membros, construindo uma base sólida de confiança e colaboração. A amplificação das **interações**, oriunda dos efeitos de rede, gera fluxos mais ricos e dinâmicos de informação, ideias e experiências, alimentando a criatividade e o aprendizado mútuo.

A multiplicidade de perspectivas e experiências, amplificada pelos efeitos de rede, contribui para a construção de um corpo de conhecimento mais robusto e coeso, enriquecendo os **significados** compartilhados pela comunidade. A coesão e o senso de identidade da comunidade se fortalecem à medida que os efeitos de rede intensificam o compartilhamento de valores e normas, criando um ambiente acolhedor e propício ao florescimento da **cultura** desejada pelos stakeholders.

Um problema muito difícil para o marketing legado é pensar em termos de plataformas e comunidades. Porque, mesmo que haja uma plataforma de suporte a comunidades, como levar as pessoas para comunidades e, mais relevante, como mantê-las ativas, lá... se tudo o que o marketing sabia fazer era criar anúncios para veicular em "canai" de terceiros?

Pois bem... a sorte é que se sabe muito, sobre comunidades e quase todos grandes negócios digitais aprenderam a criar comunidades do zero. Só o marketing não sabia. O **Marketing do Futuro** não deixou este problema de lado.

Dilema do ovo e da galinha, o desafio fundamental

Imagine uma comunidade embrionária. A promessa de espaço vibrante e engajador existe, mas a realidade é um terreno árido, com poucos membros e interações esporádicas. Como atrair participantes e dar vida a essa comunidade incipiente? A circularidade é frustrante: para atrair membros, a comunidade deve oferecer valor e interação. Mas, para gerar valor e interação, a comunidade precisa de membros. Esse parece um obstáculo intransponível, impedindo o florescimento de uma comunidade promissora. Mas não é.

Resolvendo o dilema com sinergia entre efeitos de rede e CRISC

A combinação estratégica e a sinergia de efeitos de rede e **CRISC** oferece caminhos para superar o dilema, criando um ciclo virtuoso de crescimento e engajamento, transformando a comunidade em um espaço dinâmico e próspero. A atração inicial de membros pode ser impulsionada pela integração das duas abordagens.

No ponto de partida que mostramos abaixo, uma de muitas possibilidades de começar a resolver o dilema, os efeitos de rede envolvidos são:

- **De plataforma:** o efeito fundamental de uma plataforma é sua capacidade de habilitar e sustentar redes, promovendo uma arquitetura aberta que permite a programação, a definição de padrões de participação e a regulação de mecanismos de conexão, relacionamento e interação. Os efeitos podem ser diretos, aumentando o valor da plataforma proporcionalmente ao número de usuários, ou indiretos, onde o valor cresce com a expansão da rede de mercados e plataformas conectadas, incentivando a inovação e a diversificação de serviços e aplicações.

- **De bonde:** é uma dinâmica em que agentes que motivam uma rede promovem a adoção de uma plataforma, produto ou serviço, atuando como catalisadores para atrair mais usuários ou participantes. Esse efeito ocorre quando pessoas ou grupos com alta visibilidade adotam uma nova tecnologia ou plataforma, o que, por sua vez, incentiva outros membros da rede a seguir o exemplo.

- **De tribo:** consequências derivadas da formação de comunidades por pessoas com interesses, valores ou objetivos parecidos. Nessas "tribos", os membros costumam desenvolver um sentimento de pertencimento, identidade comum e conexões mais intensas, criando um ambiente favorável para cooperação, intercâmbios e laços afetivos mais fortes do que os normalmente vistos em re-

lações mais superficiais. Os efeitos de tribo são motivados pela atração entre pessoas com traços similares, permitindo que elas se manifestem de forma autêntica e como parte de algo maior.

- **De mercados em rede:** destacam o fenômeno no qual o **valor** e a **utilidade** de uma **plataforma** crescem proporcionalmente ao aumento no número de seus **usuários**. Isso se traduz em mais **conexões**, oferecendo a possibilidade de todos os membros da rede se conectarem a mais pessoas e empresas, e em melhores **oportunidades**, elevando as chances de encontrar produtos, serviços ou parcerias desejadas. Assim, a **utilidade** da plataforma se amplifica para todos os participantes. Quanto maior a base de usuários, mais valiosa se torna a rede para participantes existentes e novos. Tal efeito de realimentação positiva quase sempre cria um crescimento exponencial e a dominância de determinadas redes sobre concorrentes menores.

- **De dados em rede:** ocorrem quando a performance e o valor de um produto ou serviço melhora à medida que mais dados sobre seu uso são coletados e tratados. Há duas condições para a existência de efeitos de dados: primeiro, o aprendizado obtido com **cada** usuário deve refinar a experiência para **todos** os usuários; quanto mais pessoas utilizam o produto, melhor ele se torna para todo mundo. E a melhoria na experiência com base nos dados coletados precisa ser rápida o suficiente para impactar o valor **atual** do produto, beneficiando os usuários correntes, e não apenas as próximas gerações. Em resumo, o produto se torna continuamente melhor ao longo de seu **ciclo de vida**, à medida que mais usuários o adotam e mais dados de uso são acumulados e aplicados.

Dito isso, vamos resolver nosso dilema [abstrato, aqui] do ovo-galinha.

1. Atração inicial

Efeitos de plataforma [como habilitar redes] demandam plataformas intuitivas e acessíveis, os de **tribo** precisam identificar e conectar indivíduos com interesses e objetivos em comum e os de **bonde** incentivam a participação ativa de mobilizadores e líderes de opinião para atrair mais membros para a comunidade. Do lado **CRISC** do tratamento do ovo-galinha, **conexões** exigem o desenvolvimento de infraestruturas e serviços que levem as pessoas a se conectar à plataforma, entre si e formar grupos, base da vasta maioria das comunidades. Mecanismos eficazes de comunicação e networking também são um *sine qua non*. Do ponto de vista de **relacionamentos**, deve-se coletar informação sobre os interesses e objetivos dos membros, para implementar mecanismos de conectar pessoas que naturalmente formariam grupos sobre hobbies ou áreas de expertise e conectar membros experientes com outros, menos experientes, para troca de conhecimento e desenvolvimento profissional.

2. Aceleração do crescimento

Nesta fase, efeitos de rede e **CRISC** interagem de maneira a ampliar exponencialmente o impacto e a abrangência da comunidade. Por um lado, **efeitos de mercados em rede** entram em ação para facilitar trocas de bens e serviços e a coleta, análise e tomada de decisão sobre informação do contexto criam **efeitos de dados** que modificam ofertas da plataforma em tempo quase real, ao mesmo tempo em que **efeitos de bonde** catalisam a atração de mais usuários ou participantes, criando um ambiente rico e interativo. Por outro lado, **CRISC**, por meio de interações que estimulam participação, engajamento e conversão, nutre uma cultura comunitária forte e significados compartilhados, incentivando a produção de conteúdo engajamento ativo, reforçando assim os valores e a coesão da comunidade.

3. Manutenção e engajamento

A manutenção e o engajamento em comunidades em crescimento são sustentados por efeitos de rede estrategicamente aplicados. Efeitos de **mercados em rede** incentivam a continuidade e o aprofundamento do envolvimento dos membros ao oferecer **serviços premium** e **benefícios exclusivos**, criando um valor agregado perceptível que estimula a permanência e a interatividade na comunidade. A **personalização da experiência** com base nos **dados** de cada membro garante que o conteúdo, recomendações e interações sejam sempre pertinentes e atraentes, aumentando a satisfação e o engajamento. Sistemas de feedback não apenas fomentam a evolução constante da comunidade em resposta às expectativas dos membros, mas promovem um senso de pertencimento e valorização, encorajando a participação ativa e a contribuição contínua.

Paralelamente, a consolidação de **relacionamentos, interações** e **cultura** desempenha um papel vital em seu engajamento e manutenção. A organização de **eventos** e **atividades** que facilitam **conexões** e networking entre os membros nutre **relacionamentos** mais fortes e **significativos**, contribuindo para a construção de uma comunidade coesa e engajada. A criação de espaços para **diálogo** e **colaboração** permite que os membros compartilhem conhecimento, experiências e soluções, fortalecendo **interações** comunitárias. Por fim, a **cultura** da comunidade é enriquecida por iniciativas que **reconhecem**, celebram e **premiam** contribuições individuais e coletivas, incentivando **expressão** criativa e **engajamento** contínuo. Esses elementos, integrados, estabelecem uma base sólida para comunidades vibrantes e sustentáveis que evoluem em conjunto com seus membros.

Ao combinar estrategicamente os **efeitos de rede [mercados em rede, dados e feedback]** com os elementos de **CRISC [relacionamentos, interações e cultura**], podemos criar e manter comunidades online vibrantes, engajadas e que geram valor para seus membros.

4. Evolução e escala

Atração, aceleração e **manutenção** são bases para comunidades resilientes. No entanto, a vasta maioria dos negócios de sucesso demanda uma capacidade de **evoluir e escalar** as comunidades de forma sustentável, aproveitando os **efeitos de rede** e os princípios de **CRISC**.

Do ponto de vista de **efeitos de rede**, um dos principais enfoques deveria ser a **expansão** e **adaptação** da plataforma para atender necessidades e preferências que não foram desenhadas na atração e aceleração. Estabelecer parcerias com outras plataformas e complementadores será fundamental para entrada em novos mercados e aumentar a visibilidade e abrir a plataforma para integração com APIs e apps externas, permitindo o desenvolvimento de novos serviços e funcionalidades, vai ser outra obrigação.

Nos **efeitos de tribo**, a criação de **subcomunidades** permitirá uma experiência mais personalizada para nichos e grupos de interesse específicos. Serão espaços dedicados, como fóruns e grupos de discussão, com recursos relevantes para cada subcomunidade, facilitando segmentação do conteúdo e personalização da experiência para diferentes grupos de interesse. Isso levará a laços mais fortes e um maior senso de pertencimento dentro da comunidade.

Mesmo em comunidade de grande porte, os **efeitos de bonde** continuam sendo relevantes, e podem aumentar a visibilidade e alcance da plataforma. A participação de especialistas em eventos agrega valor à comunidade, contribui para compartilhamento de conhecimento e insights. Programas de recompensas por criação de conteúdo, participação em debates e ajuda a outros membros podem assumir várias formas, como pontos, badges, descontos em produtos ou serviços, acesso a conteúdo exclusivo ou reconhecimento. Um programa de recompensas bem estruturado e atraente incentivará o engajamento e a participação contínua dos membros na comunidade, levando a um efeito bonde quase permanente.

A **sinergia** entre **CRISC** e **efeitos de rede** é essencial para o processo de evolução e escala de comunidades em plataformas. Conexões e relacionamentos criam a base para aproveitar efeitos de rede e, à medida que a comunidade cresce, interações e significados se tornam mais ricos, fortalecendo a cultura e o senso de pertencimento. Essa combinação de CRISC e efeitos de rede cria um **ciclo virtuoso** de engajamento, atraindo mais membros e ampliando o alcance da plataforma. A expansão da plataforma para novos mercados e nichos é crucial para a evolução e escala e princípios de CRISC podem ser aplicados para que as conexões, relacionamentos, interações, significados e cultura sejam adaptados e personalizados para necessidades e preferências de cada novo segmento.

A **abertura da plataforma** para integração com APIs e apps permite o desenvolvimento de novos serviços e funcionalidades, impulsionando inovação e evolução contínua. Ao aplicar os princípios do CRISC nesse processo, cria-se a base para que as novas integrações sejam alinhadas com a cultura das comunidades, engajando usuários, fortalecendo conexões e relacionamentos e enriquecendo as interações e os significados compartilhados.

Desafios e considerações

O processo de evolução e escala de uma comunidade em um espaço figital não está isento de desafios. Alguns dos principais pontos de atenção incluem:

- **Manutenção da qualidade:** à medida que a comunidade cresce, torna-se mais difícil garantir a qualidade das interações e do conteúdo. Mecanismos efetivos de moderação e governança são essenciais para evitar a propagação de desinformação, discursos de ódio e comportamentos tóxicos.

- **Garantia de inclusão e diversidade:** comunidades online vibrantes devem ser espaços acolhedores e inclusivos para pessoas de diferentes origens, culturas e perspectivas. É necessário promover ativamente a diversidade e combater todas as formas de discriminação e preconceito.

- **Equilíbrio de interesses:** em uma comunidade com múltiplos stakeholders, é importante equilibrar as necessidades e interesses de diferentes grupos, a fim de manter a harmonia e o senso de propósito da comunidade.

- **Adaptabilidade e flexibilidade:** a gestão de uma comunidade dinâmica requer a capacidade de se adaptar às mudanças de contexto, novas demandas e tecnologias emergentes. É necessário manter uma mentalidade de aprendizagem contínua e experimentação.

Em suma...

A evolução e escala bem-sucedidas de uma comunidade online dependem de uma combinação estratégica dos efeitos de rede e dos elementos de CRISC. Ao expandir a plataforma, criar subcomunidades, fomentar inovação, fortalecer conexões, aprofundar relacionamentos, incentivar interações, valorizar significados compartilhados e cultivar uma cultura positiva, é possível construir comunidades dinâmicas, engajadas e que geram valor para todos os seus participantes.

A gestão de comunidades é uma disciplina em constante evolução. À medida que novas tecnologias e modelos de negócios surgem, novas oportunidades e desafios se apresentam. O sucesso requer vigilância, criatividade e a vontade de abraçar a mudança como uma constante no espaço figital em que vivemos.

Um exemplo prático dessa sinergia pode ser ilustrado por uma comunidade hipotética em torno do tema "programação para principiantes."

A atração inicial envolveria a criação de uma plataforma com fóruns, wikis e espaços de aprendizado, a atração de programadores experientes como mentores e criadores de conteúdo inicial, e o estabelecimento de grupos para linguagens específicas. O foco estaria nas conexões, relacionamentos, networking e mentoria. A aceleração do crescimento incorporaria recursos como rankings, sistemas de pontuação, ferramentas de colaboração online e análise de dados sobre dificuldades dos aprendizes. A manutenção do engajamento incluiria competições, benefícios para membros mais ativos e mecanismos de feedback. Por fim, a evolução envolveria a expansão para especializações, parcerias com empresas de tecnologia e pesquisas sobre a experiência de aprender programação.

Em conclusão, embora o dilema do ovo e da galinha seja um desafio no desenvolvimento de comunidades, a aplicação integrada dos princípios dos efeitos de rede e CRISC permite superá-lo, criando ambientes férteis onde o valor emerge da participação coletiva.

Deliver: interações entregam narrativas

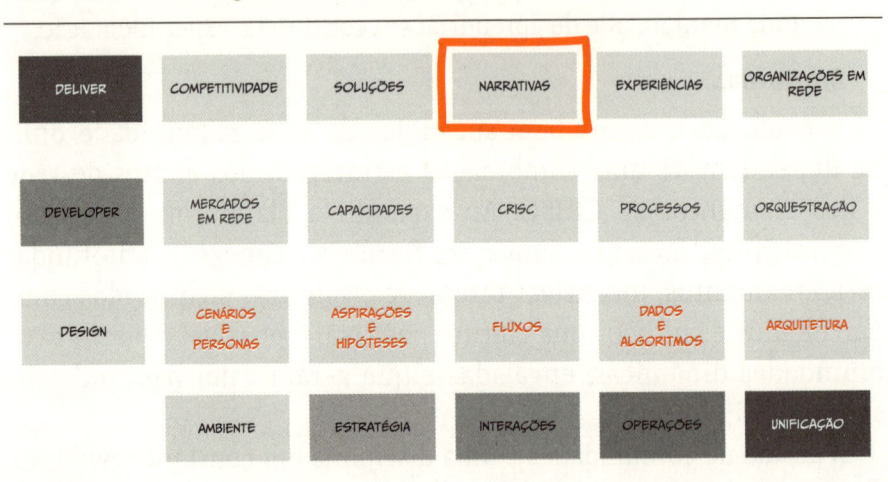

● **FIGURA 8.8**

O estágio final da jornada das **Interações** na **Teoria AEIOU** nos leva à **entrega de narrativas**, ápice do processo interativo, onde a essência das Interações e da marca são traduzidas em histórias que ressoam profundamente com as comunidades. As narrativas não são meros contos; são instrumentos poderosos de conexão, relacionamento, interação, criação de significados e definição de cultura, engajamento e transformação, cruciais para o sucesso no espaço figital.

Fundamentos da narrativa

Narrativas, no marketing, vão além do simples ato de contar histórias. Elas são construídas sobre uma base robusta, enraizada na compreensão de como os seres humanos processam informação e atribuem significado ao mundo ao redor. As narrativas moldam nossas percepções, influenciando diretamente nosso comportamento e decisões. No marketing, servem como pontes emocionais e cognitivas que conectam a marca às suas comunidades, transmitindo valores, missões e visões de maneira autêntica e impactante.

Se quiséssemos definir **sete mandamentos das narrativas no Marketing do Futuro** e suas relações com CRISC, quais seriam? Poderíamos começar por:

1. **Conexão autêntica:** narrativas devem criar conexões genuínas com a comunidade, refletindo valores e crenças da marca de maneira autêntica, alinhando-se com o componente Conexões de CRISC.

2. **Relacionamentos duradouros:** narrativas devem criar e evoluir relacionamentos de longo prazo com as pessoas como clientes e consumidores, promovendo lealdade e confiança, em sintonia com os Relacionamentos de CRISC.

3. **Interações significativas:** narrativas devem ser transparentes e autênticas, para promover credibilidade, estabelecendo conexões verdadeiras e interações significativas, levando a experiências memoráveis que engajem as pessoas, alinhadas às Interações do CRISC. Deve haver espaço para participação ativa da comunidade, transformando-a em cocriadora e embaixadora da marca.

4. **Significados profundos:** a narrativa deve transmitir significados profundos e relevantes, ajudando consumidores a encontrar propósito e identificação com a marca, relacionando-se com os Significados de CRISC.

5. **Cultura compartilhada:** as narrativas devem estar em linha com a cultura da marca, seus valores e normas, de forma consistente e coerente com a Cultura da comunidade, reforçando valores e identidade compartilhados.

6. **Adaptação e evolução:** as narrativas devem ser adaptáveis e evolutivas, capazes de se transformar em resposta às mudanças no ambiente figital e dinâmicas da comunidade, refletindo a natureza dinâmica de CRISC.

7. **Mensuração e reflexão:** o impacto das narrativas deve ser constantemente avaliado e refletido, garantindo que continuem eficazes e relevantes, em linha com a análise contínua promovida por CRISC.

Criação e entrega de narrativas

No **Marketing do Futuro**, a construção e entrega de narrativas é uma abordagem integrada que passa pelo mapeamento de narrativas existentes, design de novas narrativas, disseminação e monitoramento de narrativas. Vamos detalhar cada uma delas.

1. **Identificação e mapeamento de narrativas existentes:** o primeiro passo é uma investigação profunda para entender as narrativas correntes que permeiam o espaço digital em torno da marca e de suas comunidades. Isso inclui analisar conversas nas redes sociais, avaliações de produtos, fóruns, blogs e outras plataformas digitais para captar o sentimento e as histórias compartilhadas pelos consumidores. Esta etapa é crucial para alinhar a narrativa da marca com as expectativas e os valores da comunidade.

2. **Design narrativo e prototipagem:** utilizando os insights coletados, começa-se a fase de design, que é um processo criativo e iterativo. Aqui, a história é esculpida para tocar emocionalmente as pessoas, integrando elementos narrativos essenciais como personagens, conflitos e resoluções, que são testados em protótipos para avaliar sua eficácia e apelo. O design narrativo deve estar profundamente conectado com os elementos de CRISC, assegurando que cada aspecto da narrativa fomente conexões autênticas, construa relacionamentos duradouros, promova in-

terações significativas, estabeleça significados compartilhados e cultive uma cultura coesa.

3. **Implementação e disseminação:** a narrativa da marca deve ser propagada de forma consistente e adaptada às diferentes plataformas e comunidades, em diferentes dimensões: informacional, física, digital e social. A coerência e adaptabilidade da narrativa são garantidas pela integração entre múltiplas facetas do negócio, de marketing a tecnologia, de logística e atendimento. Ao transcender canais e se conectar em diferentes dimensões, a marca constrói relacionamentos autênticos, promove experiências memoráveis e fideliza pessoas e clientes.

4. **Monitoramento e iteração:** uma vez lançada, a narrativa deve ser monitorada constantemente para avaliar seu impacto, utilizando métricas como engajamento, conversão e percepção de marca. O feedback das comunidades é vital para iterar e refinar a narrativa, garantindo que ela continue a ser relevante. Este ciclo de feedback e ajuste é uma prática contínua, alinhada com CRISC, para garantir que a narrativa evolua junto com a comunidade e o mercado.

Medir o impacto e a eficácia das narrativas no marketing é um processo crítico que ajuda a determinar o sucesso das estratégias adotadas. Para isso, uma série de métricas e análises devem ser empregadas:

1. **Engajamento:** acompanhar indicadores como curtidas, compartilhamentos, comentários e tempo de permanência nas páginas pode fornecer insights sobre o quanto a narrativa está capturando a atenção de uma ou mais comunidades.

2. **Conversão:** medir taxas de conversão, seja em vendas, inscrições ou qualquer ação desejada, ajuda a avaliar se a narrativa está motivando as pessoas [como potenciais clientes] a tomar as ações esperadas.

3. **Feedback e comentários:** analisar o sentimento e o conteúdo dos feedbacks e comentários permite compreender as percepções e emoções das pessoas em relação à narrativa.

4. **Percepção da marca:** realizar pesquisas e estudos para medir mudanças na percepção da marca antes e após a implementação das narrativas pode revelar o impacto mais profundo e duradouro.

5. Análise de dados: utilizar ferramentas analíticas para coletar e interpretar dados de interação pode oferecer uma visão detalhada sobre como as narrativas estão sendo recebidas e o efeito que estão tendo no comportamento das pessoas.

Ao integrar esses métodos de análise, as empresas podem obter uma compreensão abrangente da eficácia de suas narrativas, permitindo ajustes e melhorias contínuas para otimizar o engajamento e o impacto.

Ética e responsabilidade

As narrativas, em suas diversas formas, permeiam nossa existência. Elas moldam a maneira como interpretamos o mundo, influenciam nossas opiniões e moldam nossos comportamentos. Ao tecermos histórias, sejam reais ou ficcionais, assumimos uma grande responsabilidade – a de utilizar esse poder com ética e responsabilidade, construindo narrativas que contribuam para um futuro mais justo, inclusivo e humano.

A base de qualquer narrativa ética reside na **integridade e no compromisso com a verdade**. A informação apresentada deve ser precisa e verificável, evitando distorções, manipulações ou omissões que possam levar a interpretações errôneas ou prejudiciais. A responsabilidade de apurar fatos, contextualizar informações e apresentar diferentes perspectivas é fundamental para garantir a confiabilidade da narrativa.

A **autenticidade** é outro pilar fundamental da ética na criação de narrativas. As histórias devem ser genuínas, expressando a verdade de forma clara e **transparente**. Isso significa evitar artificialismos, estereótipos ou apropriações indevidas de culturas e identidades. Autenticidade implica em reconhecer a complexidade da realidade e dar voz a diferentes perspectivas, promovendo uma visão mais rica e plural do mundo.

As narrativas devem ser **inclusivas e respeitosas** com a diversidade humana em todas as suas formas. Isso significa dar voz a diferentes grupos sociais, reconhecendo suas histórias, experiências e culturas. É fundamental evitar estereótipos, preconceitos e discriminações, promovendo a representatividade e a inclusão de todos os seres humanos. A construção de narrativas plurais e inclusivas contribui para a construção de uma sociedade mais justa e tolerante.

As narrativas têm o potencial de **contribuir positivamente para a sociedade** ao promover valores éticos como a justiça, a igualdade, a compaixão e a sustentabilidade. Ao abordarmos temas relevantes e desafiadores de forma responsável e engajadora, podemos estimular o diálogo, a reflexão crítica e a **ação transformadora**. As histórias podem ser ferramentas poderosas para a mudança social, inspirando indivíduos e comunidades a construir um futuro melhor para todos.

Ao criarmos narrativas, é fundamental **refletir criticamente sobre o impacto** que elas podem ter nas pessoas e na sociedade. Devemos questionar nossas próprias motivações, valores e perspectivas, buscando identificar e mitigar possíveis vieses e preconceitos. A consciência ética do criador é essencial para garantir que as narrativas sejam utilizadas de forma responsável e construtiva.

A construção de narrativas éticas e responsáveis é uma jornada contínua que exige compromisso, reflexão e constante aprimoramento. Ao adotarmos os princípios da integridade, autenticidade, inclusão e responsabilidade social, podemos contribuir para a criação de um mundo mais justo, humano e cheio de histórias inspiradoras.

Enfim...

Em um mercado competitivo e saturado, as narrativas não são simplesmente contos; elas são fundamentais para a diferenciação, sustentabilidade e impacto das marcas. Ao integrar fluxos, CRISC e comunidades, as empresas criam um ecossistema dinâmico onde narrativas têm um papel central. Diferente do storytelling tradicional, as narrativas influenciam diretamente os elementos de CRISC — Conexões, Relacionamentos, Interações, Significados e Cultura — fortalecendo o engajamento e a lealdade.

As narrativas bem-construídas catalisam a formação de comunidades, promovendo ambientes onde os usuários se sentem parte de algo maior, alinhados a valores e propósitos compartilhados. Ao mesmo tempo, criam fluxos de informação e interação que, além de transmitir mensagens, convidam à participação ativa e ao diálogo.

Neste contexto, as narrativas não são enfeites; são alavancas de valor que estimulam a cocriação, a inovação e a adaptação contínua, assegurando que a marca permaneça relevante. Além disso, a abordagem ética e responsável na construção de narrativas assegura que este impacto seja positivo, promovendo a sustentabilidade e reforçando a diferenciação competitiva da marca no longo prazo. Portanto, uma conclusão precisa e focada em negócios reconheceria que, ao harmonizar narrativas com CRISC e fluxos em comunidades, as organizações não apenas contam histórias: elas tecem a essência de sua identidade e propósito, engajando stakeholders de maneira significativa e duradoura.

Estágio	Objetivos	Perguntas norteadoras
Design Concepção de Fluxos	Estabelecer fluxos robustos e dinâmicos que engajem usuários e promovam conexões significativas. Interações e reações que enriqueçam experiências e fomentem comunidades ativas e envolvidas	Como projetar fluxos que cativem e mantenham o engajamento do usuário? De que maneiras os fluxos podem incentivar a colaboração e a cocriação dentro da comunidade? Quais estratégias podemos implementar para garantir que os fluxos sejam adaptativos e resilientes às mudanças do mercado e comportamento do usuário? Como os fluxos podem ser otimizados para maximizar a retenção e a fidelização do usuário?
Develop CRISC (Conexões, Relacionamentos, Interações, Significados e Cultura)	Desenvolver uma estrutura CRISC integrada que suporte e enriqueça a comunidade. Este framework deve facilitar conexões autênticas, promover relacionamentos duradouros, estimular interações valiosas, criar significados compartilhados e cultivar uma cultura positiva e inclusiva.	Como podemos fortalecer as conexões dentro da comunidade para promover um senso de pertencimento? De que forma os relacionamentos podem ser aprofundados para construir uma base de confiança e lealdade? Quais iniciativas podem intensificar as interações e torná-las mais significativas e gratificantes? Como os significados podem ser cocriados e sustentados para reforçar a identidade e os valores da comunidade? De que maneira a cultura da comunidade pode ser cultivada e preservada à medida que ela evolui?

Deliver Entrega de Narrativas	Materializar a essência das interações em narrativas poderosas e ressonantes, que não apenas contam histórias, mas também criam conexões emocionais e cognitivas, traduzindo os valores e missões da marca de forma impactante.	Como podemos assegurar que as narrativas sejam autênticas e ressoem com a audiência? De que formas as narrativas podem ser utilizadas para fortalecer a identidade e a cultura da comunidade? Como garantir que as narrativas se mantenham adaptáveis e relevantes diante das dinâmicas do mercado e das expectativas da comunidade? Quais métodos podemos empregar para medir o impacto e a eficácia das narrativas entregues?

● **TABELA 8.1 – UM RESUMO DAS INTERAÇÕES**

Operações criam experiências

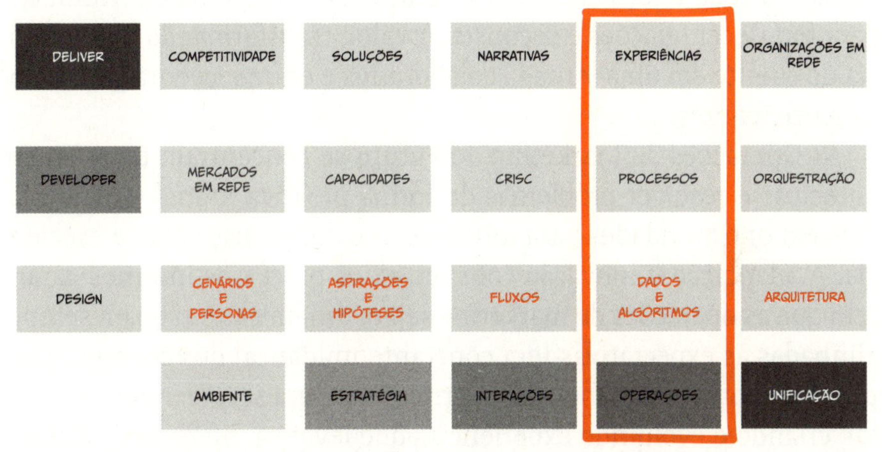

FIGURA 9.1

Marketing passa por uma revolução. O legado, da promoção, focada em canais, anúncios e slogans, está dando lugar à era da entrega de experiências figitais, em rede, habilitada por plataformas que suportam comunidades. Mercados, aqui, são comunidades onde podem ocorrer transações. Nesse cenário, é preciso ir muito além de atrair pessoas para venda de produtos e serviços, e partir para a criação de momentos memoráveis e significativos para as pessoas como clientes.

O pilar Operações da Teoria **AEIOU** trata esta transformação. Operações transcendem a mera produtividade e efetividade interna para se tornarem a base para a entrega de experiências mágicas e cocriadas no espaço figital, onde negócio e consumidores colaboram em um processo contínuo de inovação e valorização mútua. Esta colaboração começa por criar um ecossistema interno dos pontos de contato e comunicação da marca com as pessoas e entender as jornadas de forma integral, desde a atração até o pós-venda.

No Marketing do Futuro, o principal desafio das operações de marketing é superar as expectativas das pessoas em toda e qualquer experiência com a marca. E tudo se torna mais complexo porque Operações precisam superar as expectativas de cada pessoa, enxergando cada uma nas suas especificidades. Para isso, essa transformação exige a integração holística de dados e algoritmos ao longo do ciclo de vida do negócio, otimizando a experiência do cliente e criando uma entrega coesa em toda a jornada. Cada interação se torna uma oportunidade para fortalecer relações e coconstruir valor, transformando a experiência do cliente em uma jornada colaborativa e enriquecedora para todos os participantes.

As Operações de Marketing do Futuro se concentram também em antecipar e resolver problemas de forma proativa, transformando falhas em oportunidades para fortalecer o compromisso com a excelência. A adaptação e inovação constante dos processos internos garantem que as operações de marketing sejam dinâmicas e estejam sempre alinhadas às expectativas [em constante mudança] dos clientes. Cada ponto de contato é planejado e aprimorado para surpreender e encantar, criando e evoluindo experiências que levam a diferenciais competitivos sustentáveis.

As operações no Marketing do Futuro se assemelham a coreografias complexas, onde dados, tecnologia, processos e pessoas se articulam para entregar experiências ricas e transformadoras. As empresas passam a ser arquitetas de momentos significativos, inspirando os clientes a se engajarem e colaborarem de maneiras novas e inovadoras.

Na Teoria **AEIOU**, queremos corrigir um erro clássico do marketing histórico que considera a entrega do produto/serviço como "parte do" ou "problema do" negócio, com o qual marketing não tem nenhuma relação... a não ser quando uma quebra nas operações causa, por exemplo, uma crise de imagem. Aí, lamentavelmente, já é tarde demais.

O marketing tem que ser parte do processo, como um todo, desde a identificação do ambiente competitivo para o qual as experiências serão criadas, até a rede de valor que se [re] desenha, continuamente, para criar, entregar, manter e evoluir experiências. Essa é a magia das experiências mágicas.

Por isso que marketing, como disciplina, precisa evoluir. O que antes era uma função focada na promoção e venda de produtos, hoje se tornou uma rede estratégica que permeia toda a organização A rede de criação de valor é um modelo que representa o fluxo de atividades que um negócio realiza para criar valor para seus clientes. E marketing atua em todos os nós dessa rede, em todas as etapas, desde a concepção do produto até sua entrega e além.

Na fase de concepção, marketing ajuda a identificar as necessidades e os desejos dos clientes e a desenvolver produtos e serviços que atendam a essas necessidades; na de produção, marketing trabalha com toda a organização para que produtos e serviços sejam de qualidade e que atendam expectativas dos clientes; na fase de distribuição, marketing participa do processo de entrega mais adequado para produtos e serviços, e garante que eles estejam disponíveis para os clientes no momento e local desejados; na fase de consumo, marketing se concentra em proporcionar a experiência aos clientes durante o uso do produto ou serviço e, sempre, mantém o relacionamento com os clientes após a compra.

Poderíamos até polemizar e propor que Customer Success [**CS**] e Consumer Experience [**CX**] são, no fundo, ações de marketing. Mas vamos deixar para vocês refletirem sobre o assunto. Nossa reflexão rápida? Experiência do Consumidor engloba todas as interações que um consumidor tem com a marca, desde o primeiro contato até o pós-venda. O objetivo é garantir uma experiência positiva e consistente em todos os pontos de contato, o que pode incluir qualidade do produto, atendimento ao cliente, facilidade de uso e muito mais.

CX influencia diretamente a **percepção** da marca e a **lealdade** do cliente. Uma experiência positiva aumenta a probabilidade de recompra e recomendação boca a boca, que são objetivos cruciais para qualquer estratégia de marketing. Portanto, é essencial que as operações de marketing estejam alinhadas com os objetivos de CX para criar campanhas que atraem novos clientes ao mesmo tempo em que melhoram a retenção e satisfação dos clientes existentes.

Uma operação de marketing eficaz envolve a criação de um **loop** de feedback contínuo entre CS, CX e marketing, onde insights dos clientes são usados para informar e ajustar as estratégias de marketing. Usar dados de CS e CX para personalizar comunicações de marketing pode aumentar significativamente a eficácia das campanhas. Assim como é fundamental utilizar plataformas que integram dados de CS, CX e marketing para fornecer uma visão 360 graus do cliente.

No restante do capítulo, você vai começar a desenvolver um marketing focado em entregar experiência, compreendendo que não existe mais marketing de produto e serviço. Para isso, precisamos desenhar como transformar dados em inteligência. Em seguida, precisamos reorganizar os nossos processos internos e externos, que são panos de fundo para o objetivo das operações da entrega de uma experiência mágica.

Design: dados e algoritmos para experiências

DELIVER	COMPETITIVIDADE	SOLUÇÕES	NARRATIVAS	EXPERIÊNCIAS	ORGANIZAÇÕES EM REDE
DEVELOPER	MERCADOS EM REDE	CAPACIDADES	CRISC	PROCESSOS	ORQUESTRAÇÃO
DESIGN	CENÁRIOS E PERSONAS	ASPIRAÇÕES E HIPÓTESES	FLUXOS	DADOS E ALGORITMOS	ARQUITETURA
	AMBIENTE	ESTRATÉGIA	INTERAÇÕES	OPERAÇÕES	UNIFICAÇÃO

● **FIGURA 9.2**

Aqui, o **design** é onde se cuida do ciclo de vida de dados e algoritmos como ponto de partida, integrado ao **desenvolvimento** de processos que **entrega** experiências personalizadas, relevantes e impactantes.

O objetivo do estágio de design é [re]criar um ciclo de vida de dados e algoritmos robusto e centrado no cliente, capaz de tratar dados em escala e em tempo quase real, base para análises e tomadas de decisão que levam a experiências transformadoras.

Fase 1: compreensão e planejamento
1. Definição de metas e resultados

O ponto de partida é **estabelecer metas** claras, alinhadas aos objetivos de negócios da empresa e necessidades do cliente. As metas devem ser específicas, mensuráveis, atingíveis, relevantes e temporais, ou seja, com prazos definidos. Exemplos de metas são **aumentar** a taxa de conversão de leads em vendas em 20% em 6 meses, **reduzir** o *churning* em 10% em 1 ano, **melhorar** o NPS em 5 pontos em 3 meses.

Em segundo lugar, é preciso **definir de resultados** esperados da estratégia de dados e algoritmos, que devem ser tangíveis e quantificáveis, permitindo a avaliação do sucesso da estratégia. Exemplos de resultados são o **aumento** da receita em 15% em 1 ano e **redução** dos custos de marketing em 5% em 6 meses.

Ainda neste contexto, deve-se **definir KPIs**, selecionando indicadores de desempenho para monitorar o progresso e medir o impacto da estratégia de dados e algoritmos. Os KPIs devem ser específicos, relevantes e acionáveis e exemplos deles são o número de leads gerados por mês, a taxa de conversão de leads em vendas, o custo de aquisição de clientes e o retorno sobre o investimento em marketing.

2. Priorização de necessidades de dados

Nem todos os dados são criados iguais. É fundamental identificar os dados críticos para as decisões-chave e o ROI, priorizando sua coleta, armazenamento e análise. O universo de dados disponível na maioria dos negócios que tem algum mecanismo de coleta e armazenamento é complexo, caótico e contraditório. No mínimo. Pela simples razão de que nunca se pensou em estratégia de dados há 40, 30, 15 anos.

E, quando se imagina que dados são uma fonte de energia do negócio -e são-, o normal é querer tratar todos os dados que se conseguir estruturar de alguma forma. Mas esta não é nem a melhor estratégia, tampouco a mais eficaz ou eficiente, e certamente não é economicamente viável. Para otimização do tempo e dos recursos, é fundamental concentrar os esforços nos dados que geram o maior impacto positivo na experiência do cliente e nos resultados de negócios.

A **definição de critérios de priorização** é crucial para otimizar a coleta de dados e garantir o foco em informações relevantes para o negócio. Os critérios a serem considerados incluem:

- **Impacto na tomada de decisões:** priorizar dados que permitem decisões mais precisas e eficazes, impactando diretamente a experiência do cliente e os resultados de negócios.

- **Valor para o ROI:** concentrar-se nos dados que geram o maior retorno sobre o investimento, otimizando os recursos e maximizando a rentabilidade das iniciativas.

- **Viabilidade de coleta e aquisição:** considerar a facilidade e o custo de coleta, armazenamento e processamento dos dados, priorizando aqueles com viabilidade técnica e econômica.

- **Urgência e tempo de implementação:** priorizar os dados que podem ser coletados e implementados rapidamente, gerando resultados e insights em tempo hábil para decisões estratégicas.

- **Qualidade e confiabilidade dos dados:** priorizar dados de alta qualidade, confiáveis e consistentes, garantindo a precisão das decisões e a otimização da experiência do cliente.

A definição de **técnicas de priorização** é essencial para garantir a aplicação eficaz dos critérios e a seleção das necessidades de dados mais relevantes. As técnicas mais utilizadas incluem:

- **Matriz de priorização:** uma ferramenta visual que combina os critérios de priorização em um único quadro, permitindo a comparação e a classificação das necessidades de dados de forma estruturada.

- **Pontuação ponderada:** atribuir pesos específicos aos critérios de priorização, refletindo sua importância para o contexto específico da empresa. Essa técnica permite uma avaliação quantitativa das necessidades de dados.

- **Crença e consenso:** envolver stakeholders-chave na avaliação e priorização das necessidades de dados, garantindo um processo transparente e participativo. Essa técnica é especialmente útil para garantir o alinhamento das diferentes áreas da empresa.

A escolha da técnica mais adequada dependerá das características específicas da empresa e dos objetivos da iniciativa de coleta de dados. A combinação de diferentes técnicas pode ser utilizada para obter uma visão mais completa e abrangente das necessidades de dados.

É importante ressaltar que a priorização das necessidades de dados é um **processo contínuo**. O monitoramento constante do desempenho das iniciativas de dados e a avaliação do impacto dos dados coletados permitem o ajuste e a adaptação da estratégia ao longo do tempo.

Se uma empresa busca otimizar sua campanha de marketing e as necessidades de dados mapeadas incluem dados demográficos, de comportamento no site de interação com a campanha de marketing e feedback sobre a campanha, uma possível priorização das necessidades de dados é mostrada a seguir.

Prioridade alta:

- **Dados de interação com a campanha de marketing,** que permitem avaliar a efetividade da campanha e identificar áreas de otimização.
- **Dados de comportamento do cliente no site,** pois fornecem insights sobre o interesse e engajamento do cliente com a marca.

Prioridade média:

- **Dados demográficos dos clientes,** porque permitem a segmentação da campanha para comunidades específicas.
- **Feedback dos clientes,** que levam a insights qualitativos sobre a experiência do cliente com a campanha.

Ao priorizar as necessidades de dados de forma estratégica, a empresa pode garantir o uso eficiente de seus recursos e maximizar o impacto das iniciativas de marketing digital.

Pelo que você está lendo, já entendeu que somente esta fase de compreensão e planejamento do estágio de design das operações quase certamente demandaria todo um livro para dar conta do assunto. Verdade. Porque não vamos discutir os problemas de **auditoria** dos dados existentes para identificar lacunas, oportunidades e áreas de aprimoramento, o **mapeamento de decisões** que impactam a experiência do cliente e os resultados de negócios e a **governança** de dados, incluindo sua **segurança**, o que passou a ser um *sine qua non* em tempos de LGPD.

Fase 2: arquitetura e implementação
1. Projeto de arquitetura e infraestrutura

A arquitetura deve ser escalável, flexível e segura para suportar o crescimento do volume de dados e as novas necessidades de negócios, com ênfase na segurança e confiabilidade dos dados. Deve-se considerar soluções em nuvem e on-premises, com foco em escalabilidade horizontal e vertical, redundância e alta disponibilidade.

É preciso implementar mecanismos de segurança robustos, como criptografia de dados em repouso e em trânsito, controle de acesso baseado em função, registro e auditoria de acesso/alterações de dados.

Adoção de práticas de DevOps para garantir a integração contínua e entrega de infraestrutura [CI/CD], otimizando o tempo de lançamento e a confiabilidade.

2. Desenvolvimento de procedimentos de coleta

É preciso cuidar da automação da coleta de dados de diversas fontes, incluindo APIs, bancos de dados, sensores e dispositivos IoT, garantindo eficiência e minimizando erros humanos e na implementação de mecanismos de validação e qualidade dos dados em tempo real, assegurando a confiabilidade e precisão dos dados coletados.

É obrigatória a consideração de aspectos éticos e legais na coleta de dados, incluindo o consentimento do usuário e a conformidade com a Lei Geral de Proteção de Dados Pessoais [LGPD].

3. Estabelecimento de protocolos de armazenamento

Dados devem ter armazenamento seguro, acessível e de alta qualidade para os dados coletados, utilizando soluções *on-premises*, na nuvem

ou híbridas, de acordo com as necessidades específicas da empresa. A implementação de mecanismos de backup e recuperação de desastres para garantir a disponibilidade e a integridade dos dados em caso de falhas ou eventos adversos e a adoção de políticas de governança de dados para garantir a segurança, confidencialidade e privacidade dos dados armazenados são itens básicos... muitas vezes, descuidados.

4. Definição de processamento

E os dados devem ser processados. Para tal, é preciso cuidar da limpeza, preparação e transformação de dados brutos em insights acionáveis, implementar pipelines de dados eficientes e escaláveis para processamento em lote e em tempo real, adotar ferramentas de análise para gerar insights relevantes para a tomada de decisões estratégicas, e monitoramento contínuo do desempenho dos pipelines de dados para garantir a qualidade dos insights gerados.

Fase 3: desenho da operação e evolução
1. Dashboards e relatórios

Comunicação clara, concisa e acionável dos insights de dados para diferentes comunidades, em dashboards visualmente atraentes, intuitivos e interativos, com foco na experiência do usuário e na facilidade de compreensão, personalizados para atender às necessidades específicas de diferentes stakeholders, como gerentes, analistas, equipe de marketing e vendas. Integração dos dashboards com outras ferramentas para uma visão holística dos dados da empresa será fundamental.

2. Loops de feedback

Refinamento dos modelos e algoritmos com base nos resultados reais, utilizando técnicas como feedback loop, testes A/B e outros recursos, como coleta de feedback dos usuários sobre os insights e dashboards, através de pesquisas, entrevistas e testes de usabilidade e monitoramento do desempenho dos modelos e algoritmos em tempo real.

3. Governança de dados

Estabelecimento de políticas e procedimentos claros para segurança, privacidade, confidencialidade, ética e qualidade dos dados, atendendo exigências da LGPD e alinhando-se a boas práticas internacionais. Definição de responsabilidades e atribuições para o gerenciamento de dados, designando um responsável por dados e equipes responsáveis pela qualidade, segurança e acesso aos dados. Implementação de mecanismos de auditoria e controle, permitindo rastrear alterações, acessos e uso indevido de dados. Criação de políticas de descarte e retenção de dados, assegurando compliance e otimização de armazenamento.

4. Integração com tecnologia e processos de negócios

Desenho da integração da estratégia de dados com os fluxos de trabalho de tecnologia do negócio, utilizando APIs e outras tecnologias para conectar sistemas e compartilhar dados. Alinhamento da estratégia de dados com os processos de negócios, assegurando que os insights gerados apoiem a tomada de decisão, a inovação, e a entrega de valor em diferentes áreas da empresa. Implementação de soluções de automação de marketing para personalizar a experiência do cliente utilizando insights de dados, otimizando campanhas e promoções em tempo real. Integração com sistemas de CRM, ERP e outras plataformas-chave para uma visão 360 graus do cliente e de processos do negócio.

5. Cultura analítica

Criação de uma cultura baseada em dados, onde a tomada de decisão é guiada por insights, e não apenas por intuição e experiência. Investimento em programas de capacitação e treinamento, desenvolvendo estratégias de alfabetização "de dados" em diferentes níveis da organização. Promoção de uma mentalidade analítica e experimental, encorajando a inovação baseada em dados e o uso de ferramentas de análise para a tomada de decisão. Celebração e reconhecimento de projetos de sucesso baseados em dados, criando uma referência de excelência.

6. Revisões e melhorias contínuas

Monitoramento e avaliação contínua da estratégia de dados e algoritmos, utilizando KPIs pré-determinados. Adaptação às novas demandas e tecnologias, revisando periodicamente a arquitetura, os processos e os modelos. Busca pela excelência na gestão e utilização de dados, utilizando benchmarks e boas práticas para identificar oportunidades de melhoria e inovação.

7. Integração do ciclo de vida de decisões à estratégia de marketing

Estratégias, que podem ser vistas como fluxos de tomada de decisões, no tempo, se desenvolvem na forma de operações, inclusive no marketing. Em ambientes fluidos, no espaço figital, operações são continuamente redesenhadas e, quando se fala em "mercados de um", este redesenho passa a ser o núcleo das operações e, por sua vez, um fluxo contínuo de tomada de decisões. Aí, a integração do ciclo de vida de decisões à estratégia e operações de marketing passa a ser fundamental e depende de:

- **Contextualizar decisões:** definir objetivos e metas claras, fundamentando decisões em problemas reais e resultados esperados.

- **Coletar inteligência:** análise de dados relevantes para apoiar o processo decisório, identificando tendências e oportunidades.

- **Desenvolver alternativas:** explorar soluções criativas utilizando insights de dados, propondo múltiplos caminhos para o sucesso.

- **Avaliar trade-offs:** analisar vantagens e desvantagens de cada opção, ponderando riscos, custos e benefícios a curto e longo prazo.

- **Fazer escolhas e revisar resultados:** tomada de decisão informada com base em dados, realizando posterior avaliação dos resultados alcançados e identificação de possíveis melhorias futuras.

A **Teoria AEIOU** é um arcabouço prático e inovador para enfrentar estes desafios e aproveitar todo o potencial do marketing no mundo figital. Com essas etapas articuladas, as empresas estarão melhor equipadas para construir experiências transformadoras baseadas em dados.

Develop: processos para experiências mágicas

O pilar das **Operações** é onde se garante a **eficiência e eficácia** de todas as atividades de marketing, refletindo diretamente na jornada de experiência da marca com clientes atuais e futuros. São processos que envolvem a organização como um todo e dependem da articulação do ecossistema de marketing, fazendo com que as ações de marketing se alinhem entre elas e, principalmente, que façam sentido para aqueles com quem queremos nos relacionar.

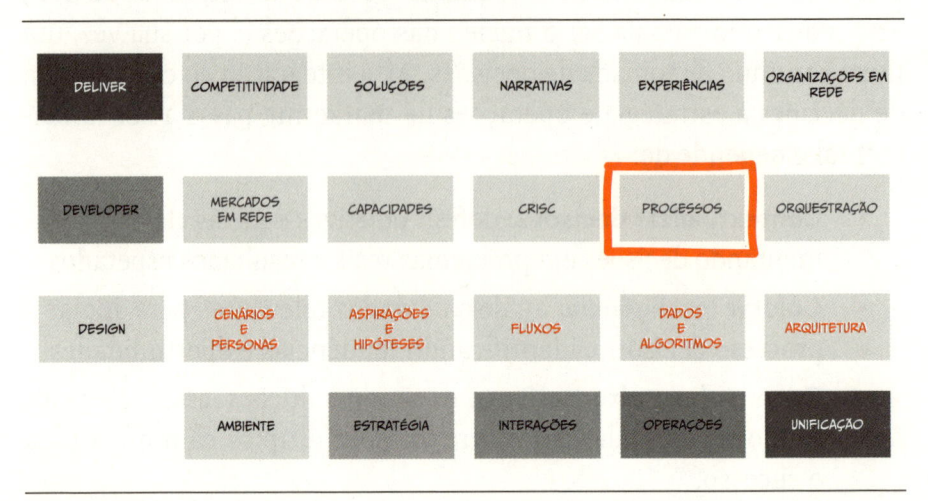

É evitar a velha história da marca ter "caras" e experiências diferentes a depender de com quem você conversa dentro da organização ou qual fluxo você está participando. É ter uma sinergia entre jornadas e marketing.

O **Develop** das **Operações** é responsável pela **transformação das operações do marketing**, uma evolução radical da forma como as agências tradicionais são organizadas e funcionam. Esta seção redefine o que é um Plano de Marketing do Futuro e deve ser tratada como tal.

Em vez de se ater a estruturas baseadas em **departamentos** como criativo, mídia e planejamento, a **agência de marketing do futuro** tem uma abordagem modular e flexível, organizando-se em **squads** com responsabilidades específicas e articulados em rede.

A chave aqui não é apenas a transformação de processos analógicos em figitais [estendidos e acelerados por IA], mas uma reimaginação completa de como o trabalho é concebido e executado, priorizando a **colaboração em rede** sobre a hierarquia e os silos funcionais. O que dá origem a todo um novo ecossistema de marketing.

Ecossistema de Operações do MdF: Habilidades, Tecnologia e Transformação

O ecossistema de operações de marketing do futuro é uma teia de competências, habilidades, tecnologias, processos e recursos que redefine a forma como as empresas criam, entregam e otimizam experiências mágicas para as pessoas [como seus clientes, também].

O ecossistema de operações de marketing do futuro não surge do vácuo, mas da convergência de três pilares interdependentes:

1. Rede colaborativa de expertise

- **Squads multidisciplinares:** atuando como unidades autônomas e interligadas, os squads são times que reúnem especialistas em muitas áreas de estratégia a criação, de mídia a análise de dados e tecnologia. Tal sinergia de talentos cira uma visão holística do marketing, permitindo uma resposta ágil e eficaz às demandas do mercado.

- **Cultura de colaboração:** estruturas e comunicação fluida, compartilhamento de conhecimento e a cocriação de soluções inovadoras permeiam o ecossistema de operações do marketing do futuro. A interdependência entre squads facilita a troca de insights, experiências e aprendizados, impulsionando a inteligência coletiva e a capacidade de adaptação às mudanças.

- **Liderança inspiradora:** líderes atuam como mentores, facilitadores e catalisadores da colaboração, promovendo um ambiente de trabalho positivo, engajador e propício à inovação.

2. Tecnologia como amplificador de capacidades

- **Inteligência Artificial:** IA assume um papel fundamental na automação de tarefas repetitivas, liberando tempo e recursos para atividades mais estratégicas e criativas. A análise preditiva, a personalização em tempo real e a otimização de campanhas são apenas alguns exemplos do poder transformador da IA no marketing. Mas IA fará muito mais; seu papel em estender e aumentar as capacidades humanas para criar estratégias, desenhar planos e acompanhar operações será a base para os super-profissionais e agências de marketing do futuro.

- **Automação Robótica de Processos (RPA):** tarefas manuais e repetitivas, como a compilação de dados e a geração de relatórios, são automatizadas por RPA, liberando os profissionais para se concentrarem em atividades de maior valor estratégico.

- **Big Data e análise:** a coleta, organização e análise de dados em tempo real fornecem insights sobre o mercado, o comportamento do consumidor e a efetividade das campanhas. Essa inteligência de dados permite decisões mais precisas, personalizadas e eficazes.

- **Plataformas, aplicações, comunidades e interfaces digitais:** uma gama de ferramentas digitais, como CRM, CDP, sistemas de automação de marketing e gestão de redes sociais integram e otimizam os processos de marketing, facilitando a colaboração, a comunicação e a gestão de campanhas, narrativas e experiências.

3. Transformação contínua como mantra

- **Cultura de aprendizado e adaptação:** o ecossistema de [operações de] marketing do futuro se adapta continuamente às mudanças do mercado e às necessidades dos clientes, um processo iterativo de experimentação, análise e aprimoramento. A cultura de aprendizado constante garante que a empresa esteja sempre na vanguarda das tendências e inovações do marketing.

- **Experimentação e testes A/B:** a experimentação é incentivada para identificar as melhores soluções e estratégias. Testes A/B fornecem dados concretos para avaliar a efetividade das ações e tomar decisões mais informadas.

- **Feedback e aprimoramento contínuo:** o feedback dos clientes é coletado e analisado de forma sistemática para aprimorar continuamente as experiências e os processos. A busca incessante pela excelência impulsiona a evolução constante do ecossistema.

Squads multidisciplinares: as forças do ecossistema

Squads são times pequenos e multidisciplinares, fundamentais no universo de solução de problemas, onde cada membro traz competências e habilidades únicas, contribuindo para uma abordagem holística e **integrada** na resolução de problemas e desenvolvimento de projetos. Compostos quase sempre por profissionais de diferentes áreas, como marketing, desenvolvimento, design e análise de dados, squads operam com alta dose de autonomia, mas são **interdependentes**, garantindo soluções complementares e coesas. Tal arquitetura, bem orquestrada, fomenta inovação contínua e considera todas as facetas de um projeto, habilitando soluções robustas, adaptáveis e alinhadas com os objetivos estratégicos mais amplos da organização.

A **interdependência** entre squads é fundamental, pois permite uma troca constante de insights e feedback, essencial para o refinamento contínuo das táticas e abordagens em um ambiente de mercado que está sempre em evolução. No **MdF** deve haver, no mínimo, os squads delineados abaixo.

- **O squad de Cenários, Inteligência e Estratégia [CIE]** coleta e analisa dados em tempo real sobre o mercado, comportamento do consumidor e tendências mais amplas. Responde pelo desenho de cenários e por insights acionáveis fundamentais para a estratégia, planejamento e operação do marketing e campanhas, monitora o ambiente competitivo e identifica oportunidades de mercado. Este squad é o principal responsável pelo desenho e pela evolução da estratégia de marketing e se interliga aos demais ao fornecer dados e análises que formam a base para o desenvolvimento de cenários, personas, estratégias, planos, narrativas e experiências, garantindo seu direcionamento e eficácia.

- **O squad de Persona, Objetivos e Planejamento [POP]** é responsável pela criação e atualização de personas, que ajudam a entender profundamente as diferentes comunidades-alvo. Ele também define objetivos de marketing específicos, mensuráveis, atingíveis, relevantes e temporais [**SMART**] e elabora, refina, adapta e evolui planos de marketing continuamente. Este squad usa os insights fornecidos por **CIE** para moldar suas personas e objetivos, garantindo que as estratégias de marketing se alinhem com as tendências de mercado e as necessidades do consumidor.

- **O squad de Criação e Evolução de Narrativas [CEN]** responde por todos os fluxos do negócio, pelo complexo **CRISC**, por conteúdo temporal, inovador e personalizado, alinhado com estratégias, cenários e personas criadas **CIE** e **POP**, usando ferramentas como **GAN**s [Redes Adversariais Generativas] e processamento de linguagem natural. Ele otimiza conteúdo para múltiplos formatos, fluxos e dimensões do espaço figital, em busca de máxima eficácia, engajamento e conversão. Este trabalho é influenciado pelas definições do **POP**, assegurando que o conteúdo ressoe com as comunidades de interesse da marca.

- **O squad de Percepção, Atração, Retenção, Transação e Expansão [PARTE]** implementa o plano e as operações derivados da estratégia de marketing nos fluxos e dimensões do espaço figital, utilizando plataformas de automação de marketing e inteligência artificial. **PARTE** otimiza campanhas em tempo real para maximizar alcance, engajamento e conversão e depende do contexto definido por **POP**, conteúdo criado por **CEN** e estratégias definidas por **CIE** para suas ações, garantindo interações personalizadas e efetivas com as pessoas [como consumidores], entregando a participação narrativa desejada e cuidando, ao mesmo tempo, da qualidade e performance das experiências únicas do **MdF**.

- **O squad de Magia da Experiência do Cliente [MEC]** responde pela experiência do cliente como um todo e pelo atendimento e suporte proativo personalizado em tempo real em todos os fluxos da organização, empregando chatbots e assistentes virtuais treinados para compreender e processar linguagem natural, criando respostas e soluções precisas para os clientes. Além disso, o **MEC** utiliza ferramentas de análise de sentimento para monitorar a satisfação do cliente em tempo real e identificar tendências emergentes no comportamento das pessoas como consumidoras. Quando necessário, casos complexos são escalonados inteligentemente para agentes humanos especializados ou sistemas de IA mais sofisticados, assegurando uma resolução efetiva de problemas.

- A integração do **MEC** com outros squads é essencial, pois as interações nas narrativas e experiências com os consumidores geram insights que influenciam estratégias, planos e operações de marketing e desenvolvimento de produtos. Este feedback é crucial para o squad **AMC** [a seguir], na otimização de planos, estratégias e operações em andamento. Além disso, o conteúdo e as interações vindas dos squads **CEN** e **PARTE** são ajustados com base nas tendências e preferências identificadas através do atendimento ao cliente, fechando o ciclo de feedback necessário para uma evolução constante e alinhada às expectativas do consumidor.

- **Finalmente, o squad de Análise e Melhoria Contínua [AMC]** monitora em tempo [quase] real os KPIs das campanhas e operações de marketing como um todo, usando ferramentas variadas de análise. Ele coleta e interpreta feedback de clientes para identificar pontos de melhoria e oportunidades de inovação, gerando relatórios e recomendações estratégicas para otimização das ações de marketing. O trabalho deste squad informa **todos** os outros, habilitando um ciclo contínuo de feedback e melhorias, essencial para adaptação e sucesso das estratégias de marketing em ambientes figitais.

A interconexão e circularidade do ecossistema

A verdadeira força do **ecossistema de operações de Marketing do Futuro** reside na integração fluida e na circularidade da informação sobre ações e seu impacto na estratégia, planejamento e operações. Dados, informação, insights e conhecimento fluem livremente entre squads.

- **Loop de feedback contínuo:** insights gerados pelo squad de Inteligência e Estratégia alimentam o desenvolvimento de personas, o planejamento de campanhas, a criação de conteúdo e as estratégias de execução e engajamento.

- **Adaptabilidade em tempo real:** as informações coletadas pelo squad de Análise e Melhoria Contínua permitem ajustes rápidos nas campanhas, otimização de conteúdo e refinamento das estratégias em resposta às mudanças do mercado e às necessidades dos clientes.

- **Foco centrado no cliente:** o feedback e as interações com um Squad de Atendimento ao Cliente [SAC] entregam informação valiosa para todos os outros squads, garantindo que o cliente esteja sempre no centro das estratégias e ações de marketing.

Benefícios tangíveis do ecossistema de operações de Marketing do Futuro

A implementação deste ecossistema proporciona benefícios significativos para as empresas, incluindo:

- **Experiências personalizadas e relevantes:** o profundo entendimento das necessidades, desejos e comportamentos dos clientes permite a criação de experiências altamente personalizadas e relevantes, aumentando o engajamento, a fidelidade e a conversão.
- **Agilidade e capacidade de adaptação:** a estrutura ágil, colaboração em rede e uso de tecnologias inteligentes permite que empresas se adaptem rapidamente às mudanças do mercado, capitalizando oportunidades e superando desafios.
- **Tomada de decisões baseada em dados:** a análise de dados em tempo real e os insights gerados pelo ecossistema orientam as decisões estratégicas e táticas, reduzindo riscos e aumentando eficácia e eficiência das ações de marketing.
- **Eficiência operacional:** a automação de tarefas, a integração de processos e o uso inteligente da tecnologia liberam tempo e recursos valiosos, permitindo que as equipes se concentrem em atividades estratégicas e criativas.

O **ecossistema de operações do MdF** é uma mudança de paradigma na forma como empresas criam, entregam e otimizam experiências para seus clientes. A **combinação** de expertise multidisciplinar, tecnologia de ponta e foco no aprimoramento contínuo permite construir um **organismo adaptável**, inovador e verdadeiramente centrado no cliente. As empresas que abraçarem esse conceito estarão na vanguarda do marketing e conquistarão vantagens competitivas significativas em um mercado em constante transformação.

Develop entrega o plano de marketing do futuro

A orquestração dessas forças como processos é o que faz o estágio Develop das Operações, para realizar a promessa central do marketing: **entregar experiências verdadeiramente centradas no cliente, personalizadas no nível individual e relevantes no momento apropriado**. Experiências que atendem às necessidades funcionais e ao mesmo tempo surpreendem, encantam e criam um sentimento de conexão e lealdade duradoura.

A seguir, apresentamos um **roteiro** para o Develop das Operações do **AEIOU**, que **pode** e **deve** ser entendido como **o plano de marketing do futuro**. Não por acaso, logo no passo **zero**, falamos de... **processos** e **dados**. Mas há, antes, um **Antepasso** a ser notado com toda a atenção do mundo [de marketing e dos negócios].

Antepasso: develop é uma abordagem integrada e orquestrada

Quando os domínios físico, digital e social **convergem** em um espaço único e fluido, marketing enfrenta desafios e oportunidades sem precedentes. As pessoas transitam de forma fluida entre os três domínios, deixando **rastros** de dados, **interagindo** em tempo real e **demandando** experiências personalizadas, relevantes e consistentes em cada ponto de contato.

Nesse contexto, o resultado do marketing não mais depende de ações isoladas ou campanhas pontuais, mas de uma **abordagem integrada e orquestrada**, que coloque o cliente no centro de todas atividades e decisões. Quebrar silos organizacionais e tecnológicos, estabelecer uma visão unificada do cliente e uma estratégia coesa de engajamento é mandatório.

Isso requer uma **transformação de mindset e operação**, para que dados, tecnologia, processos e pessoas trabalhem em sinergia para entregar valor ao cliente em cada interação. É uma abordagem que combina arte e ciência, criatividade e análise, intuição e automação.

Os passos apresentados a seguir representam os elementos-chave dessa abordagem integrada e orquestrada de **marketing na era figital**. Mais do que uma sequência linear, eles são uma rede interconectada e dinâmica, onde cada elemento influencia e é influenciado pelos demais.

Essa rede de capacidades de marketing deve estar umbilicalmente ligada à **estratégia** do negócio, traduzindo objetivos de alto nível em **planos** que levam a **operações** e **ações** concretas e mensuráveis. Deve também ser flexível e adaptável, capaz de aprender e evoluir continuamente a partir de cada interação com o cliente e mudança no ambiente competitivo.

Antes de embarcar nos passos individuais, deve-se entender essa visão integrada e o papel crítico de cada elemento na *orquestração* da experiência do cliente. Só então será possível extrair todo o potencial do marketing na era figital e estabelecer vantagens competitivas sustentáveis.

Lembre-se: o todo é muito maior que a soma das partes.

É na integração e orquestração dos **Passos 0-8** que está o poder transformador do marketing do futuro na economia das redes, plataformas e ecossistemas. Prepare-se para uma jornada de aprendizado, experimentação e evolução contínua, onde o cliente é o norte e os dados são a energia.

Passo 0: processos centrados nos dados do cliente

Os dados do cliente são as bases sobre as quais todo o estágio Develop é construído. Trata-se de criar uma visão holística e acionável para **cada** indivíduo, que permita entender suas necessidades, preferências e comportamentos em profundidade.

Para alcançar esse nível de entendimento, é necessário **quebrar silos** de dados e integrar informações de todas as interações do cliente com a marca, criando um perfil unificado e em tempo quase real. Isso envolve dados transacionais, demográficos e informação comportamental, de engajamento e feedback, que permitem entender o contexto, as motivações e as emoções por trás de cada ação.

A implementação de uma Customer Data Platform [**CDP**, veja o passo 3] é crítica para esse processo, pois permite a **integração** de dados de múltiplas fontes, sua limpeza, normalização e enriquecimento, criando uma base confiável e acionável para personalização e tomada de decisões.

Igualmente importante é o estabelecimento de processos robustos de **governança** de dados, que garantam qualidade, segurança a conformidade com regulações de privacidade. Isso envolve a definição clara de políticas de coleta, armazenamento e uso de dados, a implementação de medidas de segurança adequadas e a criação de mecanismos de consentimento e controle para os clientes.

Além disso, para extrair valor dos dados, é preciso desenvolver **práticas** orientadas por dados em toda a organização. Isso significa capacitar as equipes com as habilidades e as ferramentas necessárias para acessar, analisar e agir sobre os insights gerados, criando um ciclo virtuoso de aprendizado e otimização contínua.

Algumas práticas de gestão de dados do cliente incluem:

- Criação de **modelos** preditivos e prescritivos, utilizando machine learning para antecipar necessidades e personalizar proativamente a experiência.

- Implementação de **estratégias de dados** em tempo real, utilizando tecnologias de streaming e processamento de eventos para reagir instantaneamente às ações e sinais dos clientes.

- **Enriquecimento de dados** com informação conjuntural, demográfica, psicográfica e de intenção de compra, para criar uma visão ainda mais completa de cada indivíduo.

- Utilização de técnicas como análise de grafos e processamento de linguagem natural, para entender as **conexões e os sentimentos** por trás das **interações** dos clientes.

Passo 1: mapeamento da jornada figital do cliente

O fundamento de qualquer processo de marketing centrado no cliente é um profundo **entendimento** em sua jornada. No contexto do **Marketing do Futuro**, essa jornada é sempre figital -um amálgama fluido de interações físicas, digitais e sociais.

Mapear a jornada requer a coleta e análise de dados de uma **miríade de fontes**, de sistemas transacionais a redes sociais, do comportamento de navegação online até o feedback direto do cliente. É um processo contínuo e iterativo, e requer ferramentas avançadas e uma dose significativa de empatia e intuição.

IA desempenha um papel básico nesse mapeamento, permitindo processar e derivar insights de **grandes volumes de dados** não estruturados em tempo quase real. Técnicas como processamento de linguagem natural, análise de sentimento e reconhecimento de imagem podem ajudar a entender o contexto, as emoções e as motivações por trás de cada interação do cliente.

Além disso, algoritmos de aprendizado de máquina podem identificar **padrões** e **correlações** que poderiam passar despercebidos pela análise humana. Eles podem segmentar clientes com base em comportamentos e preferências multidimensionais, identificar pontos de atrito ou oportunidades na jornada e prever necessidades futuras.

Algumas atividades-chave nesse processo incluem:

- **Pesquisa etnográfica** e entrevistas em profundidade para entender o contexto, as motivações e as emoções por trás das ações do cliente.

- Análise de dados de navegação, interação e **transação** para identificar padrões de comportamento e pontos de atrito.

- Mapeamento de **sentimentos** e análise de feedback em redes sociais, reviews e pesquisas de satisfação para capturar a voz do cliente.

- Testes de usabilidade e **análise de fluxos** de cliques para otimizar a experiência do usuário em propriedades digitais.

- Rastreamento **multidimensional** de jornadas para entender as transições e influências entre diferentes fluxos e pontos de contato.

O resultado desse processo é uma representação dinâmica da jornada do cliente, que serve como base para a identificação de oportunidades de melhoria e inovação nos processos de marketing.

Passo 2: desenho de processos centrados no cliente

Com um entendimento profundo da jornada, o próximo passo é desenhar processos de marketing que coloquem o **cliente no centro** de todas as atividades. Isso requer uma mudança de mentalidade, de uma abordagem focada em produtos, serviços ou nos velhos "canais" para outra, focada no cliente e suas necessidades individuais.

Cada processo, seja de criação de conteúdo, gestão de campanhas ou atendimento ao cliente, deve ser desenhado para **entregar valor**,

conveniência e **encantamento** em cada interação. Eles devem ser simples, intuitivos, consistentes, adaptáveis às preferências e ao contexto de cada cliente.

IA pode ser uma aliada no desenho de processos, ajudando a **personalizar sequência e timing das interações** com base no comportamento e na receptividade de cada cliente. Assistentes virtuais habilitados por IA podem entregar atendimento 24/7, escalável e personalizado. Sistemas de recomendação podem sugerir o próximo melhor conteúdo, produto ou ação para cada cliente com base em seu perfil e histórico.

Além disso, IA pode ajudar a **automatizar e otimizar processos** de maneira contínua. Através de técnicas como *reinforcement learning*, os algoritmos podem aprender com cada interação e ajustar processos em tempo real para maximizar métricas de sucesso definidas, como engajamento, conversão e/ou satisfação do cliente.

Alguns princípios-chave para o desenho de processos centrados no cliente incluem:

- **Simplicidade e intuitividade:** os processos devem ser fáceis de entender e navegar, reduzindo atritos e sobrecarga cognitiva.

- **Consistência e continuidade:** a experiência do cliente deve ser coesa e fluida através de diferentes fluxos canais e pontos de contato.

- **Personalização e relevância:** os processos devem adaptar-se às preferências e ao contexto individual de cada cliente, entregando interações altamente relevantes.

- **Agilidade e adaptabilidade:** os processos devem ser flexíveis e reativos, capazes de se ajustar rapidamente a mudanças no comportamento do cliente ou no ambiente de negócios.

- **Mensuração e otimização:** o desempenho dos processos deve ser monitorado continuamente e otimizado com base em dados e feedbacks dos clientes.

Para tornar esses princípios operacionais, é fundamental adotar metodologias ágeis, como Design Thinking, que permitem a cocriação, teste rápido de hipóteses e iteração contínua, colocando o cliente no centro de todo o processo.

Passo 3: integração do ciclo de vida de dados e algoritmos

O desenvolvimento e a execução de processos de marketing centrados no cliente são intrinsecamente dependentes da capacidade de coletar, processar e ativar **dados** em tempo real. É aqui que o ciclo de vida de dados e algoritmos se integra de maneira fundamental às operações de marketing.

No coração desse ciclo está a **CDP** – uma plataforma que agrega, limpa, consolida e ativa dados de clientes vindos de múltiplas fontes, criando um perfil unificado, rico e acionável de cada indivíduo. Com uma CDP, processos de marketing podem realmente colocar o cliente no centro, com uma visão de 360 graus que engloba suas identidades, preferências, interações e contextos.

IA é fundamental em cada etapa desse ciclo de vida de dados. Na coleta, técnicas como *web scraping*, processamento de linguagem natural e reconhecimento de voz podem ajudar a capturar dados não estruturados de fontes diversas. No tratamento de dados, algoritmos de **limpeza** e de duplicação melhoram qualidade e consistência dos dados. Na **ativação** de dados, modelos de aprendizado de máquina podem segmentar clientes, prever comportamentos e personalizar interações em tempo real.

Além disso, IA pode ajudar a lidar com alguns dos principais desafios do ciclo de vida de dados, como a **escalabilidade**, a **privacidade** e a **explicabilidade**. Técnicas como aprendizado federado e privacidade diferencial permitem treinar modelos de IA com dados descentralizados e sensíveis sem comprometer a privacidade individual. Abordagens como AI explicável ajudam a abrir a "caixa" dos algoritmos, aumentando transparência e confiança.

O **ciclo de vida de dados** envolve todas as etapas desde a coleta e o armazenamento até o processamento, análise e ativação dos dados. É um processo contínuo e iterativo, que requer governança, qualidade e segurança em cada etapa.

Algumas capacidades-chave nesse ciclo incluem:

- **Coleta de dados de múltiplas fontes** (ex.: web, mobile, CRM, ERP, IoT) e em diferentes formatos (ex.: estruturados, não estruturados, em tempo real).

- **Armazenamento e processamento escalável,** permitindo lidar com grandes volumes de dados e consultas complexas.
- **Limpeza, transformação e enriquecimento de dados,** assegurando sua qualidade, consistência e completude.
- **Análise avançada,** incluindo técnicas de machine learning e inteligência artificial, para gerar insights acionáveis.
- **Ativação e entrega de dados em tempo real,** alimentando os processos e interações com o cliente.

Com uma CDP como fundação, os processos de marketing podem se tornar centrados no cliente e movidos a dados. Algumas aplicações incluem:

- **Segmentação e agrupamento** [clustering] de clientes com base em atributos e comportamentos multidimensionais.
- **Personalização em tempo real** de conteúdos, ofertas e experiências através de diferentes fluxos e pontos de contato.
- **Orquestração multimensional** de jornadas, sincronizando interações e mensagens em tantos fluxos quanto necessários.
- **Otimização e alocação de recursos** com base em modelagem preditiva e teste em tempo real.
- **Mensuração e atribuição** de resultados em nível individual, permitindo entender o impacto de cada interação na jornada do cliente.

Para extrair todo o potencial dessa integração entre dados, algoritmos e processos, é fundamental o desenvolvimento de competências analíticas e ciência de dados nas equipes de marketing. Isso inclui habilidades técnicas e uma mentalidade analítica, orientada à experimentação e à **tomada de decisão baseada em evidências**.

Passo 4: criação de fluxos e jornadas centradas no cliente

Com uma base estabelecida de dados do cliente, o próximo passo é utilizar insights para criar fluxos e jornadas que coloquem o cliente no centro de todas as interações. Isso depende do Passo 1, que trata desde a consciência inicial até a consideração, a compra, a utilização e a defesa da marca, um mapeamento que considera **todos** os pontos de contato, fluxos e contextos relevantes, identificando os momentos de verdade e as oportunidades de encantamento ao longo da jornada.

No entanto, mais do que um exercício pontual, a criação de jornadas centradas no cliente deve ser um processo **contínuo** e iterativo, que se adapte às mudanças no comportamento e nas expectativas dos clientes ao longo do tempo.

Isso requer **processos ágeis** de design e otimização, que permitam testar, aprender e iterar rapidamente. Metodologias como design thinking podem ser aplicadas para criar hipóteses, construir protótipos e medir resultados de maneira ágil e orientada por dados.

Algumas práticas de criação de fluxos e jornadas incluem:

- Utilização de **técnicas de cocriação** para criar protótipos de baixa resolução e, a partir de seu uso, como jornadas beta, entender necessidades e motivações por trás do comportamento dos clientes.

- Aplicação de princípios de design de **experiência do usuário [UX]** e **arquitetura da informação** para criar fluxos intuitivos, acessíveis e esteticamente agradáveis.

- Implementação de **estratégias de personalização dinâmica**, utilizando dados em tempo real para adaptar os fluxos e as interações às preferências e ao contexto de cada indivíduo.

- Utilização de **tecnologias emergentes**, como realidade aumentada, realidade virtual e interfaces conversacionais, para criar experiências imersivas e naturais.

- Estabelecimento de processos **de feedback contínuo**, utilizando pesquisas, análise de sentimento e monitoramento de redes sociais para entender a percepção e a satisfação dos clientes em cada ponto da jornada.

Ao desenhar fluxos e jornadas centradas no cliente, as organizações podem remover atritos e frustrações e criar momentos de **encantamento** e surpreender positivamente, gerando lealdade e defesa da marca.

Passo 5: orquestração multidimensional

Em um mundo no qual os clientes transitam de forma fluida entre as dimensões digital, social e física do espaço, a **capacidade de orques-**

trar experiências memoráveis e consistentes em todos as dimensões [e na conjunção delas] se torna um diferencial competitivo crítico.

A orquestração multidimensional vai além da simples presença em cada dimensão. Trata-se de criar uma **experiência fluida e integrada**, em que o cliente possa iniciar uma interação em um fluxo de uma dimensão e continuá-la em outro, noutra dimensão, sem perder contexto ou relevância.

Para alcançar esse nível de **integração**, é necessário quebrar silos organizacionais e tecnológicos, criando uma visão unificada do cliente e uma estratégia coesa de engajamento.

Isso envolve a **integração** de sistemas e dados em tempo real, para que cada interação seja informada pelo histórico do cliente, independentemente do fluxo ou da dimensão. Também requer a definição de processos e KPIs compartilhados entre equipes de marketing, vendas, atendimento ao cliente e operações, **pelo menos**, para garantir alinhamento e colaboração na entrega da experiência.

Algumas práticas avançadas de orquestração multidimensional incluem:

- Implementação de uma **plataforma de orquestração** de jornada do cliente, capaz de coordenar interações em tempo real através de múltiplos fluxos e pontos de contato.

- Utilização de tecnologias de **identificação e resolução** de identidade, para conectar perfis de clientes através de diferentes dispositivos e fluxos.

- Criação de **experiências figitais nativas**, que combinem o melhor dos mundos físico, digital e social, como utilização de aplicativos móveis em lojas físicas, realidade aumentada em produtos, e serviços de entrega e retirada sem atrito. Principalmente, quase sempre, **atendimento pós-venda como se fosse pré-**.

- Implementação de estratégias de **marketing contextual**, utilizando dados de localização, comportamento e preferências para entregar mensagens e ofertas altamente relevantes e oportunas.

- Estabelecimento de processos para garantir a **consistência** e a qualidade dos dados do cliente em todos os sistemas, fluxos e dimensões do espaço figital.

Ao orquestrar uma experiência verdadeiramente **multidimensional**, as organizações podem atender às expectativas de conveniência e consistência dos clientes modernos, e também se diferenciarem nos mercados cada vez mais competitivos da era figital.

Passo 6: automação e personalização em escala

Em uma era de **expectativas elevadas e atenção escassa**, a capacidade de entregar experiências radicalmente personalizadas e relevantes não é mais um diferencial, mas uma necessidade competitiva.

A **proliferação** de fluxos, dispositivos e pontos de contato torna a personalização manual inviável em escala figital. É aí que entra **automação**, como um habilitador crítico para a personalização em tempo real e em larga escala.

A **automação de marketing** permite a criação e execução de processos complexos e multidimensionais, e também a adaptação dinâmica de conteúdos, ofertas e interações com base em dados e comportamentos individuais.

Tecnologias como machine learning, processamento de linguagem natural e sistemas de recomendação tornam possível entender preferências e intenções de cada cliente e agir sobre elas em tempo real, criando um sentimento de **relevância e valor** em cada interação.

Algumas práticas avançadas de automação e personalização em escala incluem:

- Implementação de uma **plataforma de automação de marketing** capaz de orquestrar processos complexos e multidimensionais, com capacidades muito avançadas de segmentação, gatilhos e personalização dinâmica.

- Utilização de técnicas de **modelagem preditiva**, como modelagem de propensão [propensity modeling] e lead scoring, para antecipar necessidades e personalizar proativamente a experiência.

- Implementação de estratégias de **personalização em tempo real**, utilizando dados de comportamento, localização e contexto para adaptar dinamicamente conteúdos, ofertas e interações.

- Utilização de tecnologias de entendimento e **geração de linguagem natural** (NLG) e de criação de conteúdo dinâmico, para personalizar comunicações em escala.

- Estabelecimento de **processos de teste e otimização contínua**, utilizando técnicas de teste A/B/... e multivariável para refinar continuamente elementos da experiência personalizada.

- Implementação de estratégias de **hiperpersonalização**, utilizando dados e insights para criar experiências e ofertas únicas para **cada** indivíduo, em seu contexto específico.

Ao combinar automação e personalização em escala, as organizações podem atender às expectativas crescentes de relevância e conveniência dos clientes e criar um sentimento de conexão e valor individual, que gera lealdade e defesa da marca a longo prazo.

Passo 7: mensuração e otimização baseadas em dados

Em cenários de crescente **pressão** por resultados e responsabilização, a capacidade de mensurar e otimizar continuamente a performance é um imperativo estratégico para as operações de marketing. No entanto, a mensuração no contexto da experiência do cliente vai além das **métricas tradicionais** de marketing, como taxas de clique e conversão. Requer um entendimento holístico do impacto das ações de marketing na jornada do cliente, considerando métricas de engajamento, satisfação, retenção e valor ao longo do tempo.

Para isso, é preciso estabelecer um framework de mensuração que **conecte** métricas de marketing aos objetivos estratégicos do negócio e permita entender o ROI de cada ação e fluxo.

Isso envolve a implementação de uma infraestrutura de dados que permita a coleta, **integração** e análise de dados de múltiplas fontes, em tempo real e também requer a definição de KPIs claros e alinhados, que sejam entendidos e acompanhados por toda a organização.

Com base nessa fundação, é possível então implementar processos de otimização contínua, que utilizem os insights gerados para refinar e melhorar **continuamente** a experiência do cliente.

Algumas práticas avançadas de mensuração e otimização incluem:

- Implementação de um framework de **atribuição multidimensional**, que permita entender a contribuição de cada ponto de contato e fluxo para os resultados de negócio.

- Utilização de técnicas avançadas de análise, como modelagem de mix de marketing e análise multidimensional de jornadas, para **otimizar** a alocação de recursos e a orquestração da jornada do cliente.

- Estabelecimento de processos de **closed-loop marketing**, que utilizem os insights gerados na mensuração para alimentar continuamente a otimização e a personalização da experiência.

- Implementação de **estratégias de teste e aprendizado** contínuo, como testes A/B, testes multivariáveis e testes de conceito, para validar hipóteses e refinar continuamente os elementos da experiência.

- Utilização de técnicas de **otimização** baseadas em inteligência artificial, como *bandits* e *reinforcement learning*, para automatizar e escalar os processos de teste e otimização.

- Estabelecimento de uma **cultura de tomada de decisão baseada em dados**, onde insights gerados pela mensuração sejam de fato utilizados para informar as decisões estratégicas e táticas de marketing.

Ao colocar mensuração e otimização baseadas em dados no **centro das operações de marketing**, as organizações podem demonstrar o valor e o impacto de suas ações e estabelecer um ciclo virtuoso de aprendizado e melhoria contínua, rapidamente adaptável às mudanças no comportamento do cliente e no ambiente competitivo.

Passo 8: cultura de experimentação e aprendizado contínuo

Como as necessidades e expectativas dos clientes estão em constante **mudança**, a capacidade de aprender e adaptar-se continuamente se torna, sem dúvida, uma vantagem competitiva crítica.

Criar uma cultura de experimentação e aprendizado contínuo vai além do desenvolvimento e operação de processos e ferramentas. Requer uma mudança fundamental de **mindset**, onde **erros são oportunidades de aprendizado**, e onde **curiosidade** e **adaptabilidade** são valorizadas e incentivadas em todos os níveis da organização.

Isso envolve o fomento a um **ambiente psicologicamente seguro**, onde as pessoas se sintam à vontade para questionar o *status quo*, propor ideias ousadas e assumir riscos calculados. Também requer a **celebração do fracasso** como parte integral do processo de inovação, e o compartilhamento aberto de aprendizados e melhores práticas.

Para sustentar essa cultura, é necessário investir no **desenvolvimento** contínuo das competências e habilidades das equipes, com treinamento, mentoria e oportunidades de aprendizado no trabalho, enquanto o trabalho é realizado, na prática. Isso inclui habilidades técnicas, como análise de dados e automação e outras comportamentais, como empatia, criatividade e resiliência.

Algumas práticas de experimentação e aprendizado contínuo incluem:

- Estabelecimento de um programa formal de **inovação**, com recursos dedicados, processos claros e métricas de sucesso bem definidas.
- Implementação de metodologias **ágeis**, para criar ciclos rápidos de concepção, teste, aprendizado e iteração.
- Uso de técnicas de prototipagem rápida e criação de MVPs (Minimum Viable Products) para **verificar e validar hipóteses** e aprender com o feedback real dos clientes.
- Criação de **comunidades de prática** e fóruns de conhecimento, onde os times possam compartilhar aprendizados, desafios e melhores práticas.
- Implementação de programas de **rotação de funções** e **mentoria reversa**, para promover a polinização cruzada de ideias e perspectivas.
- **Celebração** de "fracassos épicos" -desde que haja aprendizados práticos- e compartilhamento aberto de aprendizados, para normalizar o risco e incentivar a experimentação contínua.
- Estabelecimento de **parcerias** com startups, universidades e centros de inovação, para trazer insights e abordagens externas à organização.

Uma verdadeira cultura de experimentação e aprendizado contínuo não é nenhum diferencial competitivo **sustentável**, é necessidade essencial para **sobrevivência**. Na economia das redes, aprendizado, conhecimento e performance, onde os mercados são continuamente redesenhados pelas redefinições do código que habilita as dimensões digital e social do espaço competitivo... **experimentar** e **aprender** são os "deveres de casa" elementares das organizações que vão sobreviver.

Em resumo...

No **MdF**, as Operações se tornam o epicentro da estratégia, orquestrando dados, algoritmos, processos e, crucialmente, inteligência, para entregar **experiências excepcionais** às pessoas como clientes. Isso requer uma abordagem holística e integrada, que quebra silos organizacionais e coloca o cliente verdadeiramente no centro de todas as atividades. Desde o estabelecimento de uma **base** sólida de dados do cliente, passando pelo mapeamento e pela criação de jornadas personalizadas, até a mensuração e otimização contínua da performance, **cada** etapa é crítica e interconectada.

A **inteligência artificial** desempenha um papel fundamental nessa orquestração, permitindo automação e personalização em escala, tomada de decisões em tempo real e aprendizado contínuo a partir de cada interação com o cliente. No entanto, mais do que uma ferramenta tecnológica, IA é uma dimensão da inteligência e parte integral da estratégia e da cultura organizacional.

Além disso, a criação de uma **cultura de experimentação e aprendizado contínuo** é essencial para o sucesso no longo prazo. Em um mundo em constante mudança, a capacidade de se adaptar rapidamente e de forma proativa às necessidades e expectativas dos clientes é um diferencial competitivo crítico.

Deliver: entrega de experiências mágicas

Segundo **John Dewey**, *experiência é o nome que damos à interação entre um ser vivo e seu ambiente*. **Experiência** é a ação ou efeito de experimentar, sentir ou conhecer algo por meio dos sentidos, a vivência de eventos que moldam nossa percepção do mundo e de nós mesmos. Experiências são elementos essenciais da vida humana. Elas nos moldam, nos ensinam e nos conectam com o mundo ao nosso redor. As diversas formas de experiências contribuem para o nosso aprendizado, desenvolvimento, autoconhecimento e conexão.

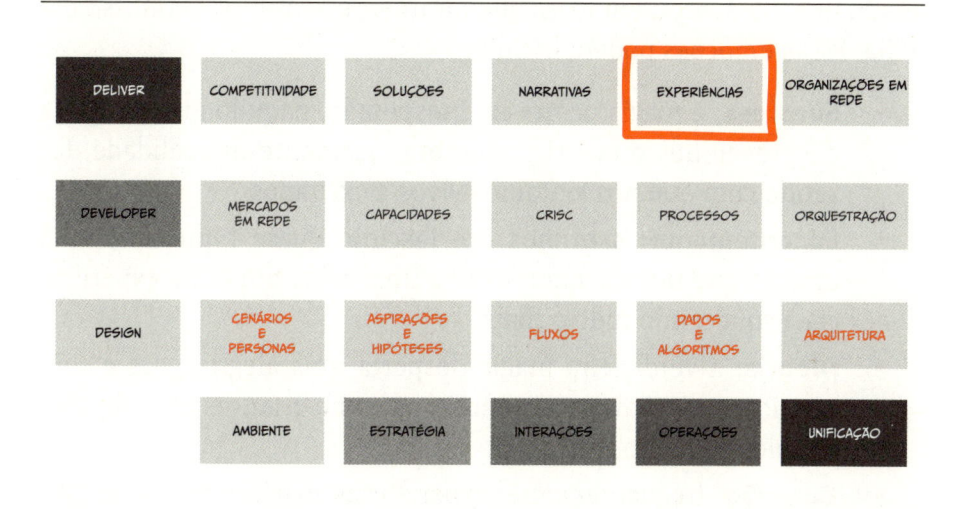

● **FIGURA 9.4**

Por que incorporamos a mágica na nossa experiência?

Descrever uma experiência como "mágica" **transcende** a simples satisfação ou alegria; é evocar uma sensação de encantamento e maravilhamento que, muitas vezes, nos remete à infância, quando o mundo parecia repleto de possibilidades infinitas. A magia, nesse contexto, é um conceito que fala diretamente ao nosso senso de admiração e surpresa, criando momentos tão impactantes e inesquecíveis que parecem suspender a realidade cotidiana, mesmo que por um breve período.

O conceito de magia

No coração do conceito de magia está a ideia de experimentar algo **fora do comum**, que desafia nossa compreensão ou expectativas. É um encontro com o extraordinário, um fenômeno que não conseguimos explicar imediatamente com nossa lógica ou conhecimento. Essa sensação de testemunhar ou vivenciar algo inexplicável toca profundamente nossas emoções, despertando uma mistura de alegria, surpresa e -quem sabe- um pingo de deslumbramento infantil.

Conexões com emoções

Quando descrevemos uma experiência como mágica, estamos dizendo que ela evocou emoções que raramente sentimos em nosso dia a dia. Essas emoções podem incluir:

- **Surpresa:** a magia ocorre no inesperado, naquilo que nos pega desprevenidos e nos tira momentaneamente da realidade, fazendo com que nos sintamos vivos e excitados.

- **Encantamento:** sentimos um fascínio quase hipnótico, uma atração que nos faz querer mergulhar mais fundo na experiência, esquecendo tudo o mais.

- **Alegria:** a verdadeira magia desperta uma alegria pura e sem restrições, similar à que sentíamos como crianças quando algo simples podia nos encantar.

- **Conexão:** frequentemente, experiências mágicas nos conectam de maneira mais profunda com os outros e com o mundo ao nosso redor, pois compartilhamos uma sensação comum de admiração.

Experiências mágicas no cotidiano

Quando aplicamos o conceito de magia às experiências cotidianas, seja em um atendimento excepcional ao cliente, em um produto inovador ou em um momento compartilhado com alguém especial, estamos reconhecendo que algo transcendeu o ordinário. Essas experiências nos lembram de que o mundo está cheio de **maravilhas**, aguardando para serem descobertas.

Por exemplo, um cliente pode descrever uma experiência com uma marca como mágica quando esta supera suas expectativas de maneira **surpreendente**, oferecendo não apenas um produto ou serviço de alta qualidade, mas um momento de genuíno encantamento, como um atendimento ao cliente excepcionalmente empático e personalizado que resolve um problema de maneira criativa e inesperada.

A importância da magia

Cultivar esses momentos mágicos é essencial para o bem-estar individual, pois nos lembra da capacidade de maravilhar e **alegrar** que

muitas vezes esquecemos na vida adulta, especialmente no contexto de negócios, onde criar experiências mágicas para os clientes pode diferenciar uma marca em mercados saturados, construindo uma conexão emocional profunda que fideliza o cliente de maneira significativa.

Dizer que uma experiência é mágica é reconhecer seu poder de nos transportar, de nos fazer sentir uma gama de emoções positivas intensas e nos conectar de maneira mais profunda com a vida e com os outros. É um lembrete de que, mesmo em um mundo cada vez mais racional e tecnológico, ainda há espaço para o encantamento e o maravilhoso.

O papel das Operações do **AEIOU** é exatamente esse. É a criação de **momentos memoráveis** que encantam, fidelizam e diferenciam sua marca no mercado. Mais do que uma extensão do marketing tradicional, a entrega de experiências reconceitualiza o relacionamento entre marca e cliente, colocando ele não só no centro de tudo, mas em busca de despertar novas sensações.

Em um mercado cada vez mais **figital** -consequentemente global-competitivo e saturado, a experiência do cliente se torna o principal – senão **único** – diferencial competitivo sustentável. Quem entrega experiências excepcionais se destaca da concorrência, fideliza seus clientes e conquista novos. Mas o marketing tradicional ainda se concentra em promover produtos e serviços, enquanto a entrega de experiências se concentra no ciclo de vida de relacionamentos duradouros com o cliente.

Princípios da experiência, segundo a Teoria AEIOU

A **Teoria AEIOU** fornece um guia para esse novo panorama, e todos os seus cinco pilares podem ser vistos na entrega de experiências mágicas e integradas.

A experiência é figital

O ambiente em que as empresas operam é espaço de dimensões física, digital e social, ortogonais, mas interconectadas e interdependentes. Entender tal universo é essencial para entender o comportamento das pessoas como clientes e suas expectativas em jornadas são fluxos neste espaço. A **integração das três dimensões** possibilita um ecossistema de experiências multifacetado e dinâmico. Empresas precisam mapear e entender as interseções das dimensões -e dos fluxos-para desenhar estratégias de marketing que operem eficazmente nesse ambiente complexo, aproveitando dados para prever tendências, comportamentos e necessidades. Essa compreensão permite a criação de experiências mais relevantes, personalizadas e impactantes, criando um alto valor competitivo e posicionamento de mercado no ecossistema figital.

Lembre-se de sempre coletar dados e feedback do cliente em cada ponto de contato. Isso é fundamental para entender suas expectativas, necessidades e comportamentos em diferentes reinos. Através de pesquisas, avaliações e fluxos de comunicação, as empresas podem obter insights sobre o que os clientes pensam e sentem em cada etapa da jornada. **Ferramentas avançadas de análise de dados** transformam esses dados em insights acionáveis que podem ser utilizados para otimizar as operações e criar experiências mais relevantes e personalizadas.

A experiência figital valoriza a cocriação

As estratégias eficazes no espaço figital devem **equilibrar opções**, como a integração física-digital e o problema de independência-interdependência social. As estratégias não apenas devem responder a esses desafios, mas usá-los como alavancas para inovação e diferenciação. Tratar as opções demanda reconhecer e harmonizar a tensão entre elas, convertendo potenciais conflitos em oportunidades de cocriação de valor com os clientes. As estratégias devem ser iterativas, adaptáveis e centradas nos usuários, combinando insights baseados em dados com uma compreensão elaborada do comportamento humano. A cocriação com clientes e stakeholders permite que as empresas desenvolvam soluções mais engajadas e sustentáveis, fomentando um engajamento mais profundo e construindo relações duradouras.

A cocriação em espaços imersivos e interativos

Espaços imersivos e interativos transcendem o mero local físico, tornando-se uma extensão da experiência **figital** da marca. **Design sensorial, tecnologias interativas e narrativas envolventes** levam esses espaços a atrair, cativar e criar memórias duradouras para os clientes.

Considerações meticulosas garantem que os espaços físicos sejam **acessíveis a todos, sustentáveis e seguros**. A identidade da marca e a estética da experiência figital são cuidadosamente integradas ao design, criando uma coesão entre os fluxos físicos e digitais.

Ao investir em espaços físicos imersivos e interativos, as empresas podem **fortalecer o relacionamento** com os clientes e criar uma **conexão emocional** mais profunda com a marca, diferenciar-se da **concorrência** e oferecer experiências únicas e memoráveis, **aumentar o engajamento** dos clientes e incentivar a participação ativa, gerar buzz e **amplificar o alcance da marca**. Em um mundo cada vez mais figital, esses espaços oferecem uma oportunidade única para as empresas se conectarem com seus clientes de forma mais profunda e significativa.

Espaços imersivos fortalecem comunidades e engajamento autêntico

Comunidades vibrantes e engajadas transcendem a mera interação comercial, criando um universo de possibilidades para empresas e clientes. Através da **conexão autêntica** e dos **relacionamentos duradouros**, marcas podem fortalecer seus laços com as pessoas em rede, gerar valor e construir uma base de fãs leais.

Conteúdo relevante e personalizado é a chave para despertar o interesse e a participação dos membros da comunidade. Seja por meio de **artigos informativos, tutoriais, vídeos envolventes ou podcasts inspiradores**, as empresas podem oferecer valor real e fomentar o diálogo entre seus clientes. Mas é a interação nas redes, entre os agentes em rede, que faz a diferença. **Redes não são audiência**, e **comunidades não são públicos**. Nas comunidades, a marca é só mais um agente em rede. Que tem que trabalhar muito para ser continuadamente aceito e bem-vindo.

Atividades interativas como concursos, enquetes, *quizzes* e desafios gamificados amplificam o engajamento e a participação. **Oportunidades de cocriação**, como desafios ou o desenvolvimento colaborativo de novos produtos, permitem que os clientes se sintam parte da marca e contribuam ativamente para seu crescimento.

Plataformas facilitam a interação e o senso de pertencimento à comunidade. **Eventos presenciais**, como workshops, *meetups* e conferências, proporcionam experiências memoráveis, fortalecendo o vínculo entre marca e clientes. **Grupos de interesse específicos**, segmentados por hobbies, nichos ou características em comum, criam espaços para conversas e conexões mais profundas entre indivíduos com interesses afins.

Comunidades precisam ser monitoradas e adaptadas continuamente

O **monitoramento constante** do desempenho das operações e do impacto na experiência do cliente é crucial para o sucesso a longo prazo. Através da **utilização de KPIs específicos** para cada etapa da jornada do cliente, as empresas podem avaliar a efetividade das operações e identificar áreas de otimização. A **análise de dados e o feedback do cliente** geram insights para aprimorar a experiência do cliente e acelerar inovação.

KPIs específicos podem ser definidos para medir diversos aspectos da experiência do cliente, como tempo de espera, taxa de resolução de problemas, satisfação do cliente e nível de engajamento. A **análise de dados** pode identificar padrões e tendências que podem ser utilizados para otimizar processos e melhorar a experiência do cliente. O **feedback do cliente**, por meio de pesquisas, avaliações e fluxos de comunicação, fornece informações valiosas sobre as necessidades e expectativas dos clientes.

A **cultura de experimentação e aprendizado contínuo** é fundamental para que as empresas se mantenham competitivas e inovadoras no mundo figital. Através da **realização de testes A/B** e outras metodologias de experimentação, as empresas podem comparar diferentes soluções e identificar a mais eficaz para atender às necessidades dos clientes.

A **adaptação das operações com base nos resultados das avaliações e do feedback do cliente** garante que as empresas estejam constantemente aprimorando suas ofertas e proporcionando a melhor experiência possível. **Investir em pesquisa e desenvolvimento** permite que as empresas identifiquem novas tecnologias e tendências que podem ser utilizadas para aprimorar as experiências figitais.

Risco faz parte do aprendizado de se fazer novas experiências

A **implementação de uma estrutura de governança robusta** é fundamental para garantir a gestão eficaz das operações figital. Essa estrutura deve definir **claramente as responsabilidades, processos e políticas** que nortearão as atividades da empresa no mundo digital.

A **gestão eficaz dos riscos e desafios** relacionados à segurança de dados, privacidade e conformidade é essencial para proteger a empresa e seus clientes. Isso inclui a implementação de medidas de segurança adequadas, a criação de políticas de privacidade claras e transparentes e a constante monitoração do ambiente regulatório.

Ao investir em uma estrutura de governança robusta e na gestão eficaz dos riscos, as empresas podem **proteger seus dados e sistemas** contra ataques cibernéticos e violações de segurança, **garantir a privacidade** dos dados dos seus clientes e cumprir as leis e regulamentações em vigor, **construir confiança** com seus clientes e parceiros e **reduzir custos** e **aumentar** a eficiência das operações.

Uma governança robusta define **claramente as responsabilidades, os processos e as políticas** que norteiam as atividades da empresa no mundo digital, enquanto a gestão eficaz dos riscos garante a **segurança de dados, privacidade e conformidade**.

Estágio	Resumo	Perguntas norteadoras
Design: dados e algoritmos	Focado na utilização estratégica de dados e algoritmos para revolucionar experiências do cliente. Aproveitar análise e automação ética para criar ciclos de vida de dados e algoritmos eficientes e alinhados com necessidades dos clientes.	Como projetar arquiteturas de dados escaláveis e flexíveis? Quais são os processos de coleta e processamento de dados para qualidade e confiabilidade? Como implementar loops de feedback para aprimoramento contínuo?
Desenvolvimento: processos	Ênfase no desenvolvimento de processos que usam análise preditiva para otimizar experiências do cliente. Modelagem e previsão do retorno sobre o investimento [ROI] são cruciais para a otimização de experiências da jornada do cliente.	Quais processos podem ser integrados para uma experiência fluida dos clientes? Como usar análise preditiva para personalizar experiências e prever resultados? Como equilibrar automação e personalização para criar eficiência sem sacrificar a conexão humana?

Entrega: **experiências**	Centra-se na entrega de experiências personalizadas, a partir de uma visão holística da jornada do cliente, usando dados para obter insights que transformam as interações, de genéricas para altamente individualizadas.	Como orquestrar experiências em diferentes dimensões para criar uma jornada unificada? Quais tecnologias emergentes podem aprimorar a entrega de experiências personalizadas? Como medir e avaliar efetivamente a qualidade da experiência do cliente?

● TABELA 7.1 – RESUMO DA ESTRATÉGIA DE MARKETING.

10

Unificar para orquestrar redes

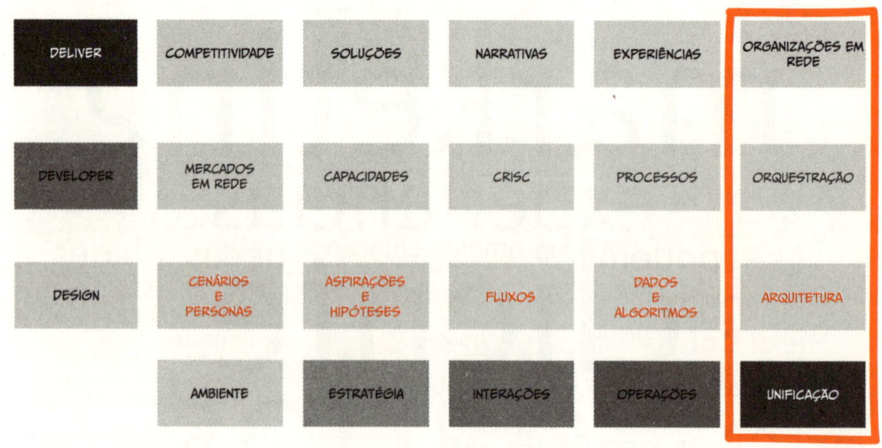

● **FIGURA 10.1**

A Unificação, no contexto do **AEIOU**, fundamenta-se na ideia de estratégia de transformação, especialmente em organizações que atuam em rede. A estratégia de transformação implica na habilidade de uma organização de reformular sua arquitetura de negócio. Unificação atua como energia para que a estratégia de transformação seja executada na prática. É um método estruturado para tratar um ambiente do marketing cada vez mais caracterizado por plataformas, comunidades, ecossistemas e efeitos de rede, como o elo que integra estes fatores complexos em uma arquitetura estratégica unificada. Assim como todas as letras do **AEIOU**, o U tem três etapas... Design, Develop e Deliver.

Design: arquitetura para organizações em rede

A etapa de **design** da Unificação trata um novo nível de complexidade do mundo conectado, onde a ideia de uma entidade empresarial isolada se tornou obsoleta. As organizações estão cada vez mais inseridas em ecossistemas dinâmicos e em rede, facilitados por plataformas, que afetam não uma ou duas funções de negócios, mas tudo, desde a gestão da rede de suprimentos até o envolvimento do cliente. As fronteiras das organizações se tornaram permeáveis, tornando a arquitetura empresarial um conjunto de sistemas complexos e interdependentes.

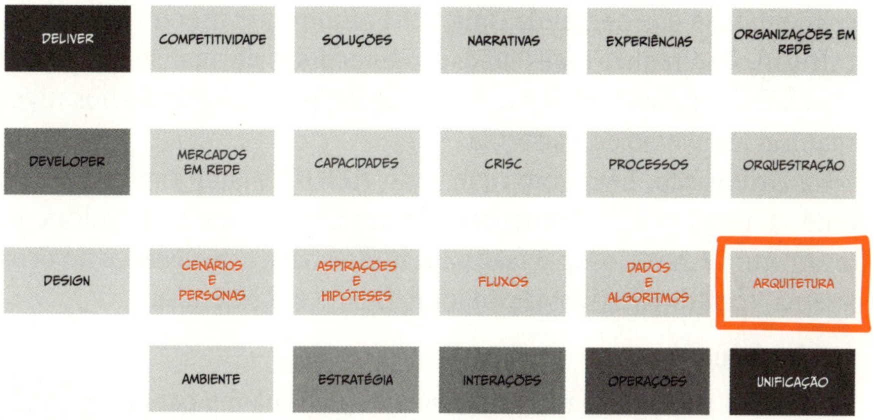

DELIVER	COMPETITIVIDADE	SOLUÇÕES	NARRATIVAS	EXPERIÊNCIAS	ORGANIZAÇÕES EM REDE
DEVELOPER	MERCADOS EM REDE	CAPACIDADES	CRISC	PROCESSOS	ORQUESTRAÇÃO
DESIGN	CENÁRIOS E PERSONAS	ASPIRAÇÕES E HIPÓTESES	FLUXOS	DADOS E ALGORITMOS	ARQUITETURA
AMBIENTE	ESTRATÉGIA	INTERAÇÕES	OPERAÇÕES	UNIFICAÇÃO	

● FIGURA 10.2

A **Teoria AEIOU** reconhece que as organizações são agentes interdependentes em ecossistemas de inovação e marketing. A arquitetura deste processo de design é um DNA organizacional, codificando não apenas as regras e os relacionamentos dentro da organização, mas suas interações com outras entidades do ecossistema, uma ampliação do conceito de organizações em rede, exigindo uma abordagem mais refinada que acomodar dependência e interações de múltiplas entidades.

A etapa de design do U não é sobre a criação de um plano fixo, mas a antecipação de arquiteturas dinâmicas e adaptativas que possam se ajustar a cenários de negócios em constante mudança. Tais arquiteturas devem ser capazes de evoluir em resposta a mudanças na organização e no ecossistema mais amplo dos quais fazem parte.

Nessa arquitetura dinâmica, o marketing não é relegado à periferia: deixa de ser um "departamento" para ser um "processo multifuncional" e propomos que deve ser um "hub ecossistêmico", o nexo em torno do qual giram não apenas as funções internas de negócios, mas as funções ecossistêmicas externas, como relacionamentos com parceiros, governança de plataformas e engajamento das comunidades.

Nessa nova arquitetura, marketing não se resume a comunicador ou promotor. À medida que os mercados se tornam cada vez mais conectados e ecossistêmicos, o papel do marketing se expande para incluir uma ampla gama de funções, como orquestração de ecossistemas, análise de dados e alinhamento estratégico com outros parceiros do ecossistema, o que demanda uma nova arquitetura inerentemente data-driven. Isso requer redes de dados e recursos de análise integrando entradas de muitas fontes e oferecendo insights acionáveis nos níveis organizacional e do ecossistema.

Na Unificação, bem como em todo **AEIOU**, plataformas emergem como facilitadores fundamentais de arquiteturas ecossistêmicas, infraestrutura e serviços que facilitam interações entre agentes no ecossistema, com imperativos de adaptabilidade e resiliência.

Princípios

Os cinco princípios a seguir servem como pilares para desenho da arquitetura de negócios nos ecossistemas onde competem.

Princípio 1: integração ecossistêmica. A arquitetura não deve apenas servir à organização, mas ser projetada para se integrar a um ecossistema mais amplo de partes interessadas, plataformas e redes. A arquitetura deve facilitar as interações entre diversos agentes dentro desse ecossistema, desde fornecedores e parceiros até clientes e reguladores.

Princípio 2: flexibilidade adaptativa. A arquitetura deve ser adaptável ao cenário de negócios em rápida mudança, projetada para acomodar mudanças nas condições de mercado, avanços tecnológicos e comportamentos do consumidor, entre outras variáveis.

Princípio 3: centramento em dados. A arquitetura deve facilitar o fluxo contínuo de dados para análises em tempo real e tomada de decisões informadas; dados não devem ser um complemento, mas centrais para a arquitetura, permitindo o aprendizado contínuo e a adaptação.

Princípio 4: marketing como hub ecossistêmico. Marketing não deve ser função periférica, mas como um hub em torno do qual todo o ecossistema gira. No **AEIOU**, isso significa que o marketing se torna o nexo para atividades ecossistêmicas, desde o engajamento do cliente e design de experiência até análise de dados e alinhamento estratégico.

Princípio 5: robustez resiliente. Embora a arquitetura deva ser flexível e adaptativa, também deve ser robusta o suficiente para garantir estabilidade e confiança entre os participantes do ecossistema.

A transição para uma arquitetura organizacional em rede não está isenta de desafios. Exige uma reimaginação dos modelos de negócios tradicionais, recalibragem das estratégias e reconfiguração dos processos.

Develop: orquestrando o jazz das funções empresariais

Esta fase serve como estágio onde os princípios de integração ecossistêmica, flexibilidade adaptativa, centramento em dados, marketing como hub ecossistêmico e robustez resiliente são traduzidos em estratégias e processos. É aqui que os elementos Ambiente, Estratégia, Interações e Operações da estrutura **AEIOU** são harmonizados e integrados em um todo unificado, incorporando a essência da Unificação.

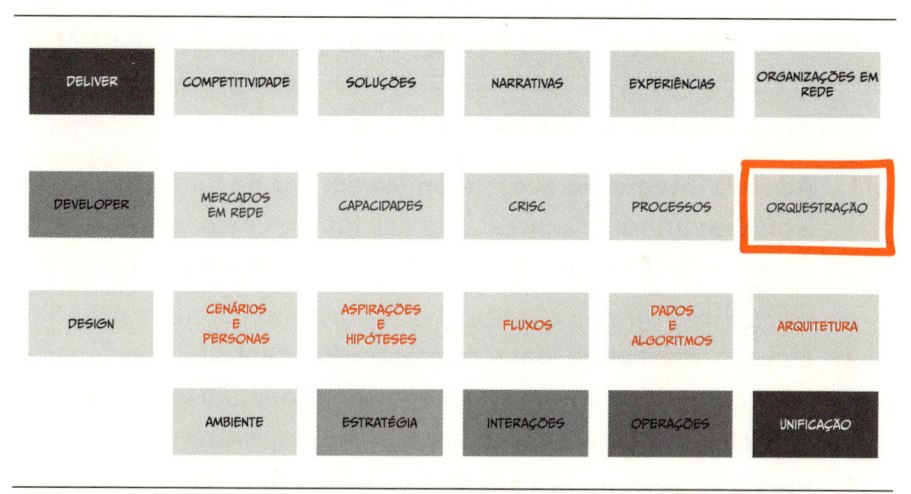

● **FIGURA 10.3**

A fase de Development do U transcende a noção de coordenação para abraçar um conceito mais sofisticado de orquestração, semelhante à improvisação do Jazz, onde os músicos são celebrados por sua capacidade de improvisar, mantendo a harmonia dentro do conjunto. Essa metáfora serve para entender a natureza complexa, adaptativa e colaborativa das organizações em ecossistemas em rede.

Aqui, o papel do "líder" é análogo ao papel do marketing na organização, como o orquestrador que traz harmonia ao "conjunto organizacional", alinhando funções para alcançar um objetivo comum. No entanto, a orquestração não é uma atividade isolada; é uma interação entre processos, funções e estratégias no tecido da arquitetura da organização.

O papel da governança adaptativa

A governança adaptativa não é um recurso opcional, mas o equilíbrio entre estrutura e liberdade envolve o estabelecimento de estruturas de governança robustas e flexíveis. Essas estruturas servem como mecanismos regulatórios que garantem o alinhamento das funções de negócios com a estratégia abrangente.

Essas estruturas de governança também interagem estreitamente com as Operações do **AEIOU**, alinhando eficiência operacional com objetivos estratégicos.

O papel ecossistêmico do marketing

Podemos estabelecer cinco regras básicas para orquestrar a transição para a arquitetura distribuída e processos de negócios das organizações em rede e elas são apresentadas abaixo.

1. **Adote a integração ecossistêmica em vez de funcionalidades isoladas:** priorizar a integração das funções de negócios dentro do ecossistema mais amplo, indo além de estruturas isoladas e monolíticas.

2. **Eleve o marketing para orquestrador central:** posicionar o marketing como orquestrador central, alinhando várias funções de negócios e garantindo a harmonia ecossistêmica.

3. **Priorize a governança adaptativa para a flexibilidade ecossistêmica:** Implementar estruturas de governança que equilibrem robustez com flexibilidade, semelhante ao equilíbrio entre estrutura e improvisação no Jazz.

4. **Integre tecnologias para tomada de decisão centrada em dados:** integre tecnologias de ponta, como **IA** e Machine Learning, ao processo de orquestração para conduzir estratégias centradas em dados.

5. **Reposicionar o marketing como hub ecossistêmico:** transforme o papel do marketing de uma função transacional em um hub ecossistêmico que orquestra uma gama de atividades.

Em essência, essas regras básicas servem como princípios orientadores para as organizações que navegam no intrincado cenário dos ecossistemas de negócios modernos. Eles enfatizam a importância da integração, adaptabilidade, alinhamento estratégico e o papel fundamental do marketing na orquestração da interação harmoniosa das funções de negócios dentro do ecossistema mais amplo.

Deliver: organizações em rede e o ápice da teoria 134

A fase Delivery do U é um momento especial na evolução organizacional, uma mudança do conceito de Organizações de Aprendizagem para Organizações em Rede. Essa transição não é uma mudança nominal, mas uma transformação que tem implicações de longo alcance para como as organizações operam, se adaptam e criam valor no cenário de negócios moderno.

DELIVER	COMPETITIVIDADE	SOLUÇÕES	NARRATIVAS	EXPERIÊNCIAS	ORGANIZAÇÕES EM REDE
DEVELOPER	MERCADOS EM REDE	CAPACIDADES	CRISC	PROCESSOS	ORQUESTRAÇÃO
DESIGN	CENÁRIOS E PERSONAS	ASPIRAÇÕES E HIPÓTESES	FLUXOS	DADOS E ALGORITMOS	ARQUITETURA
	AMBIENTE	ESTRATÉGIA	INTERAÇÕES	OPERAÇÕES	UNIFICAÇÃO

● **FIGURA 10.4**

Organizações em Rede não são repositórios de aprendizagem, mas fundamentalmente conectadas em rede em suas orientações operacionais e estratégicas. A rede tornou-se a unidade central da sociedade, substituindo e/ou transformando outras formas organizacionais. Na sociedade em rede, o fluxo de informação não é vertical ou horizontal, mas multidirecional, e as organizações devem se adaptar a essa nova realidade para sobreviver e prosperar.

Uma Organização de Aprendizagem pode se destacar na gestão interna do conhecimento, mas pode não ser ágil para se adaptar a rápidas mudanças no comportamento do cliente, condições de mercado ou avanços tecnológicos. Uma organização em rede, por outro lado, é projetada para ser ágil, com foco em análise de dados em tempo real e processos distribuídos de decisão, tornando-a mais bem equipada para enfrentar os desafios impostos pela realidade.

O conceito de fluxos de rede também tem implicações profundas para as estratégias de marketing. Em um cenário de mercado descentralizado e distribuído, o marketing não pode permanecer uma função isolada focada apenas na aquisição e retenção de clientes. Em vez disso, deve evoluir para uma função estratégica que orquestra as interações da organização com várias partes interessadas em toda a rede.

Descentralização, distribuição e mercados em rede

A noção de fluxos de rede é particularmente relevante para a compreensão das complexidades dos mercados modernos, não mais confinados a espaços físicos ou limitados pelas cadeias de valor tradicionais. Agora são ecossistemas complexos onde valor é cocriado por uma miríade de interações não lineares entre agentes diversos. São fluxos de rede complexos, continuamente moldados e remodelados pelos avanços tecnológicos, mudanças regulatórias e mudanças nas preferências do consumidor.

Em um mundo de fluxos de rede, a vantagem competitiva não está mais no que a organização possui ou controla, mas em sua capacidade de se conectar, interagir e cocriar valor com outros nós da rede. Isso exige organizações ágeis, adaptáveis e abertas a colaborações externas. Requer também um repensar dos modelos de liderança, afastando-se das hierarquias de comando e controle para formas mais descentralizadas e participativas de governança.

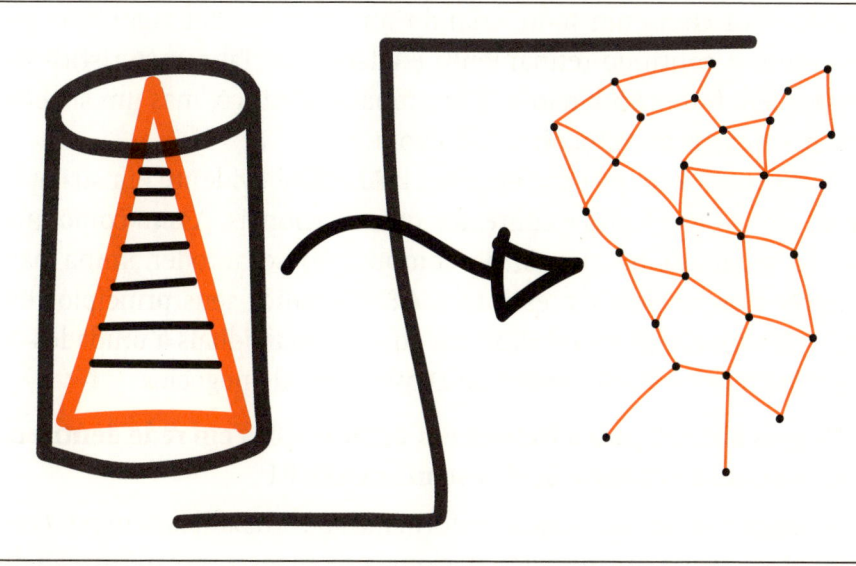

● **FIGURA 10.5**

Estratégia em organizações em rede: design de interconectividade

Enquanto as estruturas estratégicas convencionais enfatizavam alavancagem de ativos e capacidades organizacionais existentes, o foco nos contextos em rede gira em direção à interconectividade. Não se trata de um ajuste tático, mas uma reorientação fundamental que exige um novo ecossistema composto por talentos, tecnologia e fluxos de informação.

A interconectividade e a interdependência estão enraizadas no entendimento de que a vantagem competitiva em um mundo em rede é menos sobre o que a organização sabe individualmente e mais sobre sua capacidade de explorar a inteligência coletiva de sua rede. Essa mudança é congruente com os princípios da inovação aberta, onde as fronteiras entre a firma e seu ambiente são porosas, possibilitando o fluxo de ideias, tecnologias e conhecimento.

A evolução contínua das organizações em rede: reentrada, recursão e fractais

A fase de Deliver no U não é um término, mas um processo em constante evolução, incorporando os princípios de reentrada, recursão e geometria fractal. A noção de reentrada no **AEIOU** refere-se à natureza autorreferencial da **Teoria**, onde cada elemento e componente se entrelaça como um todo, criando um ciclo de realimentação que permite um contínuo refinamento e adaptação. Tal característica garante que o framework não seja um modelo estático, mas um sistema dinâmico capaz de autocorreção e evolução.

A natureza recursiva do framework **AEIOU** é evidente em sua aplicação em várias escalas e contextos organizacionais. Assim como uma função recursiva na ciência da computação se autodenomina para resolver um problema, a estrutura **AEIOU** aplica seus princípios em múltiplos níveis da organização, de equipes individuais a unidades de negócios inteiras e até mesmo ao ecossistema de negócios.

Regras básicas para o Deliver em organizações em rede dentro do componente de Unificação da estrutura AEIOU

As seguintes regras básicas, informadas por trabalhos seminais nos campos da teoria organizacional, ciência de redes e transformação digital, fornecem um roteiro para as organizações orquestrarem efetivamente essa transição:

1. **Priorize conexão e evolução:** adote e priorize um modelo organizacional em rede, assegurando a interconexão entre todos os elementos da estrutura **AEIOU** e comprometendo-se com a evolução contínua para evitar estagnação.

2. **Descentralize e empodere:** fomente a tomada de decisão descentralizada, capacitando diversos nós da organização, e garanta operações centradas no cliente, colocando suas necessidades e feedback no coração da estratégia.

3. **Ética e cliente como foco central:** integre considerações éticas, especialmente em relação a dados e transparência, e coloque o cliente no centro de todas as decisões e operações, assegurando a máxima relevância e valor.

4. **Inteligência coletiva e agilidade:** valide a inteligência coletiva, aproveitando insights através da organização, e mantenha estratégias ágeis que se adaptam rapidamente a mudanças de mercado e condições externas.

5. **Tecnologia e feedback para melhoria contínua:** adote avanços tecnológicos para promover eficiência e competitividade e esta-

beleça um ciclo robusto de feedback para guiar a melhoria contínua, evitando decisões baseadas apenas em suposições.

Entregando a próxima geração de organizações em rede

Em conclusão, a fase Deliver culmina em organizações de próxima geração, projetadas como redes descentralizadas e distribuídas, espelhando a arquitetura dos mercados modernos. A vantagem competitiva não decorre da perfeição interior, mas do aproveitamento do potencial criativo através de fronteiras permeáveis. O objetivo final é a transformação de hierarquias burocráticas em coletivos ágeis, transparentes, empoderados e que transacionam e interagem fluidamente como nós em uma matriz de valores multidirecional.

Da abstração para a realização

Uma das ideias-chave da Teoria AEIOU é transformar marketing em um hub que orquestra todo o negócio, da descoberta ou criação dos mercados e produtos e serviços para eles até, como certas plataformas de varejo mostram, a total virtualização do negócio e sua transformação no que se poderia chamar de um **PMO**, um *pure marketing operation*.

Para iniciar a transformação de uma organização em uma rede integrada de marketing, é fundamental abordar esta mudança não apenas como uma série de etapas operacionais, mas como uma evolução da cultura organizacional, uma redefinição do papel do marketing e uma integração mais profunda deste com todas as funções da empresa. A adoção de uma metodologia estruturada para essa transformação permite não apenas a implementação eficaz dessas mudanças, mas também assegura que elas sejam sustentáveis e gerem impacto positivo e duradouro.

Nesta introdução à metodologia para transformar uma organização em uma rede de marketing, é vital enfatizar que essa evolução **não** se limita a remodelar o departamento de marketing. Trata-se de uma reconcepção de toda a empresa como uma entidade integrada, onde o marketing atua como um hub central, interconectando e potencializando todas as áreas de negócio para criar um ecossistema de valor compartilhado.

A metodologia proposta a seguir é construída em torno de nove pilares estratégicos, cada um com ações específicas, destinadas a impulsionar essa transformação de forma prática e eficiente:

1. Integrar marketing e estratégia de negócios

A integração entre marketing e estratégia de negócios deve ser profunda e operacionalizada por meio de etapas claras e práticas, garantindo que o marketing transcenda sua função tradicional e contribua significativamente para a orientação estratégica da organização:

a. Colaboração estratégica no planejamento empresarial:

- Assegurar a participação de profissionais de marketing nas reuniões de planejamento estratégico e decisões corporativas, promovendo uma cultura de colaboração e inclusão.

- Encorajar a equipe de marketing a fornecer análises de mercado profundas, insights do consumidor e projeções de tendências para fundamentar decisões estratégicas.

b. Cocriação de objetivos e diretrizes estratégicas:

- Promover sessões de trabalho conjunto entre marketing e outras áreas-chave para alinhar visões e objetivos, assegurando que todos os esforços estejam sincronizados e voltados para o cumprimento da estratégia global.

- Desenvolver um entendimento compartilhado das metas corporativas, com contribuições do marketing para o refinamento de estratégias e definição de KPIs relevantes.

c. Exploração conjunta de novas oportunidades de mercado:

- Estimular um papel proativo do marketing na identificação e avaliação de novas oportunidades, utilizando ferramentas analíticas e de inteligência de mercado para antecipar movimentos e identificar nichos potenciais.

- Integrar conhecimentos de marketing com insights de outras áreas para avaliar oportunidades e riscos, promovendo uma abordagem multifacetada à inovação.

d. Desenvolvimento integrado de modelos de negócios:

- Incentivar equipes multidisciplinares, incluindo marketing, para colaborar no design de novos modelos de negócios, integrando conhecimentos de mercado, tecnologia e operações.
- Utilizar workshops de cocriação e ferramentas colaborativas para unir diferentes perspectivas, enriquecendo o processo de inovação em modelos de negócios.

e. Fomento à inovação em produtos e serviços:

- Facilitar a colaboração entre marketing e P&D para assegurar que o desenvolvimento de produtos e serviços esteja alinhado com as necessidades do mercado e tendências emergentes.
- Aplicar métodos como design thinking e desenvolvimento ágil para garantir que o marketing contribua para a inovação orientada ao usuário desde as fases iniciais.

f. Integração holística de competências e habilidades:

- Promover o desenvolvimento contínuo de competências em marketing, assegurando que a equipe esteja equipada com habilidades atualizadas e alinhadas com as demandas estratégicas.
- Criar programas de formação e desenvolvimento profissional que interliguem conhecimentos de marketing com habilidades em estratégia, análise de dados e inovação, estimulando uma visão holística.

Implementando essas etapas, o marketing não apenas reforça sua contribuição para o sucesso da empresa mas também se posiciona como agente privilegiado na definição e execução da estratégia de negócios, impulsionando a organização em direção a uma integração eficaz e resultados sustentáveis.

2. Descentralização do marketing para se tornar uma rede de articulação

Transformar o marketing em uma rede de articulação exige uma mudança cultural e estrutural dentro da organização, onde o marketing se infiltra em todas as camadas e funções, promovendo colaboração e inovação contínuas:

a. Disseminação do conhecimento de marketing:

- Desenvolver programas de treinamento e workshops para educar todos os funcionários sobre os fundamentos do marketing, destacando como suas funções individuais impactam a percepção e o valor da marca.

- Instituir comunicações regulares que compartilhem sucessos de marketing, estudos de caso e melhores práticas, incentivando todos a pensar com uma mentalidade de marketing.

b. Cultura de colaboração interdepartamental:

- Criar grupos de trabalho mistos e equipes de projeto que incluam membros de marketing e outras funções para fomentar a troca de ideias e desenvolver soluções integradas.

- Utilizar plataformas digitais e ferramentas colaborativas para facilitar a interação entre equipes, permitindo o compartilhamento fácil de insights e dados relevantes.

c. Marketing como catalisador de inovação:

- Encorajar o departamento de marketing a identificar e trazer inovações externas relevantes, transformando-as em iniciativas internas que possam beneficiar a organização.

- Promover um ambiente onde o marketing não só informa, mas também inspira inovação, atuando como um elo entre necessidades externas e capacidades internas.

d. Identificação e fomento de interconexões:

- Incentivar a equipe de marketing a mapear e entender as redes de relacionamento dentro e fora da organização, identificando pontos-chave para colaboração e sinergia.

- Utilizar análises de rede para entender como a informação flui dentro da organização e identificar oportunidades para melhorar a comunicação e colaboração.

e. Ampliação do papel facilitador do marketing:

- Posicionar o marketing como um consultor interno para outros departamentos, oferecendo suporte estratégico e tático para ajudar a integrar a perspectiva do cliente em todas as funções.

- Garantir que o marketing participe ativamente no desenvolvimento e na implementação de estratégias organizacionais, assegurando que a voz do cliente esteja sempre presente nas decisões estratégicas.

f. Estímulo à inovação colaborativa:

- Estabelecer espaços para que ideias de marketing possam ser facilmente submetidas, discutidas e implementadas, independentemente da posição hierárquica na empresa.

- Promover uma cultura onde o feedback e as ideias de todos os setores sejam valorizados e considerados, fortalecendo o sentimento de propriedade e engajamento em relação à marca e seus objetivos.

Ao adotar essas práticas, a organização pode transformar seu marketing de um departamento isolado em uma rede dinâmica e integrada de articulação, impulsionando a inovação, a colaboração e a estratégia de negócios de forma coesa e alinhada com o mercado e as necessidades dos clientes.

3. Colaboração multidisciplinar para cocriação de valor em produtos e serviços

Implementar uma colaboração multidisciplinar efetiva requer estratégias concretas e ações que integrem o marketing a todas as facetas da organização, facilitando a cocriação de valor que ressoa com as necessidades e os desejos dos clientes:

a. Integração com diversas equipes organizacionais:

- Estabelecer processos e plataformas que permitam uma comunicação fluida e constante entre o marketing e outros departamentos, como P&D, vendas, atendimento ao cliente e TI.

- Organizar sessões regulares de alinhamento estratégico e brainstorming entre essas equipes, incentivando a partilha de informações e perspectivas diversas para enriquecer o entendimento do mercado e das oportunidades.

b. Criação de equipes de projeto multidisciplinares:

- Formar equipes de projeto que incluam membros de marketing e outras áreas-chave, trabalhando juntos desde a concepção até a implementação de novos produtos ou serviços.
- Utilizar metodologias ágeis para facilitar a colaboração e permitir ajustes rápidos com base no feedback do mercado e dos stakeholders internos.

c. Envolver os clientes no processo de desenvolvimento:

- Implementar estratégias de cocriação que envolvam diretamente os consumidores, utilizando ferramentas como pesquisas, grupos focais e plataformas de inovação aberta.
- Promover programas de beta testing ou pilotos com usuários para obter feedback direto e iterar rapidamente nas soluções propostas.

d. Fomento de ambientes de inovação colaborativa:

- Criar espaços, físicos ou virtuais, dedicados à inovação colaborativa, onde equipes multidisciplinares podem se reunir para gerar ideias, prototipar e testar novas abordagens.
- Estimular a participação em hackathons, workshops e outras atividades que propiciem o encontro de diferentes competências e visões.

e. Alinhamento estratégico entre departamentos:

- Garantir que os objetivos e as estratégias de marketing estejam integrados e alinhados aos dos outros departamentos, promovendo uma visão unificada em relação aos objetivos da empresa.
- Estabelecer indicadores de desempenho que reflitam os resultados dessa integração, medindo o sucesso da colaboração interdepartamental no desenvolvimento de produtos e serviços.

f. Promover a cultura de compartilhamento e aprendizado mútuo:

- Incentivar o compartilhamento de conhecimento e experiências entre os departamentos, valorizando as contribuições de cada área e promovendo um ambiente de aprendizado contínuo.

- Reconhecer e recompensar iniciativas bem-sucedidas de colaboração e cocriação, incentivando a continuidade dessa prática dentro da organização.

Implementando essas estratégias, a organização pode assegurar que o marketing, em colaboração com outras áreas, contribua para a criação de produtos e serviços que não apenas atendam, mas superem as expectativas dos clientes, fortalecendo a marca e impulsionando o crescimento sustentável.

4. Transformar dados em insights

Para que o marketing transforme dados em insights valiosos, é necessário um entendimento abrangente e multidisciplinar que alinhe tecnologia, análise de dados, e profundo conhecimento dos mercados e do comportamento humano. Esses insights devem impulsionar decisões estratégicas e operacionais, influenciar a personalização da experiência do cliente e orientar a orquestração do ecossistema de negócios:

a. Estabelecimento de uma infraestrutura de dados robusta:

- Implementar sistemas e ferramentas avançadas de coleta e análise de dados que possam processar e interpretar grandes volumes de informações, tanto estruturadas quanto não estruturadas.

- Assegurar que a infraestrutura de dados esteja alinhada com as necessidades de marketing, permitindo a integração e o acesso aos dados relevantes de forma ágil e eficaz.

b. Desenvolvimento de competências analíticas multidisciplinares:

- Fomentar a capacitação contínua das equipes de marketing em análise de dados, estatística, inteligência artificial e outras áreas relacionadas, ampliando seu repertório analítico e estratégico.

- Estimular a colaboração entre especialistas em dados e profissionais de marketing para enriquecer a análise com perspectivas diversas e insights multidisciplinares.

c. Geração de insights acionáveis a partir de dados:

- Utilizar metodologias analíticas avançadas para identificar padrões, tendências e correlações que possam traduzir-se em insights estratégicos e operacionais.

- Transformar esses insights em recomendações claras e acionáveis que possam orientar a tomada de decisão em todos os níveis da organização.

d. Personalização e otimização da experiência do cliente:

- Aplicar os insights derivados da análise de dados para segmentar o público, personalizar ofertas, comunicações e experiências, maximizando a relevância e o valor percebido pelos clientes.

- Monitorar e mensurar continuamente a eficácia dessas iniciativas, ajustando as estratégias com base no feedback e nos dados de desempenho.

e. Integração dos insights no AEIOU da organização:

- Garantir que os insights gerados pelo marketing permeiem todas as dimensões da **Teoria AEIOU**, influenciando não só a comunicação e a oferta, mas também a estratégia, a inovação, as operações e a unificação do negócio.

- Promover a utilização desses insights para definir articulações estratégicas dentro da rede de valor da empresa e orquestrar o ecossistema de negócios, potencializando a colaboração e a criação de valor compartilhado.

f. Liderança no uso estratégico de dados:

- Posicionar o marketing como líder no uso estratégico de dados dentro da organização, demonstrando como a análise e a interpretação de dados podem informar decisões estratégicas, estimular a inovação e otimizar operações.

- Fomentar uma cultura que valorize a base analítica nas decisões de negócios, incentivando outras áreas a adotarem práticas similares e a integrarem insights de marketing em suas atividades.

Ao seguir estas diretrizes, o marketing não apenas eleva seu papel estratégico na organização, mas também se torna um elemento central na orquestração e na inovação contínua do ecossistema empresarial, impulsionando o crescimento e a adaptação ao mercado dinâmico.

5. Orquestração de ecossistemas e da inovação com e em marketing

A orquestração de ecossistemas e da inovação pelo marketing requer uma visão expansiva e colaborativa, transformando o departamento em um núcleo integrador e catalisador dentro e fora da empresa:

a. Construção e manutenção de relações estratégicas:

- Identificar e engajar uma ampla gama de stakeholders, incluindo não apenas clientes, mas também parceiros, fornecedores e, em alguns casos, até concorrentes, para fomentar um ambiente colaborativo e inovador.

- Estabelecer fluxos de comunicação efetivos e rotinas de interação regular para manter o diálogo e fortalecer as relações, reconhecendo e valorizando as contribuições de cada parte do ecossistema.

b. Criação de redes de inovação integradas ao marketing:

- Incentivar a formação de redes de inovação que interliguem diversos atores do ecossistema empresarial, aproveitando o marketing não apenas como promotor da marca, mas como interlocutor ativo na geração e na disseminação de inovações.

- Facilitar o acesso a recursos, conhecimentos e plataformas que permitam a colaboração efetiva entre diferentes entidades, estimulando a cocriação e o desenvolvimento conjunto de soluções inovadoras.

c. Promoção de iniciativas de inovação aberta:

- Implementar e apoiar programas e eventos como hackathons, workshops colaborativos e fóruns de inovação que convidem participantes internos e externos a contribuir com ideias e soluções, promovendo uma cultura de inovação aberta.

- Utilizar essas iniciativas para capturar insights externos, testar novas ideias rapidamente e integrar contribuições valiosas ao processo de inovação da empresa.

d. Orquestração proativa do ecossistema:

- Atuar como um maestro no ecossistema de negócios, antecipando tendências, alinhando interesses e fomentando sinergias que beneficiem todos os envolvidos, transformando insights em ações concretas e inovadoras.

- Monitorar e analisar continuamente o ecossistema para identificar oportunidades de aprimoramento, ajustando estratégias e iniciativas conforme necessário para manter a relevância e o dinamismo.

e. Fomento ao compartilhamento de conhecimento e recursos:

- Criar mecanismos que facilitem a troca de conhecimentos, tecnologias e melhores práticas entre os membros do ecossistema, potencializando a aprendizagem coletiva e a inovação cruzada.

- Encorajar uma mentalidade de "ganha-ganha", em que a colaboração e o compartilhamento de valor sejam os princípios orientadores, fortalecendo a posição da empresa como líder e parceira no ecossistema.

Ao seguir estas diretrizes, o marketing se posiciona como um vetor crítico para a inovação e a colaboração no ecossistema de negócios, dinamizando o fluxo de ideias e fortalecendo a rede de contatos e parcerias da empresa, o que resulta em uma vantagem competitiva sustentável e na geração de valor contínuo.

6. Cultura de aprendizado e adaptação

Para cultivar uma cultura de aprendizado contínuo e adaptação no marketing, é essencial implementar práticas e processos que estimulem a inovação, a curiosidade e a flexibilidade, adaptando-se proativamente às exigências de um mercado em constante transformação:

a. Promoção de uma mentalidade de aprendizado contínuo:

- Estabelecer programas de desenvolvimento profissional e treinamento contínuo para os membros da equipe de marketing, abrangendo as últimas tendências do mercado, tecnologias emergentes e metodologias ágeis.

- Incentivar a participação em conferências, seminários e cursos, proporcionando oportunidades para a equipe se atualizar e trazer novas ideias e abordagens para a organização.

b. Estímulo à experimentação:

- Criar um ambiente seguro para testar novas ideias, onde a experimentação seja valorizada e possíveis falhas sejam vistas como oportunidades de aprendizado.
- Implementar ciclos rápidos de teste e aprendizado, utilizando métodos como MVP (Produto Mínimo Viável) e testes A/B, para validar hipóteses e refinar estratégias rapidamente.

c. Cultivo do feedback construtivo:

- Encorajar a coleta e a análise de feedback de várias fontes, incluindo clientes, parceiros e membros internos da equipe, utilizando essas informações para ajustar táticas e estratégias.
- Estabelecer fluxos de feedback abertos e transparentes, onde as sugestões e críticas possam ser discutidas abertamente e traduzidas em ações de melhoria.

d. Fomento à iteração rápida:

- Adotar práticas que permitam uma rápida iteração em campanhas, produtos e serviços, ajustando-se em tempo real às respostas do mercado e aos insights adquiridos.
- Promover a mentalidade de melhoria contínua, onde processos e iniciativas de marketing são constantemente avaliados e otimizados com base em resultados tangíveis e feedbacks.

e. Agilidade organizacional:

- Integrar princípios de agilidade na cultura de marketing, permitindo que a equipe se adapte rapidamente a mudanças e aproveite oportunidades emergentes.
- Organizar a equipe de marketing de forma que possa responder com flexibilidade e rapidez às demandas do mercado, realocando recursos e ajustando prioridades conforme necessário.

f. Aprendizado compartilhado:

- Encorajar a troca de conhecimento e experiência entre equipes, criando uma rede interna de aprendizado onde as lições sejam compartilhadas e aplicadas.
- Documentar e disseminar aprendizados, tanto sucessos quanto fracassos, para que toda a organização possa se beneficiar das experiências da equipe de marketing.

Adotando essas abordagens, o marketing pode liderar pelo exemplo na promoção de uma cultura organizacional que valoriza o aprendizado, a adaptação e a inovação contínua, capacitando a empresa a navegar com sucesso em um ambiente de mercado dinâmico e em constante evolução.

7. Liderança e advocacia

Para que o marketing exerça um papel efetivo de liderança e advocacia, enfatizando a centralidade do cliente e fomentando uma cultura organizacional alinhada a esse princípio, é necessário implementar uma série de ações estratégicas e práticas:

a. Promoção de uma visão centrada no cliente:

- Garantir que a liderança de marketing promova ativamente a importância de uma abordagem centrada no cliente, integrando essa visão nas estratégias e processos de toda a organização.
- Facilitar workshops e sessões de treinamento para disseminar práticas e conhecimentos relacionados à experiência do cliente, assegurando que essa perspectiva influencie todas as áreas da empresa.

b. Desenvolvimento de líderes conectores e inspiradores:

- Investir no desenvolvimento de competências de liderança dentro da equipe de marketing, focando em habilidades como empatia, comunicação eficaz e capacidade de inspirar e motivar equipes.
- Encorajar líderes de marketing a atuar como conectores, facilitando a interação e colaboração entre diferentes departamentos e promovendo um ambiente de trabalho coeso e integrado.

c. Fomento à liderança distribuída:

- Estimular um modelo de liderança distribuída, onde colaboradores de diferentes níveis tenham a oportunidade e a autonomia para liderar iniciativas, projetos ou melhorias focadas no cliente.

- Promover a delegação de responsabilidades, incentivando os membros da equipe a assumirem papéis de liderança em projetos que cruzem as fronteiras departamentais, estimulando a inovação e a colaboração.

d. Advocacia pelo cliente em todas as decisões:

- Certificar-se de que as necessidades e expectativas dos clientes sejam consideradas em todas as decisões estratégicas, utilizando dados e feedbacks dos clientes para embasar argumentações e escolhas.

- Posicionar líderes de marketing como defensores dos clientes em reuniões estratégicas, assegurando que a voz do cliente seja ouvida e respeitada nas deliberações e planejamentos da empresa.

e. Incentivo à colaboração interdepartamental:

- Criar iniciativas que promovam o diálogo e a parceria entre o marketing e outras funções, como desenvolvimento de produto, vendas e atendimento ao cliente, para garantir uma experiência consistente e de alta qualidade para o cliente.

- Utilizar projetos interdepartamentais como oportunidades para líderes de marketing demonstrarem capacidade de liderança e influência, articulando objetivos comuns e fomentando o trabalho em equipe.

f. Reconhecimento e valorização da liderança em marketing:

- Estabelecer sistemas de reconhecimento que valorizem as contribuições dos líderes de marketing na promoção da visão centrada no cliente e na condução de mudanças positivas dentro da organização.

- Assegurar que os sucessos e impactos gerados pela liderança em marketing sejam comunicados e celebrados, reforçando o papel fundamental do marketing na cultura e no sucesso empresarial.

Implementando essas diretrizes, o marketing pode se consolidar como um agente de liderança e advocacia dentro da empresa, impulsionando uma cultura organizacional que valoriza profundamente o cliente e promove a colaboração e a inovação em todos os níveis e departamentos.

8. Comunicação e transparência em processos

Estabelecer uma cultura de comunicação aberta e transparência nos processos é fundamental para promover a integração e o alinhamento organizacional. Essas práticas ajudam a construir uma base sólida de confiança e colaboração, essenciais para o sucesso da empresa:

a. Integração organizacional através da comunicação:

- Implementar estratégias de comunicação interna que detalhem como cada departamento e indivíduo contribui para os objetivos e as estratégias gerais da empresa, destacando a interdependência das funções e o impacto coletivo no sucesso organizacional.

- Desenvolver materiais de comunicação, como newsletters internas, intranet ou quadros de avisos digitais, que ilustrem e celebrem exemplos de como diferentes áreas da empresa estão contribuindo para objetivos comuns.

b. Plataformas de comunicação eficazes:

- Utilizar plataformas de comunicação que permitam a fácil disseminação de informações, feedback e reconhecimentos, tornando acessíveis tanto as conquistas quanto os desafios enfrentados pelos diferentes setores.

- Garantir que essas plataformas sejam interativas, permitindo o diálogo bidirecional, onde os colaboradores possam compartilhar ideias, solicitar esclarecimentos e contribuir com sugestões de melhorias.

c. Fomento à cultura de transparência:

- Encorajar líderes e gestores a adotarem uma abordagem transparente na comunicação de decisões, mudanças e resultados, explicando os "porquês" por trás das ações e como elas se alinham com a missão e visão da empresa.

- Promover sessões regulares de Q&A (perguntas e respostas), fóruns abertos ou reuniões "town hall", onde a liderança possa dialogar abertamente com os colaboradores, fortalecendo a confiança e a transparência organizacional.

d. Celebração de sucessos e aprendizados:

- Divulgar realizações, histórias de sucesso e casos de superação de desafios, reconhecendo as contribuições individuais e coletivas para o sucesso da organização.

- Incluir a divulgação de aprendizados obtidos com experiências menos bem-sucedidas, valorizando a honestidade e o crescimento contínuo, e demonstrando que a organização valoriza a aprendizagem e a resiliência.

e. Alinhamento e compartilhamento de objetivos:

- Garantir que os objetivos e as metas de diferentes departamentos e equipes sejam comunicados e compartilhados de maneira clara, estabelecendo uma linha direta de visão entre o trabalho individual e o sucesso organizacional.

- Utilizar sistemas de gestão de desempenho para alinhar objetivos individuais e de equipe com os da organização, promovendo um entendimento coletivo de direção e propósito.

Ao implementar essas práticas de comunicação e transparência, a organização pode melhorar significativamente o engajamento e a colaboração entre seus membros, construindo um ambiente de trabalho mais integrado e motivado em direção a objetivos comuns.

9. Medição e avaliação do impacto:

Avaliar meticulosamente o impacto de todas as iniciativas é crucial para entender seu sucesso real, permitindo ajustes e melhorias contínuas. A implementação de práticas robustas de medição e avaliação apoia a transparência organizacional e a eficácia estratégica:

a. Estabelecimento de métricas claras e compartilhadas:

- Definir indicadores-chave de desempenho que reflitam os objetivos estratégicos e operacionais da empresa, garantindo que eles sejam compreendidos e aceitos em todos os níveis da organização.

- Assegurar que as métricas sejam abrangentes, capturando não só resultados financeiros, mas também o impacto sobre a satisfação do cliente, a inovação, a eficiência operacional e a cultura organizacional.

b. Sistemas de feedback e aprendizado:

- Implementar sistemas que permitam a coleta regular de feedback de clientes, colaboradores e outros stakeholders, integrando essas informações ao processo de avaliação.
- Promover uma cultura de aprendizado contínuo, onde os dados coletados sejam analisados e traduzidos em ações concretas para melhoria e inovação.

c. Comunicação dos resultados:

- Utilizar plataformas de comunicação interna para divulgar os resultados das avaliações, celebrando os sucessos e discutindo abertamente as áreas de melhoria.
- Fomentar uma abordagem construtiva para a discussão de resultados menos positivos, incentivando equipes a desenvolverem planos de ação para abordar quaisquer desafios identificados.

d. Revisão e ajuste contínuos:

- Estabelecer rotinas para a revisão periódica dos KPIs e da eficácia das estratégias e processos implementados, assegurando sua relevância e adequação ao contexto dinâmico de negócios.
- Incentivar a adaptabilidade, permitindo que estratégias e objetivos sejam ajustados com base em novos dados e insights, garantindo que a organização permaneça alinhada com suas metas e com o ambiente externo.

Em resumo

Ao implementar uma abordagem integrada e estratégica, centrada na comunicação e transparência, as organizações podem criar um ambiente mais colaborativo, responsivo e inovador. As etapas descritas para a comunicação e transparência em processos não apenas facilitam o alinhamento e a integração entre diferentes áreas da empresa, mas também promovem uma cultura organizacional onde a informação é valorizada e compartilhada abertamente. Isso capacita todos os membros da organização a contribuírem de forma mais significativa para os objetivos comuns, fomentando um senso de propósito e engajamento. Além disso, ao medir e avaliar continuamente o impacto de suas ações, a empresa pode se adaptar e evoluir de forma proativa, garantindo sua relevância e sucesso no mercado dinâmico atual. Essa abordagem holística e transparente é fundamental para que organizações modernas não apenas sobrevivam, mas prosperem, criando valor sustentável para seus clientes, colaboradores e outros stakeholders.

Estágio	Resumo	Perguntas norteadoras
Design: A Arquitetura para Organizações e Ecossistêmicas em Rede	Estabelece a base para a integração dos diversos componentes da organização em um sistema sinérgico e adaptável, considerando a natureza ecossistêmica das funções empresariais modernas.	Como projetar arquiteturas de negócios que se integram a ecossistemas de stakeholders, plataformas e redes? Como desenhar arquitetura flexível e adaptável às mudanças no cenário de negócios? Como colocar os dados no centro da arquitetura para facilitar o aprendizado contínuo e a adaptação? Como posicionar o marketing como hub de todo o ecossistema?
Desenvolvimento: Orquestrando o Jazz das Funções de Negócios	Traduz os princípios da Unificação em estratégias e processos acionáveis, harmonizando e integrando os elementos Ambiente, Estratégia, Interações e Operações da estrutura **AEIOU**.	Como orquestrar a transição da arquitetura distribuída e dos processos de negócios para organizações em rede? Como elevar o marketing como orquestrador, alinhando funções de negócios e garantindo harmonia ecossistêmica? Como implementar estruturas de governança que equilibrem robustez com flexibilidade? Como integrar tecnologias avançadas para tomada de decisão centrada em dados? *

Entrega: Organizações em Rede e o Ápice da **Teoria AEIOU**	Marca a transição de Organizações de Aprendizagem para Organizações em Rede, caracterizadas por fluxos de informação multidirecionais, agilidade e foco em análise de dados em tempo real.	Como fazer a transição de entidades isoladas para redes ágeis e interconectadas? Como descentralizar a tomada de decisão e empoderar nós da organização? Como podemos integrar considerações éticas, especialmente em relação a dados e transparência? Como validar a inteligência coletiva e aproveitar seus insights através da organização?

● **TABELA 10.1 – U: DESIGN, DEVELOP E DELIVER**

11

Inteligência Artificial em Marketing

Pra começo de conversa...

Nos últimos anos, inteligência artificial [**IA**] evoluiu de um conceito de ficção científica para uma realidade palpável, começando a transformar muitos setores, incluindo marketing. Esta transformação é alimentada pela capacidade de **IA** analisar grandes volumes de dados, identificar padrões, prever comportamentos e analisar, resumir e sintetizar texto, áudio, imagem e vídeo com uma qualidade que até pouco tempo só era encontrada em especialistas humanos.

A chegada de **IA** no marketing está claramente associada à crescente complexidade dos mercados -agora em rede, em tempo quase real- e do comportamento dos consumidores -que deixaram de ser públicos e audiências, passaram a ser comunidades, com seus próprios códigos. Em um ambiente onde a atenção das pessoas, agentes em rede, como possíveis consumidores, está cada vez mais fragmentada, **IA** oferece uma maneira de capturar, analisar e agir sobre vastas quantidades de dados em tempo real para criar experiências mais relevantes e envolventes para os consumidores. Desde a automação de tarefas repetitivas até a personalização em escala, **IA** está redefinindo o que é possível no marketing.

IA abrange tecnologias capazes de realizar tarefas que, há algum tempo, exigiriam inteligência reconhecidamente humana. **IA** inclui aprendizado de máquina [**ML**], processamento de linguagem natural [**PLN**] e visão computacional. O aprendizado de máquina permite que algoritmos aprendam e melhorem suas respostas a problemas com a experiência em sua solução, sem serem explicitamente programados para cada situação. PLN habilita sistemas de informação a entender e interpretar a linguagem humana, facilitando a comunicação natural entre humanos e máquinas. As técnicas de visão computacional dotam sistemas computacionais com a capacidade de compreender e processar imagens e vídeos, imitando a visão humana.

O frenesi recente sobre **IA** está associado a Grandes Modelos Linguísticos **[LLMs]**, sistemas "inteligentes" projetados para entender, gerar e interagir usando linguagem humana. LLMs são treinados em vastas quantidades de informação [texto, áudio, vídeo] para capturar nuances informacionais, permitindo-lhes realizar tarefas como tradução, resumo, geração de texto e compreensão de perguntas e respostas. LLMs, como GPT [Generative Pre-trained Transformer], são fundamentais na revolução **de IA**, melhorando a interação humano-computador e criando impactos em diversos campos, incluindo atendimento ao cliente, educação e pesquisa.

UM GRANDE MODELO LINGUÍSTICO [LLM] É UM TIPO DE ALGORITMO [DE IA] QUE USA TÉCNICAS DE APRENDIZAGEM PROFUNDA E CONJUNTOS DE DADOS EXTREMAMENTE GRANDES PARA "COMPREENDER", RESUMIR, GERAR E PREVER NOVOS CONTEÚDOS.

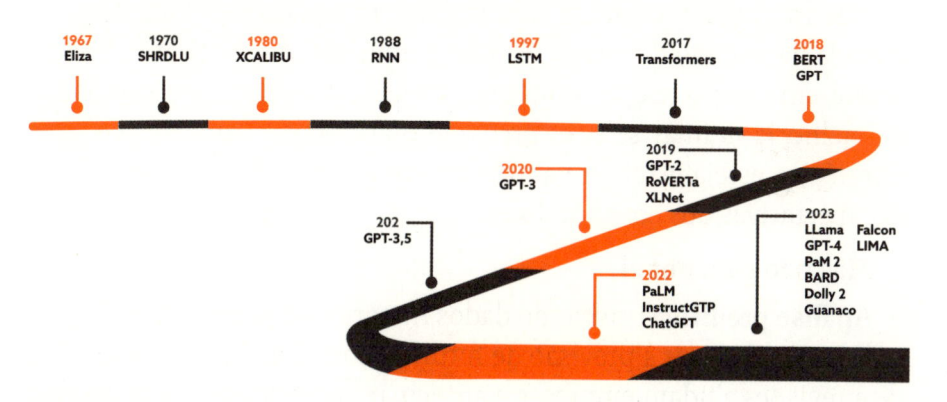

● FIGURA 11.1

IA no marketing vai muito além do que muitos pensam que seja só a criação de texto, imagem e vídeo. Vamos listar aqui algumas iniciativas que podem ser desenvolvidas.

IA e criação de agentes inteligentes colaborativos em rede

LLMs podem revolucionar a maneira como as estratégias de marketing são desenhadas e evoluídas, introduzindo agentes colaborativos em rede. Tais agentes podem colaborar entre si e com humanos em papéis demandados para criar cenários e personas, desenhar e desenvolver estratégias, elaborar planos de marketing e muito mais. Equipados com capacidades de **IA**, os agentes podem trabalhar juntos para coletar dados, analisar tendências e adaptar estratégias de marketing em tempo real, facilitando uma colaboração sem precedentes entre pessoas, ferramentas e plataformas, permitindo uma abordagem mais holística e adaptativa ao marketing figital. Isso não só pode mudar radicalmente a eficácia das campanhas, mas permitiria respostas rápidas às mudanças nas preferências dos consumidores e/ou no ambiente de mercado.

IA para análise de performance e conexão com estratégias

IA pode desempenhar um papel crucial na análise de desempenho de marketing através de KPIs, conectando análise de performance em tempo quase real com estratégias, táticas e operações de marketing. Essa capacidade de análise será a chave, no futuro próximo, para gerar insights que poderão ser usados para ajustar rapidamente as estratégias de marketing, otimizar campanhas em andamento e melhorar a tomada de decisão dos negócios como um todo. Ao analisar o desempenho em tempo real, as empresas podem identificar oportunidades de melhoria, refinar seus esforços de marketing e garantir que suas estratégias estejam sempre alinhadas com os objetivos de negócios e as expectativas dos consumidores.

Mas não para por aí.

Análise preditiva utilizando dados históricos e padrões de comportamento pode levar à previsão de futuras ações dos consumidores. Essas previsões ajudam empresas a antecipar necessidades, personalizar ofertas, e melhorar significativamente a precisão de suas estratégias de marketing.

Personalização em escala da experiência das pessoas como [potenciais] clientes em uma escala sem precedentes, traduzida em recomendações de produtos, conteúdos personalizados e comunicações de marketing ajustadas às preferências individuais dos usuários, maximizando relevância, engajamento e, com estratégia, conversão.

Automação de marketing, deixando tarefas repetitivas e execução de campanhas a cargo de agentes inteligentes, liberando os times de marketing para focar em tarefas criativas e estratégicas. Isso inclui desde o agendamento de publicações nas mídias sociais até a segmentação dinâmica de comunidades.

Chatbots e assistentes virtuais habilitados por LLMs podem oferecer suporte contínuo a clientes e comunidades de interesse do negócio, respondendo instantaneamente a consultas e facilitando interações simples, o que melhora a satisfação do cliente e eficiência operacional.

Recomendações personalizadas utilizam o comportamento de conexões, relacionamentos e interações e transações para sugerir produtos ou conteúdos, aumentando as taxas de conversão e reforçando a lealdade do cliente.

A integração de **IA** no marketing não é apenas uma questão de eficiência operacional; trata-se de uma transformação fundamental na maneira como as marcas se conectam com suas comunidades e consumidores, desenham estratégias de marketing adaptativas e respondem dinamicamente ao ambiente de mercado em constante mudança. À medida que a tecnologia avança, espera-se que **IA** continue a abrir novos horizontes para a inovação em marketing.

Estratégias de marketing potencializadas por IA

A entrada de **IA** no marketing define uma era de transformação nas estratégias de e no marketing como um todo, permitindo que empresas se conectem com seus consumidores de maneira mais personalizada, eficaz e dinâmica. Esta seção explora como **IA** potencializa estratégias de marketing através da identificação de tendências e insights do consumidor, personalização em escala e otimização de campanhas.

Identificação de tendências e insights do consumidor

A capacidade de analisar dados em grande escala é um dos seus maiores trunfos de **IA** para estratégias de marketing. Técnicas de aprendizado de máquina podem tratar uma imensa quantidade de dados de consumidores para identificar padrões, tendências emergentes e comportamentos de compra. Essa análise cria insights que podem ser utilizados para ajustar estratégias de marketing, desenvolver novos produtos ou serviços que atendam melhor às necessidades dos consumidores e prever futuras demandas do mercado. Por exemplo, bancos estão usando **IA** para analisar dados de clientes e oferecer conselhos de investimento personalizados, enquanto varejistas empregam **IA** para criar recomendações personalizadas que incentivam compras adicionais.

Personalização em escala

A personalização sempre foi um objetivo-chave no marketing, mas **IA** elevou essa possibilidade a um novo patamar. Com **IA**, é possível oferecer experiências de marketing altamente personalizadas a cada cliente -criando mercados de um, adaptando comunicações, recomendações de produtos e conteúdo para atender às preferências individuais. Isso não apenas aumenta a relevância para o consumidor, mas pode melhorar as taxas de engajamento, conversão e lealdade dos clientes. A integração de **IA** com sistemas de automação de marketing é essencial para personalização em escala, permitindo que as empresas criem e entreguem mensagens, narrativas e ofertas altamente segmentadas em tempo real.

Otimização de campanhas

IA também começa a transformar a maneira como campanhas de marketing são criadas, testadas, entendidas e otimizadas. **IA** pode analisar o desempenho de campanhas em tempo real, identificando elementos que estão gerando os melhores resultados e ajustando automaticamente os parâmetros para maximizar a efetividade dos que estão e cancelar os que não estão. Isso significa que as campanhas podem ser refinadas continuamente, para alcançar melhores resultados, com um investimento mais eficaz do orçamento de marketing. Além disso, **IA** pode prever o desempenho futuro de campanhas baseadas em dados históricos e inferências a partir deles, permitindo que os profissionais de marketing tomem decisões informadas sobre onde alocar recursos para obter o maior retorno sobre o investimento.

Em análise de performance, **IA** também vai fazer uma diferença significativa. A análise de KPIs em tempo quase real levará a entendimentos acionáveis que podem ser diretamente vinculados às estratégias, táticas e operações de marketing. Isso permitirá ajustes rápidos e informados que alinham as ações de marketing com os objetivos de negócios, otimizando o retorno sobre o investimento e garantindo que as estratégias de marketing sejam ágeis, resilientes e eficazes.

IA e a estratégia de marketing em si

A integração de **IA** no marketing transcende a automação, servindo como uma força catalisadora para estratégias inovadoras. **IA** certamente há de desempenhar um papel fundamental na identificação de tendências e no entendimento do consumidor, analisando dados com precisão e velocidade que humanos não conseguem igualar usando os algoritmos e sistemas que historicamente dão conta do problema com horas, semanas de atraso. Esta capacidade analítica permitirá às empresas antecipar demandas do mercado e ajustar suas ofertas de forma proativa.

No âmbito da personalização, **IA** elevará a experiência do cliente a novos patamares, permitindo a customização de produtos, serviços, comunicações e narrativas em escala individual. Esta abordagem não só melhora a satisfação e fidelização do cliente, mas aumenta a eficiência das campanhas de marketing, garantindo que a mensagem certa chegue ao consumidor certo no momento certo.

Além disso, **IA** otimizará as campanhas de marketing através de um ciclo contínuo de teste, aprendizado e ajuste -ou tentativas, erros e aprendizado-, maximizando o ROI e assegurando que os recursos de marketing sejam alocados de maneira mais eficaz. Esta capacidade de otimização em tempo real transforma a maneira como as estratégias de marketing são planejadas e executadas.

IA também habilitará, como já dissemos, a criação de agentes colaborativos em rede, facilitando uma sinergia entre diferentes agentes em rede, múltiplos fluxos e pontos de contato de marketing com o cliente.

Essa integração e colaboração melhoram a coerência e a eficácia das estratégias de marketing, adaptando-se dinamicamente às mudanças no comportamento do consumidor e nas condições de mercado.

Em suma, **IA** já está redefinindo as estratégias de marketing, tornando-as mais adaptáveis, ágeis, eficazes, eficientes e personalizadas. À medida que **IA** evolui, seu impacto nas estratégias de marketing promete abrir novas fronteiras de inovação, oferecendo novas oportunidades para conectar marcas e consumidores de maneiras inovadoras e melhorando significativamente a maneira como as empresas se engajam com seus consumidores.

Interações em tempos de IA

IA revoluciona as interações entre marcas e consumidores, criando novos paradigmas de engajamento e comunicação. Aqui exploramos duas dimensões dessa transformação: o papel **de IA** na criação de narrativas dinâmicas de marca e os chatbots e a assistência virtual para melhorar o serviço ao cliente.

Narrativas dinâmicas de marca

IA já desempenha um papel crucial na criação e disseminação de narrativas de marca dinâmicas e personalizadas. LLMs e análise de dados podem gerar conteúdo que ressoa de forma única com diferentes segmentos, em uma multitude de comunidades que seria impossível tratar com métodos e sistemas de antes de **IA**. Isso vai desde a personalização de email marketing até a criação de conteúdo para redes sociais que se adapta às preferências e ao comportamento do usuário.

Além disso, **IA** contribui para a estratégia de conteúdo ao identificar tendências emergentes e tópicos de interesse das pessoas, permitindo que as marcas se posicionem como líderes de pensamento e construam relações mais profundas com suas comunidades. A capacidade de adaptar rapidamente as mensagens e ofertas em resposta à dinâmica do mercado é uma vantagem competitiva significativa, tornando as narrativas de marca mais relevantes, mais envolventes e de maior impacto.

Chatbots e assistência virtual

Os chatbots alimentados por **IA** têm se tornado uma interface real entre empresas e clientes, proporcionando um serviço ao cliente aprimorado e disponível 24/7. Esses assistentes virtuais inteligentes são capazes de entender consultas complexas, responder perguntas frequentes, e até realizar tarefas como reservas e compras, tudo isso em tempo real. **IA** permite que tais sistemas "aprendam" com cada interação, melhorando sua precisão e eficácia ao longo do tempo. Isso não apenas eleva a satisfação do cliente, como também otimiza recursos ao reduzir a carga sobre equipes de atendimento humano, liberando as pessoas para realizar tarefas que demandam uma capacidade cogitiva e criativa própria das pessoas.

O uso de chatbots transcende o atendimento ao cliente. Eles estão cada vez mais integrados nas estratégias de marketing e vendas; podem ser capazes de identificar oportunidades de upselling, cross-selling, e conduzir clientes potenciais na jornada de solução de seus problemas, com recomendações personalizadas baseadas no histórico de interações.

A integração **de IA** nas interações entre marca e consumidor aprimora a eficiência operacional e enriquece a experiência do cliente com um nível de personalização e relevância sem precedentes. Chatbots e assistentes virtuais oferecem um serviço ágil e disponível a todo momento ao cliente, enquanto a capacidade **de IA** de criar e adaptar narrativas de marca fortalece o engajamento e a fidelidade do cliente. À medida que **IA** continua a evoluir, espera-se que seu papel nas estratégias de marketing se torne cada vez mais central, abrindo novos caminhos para interações significativas e impactantes entre marcas e suas comunidades.

Operações de marketing e IA

IA já está se tornando crítica das operações de marketing, e seu impacto continuará a crescer nos próximos anos. À medida que a tecnologia avança, podemos esperar ver ainda mais inovações e aplicações de **IA** que transformarão a maneira como as empresas se conectam com seus clientes. Algumas tendências que podemos esperar para o futuro quase imediato das operações de marketing com **IA** são discutidas a seguir.

Automação inteligente de tarefas repetitivas e complexas se tornará cada vez mais sofisticada, liberando tempo para que os profissionais de marketing se concentrem em atividades estratégicas e criativas. **IA** também será capaz de automatizar tarefas que antes eram consideradas impossíveis para máquinas, como a criação de conteúdo personalizado e a gestão de campanhas em tempo real.

Personalização profunda, com **IA** habilitando empresas a personalizar suas mensagens e ofertas para cada cliente individual, levando em consideração seus interesses, necessidades e comportamentos. Isso resultará em experiências de marketing mais relevantes e envolventes, que aumentarão a fidelidade do cliente e as taxas de conversão.

Análise preditiva, com **IA** gerando insights cada vez mais precisos sobre tendências de mercado, comportamento do consumidor e o sucesso das campanhas. Isso permitirá que as empresas tomem decisões mais informadas e estratégicas, otimizando seus investimentos e maximizando o retorno sobre o investimento.

Marketing em tempo real, redefinindo a forma das empresas se conectarem com seus clientes, criando ciclos de vida de informação e interação em tempo real, respondendo às necessidades e expectativas de forma instantânea. Isso será possível através da análise de dados em tempo real e da automação de tarefas de marketing.

Inteligência artificial generativa será capaz de criar conteúdo *original* e personalizado, como texto, imagem, áudio, vídeo e música [ou trilhas sonoras], para atender às necessidades específicas de cada cliente. Isso levará, com o tempo, à criação de campanhas mais atraentes e eficazes.

Com **IA** no futuro das operações de marketing, todos os negócios de ou que demandam marketing [isto é, todos...] devem se preparar para **investir em desenvolvimento de competências e habilidades** para que seus profissionais de marketing possam entender e utilizar **IA** de forma eficaz. Como **IA** já representa uma transformação no e do marketing, é preciso **criar uma cultura de inovação**, um ambiente que incentive a experimentação, aberto a novas ideias, tecnologias e. principalmente, novas formas organizacionais, e não ter medo de cometer erros.

Estabelecer uma estratégia clara para o uso de IA em marketing não é um problema trivial. A mera adoção **de IA** em marketing não garante sucesso. É crucial que as empresas definam uma **estratégia clara e bem definida** para nortear a utilização dessa tecnologia. Essa estratégia deve ser **alinhada com os objetivos globais da empresa** e com as necessidades específicas de marketing.

Na formulação da estratégia, **definir objetivos específicos e mensuráveis** é fundamental. O que a empresa espera alcançar com **IA** em marketing? Aumentar as vendas em X%? Melhorar a taxa de conversão em Y%? É importante estabelecer metas claras e quantificáveis para que o sucesso da iniciativa possa ser medido e avaliado.

Também é preciso **escolher tecnologias e ferramentas mais adequadas.** Há uma gama de ferramentas de **IA** no mercado, cada uma com funcionalidades e características específicas. É preciso identificar as ferramentas que melhor se adaptam às suas necessidades e objetivos. A partir daí é preciso **criar um plano de implementação**, de forma gradual e controlada. É importante criar um plano que defina as etapas de implementação, os recursos necessários e os responsáveis por cada etapa e **monitorar e avaliar os resultados** e avaliar se os objetivos estão sendo atingidos. Caso necessário, a estratégia deve ser ajustada para garantir o sucesso da iniciativa.

Tal agenda é necessariamente complexa, ainda mais no estágio incial de **IA** em que estamos agora. **Colaborar com especialistas em IA** pode beneficiar as empresas e ajudar a desenvolver e implementar soluções eficazes, aproveitando ao máximo o potencial de **IA** e evitando os erros mais comuns.

Desafios e considerações éticas de IA em marketing

A integração **de IA** no marketing traz à tona o desafio do **viés algorítmico**, um problema insidioso que pode perpetuar discriminação e desigualdade, a partir de conjuntos de dados de treinamento legados e representativos de uma história, frequentemente utilizados para treinar os modelos de **IA**. Isso pode levar a resultados discriminatórios ou injustos para determinados grupos de consumidores, reforçando estereótipos e marginalizando minorias.

Para mitigar o viés algorítmico, medidas robustas, como as discutidas a seguir, devem ser consideradas.

Seleção rigorosa de dados, escolhendo cuidadosamente os conjuntos de dados diversos e representativos, é crucial para garantir a justiça e equidade nos resultados criados e usados por **IA**. Isso inclui a busca por dados que reflitam a diversidade da sociedade em termos de gênero, raça, etnia, orientação sexual, idade, classe social e outros fatores relevantes.

Auditoria e correção de viés, implementando processos rigorosos para identificar e corrigir preconceitos nos algoritmos [não só] de **IA** é fundamental. Isso pode ser feito através de técnicas como análise de sensibilidade, testes em diferentes subgrupos da população e avaliação por especialistas em ética de **IA**.

Transparência total: as empresas devem ser transparentes sobre os algoritmos de **IA** que utilizam e como eles funcionam. Isso inclui fornecer informações claras sobre os dados utilizados para treinar os modelos, as métricas de desempenho utilizadas e os mecanismos de tomada de decisão. A transparência permite que os consumidores compreendam como seus dados estão sendo utilizados e que os especialistas em ética possam avaliar os algoritmos de **IA**.

Privacidade e segurança de dados

A coleta massiva de dados pessoais para treinar sistemas de **IA** causa preocupações com a privacidade e segurança. As empresas que operam no mercado figital têm a responsabilidade de proteger os dados dos consumidores contra acesso não autorizado, uso indevido ou divulgação. Para garantir a segurança e privacidade dos dados, as empresas devem tomar medidas como as descritas a seguir.

Obter o consentimento livre e informado dos consumidores: antes de coletar qualquer dado pessoal, as empresas devem obter o consentimento explícito dos consumidores, informando-os de forma clara e transparente sobre como seus dados serão utilizados.

Implementar medidas de segurança robustas: as empresas devem investir em medidas de segurança robustas para proteger os dados dos consumidores contra violações, ataques cibernéticos e outras formas de acesso não autorizado. Isso inclui criptografia de dados, firewalls, autenticação multifator e outras medidas de proteção.

Gerenciar os dados de forma responsável: as empresas devem ter políticas claras para o uso e armazenamento de dados dos consumidores. Isso inclui limitar o acesso aos dados a funcionários que necessitem deles para realizar seus trabalhos, e garantir que os dados sejam armazenados de forma segura e confidencial.

Preocupações éticas abrangentes

IA está rapidamente se tornando uma ferramenta essencial para o marketing ao oferecer uma gama de benefícios como automatizar tarefas, personalizar mensagens e segmentar universos de interesse de negócios com mais precisão. No entanto, o uso de **IA** no marketing também levanta uma série de preocupações éticas, algumas das quais discutimos abaixo.

Impacto no mercado de trabalho: a automação de tarefas repetitivas pela **IA** pode levar à perda de empregos em alguns setores. As empresas devem se preparar para essa mudança, investindo em treinamento e requalificação de seus funcionários para que possam se adaptar às novas demandas do mercado de trabalho.

Manipulação do consumidor: IA pode ser utilizada para manipular as opiniões e os comportamentos dos consumidores, o que levanta preocupações sobre democracia e liberdade de escolha. As empresas devem se comprometer a utilizar **IA** de forma responsável e ética, evitando práticas que manipulem os consumidores ou explorem suas vulnerabilidades.

Exacerbação das desigualdades: o uso **de IA** pode exacerbar as desigualdades sociais e econômicas existentes, se não for utilizado de forma responsável. As empresas devem ter em mente o impacto **de IA** na sociedade como um todo e buscar formas de mitigar seus efeitos negativos.

Navegando no futuro de IA em marketing

Para navegar no futuro **de IA** em marketing de forma ética e responsável, as organizações sustentáveis devem necessariamente pensar nos princípios abaixo.

Priorizar o desenvolvimento profissional contínuo: Investir em treinamento e desenvolvimento de habilidades para seus profissionais de marketing é crucial para que eles possam entender, utilizar e gerenciar **IA** de forma eficaz e ética. Isso inclui:

- **Treinamento em IA e ética:** os profissionais de marketing devem ser treinados nos princípios **de IA**, incluindo os desafios éticos e as melhores práticas para o uso responsável da tecnologia.

- **Desenvolvimento de habilidades técnicas:** os profissionais de marketing também precisam desenvolver habilidades técnicas para trabalhar com ferramentas de **IA**, como análise de dados, machine learning e programação.

- **Promoção da cultura de aprendizado contínuo: IA** está em constante evolução, por isso é importante que os profissionais de marketing se mantenham atualizados com as últimas tendências e tecnologias.

Promover uma cultura de inovação ética

Criar um ambiente que incentive a experimentação e a inovação, mas que também esteja atento aos desafios éticos **de IA**, vai ser absolutamente fundamental em todo negócio.

Estabelecer princípios éticos claros para o uso de IA: as empresas devem definir princípios éticos que guiarão o uso **de IA** em suas operações de marketing. Esses princípios podem incluir justiça, equidade, transparência e respeito à privacidade.

Promover um diálogo aberto sobre os desafios e as oportunidades de IA: as empresas devem criar um ambiente onde os profissionais de marketing se sintam confortáveis para discutir os desafios éticos **de IA** e para propor soluções inovadoras.

Incentivar a experimentação responsável: as empresas devem incentivar seus profissionais de marketing a experimentar novas tecnologias de **IA** e ao mesmo tempo oferecer orientação e suporte para garantir que essas tecnologias sejam usadas de forma ética e responsável.

Estabelecer diretrizes claras para o uso responsável de IA

Este não é um problema ou aspecto trivial de nenhum problema que envolve uma dimensão da realidade tão sofisticada e complexa como **IA**, e demanda um conjunto de atenções especiais.

Diretrizes para coleta e uso de dados: as empresas devem estabelecer diretrizes claras para a coleta e uso de dados dos consumidores para fins de **IA**. Essas diretrizes devem garantir que os dados sejam coletados e usados de forma legal, ética e transparente.

Diretrizes para desenvolvimento e implementação de sistemas de IA: as empresas devem estabelecer diretrizes claras para o desenvolvimento e implementação de sistemas de **IA**. Essas diretrizes devem garantir que os sistemas de **IA** sejam justos, equitativos e transparentes.

Diretrizes para avaliação e monitoramento de sistemas de IA: as empresas devem estabelecer diretrizes claras para a avaliação e o monitoramento de seus sistemas de **IA**. Essas diretrizes devem garantir que os sistemas de **IA** estejam funcionando de acordo com os princípios éticos da empresa e que não estejam causando danos aos consumidores ou à sociedade.

Colaboração para soluções éticas

A colaboração com especialistas e partes interessadas é crucial para forjar soluções éticas e eficazes em relação aos desafios apresentados pela **IA** no marketing. Isso traz diversas perspectivas e conhecimentos valiosos para a mesa, permitindo uma abordagem holística.

Especialistas em IA e ética podem ajudar as empresas a entender as complexidades técnicas e as implicações éticas da tecnologia, participando do desenvolvimento de algoritmos de **IA** mais justos e equitativos e na implementação de práticas de privacidade e segurança de dados.

Organizações de defesa do consumidor podem fornecer informações valiosas sobre as preocupações e expectativas dos consumidores em relação ao uso **de IA**, ajudando empresas a garantir que sistemas de **IA** sejam transparentes, justos e respeitem a privacidade dos consumidores.

Colaborar com governos e instituições regulamentadoras é essencial para acompanhar o desenvolvimento de leis e regulamentações relacionadas à **IA**. Isso permitirá uma antecipação às novas diretrizes, facilitando a adaptação e assegurando que as empresas estejam em conformidade com as leis.

Pesquisadores acadêmicos podem fornecer insights importantes sobre as últimas tendências e tecnologias **de IA**, bem como as implicações éticas dessas tecnologias. Essa colaboração pode ajudar as empresas a se manterem à frente da curva e a desenvolver as melhores práticas relacionadas à **IA** em marketing..

Em resumo...

IA oferece oportunidades sem precedentes para inovação no marketing, mas é imperativo que as empresas adotem uma abordagem responsável e ética ao utilizarem essa tecnologia. O enfrentamento proativo de desafios como viés algorítmico, privacidade de dados e considerações socioeconômicas é fundamental para construir confiança com os consumidores e garantir um futuro sustentável para o marketing.

Ao priorizar o desenvolvimento de habilidades, promover a transparência, estabelecer diretrizes para o uso responsável **de IA** e fomentar uma cultura de inovação ética, as empresas poderão mitigar riscos e alavancar o poder **de IA** para criar experiências de marketing mais personalizadas, relevantes e éticas. O sucesso neste âmbito requer um compromisso contínuo com estes princípios, garantindo um impacto positivo duradouro não somente para as empresas, mas para a sociedade como um todo.

Por fim... mas não menos importante

Inteligência Artificial, com seu potencial de alterar profundamente a sociedade, a economia, a política, pode ser vista sob a ótica histórica da tecnologia para entender melhor sua relação com o marketing.

Pode-se argumentar que, com os LLMs, **IA** acaba de chegar no estágio de **tecnologias de propósito geral**, aquelas que mudam fundamentalmente as sociedades, cujos exemplos históricos, que transformaram a humanidade, são o domínio do fogo, a invenção da roda, e recentemente, a internet. Quando isso acontece, a tecnologia se torna uma dimensão da performance humana, das organizações, do Estado.

E tecnologia, enquanto força transformadora, é influenciada por e influencia contextos culturais, econômicos e sociais, no nosso caso desafiando os profissionais de marketing a navegar em um terreno complexo onde decisões técnicas e éticas se entrelaçam, em um espaço tempo em que as possibilidades são imensas... e cujos impactos podem ser muito radicais. Exemplos?

- **Segmentação hiperpersonalizada:** LLMs podem criar segmentos de pessoas de interesse altamente específicos, baseados em uma variedade de fatores como comportamento, histórico de compras, interesses e até emoções. Essa segmentação granular permite que as empresas criem campanhas de marketing personalizadas que ressoam profundamente com cada comunidade.

- **Geração automática de conteúdo personalizado:** LLMs podem gerar automaticamente textos, imagens, vídeos e outros tipos de conteúdo personalizados para cada comunidade-alvo. Isso permite que as empresas criem campanhas de marketing mais eficientes e escaláveis, sem sacrificar a qualidade. No limite, LLMs podem criar mundos virtuais sob medida para cada cliente, onde eles podem interagir com produtos e serviços de forma imersiva e inesquecível.

- **Interações personalizadas em tempo real:** LLMs permitem que as empresas se comuniquem com os clientes em tempo real, através de chatbots, assistentes virtuais e outras interfaces interativas. Isso permite que as empresas forneçam suporte instantâneo e personalizado ao cliente, resolvendo problemas e dúvidas de forma rápida e eficiente.

- **Desenvolvimento de produtos e serviços sob medida:** LLMs podem auxiliar na pesquisa e no desenvolvimento de produtos e serviços que atendam às necessidades específicas dos consumidores. Ao analisar dados de mercado e feedback dos clientes, LLMs podem identificar lacunas no mercado e sugerir soluções inovadoras que superem as expectativas dos consumidores.

- **Realidade aumentada e virtual interativa:** LLMs podem ser utilizados para criar experiências de realidade aumentada e virtual personalizadas que permitem aos clientes interagir com produtos e serviços de forma inovadora. Essa tecnologia pode ser utilizada para demonstrar produtos, treinamentos e entretenimento, proporcionando uma experiência imersiva e memorável para os clientes.

- **Otimização automática de campanhas:** LLMs podem analisar o desempenho das campanhas de marketing em tempo real e realizar ajustes automáticos para otimizar os resultados, gerando automaticamente novas ideias, conexões, anúncios e outros elementos criativos. Isso permite que as empresas explorem novas possibilidades e criem campanhas de marketing inovadoras e eficazes, maximizem seu ROI e alcancem seus objetivos de marketing com maior eficiência.

- **Marketing generativo, evolutivo** será o domínio onde, no contexto de marketing, LLMs não apenas analisam contexto e geram ideias, mas as colocam em prática, lançando e gerenciando campanhas completas de forma autônoma [imagine as possibilidades... e riscos]. Neste cenário, é bem provável que LLMs evoluam continuamente, aprendendo com cada interação e otimizando as estratégias de marketing em tempo real.

- **Experimentação e democratização do marketing:** a capacidade dos LLMs de gerar ideias e soluções inovadoras pode estimular uma cultura de experimentação nas empresas, levando ao desenvolvimento de novas estratégias de marketing e à criação de produtos e serviços radicalmente inovadores. Ao mesmo tempo, podem tornar marketing mais acessível para pequenas e médias empresas, que antes não tinham recursos para investir em ferramentas sofisticadas de análise de dados e criação de conteúdo.

A tecnologia não é boa nem má; nem é neutra

Em tal contexto, as Seis Leis de Tecnologia de Kranzberg também se aplicam à **IA**, em qualquer cenário, inclusive no de marketing. Cada lei oferece uma perspectiva única sobre como a tecnologia, e especificamente **IA**, molda e é moldada pela sociedade.

A primeira lei, "A tecnologia não é boa nem má; nem é neutra", ilustra que **IA** -como qualquer outra tecnologia- carrega consigo potenciais tanto para impactos positivos e negativos, dependendo de seu uso. Aqui, chama-se à responsabilidade os desenvolvedores e profissionais de marketing em considerar as consequências éticas e sociais do emprego de **IA**, reconhecendo que a tecnologia em si não tem valor moral, mas seu impacto é profundamente moldado pelo contexto humano.

Mas uma era de **IA** está rapidamente se tornando realidade, e as empresas que desejam evoluir neste novo espaço competitivo precisam se preparar para uma mudança fundamental na forma como operam. No centro dessa transformação está a aproximação inexorável das competências e habilidades de tecnologias da informação e comunicação [TICs] e marketing, criando uma simbiose estratégica que permitirá às empresas aproveitar ao máximo o potencial de **IA** em toda a rede de valor e de inovação.

A sinergia entre TICs e marketing não é nova, mas **IA** a torna mais crucial do que nunca. TICs é onde está o domínio da infraestrutura e serviços tecnológicos, a capacidade de escrever os negócios como algoritmos online e a expertise em **IA** e análise de dados, enquanto marketing detém o conhecimento dos clientes e das demandas do mercado. Ao unirem forças, essas duas áreas podem criar uma força poderosa para impulsionar o crescimento e a inovação.

A gestão estratégica do ciclo de vida de informação do negócio é a base para a colaboração eficaz entre TICs e marketing. **IA** demanda grandes volumes de dados limpos e organizados para funcionar corretamente. Ao integrar dados de diferentes fontes, as empresas podem criar uma visão holística do cliente que permite uma segmentação mais precisa e campanhas de marketing mais personalizadas.

IA oferece uma gama de possibilidades para o marketing, desde a automação de tarefas repetitivas até a criação de experiências personalizadas para os clientes. Para aproveitar ao máximo o potencial **de IA**, as empresas precisam criar uma cultura de inovação que incentive a experimentação e a colaboração entre TICs e marketing. Isso significa romper com silos departamentais e criar um ambiente onde as ideias possam fluir livremente.

A convergência de TICs e marketing é apenas o começo. No futuro, podemos esperar a formação de um cluster "**TIM**", que combina **t**ecnologia, **i**novação e **m**arketing. Esse agrupamento será responsável por acelerar o crescimento das empresas na era de **IA**. A interação de TICs e marketing é uma necessidade estratégica para as empresas que desejam prosperar na era da **IA**. Ao integrar dados, algoritmos, explorar o potencial **de IA** e criar uma cultura de inovação, as empresas podem se preparar para o marketing do futuro e desbloquear um novo mundo de possibilidades.

satisfação
papel
tecnologias
responsável
princípios
personalizadas
eficaz
impacto
campanhas
operações
estratégias
ética
sistemas
IA
tecnologia
cliente
inovação
marketing
real
llms
empresas
análise
produtos
consumidores
garantir
criar
personalização
criação
dados
analisar
desenvolvimento
conteúdo
profissionais
mercado
implementação

Os impactos do Marketing do Futuro

IMPACTO					
DELIVER	COMPETITIVIDADE	SOLUÇÕES	NARRATIVAS	EXPERIÊNCIAS	ORGANIZAÇÕES EM REDE
DEVELOPER	MERCADOS EM REDE	CAPACIDADES	CRISC	PROCESSOS	ORQUESTRAÇÃO
DESIGN	CENÁRIOS E PERSONAS	ASPIRAÇÕES E HIPÓTESES	FLUXOS	DADOS E ALGORITMOS	ARQUITETURA
	AMBIENTE	ESTRATÉGIA	INTERAÇÕES	OPERAÇÕES	UNIFICAÇÃO

● **FIGURA 12.1**

Nas últimas décadas, marketing passou por uma evolução significativa, fruto dos avanços tecnológicos, mudanças no comportamento do consumidor e a crescente complexidade do ambiente de negócios. No entanto, nenhuma mudança foi tão **profunda** e **abrangente** quanto a que estamos testemunhando agora: a emergência do Marketing do Futuro.

O **Marketing do Futuro**, fundamentado na Teoria AEIOU, é um **novo paradigma** que desafia as noções tradicionais de marketing e redefine o papel desta função estratégica nos negócios. Nós reconhecemos a natureza interconectada e dinâmica dos mercados, em que as dimensões física, digital e social se fundem em um espaço figital, e onde as empresas devem navegar em um ecossistema complexo de plataformas, comunidades e efeitos de rede.

Neste contexto, **marketing** deixa de ser uma função isolada e se torna um **driver estratégico** de crescimento e inovação, permeando todas as áreas da organização. O foco se desloca da mera promoção de produtos para a criação de experiências excepcionais para o cliente, construção de relacionamentos autênticos e geração de valor compartilhado para todos os stakeholders.

Compreender os **impactos** desta transformação é capital para qualquer profissional de marketing ou líder empresarial que busca não apenas sobreviver, mas prosperar neste novo cenário. Esses impactos vão muito além de métricas de curto prazo, como aumento de vendas ou geração de leads. Eles envolvem mudanças fundamentais na forma como as empresas se relacionam com seus clientes, colaboradores e parceiros, e como elas criam e capturam valor no longo prazo.

Neste capítulo, exploramos os **principais impactos** do **Marketing do Futuro** e da **Teoria AEIOU**. Começamos por recapitular os conceitos-chave da abordagem, enfatizando sua relevância. Em seguida, discutimos a importância de uma perspectiva de longo prazo na avaliação dos impactos, e a necessidade de uma nova arquitetura de dados e métricas para capturá-los de forma efetiva.

Antes de tratar os **impactos específicos**, dedicaremos uma seção para esclarecer a **relação** entre **objetivos**, **metas**, **impactos**, **KPIs** e **métricas**, que são frequentemente confundidos ou usados de forma intercambiável, mas cada um desempenha um papel distinto na estratégia, no planejamento e na execução do marketing. Compreender suas definições e inter-relações é fundamental para a construção de um framework robusto de mensuração de impacto.

O núcleo deste capítulo será a discussão de **doze impactos-chave** do Marketing do Futuro, com os nove primeiros tratando desde o aumento do Valor da Vida Útil do Cliente [**CLV**] até a Contribuição Social da Marca. Para cada impacto, identificaremos os principais KPIs [Key Performance Indicators] primários e secundários, bem como as métricas que os subsidiam. Esta estrutura fornecerá uma visão abrangente e prática de como as empresas podem monitorar e otimizar sua performance na era do Marketing do Futuro.

Além dos nove primeiros impactos outros **três** são fundamentais no contexto do **Marketing do Futuro**: a Capacidade de Atuação e Adaptação no Ambiente Figital, a Construção e Evolução de Comunidades, e o Crescimento Lucrativo Sustentado. Estes impactos refletem as principais mudanças no ambiente de negócios e as competências essenciais que as empresas precisam desenvolver.

Concluímos com uma síntese dos principais insights e uma reflexão sobre o futuro do marketing. Enfatizamos a importância de uma abordagem holística e adaptativa para medir o sucesso do marketing, que vai além de métricas isoladas e considera o impacto total da função no negócio e na sociedade.

Por fim, deixamos um chamado à ação para que profissionais de marketing e líderes empresariais abracem a Teoria AEIOU e o Marketing do Futuro. Adotar esta abordagem não é uma questão de vantagem competitiva, mas de sobrevivência em um mundo cada vez mais complexo e dinâmico. Monitorar continuamente os impactos do marketing e usar estes insights para adaptar e otimizar as estratégias será um fator crítico de sucesso.

Esperamos que este capítulo sirva como um guia para navegar na nova era do marketing. Ao compreender e mensurar os impactos do Marketing do Futuro, as empresas estarão melhor equipadas para criar valor sustentável, construir relacionamentos duradouros e moldar positivamente o mundo ao seu redor. Vamos embarcar nesta jornada de descoberta e transformação juntos.

Relação entre objetivos, metas, impactos, KPIs e métricas

No contexto do Marketing do Futuro, compreender a relação entre objetivos, metas, impactos, KPIs [Key Performance Indicators] e métricas é essencial para o desenvolvimento e execução de estratégias eficazes. Estes elementos formam uma **hierarquia lógica** que conecta a visão estratégica de alto nível com as ações táticas do dia a dia, permitindo às empresas monitorar seu progresso e fazer ajustes quando necessário.

Vamos começar definindo cada um destes elementos e ilustrando-os com exemplos:

Objetivos:

- **Definição:** declarações amplas e qualitativas que descrevem o que a organização deseja alcançar a longo prazo, alinhadas à sua missão e visão.

- **Exemplo:** tornar-se a marca de e-commerce mais amada e confiável do mercado, proporcionando experiências excepcionais ao cliente.

Metas:

- **Definição:** declarações específicas, quantitativas e temporais que indicam os resultados necessários para alcançar os objetivos.

- **Exemplo:** aumentar o Net Promoter Score [NPS] em 20 pontos percentuais nos próximos 12 meses.

Impactos:

- **Definição:** resultados ou mudanças significativas decorrentes do alcance dos objetivos e das metas, que podem afetar a organização, seus stakeholders e o mercado.

- **Exemplo:** aumento da lealdade do cliente, maior participação de mercado, melhoria da reputação da marca.

KPIs [Key Performance Indicators]:

- **Definição:** indicadores-chave de desempenho que medem o progresso em direção aos objetivos e às metas, permitindo o acompanhamento e a tomada de decisões.

- **Exemplo:** NPS, CLV, Taxa de Retenção de Clientes.

Métricas:

- **Definição:** medidas quantitativas que avaliam o desempenho de ações e iniciativas específicas, contribuindo para o acompanhamento dos KPIs.

- **Exemplo:** taxa de Cliques [CTR] em anúncios, Custo por Aquisição [CPA], Taxa de Conversão.

Estes elementos se inter-relacionam de forma hierárquica e contribuem para a estratégia e execução do marketing da seguinte maneira:

1. Os **objetivos** estabelecem a direção geral e o propósito do marketing, alinhados com a missão e visão da empresa. Eles criam o contexto para todas as atividades de marketing.

2. As **metas** são definidas para operacionalizar os objetivos. Elas traduzem as aspirações amplas em alvos específicos e mensuráveis, permitindo à equipe de marketing focar seus esforços.

3. Os **impactos** são as consequências desejadas do alcance dos objetivos e das metas. Eles representam as mudanças significativas que o marketing busca gerar para a empresa, seus clientes e o mercado como um todo.

4. Os **KPIs** são selecionados para medir o progresso em direção às metas e, por extensão, aos objetivos. Eles fornecem um painel de controle para monitorar a performance do marketing e tomar decisões baseadas em dados.

5. As **métricas** são usadas para acompanhar a performance de iniciativas específicas que contribuem para os KPIs. Elas fornecem insights detalhados sobre o que está funcionando e o que precisa ser aprimorado em nível tático.

Na prática, este framework funciona da seguinte forma: a equipe de marketing define **objetivos** alinhados com a **estratégia** da empresa [por exemplo, tornar-se líder em experiência do cliente]. Estes objetivos são então desdobrados em **metas** específicas [como aumentar o NPS em 20 pontos]. Os **KPIs** relevantes [neste caso, o NPS] são monitorados para acompanhar o progresso. **Iniciativas** específicas [como um novo programa de fidelidade] são implementadas e suas **métricas** [como taxa de inscrição e engajamento] são acompanhadas para otimizar a performance.

Ao longo do tempo, o alcance consistente das **metas** e a melhoria dos **KPIs** levarão aos **impactos** desejados [como aumento da lealdade do cliente e da participação de mercado]. Estes impactos, por sua vez, contribuem para o avanço dos **objetivos** estratégicos da empresa.

É importante notar que esta **não é** uma relação estática ou linear. Em qualquer ambiente de negócios, objetivos, metas, KPIs e iniciativas precisam ser continuamente revisados e adaptados com base nos aprendizados e mudanças no mercado. O que não muda é o princípio fundamental: **alinhamento** e **mensuração** são essenciais para um **marketing eficaz** e **eficiente**.

Ao compreender e aplicar este framework, os profissionais de marketing podem assegurar que suas atividades estejam sempre conectadas com os objetivos maiores da empresa e gerando os impactos desejados. Esta abordagem melhora a efetividade do marketing e reforça seu papel estratégico na organização.

Na era do Marketing do Futuro, dominada por dados e tecnologia, esta habilidade de conectar ações **táticas** a impactos **estratégicos** através de métricas e KPIs é mais decisiva do que nunca. Ela permite às equipes de marketing justificar seu valor, aprender e adaptar-se continuamente em um cenário de constantes mudanças.

Nas próximas seções, aplicamos este framework para explorar os impactos do Marketing do Futuro e da Teoria AEIOU. Para cada impacto, identificaremos os KPIs primários e secundários, bem como as métricas subjacentes. Esta análise fornecerá um roteiro prático para as empresas mensurarem e otimizarem sua performance nesta nova fronteira do marketing.

Doze impactos do Marketing do Futuro

O Marketing do Futuro promete revolucionar a forma como as empresas se conectam com seus clientes e gerar uma série de impactos positivos e transformadores nos negócios. Estes impactos vão além das métricas tradicionais de marketing, abrangendo aspectos como o valor do cliente ao longo do tempo, a eficiência operacional, a inovação e a contribuição social da marca.

Nesta seção, exploramos estes impactos-chave. Para cada impacto, identificamos os KPIs primários e secundários que as empresas podem usar para mensurar seu sucesso, bem como as métricas subjacentes que alimentam estes KPIs.

Esta análise fornecerá uma visão abrangente dos benefícios potenciais da adoção do Marketing do Futuro e um guia prático para a empresa monitorar e otimizar sua performance de marketing.

Vamos começar com um dos impactos mais significativos e estratégicos: o aumento do Valor da Vida Útil do Cliente [Customer Lifetime Value – CLV].

Valor da Vida Útil do Cliente [CLV]

Na essência do Marketing do Futuro está uma mudança fundamental de foco: **de transações únicas para relacionamentos duradouros**. Em vez de buscar constantemente novos clientes, as empresas estão reconhecendo o imenso valor de cultivar e maximizar o valor de cada cliente ao longo de sua jornada com a marca. Este é o conceito de Valor da Vida Útil do Cliente.

O CLV é uma métrica que projeta o valor total que um cliente trará para a empresa ao longo de todo o seu relacionamento. Ele considera não apenas a primeira compra, mas todas as compras futuras, bem como o potencial do cliente de recomendar a marca para outros.

A maximização do CLV se torna um objetivo primordial no Marketing do Futuro. Isso porque aumento no CLV significa mais receita por cliente, indica um relacionamento mais forte e leal, mais resiliente à concorrência e turbulências do mercado.

Para medir e monitorar o CLV, as empresas podem usar dois **KPIs primários**:

1. **CLV Absoluto:** este é o valor monetário total projetado que um cliente gerará ao longo de seu ciclo de vida. Ele é calculado considerando a margem de contribuição média por cliente, a taxa de retenção e a taxa de desconto.

2. **Aumento do CLV:** este KPI mede a melhoria no CLV ao longo do tempo. Ele indica o sucesso das iniciativas da empresa em aumentar o valor de cada cliente, seja através de aumento nas vendas, melhoria na retenção ou estímulo a recomendações.

Além destes KPIs primários, **KPIs secundários** contribuem para o CLV e fornecem insights mais detalhados sobre a saúde do relacionamento com o cliente:

- **Retenção de clientes:** a taxa na qual os clientes existentes continuam a fazer negócios com a empresa ao longo do tempo.

- **Engajamento do cliente:** o nível de interação e envolvimento do cliente com a marca, medido através de métricas como visitas recorrentes ao site, interações nas redes sociais, participação em programas de fidelidade, etc.

- **Satisfação do cliente:** o quão satisfeitos os clientes estão com os produtos, serviços e a experiência geral com a marca, geralmente medido através de pesquisas de satisfação e Net Promoter Score [NPS].

- **Valor médio de compra:** o valor monetário médio de cada transação por cliente.

- **Frequência de compra:** quantas vezes, em média, um cliente faz uma compra dentro de um período de tempo específico.

- **Tempo de vida útil:** a duração média do relacionamento de um cliente com a marca, desde a primeira compra até o momento em que deixa de ser cliente.

Subjacentes a estes KPIs secundários estão várias **métricas operacionais** que fornecem insights sobre a eficácia das iniciativas de marketing em influenciar o CLV:

- **Taxas de conversão:** a percentagem de leads que realizam uma ação desejada, como fazer uma compra ou se inscrever em uma newsletter.

- **Tempo de resposta:** quão rápido a empresa responde às consultas ou reclamações dos clientes, um fator crítico na satisfação e retenção.

- **Custo de Aquisição de Cliente [CAC]:** o custo médio de adquirir um novo cliente, que deve ser otimizado em relação ao CLV para garantir a rentabilidade.

Ao monitorar e otimizar continuamente estes KPIs e métricas, as empresas podem tomar decisões baseadas em dados para maximizar o CLV. Isso pode envolver iniciativas como:

- **Personalização** da experiência do cliente com base em seu comportamento e suas preferências.

- Implementação de programas de fidelidade e recompensas para incentivar compras **recorrentes** e **recomendações**.
- Melhoria da qualidade e velocidade do **atendimento** ao cliente.
- Desenvolvimento de produtos ou serviços complementares que aumentem o **valor** para o cliente.
- **Foco** em segmentos de clientes com maior potencial de CLV e os fluxos potencialmente associados a eles.

Em última análise, o **foco no CLV** representa uma mudança estratégica. Em vez de buscar novos clientes constantemente, empresas estão reconhecendo que cultivar relacionamentos profundos e duradouros com os **clientes existentes** é mais eficiente em termos de custos e também leva a um crescimento mais sustentável e resiliente.

Além disso, o foco no CLV alinha intrinsecamente os **interesses** da **empresa** com os do **cliente**. Quando o objetivo é maximizar valor ao longo da vida útil, as empresas são naturalmente incentivadas a entregar produtos, serviços e experiências excepcionais que mantenham os clientes satisfeitos e engajados a longo prazo.

No entanto, é importante notar que o **foco** no **CLV** não **significa** negligenciar a aquisição de novos clientes. Pelo contrário, significa adquirir os **clientes certos** – aqueles com alto potencial de CLV – e então trabalhar diligentemente para realizar esse potencial ao longo do tempo.

Nas próximas seções, exploramos outros impactos do Marketing do Futuro, desde o crescimento da receita acelerado por **IA** até a contribuição social da marca. Embora cada impacto seja distinto, todos eles se conectam com este tema central: no futuro, o sucesso do marketing será medido não apenas por transações únicas, mas pela criação de valor sustentável para os clientes e para a sociedade como um todo.

Crescimento da receita a partir dos efeitos de rede e IA

No Marketing do Futuro, dois dos principais aceleradores do crescimento da receita são os efeitos de rede e a Inteligência Artificial [**IA**]. Enquanto **efeitos de rede** se referem ao aumento do valor de um produto ou serviço à medida que **mais pessoas** o utilizam, **IA** habilita **personalização em escala**, otimização em tempo real e insights preditivos. Juntos, esses fatores podem criar um ciclo virtuoso de crescimento.

Os efeitos de rede são particularmente poderosos em plataformas, onde o valor para cada usuário aumenta com o número total de usuários. Por exemplo, uma plataforma social se torna mais valiosa para cada indivíduo à medida que mais de seus amigos e familiares se juntam a ela. Isso cria uma espécie de "gravidade" que atrai cada vez mais usuários, levando a um crescimento exponencial.

IA, por sua vez, permite que essas plataformas ofereçam experiências altamente personalizadas para cada usuário, com base em seu comportamento e preferências. Isso melhora a satisfação e o engajamento do usuário e conexões, relacionamentos e interações e recomendações de produtos mais direcionados, levando a maiores taxas de conversão e receita por usuário.

Para mensurar o impacto desses fatores no crescimento da receita, as empresas podem acompanhar dois KPIs primários:

1. **Crescimento da receita atribuído a efeitos de rede e IA:** esse KPI mede diretamente a porção do crescimento total da receita que pode ser atribuída a iniciativas relacionadas a efeitos de rede e **IA**, como a introdução de recursos de rede em um produto ou a implementação de algoritmos de recomendação baseados em **IA**.
2. **Diferença de crescimento da receita:** esse KPI compara o crescimento da receita entre segmentos de usuários expostos a iniciativas de rede e **IA** e aqueles que não foram. Uma diferença significativa indica o impacto dessas iniciativas.

Além desses KPIs primários, outros, secundários, podem fornecer uma visão mais detalhada da saúde e do potencial de crescimento desses efeitos:

- **Usuários ativos:** o número de usuários que interagem ativamente com o produto ou serviço dentro de um determinado período. Um aumento constante nessa métrica é um sinal de fortes efeitos de rede.
- **Tempo de engajamento:** a quantidade de tempo que os usuários gastam interagindo com o produto. Aumentos nessa métrica indicam um produto mais valioso e envolvente.

- **Frequência de uso:** com que frequência os usuários retornam ao produto. Alta frequência sugere um produto que se tornou parte das rotinas diárias dos usuários.
- **Conversão:** a taxa na qual os usuários realizam ações desejadas, como fazer uma compra ou assinar um serviço. Melhorias nessa métrica podem indicar a eficácia das recomendações e personalizações sustentadas por **IA**.
- **CLV:** o valor total que um cliente traz ao longo de seu relacionamento com a marca. Aumentos no CLV sugerem que os efeitos de rede e **IA** estão atraindo novos clientes e aumentando o valor de cada cliente.

Finalmente, há várias métricas granulares que podem lançar luz sobre a dinâmica dos efeitos de rede:

- **Interações entre usuários:** o número e a frequência de interações entre usuários na plataforma. Maior interação sugere uma comunidade mais engajada e vibrante.
- **Taxa de crescimento de novos usuários:** a velocidade na qual novos usuários estão sendo adicionados; uma aceleração nessa taxa pode indicar que os efeitos de rede atingiram um ponto de inflexão.
- **Qualidade das interações:** uma medida qualitativa da relevância e do valor das interações entre usuários. Alta qualidade sugere que a plataforma está fomentando conexões significativas.

No futuro -quase agora-, à medida que mais interações cliente-empresa migram para o espaço figital, a capacidade de aproveitar efeitos de rede e **IA** se tornará cada vez mais um diferencial competitivo. Empresas que criam plataformas atraentes, que se tornam mais valiosas com cada novo usuário e oferecem experiências personalizadas e envolventes, estarão bem posicionadas para um crescimento explosivo de **resultados**.

Ao mesmo tempo, é essencial que esse crescimento seja **sustentável** e **responsável**. As empresas devem estar atentas a potenciais consequências negativas, como a violação da **privacidade** do usuário ou a promoção de **comportamentos** viciantes, e tomar medidas **proa-**

tivas para mitigar esses riscos. O crescimento não deve vir às custas da confiança e do bem-estar do usuário.

Em última análise, o sucesso exigirá uma fusão de tecnologia e valores humanos. Ao aproveitar o poder dos efeitos de rede e **IA** de uma maneira que priorize ética, privacidade e experiência autêntica do usuário, as empresas podem desbloquear novos patamares de crescimentoe construir relacionamentos mais profundos e significativos com seus clientes.

Este é o verdadeiro potencial do Marketing do Futuro – aumentar os resultados financeiros e **criar valor duradouro e positivo para indivíduos e sociedade**. À medida que exploramos os próximos impactos, manteremos essa perspectiva em mente, examinando como essas mudanças movem o crescimento dos negócios e como elas podem ser aproveitadas para o **bem maior**.

Economia de custos com a otimização do marketing

No Marketing do Futuro, otimização não é só aumentar receita, mas melhorar eficácia, eficiência e reduzir os custos. Transformação digital em larga escala e automação com foco em resultado criam oportunidades sem precedentes para simplificar operações de marketing e obter mais com menos.

A otimização do marketing envolve muitas estratégias e táticas, de automação de tarefas manuais a alocação inteligente do orçamento de tudo, inclusive de marketing. O objetivo final é minimizar o desperdício e maximizar o ROI de cada centavo gasto em... tudo, inclusive marketing.

Uma das principais alavancas para a economia de custos é a automação habilitada por **IA**. Tarefas que antes exigiam horas de trabalho manual, como segmentação, podem ser realizadas quase instantaneamente por algoritmos. Isso economiza tempo e dinheiro e permite uma segmentação muito mais granular e precisa, levando a campanhas mais eficazes.

Para monitorar o sucesso dessas iniciativas de otimização, as empresas podem acompanhar dois KPIs primários:

1. **Redução de custos ao longo do tempo:** esse KPI mede a diminuição nos custos de marketing atribuíveis a iniciativas de otimização. Isso pode ser expresso como uma porcentagem dos custos anteriores ou como um valor absoluto.

2. **Eficiência operacional:** esse KPI relaciona a produção [como leads gerados ou vendas fechadas] aos recursos investidos [como horas de trabalho ou despesas de marketing]. Um aumento na eficiência operacional indica que a empresa está obtendo mais resultados com menos recursos.

Além desses KPIs primários, métricas secundárias podem fornecer insights mais detalhados sobre áreas específicas de melhoria:

- **Tempo de ciclo do processo:** o tempo necessário para completar processos-chave de marketing, como planejamento de interações ou criação de conteúdo. Reduções no tempo de ciclo indicam maior eficiência.

- **Taxa de erros:** a frequência de erros, como envios incorretos de email ou ordens de compra incorretas. Uma taxa de erros decrescente sugere processos mais simplificados e menos desperdício.

- **Produtividade por hora:** a quantidade de trabalho realizado por hora de trabalho. Aumento na produtividade indica maior eficiência.

- **Utilização de recursos:** a porcentagem de recursos [como tempo de pessoal ou orçamento de publicidade] que são efetivamente utilizados. Alta utilização sugere alocação eficiente de recursos.

Para resolver as métricas associadas aos KPIs, as empresas precisarão implementar sistemas robustos de rastreamento e relatórios. Cada hora de trabalho, Real gasto e resultado gerado precisam ser registrados e categorizados. Isso muitas vezes requer investimento em plataformas de dados de clientes, ferramentas de gerenciamento de projetos, sistemas de automação de marketing e plataformas de análise.

Considere uma empresa que implementa um novo sistema de automação de email marketing. Antes da automação, a criação e o envio de campanhas de email exigia dias de trabalho manual. Após a implementação, o mesmo processo leva apenas algumas horas. Ao rastrear métricas como tempo de ciclo de processo e produtividade por hora, a empresa pode quantificar a economia de custos alcançada pela automação.

No entanto, é imperativo notar que a otimização não pode vir às custas da eficácia. Reduzir custos eliminando *touchpoints* valiosos para o cliente, por exemplo, pode prejudicar a satisfação e retenção a longo prazo. Portanto, as empresas devem sempre equilibrar métricas de eficiência com métricas de eficácia, como engajamento do cliente e CLV.

Uma abordagem para alcançar esse equilíbrio é o teste e a iteração contínua. Antes de implementar mudanças de otimização, pode-se conduzir testes A/B para garantir que as mudanças não afetem negativamente as métricas-chave. Apenas quando uma mudança demonstra melhorar a eficiência e manter ou melhorar a eficácia, ela deve ser implementada em escala.

Outra consideração crítica é o investimento em talentos e treinamento. Automação e otimização muitas vezes requerem novas habilidades e conhecimentos, como proficiência em análise de dados ou experiência com plataformas de automação. Investir no *upskilling* da equipe de marketing facilita a otimização e demonstra um compromisso com o desenvolvimento e engajamento dos funcionários.

Olhando para o futuro, a pressão para a otimização só tende a aumentar. À medida que mais interações cliente-empresa migram para fluxos figitais, e à medida que **IA** continua a avançar, surgirão novas oportunidades para simplificação e automação.

No entanto, a otimização **não** deve ser vista apenas como uma medida de redução de custos. Em sua essência, trata-se de criar mais valor com menos desperdício. É sobre canalizar recursos para as atividades de maior impacto – aquelas que realmente movem a agulha em termos de aquisição de clientes, satisfação e retenção. Visto por essa lente, a otimização não é apenas um imperativo financeiro, mas um imperativo estratégico.

À medida que continuamos nossa exploração dos impactos do Marketing do Futuro, manteremos essa perspectiva em mente. Seja otimizando para velocidade, eficiência ou inovação, o objetivo final permanece o mesmo: criar o máximo de valor para o cliente e para o negócio. É esse compromisso inabalável com o valor que definirá os vencedores na nova era do marketing.

Continuando nossa exploração dos impactos do Marketing do Futuro, agora nos aprofundaremos no quarto impacto: Velocidade de Lançamento de Produtos e Serviços.

Velocidade de lançamento de produtos e serviços

Em mercados cada vez mais dinâmicos e competitivos, a velocidade com que empresas lançam novos produtos e serviços pode ser a diferença entre a liderança e a obsolescência. No Marketing do Futuro, a capacidade de ir da ideia à prateleira rapidamente, sem sacrificar a qualidade ou a relevância para o cliente, é uma **vantagem competitiva crítica**.

Essa velocidade é habilitada por uma série de fatores, incluindo metodologias ágeis, colaboração entre funções e insights de dados em tempo real. Ao quebrar silos departamentais e adotar um *mindset* de iteração contínua, as empresas podem drasticamente reduzir o tempo necessário para desenvolver, testar e lançar novas ofertas.

Para medir o sucesso nesta área, as empresas podem rastrear dois KPIs primários:

1. **Time-to-market:** este KPI mede o tempo total desde a concepção de um produto ou serviço até seu lançamento comercial. Reduções consistentes no time-to-market indicam um processo de desenvolvimento cada vez mais eficiente.

2. **Taxa de sucesso de lançamento:** este KPI captura a porcentagem de lançamentos que atingem ou excedem suas metas de receita, participação de mercado ou outros objetivos-chave. Uma alta taxa de sucesso sugere que a empresa está lançando ofertas que realmente ressoam com os clientes.

Além desses KPIs de alto nível, várias métricas secundárias podem fornecer insights sobre aspectos específicos do processo de lançamento:

- **Agilidade da equipe:** esta métrica avalia a capacidade da equipe de se adaptar rapidamente a novas informações, mudar de direção quando necessário e colaborar efetivamente entre funções.

Isso pode ser medido através de pesquisas de engajamento dos funcionários ou avaliações 360 graus.

- **Velocidade de feedback:** esta métrica rastreia o tempo necessário para coletar, analisar e agir sobre o feedback do cliente durante o processo de desenvolvimento. Ciclos de feedback mais rápidos permitem que as empresas iterem e refinem suas ofertas mais rapidamente.

- **Satisfação do cliente:** após o lançamento, é crucial monitorar de perto a satisfação do cliente com o novo produto ou serviço. Isso pode ser medido através de pesquisas, ratings de aplicativos, sentimento de mídia social e outras formas de feedback do cliente.

Para melhorar esses KPIs e métricas, as empresas podem empregar uma variedade de estratégias e ferramentas:

- **Metodologias ágeis:** frameworks como Scrum e Kanban podem ajudar as equipes a trabalhar de forma mais iterativa e colaborativa, com foco na entrega contínua de valor para o cliente.

- **Design thinking:** esta abordagem coloca as necessidades e desejos do usuário no centro do processo de desenvolvimento, garantindo que os novos produtos e serviços sejam relevantes e desejáveis.

- **Testes A/B:** ao testar diferentes versões de um produto com grupos de usuários reais, as empresas podem rapidamente identificar quais recursos e designs ressoam mais antes de um lançamento completo.

- **Análise preditiva:** ao usar dados históricos para prever quais produtos ou serviços têm maior probabilidade de sucesso, as empresas podem priorizar seus esforços de desenvolvimento e aumentar suas chances de acerto.

Considere a abordagem da Amazon para o desenvolvimento de produtos. A empresa é famosa por seu foco obsessivo no cliente e sua disposição para experimentar rapidamente. Ideias de produtos são rapidamente transformadas em protótipos, que são então testados com um pequeno grupo de clientes reais. Se o feedback for positivo, o produto é rapidamente iterado e lançado mais amplamente. Se não, é descartado ou repensado. Essa abordagem permitiu que a Amazon lançasse com sucesso uma ampla gama de produtos, desde o Kindle até o Echo.

No entanto, é importante notar que velocidade não é tudo. Lançar um produto antes que ele esteja pronto, ou antes que haja uma necessidade real do mercado, pode levar a falhas custosas. Portanto, as empresas devem buscar um equilíbrio entre velocidade e diligência, usando insights de dados e feedback do cliente para guiar suas decisões.

Outro risco é o da inovação descuidada. Em um esforço para lançar novos produtos rapidamente, as empresas podem ser tentadas a tomar atalhos em torno de considerações importantes, como privacidade do usuário, segurança ou impacto ambiental. É crucial que a velocidade não substitua a responsabilidade e que todas as novas ofertas sejam desenvolvidas com um olho para suas implicações éticas e sociais mais amplas.

Olhando para o futuro, a pressão para inovação e agilidade só tende a aumentar. Com ciclos de vida de produtos cada vez mais curtos e concorrência cada vez mais intensa, a capacidade de lançar rapidamente novos produtos e serviços será um fator crítico de sucesso.

Ao mesmo tempo, essa velocidade deve ser temperada com uma visão de longo prazo. Não se trata apenas de lançar novos produtos rapidamente, mas de construir uma pipeline sustentável de inovação que continuamente entrega valor para os clientes e para o negócio. Isso requer investimento em P&D, cultivo de talentos e uma cultura que abraça a mudança.

Conforme continuamos nossa jornada pelos impactos do Marketing do Futuro, esse tema de equilíbrio surgirá repetidamente. Seja equilibrando velocidade com diligência, automação com toque humano, ou eficiência com eficácia, os vencedores nesta nova era serão aqueles que podem navegar habilmente nessas tensões. É uma habilidade que requer know-how técnico aliado a sabedoria, empatia e compromisso inabalável com a criação de valor real e duradouro.

Retenção de colaboradores

Talento é um diferenciador crítico e a retenção de colaboradores se torna um fator crucial para o sucesso organizacional. No Marketing do Futuro, onde inovação, agilidade e expertise são fundamentais, a capacidade de atrair e reter os melhores talentos pode fazer a diferença entre a liderança de mercado e a irrelevância.

A retenção de colaboradores não é apenas uma preocupação de RH, mas uma consideração estratégica que tem implicações de longo alcance para a capacidade de uma organização de executar em suas iniciativas de marketing. Alta rotatividade pode levar a interrupções nos projetos, perda de conhecimento institucional e moral mais baixo da equipe. Por outro lado, a retenção bem-sucedida de funcionários contribui para a continuidade, a expertise crescente e uma cultura de engajamento e inovação.

Para medir o sucesso nesta área, as organizações podem acompanhar o seguinte KPI primário:

1. **Taxa de retenção de funcionários:** este KPI mede a porcentagem de funcionários que permanecem na organização durante um determinado período. É calculado dividindo o número de funcionários que permaneceram durante todo o período pelo número de funcionários no início do período. Uma alta taxa de retenção indica sucesso na manutenção do talento.

Além deste KPI de alto nível, várias métricas secundárias podem fornecer insights sobre os fatores que contribuem para a retenção de funcionários:

- **Clima organizacional:** esta métrica avalia a satisfação geral, engajamento e moral dos funcionários. Pode ser medido através de pesquisas regulares de funcionários, grupos focais ou entrevistas de saída. Um clima organizacional positivo está fortemente correlacionado com taxas mais altas de retenção.

- **Oportunidades de crescimento de carreira:** esta métrica avalia a disponibilidade e eficácia dos caminhos de crescimento de carreira dentro da organização. Pode ser medido através de taxas de promoção interna, participação em programas de desenvolvimento de liderança ou pesquisas de funcionários. Oportunidades robustas de crescimento de carreira podem incentivar os funcionários a permanecer e investir em seu futuro com a organização.

- **Equilíbrio entre vida profissional e pessoal:** esta métrica avalia o grau em que os funcionários são capazes de gerenciar efetivamente suas responsabilidades profissionais e pessoais. Pode ser medido através de pesquisas de funcionários, taxas de utilização de benefícios [como licença parental] ou horas extras trabalhadas. Políticas de trabalho favoráveis à família podem significativamente aumentar a retenção, especialmente para funcionários com responsabilidades de cuidados.

Para melhorar a retenção de funcionários, as organizações podem implementar uma variedade de estratégias:

- **Investir em desenvolvimento de funcionários:** fornecer oportunidades robustas de treinamento, mentoria e desenvolvimento de habilidades pode ajudar os funcionários a se sentirem valorizados e investidos em seu futuro com a organização.

- **Fomentar uma cultura de reconhecimento:** celebrar regularmente as realizações e contribuições dos funcionários, seja através de recompensas formais, shout-outs informais ou oportunidades de destaque, pode melhorar significativamente o engajamento e a retenção.

- **Priorizar a diversidade, equidade e inclusão:** criar um ambiente de trabalho onde todos os funcionários se sentem valorizados, respeitados e capazes de contribuir plenamente pode ter um impacto poderoso na retenção, especialmente para grupos sub-representados.

- **Oferecer compensação e benefícios competitivos:** enquanto a compensação não é o único fator na retenção de funcionários, permanece uma consideração importante. Assegurar que os pacotes de remuneração estejam alinhados ou excedam as normas do mercado pode ajudar a prevenir a perda de talentos para concorrentes.

Olhando para o futuro, a importância da retenção de colaboradores só tende a crescer. À medida que a guerra por talentos se intensifica e as expectativas dos funcionários em relação aos empregadores continuam a evoluir, as organizações que podem efetivamente atrair, engajar e reter os melhores talentos terão uma clara vantagem.

Ao mesmo tempo, a própria natureza do trabalho está mudando. Com a ascensão do trabalho remoto e dos arranjos de trabalho flexíveis, as estratégias tradicionais de retenção podem precisar ser repensadas. As organizações podem precisar encontrar novas formas de cultivar conexão, colaboração e lealdade em uma força de trabalho cada vez mais distribuída.

Em última análise, a retenção bem-sucedida de funcionários no Marketing do Futuro exigirá uma combinação de estratégia intencional, investimento contínuo e adaptabilidade. Exigirá que as organizações vejam seus funcionários não como recursos a serem gerenciados, mas como parceiros a serem engajados e capacitados. E exigirá um reconhecimento de que o sucesso organizacional e o sucesso do funcionário estão inextricavelmente ligados.

Conforme exploramos os próximos impactos do Marketing do Futuro, a importância do talento humano é um tema constante. Porque no final do dia, mesmo que as estratégias, tecnologias e táticas possam mudar, **são as pessoas que fazem o trabalho real do marketing**. Investir nelas não é só um bom negócio – é o único caminho para o sucesso sustentável na nova era do marketing.

Valor de mercado da marca

O valor da marca não é apenas uma forma de medir o reconhecimento ou a reputação, mas o resultado de todas as impressões, vivências e conexões que os clientes estabelecem com uma organização. É a expressão de tudo o que uma marca significa e oferece, e pode ser um fator importante de aumento, fidelidade e robustez do negócio.

Manter um forte valor de marca é um desafio no cenário atual, volátil e de altíssima concorrência, o que exige atenção constante e deliberada para oferecer experiências excelentes, transmitir uma proposta de valor nítida e distinta, e criar laços genuínos e emocionais com os clientes.

Para medir o sucesso nesta área, as organizações podem acompanhar o seguinte KPI primário:

1. **Valor da marca:** este KPI busca quantificar o valor monetário total da marca. Pode ser calculado usando uma variedade de metodologias, como o modelo de receita residual [que atribui a receita que excede os retornos médios para a indústria ao valor da marca] ou estudos de valorização de marca [que estimam quanto os clientes estão dispostos a pagar a mais devido à marca]. Um valor de marca crescente indica sucesso na construção de um ativo de marca forte.

Além deste KPI de alto nível, várias métricas secundárias podem fornecer insights sobre os fatores que contribuem para o valor da marca:

- **Advocacia da marca:** esta medida mostra o quanto os clientes querem indicar a marca para outras pessoas. Pode-se usar o Net Promoter Score [NPS], indicações de clientes ou comentários positivos nas redes sociais para calculá-la. Alta advocacia da marca mostra que os clientes são fiéis e pode ajudar muito no crescimento.

- **Retenção de clientes:** essa métrica avalia a frequência com que os clientes atuais mantêm relações comerciais com a marca ao longo do tempo. Alta retenção de clientes indica que a marca proporciona um valor duradouro e marcante, o que influencia o CLV e no valor total da marca.

- **Associações de marca:** esta métrica avalia os sentimentos e as opiniões que os clientes têm sobre a marca. Pode ser obtida por meio de pesquisas com clientes, grupos de discussão ou análise de sentimento de redes sociais. Associações de marca positivas e intensas podem destacar a marca em relação a concorrentes e determinar a escolha do cliente.

Para construir e manter um forte valor de marca, as organizações podem empregar uma variedade de estratégias:

- **Priorizar a experiência do cliente:** consistentemente excedendo as expectativas do cliente em cada ponto de contato pode criar um diferenciador poderoso e memorável para a marca. Isso pode envolver personalização, serviço excepcional ao cliente, ou iniciativas especiais de surpreender e encantar.

- **Manter uma clara mensagem de marca:** comunicar uma proposta de valor única, relevante e convincente através de todos os fluxos e touchpoints pode ajudar a estabelecer uma identidade de marca forte na mente dos clientes.

- **Demonstrar autenticidade e propósito:** em uma era de crescente ceticismo do consumidor, as marcas que demonstram um compromisso autêntico com seus valores e propósito tendem a construir conexões mais fortes e mais duradouras com os clientes.

- **Narrativas emocionais:** criar narrativas envolventes que ressoem em um nível emocional pode ajudar a marca a transcender os atributos funcionais do produto e forjar laços mais profundos com os clientes.

É importante notar que o valor da marca não é estático. Pode levar anos para construir, mas pode ser danificado rapidamente por crises, má conduta ou mudanças nas preferências das pessoas. Portanto, manter o valor da marca requer vigilância constante e um compromisso de estar à altura das promessas da marca. Olhando para o futuro, a importância do valor da marca só tende a crescer. Em um mercado cada vez mais lotado, onde os produtos e serviços podem ser comoditizados rapidamente, a marca muitas vezes é o principal diferenciador.

Ao mesmo tempo, a própria natureza do valor da marca pode evoluir. Com a ascensão das mídias sociais e do marketing de influenciadores, o controle sobre as narrativas da marca está se deslocando cada vez mais para os consumidores e comunidades. As marcas podem precisar adotar uma abordagem mais colaborativa e receptiva à construção do valor da marca, cocriando com clientes e sendo ágeis em responder ao feedback e sentimento em tempo real.

Em última análise, construir um forte valor de marca no Marketing do Futuro exigirá uma combinação de estratégia intencional, execução consistente e adaptabilidade contínua. Exigirá que as organizações vejam a marca não como um exercício cosmético, mas como um ativo estratégico central que impulsiona cada aspecto do negócio. E exigirá um foco inabalável em fornecer valor real e memorável para os clientes, de uma forma que seja autêntica para o propósito e os valores fundamentais da organização.

Conforme exploramos os próximos impactos do Marketing do Futuro, esta noção de valor – seja valor da marca, valor do cliente ou valor social – permanecerá um tema constante. Porque no final, o sucesso no marketing sempre volta a entregar um valor excepcional, de formas que ressoam profundamente com as necessidades, desejos e valores em constante evolução de nossos clientes.

Construção de parcerias fortes

A construção de parcerias fortes não é apenas um *nice-to-have*, mas um imperativo estratégico. Quando feito corretamente, pode levar a benefícios significativos, como alcance expandido do mercado, ofertas aprimoradas de produtos ou serviços e, no limite, transformação do modelo de negócios.

Para medir o sucesso nesta área, as organizações podem acompanhar os seguintes KPIs primários:

1. **Valor compartilhado:** este KPI busca quantificar o valor total gerado pela parceria para todas as partes envolvidas. Isso pode incluir receita incremental, economia de custos, ou valor menos tangível, como acesso a novos insights ou capacidades. Um valor compartilhado crescente indica uma parceria saudável e mutuamente benéfica.

2. **Alcance de mercado:** este KPI mede a extensão na qual uma parceria ajuda uma organização a expandir sua presença e visibilidade no mercado. Isso pode ser quantificado através de métricas como novos clientes adquiridos, aumento na participação de mercado e/ou expansão geográfica habilitada pela parceria.

Além destes KPIs de alto nível, várias métricas secundárias podem fornecer insights sobre aspectos específicos da saúde e impacto da parceria:

- **Engajamento dos stakeholders:** Esta métrica avalia o nível de engajamento e satisfação entre os principais stakeholders da parceria. Isso pode ser medido através de pesquisas regulares de stakeholders, taxas de participação em iniciativas conjuntas, até sentimento capturado através de comunicações informais. Alto engajamento dos stakeholders sugere uma parceria com propósito e valor.

- **Inovação conjunta:** esta métrica rastreia resultados inovadores gerados através da parceria. Isso poderia incluir novos produtos ou serviços desenvolvidos, processos aprimorados implementados e propriedade intelectual conjunta. Alta inovação conjunta indica uma parceria que está efetivamente alavancando as forças complementares para criar valor adicional.

- **Eficiência operacional:** esta métrica olha para os benefícios de eficiência gerados pela parceria. Isso poderia tomar a forma de processos streamlined, tempo de ciclo reduzido, ou custos diminuídos através de economia de escala ou alavancagem de recursos complementares. Melhorias na eficiência operacional sugerem uma parceria que está gerando benefícios tangíveis para as partes envolvidas.

Para cultivar parcerias fortes, as organizações podem empregar uma série de estratégias:

- **Definir objetivos conjuntos:** estabelecer um entendimento compartilhado dos objetivos, resultados desejados e indicadores de sucesso da parceria desde o início pode ajudar a garantir o alinhamento e o foco.

- **Promover comunicação aberta:** fomentar linhas abertas e regulares de comunicação, tanto no nível operacional quanto no nível executivo, pode ajudar a construir confiança, resolver problemas rapidamente e garantir que a parceria permaneça ágil e responsiva.

- **Explorar modelos win-win:** projetar a parceria em torno de estruturas que incentivem o sucesso mútuo, como compartilhamento de receita ou investimentos conjuntos, pode criar uma dinâmica positiva e sustentável.

- **Respeitar e alavancar diferenças:** abraçar as diferentes forças, culturas e perspectivas que cada parceiro traz pode levar a uma parceria mais resiliente e inovadora.

Mas nem todas as parcerias são criadas iguais. Parcerias bem-sucedidas requerem seleção cuidadosa de parceiros, alinhamento de valores e objetivos, e investimento contínuo na manutenção e crescimento da relação. Além disso, as parcerias carregam riscos inerentes – de vazamentos de propriedade intelectual a danos à reputação por associação – que devem ser cuidadosamente gerenciados.

Olhando para o futuro, a importância das parcerias estratégicas só tende a **crescer**. À medida que os problemas se tornam mais complexos e os mercados mais interconectados, a capacidade de alavancar forças e insights complementares através das fronteiras organizacionais se tornará uma habilidade essencial. Ao mesmo tempo, a própria natureza das parcerias provavelmente evoluirá. Com o avanço da tecnologia, podemos esperar ver mais parcerias entre empresas e entidades não tradicionais, como governos, ONGs e até comunidades de *crowdsourcing*. Também podemos ver o surgimento de "parcerias de propósito", que unem empresas em torno de uma missão social ou ambiental compartilhada.

Em última análise, construir parcerias fortes no Marketing do Futuro exigirá uma mentalidade de colaboração, uma vontade de explorar modelos novos e inovadores, e um compromisso inabalável de criar valor compartilhado. Exigirá que as organizações vejam além de seus próprios muros e abracem o poder do ecossistema mais amplo. E exigirá um reconhecimento de que, em um mundo cada vez mais interconectado e interdependente, o sucesso raramente é um jogo de soma zero.

Seja na construção de parcerias, no cultivo de comunidades ou na maximização do valor do cliente, o sucesso na nova era do marketing será definido pela nossa capacidade de reconhecer, respeitar e alavancar as teias de relações, a interconectividade e a dependência mútua que nos cercam. É um desafio que exigirá não apenas novas estratégias e habilidades, mas uma nova forma de pensar – uma que coloca a colaboração no centro.

Distribuição de valor compartilhado no ecossistema

No cenário complexo e interconectado do Marketing do Futuro, o sucesso não é medido apenas pelo valor que uma organização captura para si, mas pelo valor que ela cria e compartilha em todo o seu ecossistema. Este ecossistema abrange uma rede de stakeholders – clientes, funcionários, parceiros, comunidades e até o meio ambiente – todos conectados por uma teia de relações e interesses mútuos.

A distribuição de valor compartilhado dentro deste ecossistema não é apenas uma consideração ética, mas um imperativo estratégico. As organizações que podem efetivamente gerar e compartilhar valor com todos os seus stakeholders estão melhor posicionadas para construir resiliência, fomentar inovação e assegurar prosperidade a longo prazo.

Para medir o sucesso nesta área, as organizações podem acompanhar os seguintes KPIs primários:

1. **Valor ecossistêmico compartilhado:** este KPI busca quantificar o valor total gerado para todos os participantes do ecossistema. Isso pode incluir valor econômico [como aumento de receita ou economia de custos], valor social [como melhoria na qualidade de vida ou bem-estar da comunidade], e valor ambiental [como redução da pegada de carbono ou aumento da biodiversidade]. Um Valor Ecossistêmico Compartilhado crescente indica um ecossistema saudável e sustentável.

2. **Distribuição equitativa de valor:** este KPI olha para como o valor gerado é distribuído entre os diferentes stakeholders do ecossistema. Pode ser medido através de métricas como proporção de receita compartilhada com parceiros, relação salário-CEO-trabalhador, ou investimentos em iniciativas comunitárias. Uma distribuição mais equitativa de valor sugere um ecossistema equilibrado e inclusivo.

Além destes KPIs de alto nível, várias métricas secundárias podem fornecer insights sobre diferentes aspectos da saúde e impacto do ecossistema:

- **Satisfação do stakeholder:** esta métrica avalia o nível de satisfação e engajamento entre os principais stakeholders do ecossistema. Pode ser medido através de Net Promoter Scores, pesquisas de engajamento de funcionários, e feedback qualitativo. Alta satisfação do stakeholder indica um ecossistema que está efetivamente atendendo às necessidades e expectativas de seus participantes.

- **Cocriação de inovação:** esta métrica rastreia a extensão na qual a inovação é mobilizada pela colaboração dentro do ecossistema. Isso poderia incluir novos produtos, serviços ou processos desenvolvidos através de parcerias, insights gerados através do engajamento da comunidade até patentes conjuntas. Alta cocriação de inovação sugere um ecossistema vibrante e generativo.

- **Impacto social e ambiental:** esta métrica olha para as contribuições do ecossistema para o bem-estar social e ambiental mais amplo. Isso poderia abranger coisas como redução das emissões de carbono, melhoria dos resultados de saúde na comunidade, ou aumento do acesso à educação. Um impacto social e ambiental positivo e crescente indica um ecossistema que está gerando valor além do bottom line.

Para nutrir ecossistemas que compartilham valor efetivamente, as organizações podem empregar uma série de estratégias:

- **Adotar uma mentalidade de stakeholder:** mudar de uma mentalidade de acionista para uma mentalidade de stakeholder, que considera os interesses e as necessidades de todas as partes afetadas pelas atividades da organização.

- **Projetar para a sustentabilidade:** incorporar considerações de sustentabilidade em todos os aspectos das operações, desde sourcing e fabricação até distribuição e end-of-life.

- **Priorizar a transparência:** ser aberto e transparente sobre as práticas de negócios, desafios e oportunidades pode ajudar a construir confiança e fomentar um senso de responsabilidade compartilhada dentro do ecossistema.

- **Investir em colaboração intersetorial:** formar parcerias e colaborações com organizações de diferentes setores [público, privado, sem fins lucrativos] para abordar desafios complexos e criar valor compartilhado.

Distribuição de valor compartilhado não é um jogo de soma zero. Criar valor para os stakeholders não precisa vir às custas da lucratividade ou competitividade. Na verdade, pesquisas sugerem que empresas que priorizam propósito e stakeholders juntamente com lucro tendem a superar seus pares a longo prazo.

Olhando para o futuro, a importância da distribuição de valor compartilhado só tende a crescer. À medida que as expectativas dos consumidores, funcionários e sociedade evoluem, as organizações enfrentarão uma pressão crescente para demonstrar sua contribuição positiva para o mundo ao seu redor.

Ao mesmo tempo, a própria natureza do valor pode evoluir. Com a ascensão das tecnologias digitais e da economia do conhecimento, podemos ver uma mudança do valor baseado em recursos para o valor baseado em informações e insights. Isso pode exigir novas abordagens para medir, gerenciar e distribuir valor dentro dos ecossistemas.

Em última análise, priorizar a distribuição de valor compartilhado no Marketing do Futuro exige uma mentalidade de abundância, compromisso com o bem comum, e uma vontade de repensar modelos e métricas tradicionais de sucesso. Exige que as organizações vejam além de seus próprios interesses imediatos e abracem seu papel como articuladores do ecossistema mais amplo e um reconhecimento de que, em um mundo cada vez mais interconectado e interdependente, o sucesso sustentável é um jogo de soma positiva.

Conforme nos aproximamos do final de nossa exploração dos impactos do Marketing do Futuro, interconexão e valor compartilhado emerge como talvez o mais crítico de todos. Seja na construção de parcerias, no engajamento de comunidades ou na geração de impacto social, o futuro do marketing será definido por nossa capacidade de reconhecer e nutrir as teias de relações que sustentam nosso mundo. É um desafio que exigirá não apenas novas estratégias e habilidades, mas uma nova consciência – uma que coloca o **bem coletivo** no centro de tudo o que fazemos.

Contribuição social da marca

No cenário do Marketing do Futuro, o sucesso de uma marca não é medido apenas por seu desempenho financeiro, mas por seu impacto positivo na sociedade e no ambiente. A contribuição social da marca abrange uma ampla gama de iniciativas, desde o apoio a causas sociais e o investimento em projetos comunitários até a adoção de práticas de negócios sustentáveis e a advocacia por mudanças sistêmicas. O denominador comum é um compromisso genuíno em usar recursos e influência da marca para gerar um impacto positivo que vai além do *bottom line*.

Para medir o sucesso nesta área, as organizações podem acompanhar os seguintes KPIs primários:

1. **Impacto social:** este KPI busca quantificar a contribuição da marca para o bem-estar social. Isso pode incluir métricas como o número de pessoas beneficiadas por iniciativas sociais da marca, a melhoria nos indicadores de qualidade de vida nas comunidades onde a marca atua, ou o progresso em direção a objetivos sociais específicos [como redução da pobreza ou aumento da alfabetização]. Um impacto social crescente e sustentado indica uma marca que está efetivamente usando seus recursos para o bem comum.

2. **Impacto ambiental:** este KPI avalia a contribuição da marca para a saúde e sustentabilidade do meio ambiente. Isso pode abranger métricas como redução da pegada de carbono, uso de energia renovável, diminuição do desperdício, ou restauração de habitats naturais. Um impacto ambiental positivo e crescente sugere uma marca que está ativamente gerenciando e minimizando seus efeitos no planeta.

Além destes KPIs de alto nível, várias métricas secundárias podem fornecer insights sobre diferentes aspectos da contribuição social da marca:

- **NPS:** o NPS mede a disposição dos clientes em recomendar a marca para outros. Um NPS alto e crescente pode indicar que os consumidores valorizam e apreciam o compromisso social da marca.

- **Menções na mídia:** esta métrica rastreia a frequência e o sentimento das menções da marca na mídia em relação às suas iniciativas sociais e ambientais. Menções positivas e frequentes sugerem que os esforços da marca estão sendo reconhecidos e bem recebidos.

- **Engajamento dos colaboradores:** esta métrica avalia o nível de engajamento e satisfação dos funcionários em relação ao propósito e impacto social da marca. Alto engajamento sugere que a contribuição social da marca é autêntica e incorporada na cultura da organização.

- **Lealdade do cliente:** essa métrica mede a propensão dos clientes a continuar fazendo negócios com a marca ao longo do tempo. Alta lealdade pode indicar que os consumidores se sentem emocionalmente conectados e alinhados com os valores e o impacto social da marca.

Para maximizar sua contribuição social, as marcas podem empregar uma variedade de estratégias:

- **Integrar o propósito social no core business:** em vez de tratar as iniciativas sociais como um esforço paralelo, as marcas podem incorporar o propósito social em suas operações centrais. Isso poderia envolver alinhar a cadeia de suprimentos com princípios éticos, projetar produtos com considerações de sustentabilidade, ou dedicar uma porção dos lucros para investimentos de impacto.

- **Colaborar com stakeholders:** engajar clientes, funcionários, parceiros e comunidades no desenvolvimento e na execução de iniciativas sociais pode ajudar a garantir que esses esforços sejam relevantes, eficazes e bem recebidos. Isso pode envolver cocriação de produtos, voluntariado dos funcionários, ou formação de parcerias com organizações sem fins lucrativos.

- **Advogar por mudanças sistêmicas:** além de suas próprias operações, as marcas podem usar sua influência para advogar por mudanças sistêmicas que abordem as causas-raiz dos desafios sociais e ambientais. Isso poderia incluir apoiar políticas públicas progressivas, investir em inovações de ruptura, ou liderar coalizões industriais para o progresso.

- **Comunicar com autenticidade:** compartilhar as iniciativas e os impactos sociais da marca de maneira transparente, consistente e cativante pode ajudar a construir confiança, engajamento e **advocacia** entre os stakeholders. É crucial que a comunicação seja fundamentada em ações substantivas e resultados mensuráveis, em vez de meras alegações.

A contribuição social não é um esforço único, mas uma jornada contínua. As expectativas e necessidades da sociedade estão constantemente evoluindo, e as marcas devem estar preparadas para adaptar e escalar seus esforços em resposta. Além disso, o impacto social não deve vir às custas da viabilidade comercial. O verdadeiro desafio é encontrar maneiras de gerar valor compartilhado que beneficiem todas as partes interessadas.

Ao mesmo tempo, a própria natureza da contribuição social pode evoluir. Com os avanços na tecnologia e na ciência de dados, as marcas podem ter novas ferramentas para entender, medir e otimizar seu impacto. Também podemos ver o surgimento de novos modelos de negócios e estruturas organizacionais que priorizam igualmente o lucro e o propósito.

A jornada para se tornar uma marca com impacto social positivo não é fácil, mas é imensamente gratificante. Requer visão, compromisso, inovação e colaboração. Mas talvez mais importante, requer uma crença fundamental de que os negócios podem e devem ser uma força para o bem no mundo.

Na era do Marketing do Futuro, essa crença não é mais um ideal aspiracional, mas um imperativo estratégico. À medida que os desafios globais se tornam mais prementes e as expectativas dos stakeholders evoluem, a contribuição social se tornará cada vez mais um diferenciador competitivo. As marcas que abraçarem essa realidade e se esforçarem para fazer uma diferença positiva não apenas sobreviverão, mas prosperarão.

Capacidade de atuação e adaptação no ambiente figital

Na era do Marketing do Futuro, a habilidade de navegar e se adaptar ao ambiente figital não é mais um diferencial, mas um pré-requisito para sobrevivência e sucesso. O ambiente figital é um cenário de constante mudança, onde preferências do consumidor, tecnologias de ruptura e as dinâmicas competitivas estão em fluxo perpétuo.

Neste contexto, a capacidade de uma marca de perceber, interpretar e responder rapidamente a essas mudanças torna-se uma competência estratégica crítica. Não se trata apenas de estar presente em múltiplos fluxos, mas de orquestrar uma presença unificada e adaptativa que engaje os consumidores em seus próprios termos.

Para medir o sucesso nesta área, as marcas podem acompanhar os seguintes KPIs primários:

1. **Velocidade de resposta a mudanças de mercado:** este KPI mede o tempo que uma marca leva para identificar uma mudança significativa no mercado [seja uma nova tendência de consumo, uma ação competitiva ou uma ruptura tecnológica] e executar uma resposta efetiva. Uma maior velocidade de resposta indica maior agilidade e adaptabilidade.

2. **Cobertura de fluxos:** este KPI avalia a extensão e a eficácia da presença da marca em diferentes fluxos e pontos de contato, sociais, digitais e físicos. Uma cobertura mais ampla e integrada sugere uma maior capacidade de atender às preferências variadas dos consumidores.

3. **ROI de campanhas adaptativas:** este KPI compara o retorno sobre o investimento de campanhas de marketing que se adaptam em tempo real ao comportamento e ao contexto do consumidor versus campanhas estáticas. Um ROI mais alto para campanhas adaptativas indica uma execução eficaz no ambiente figital.

Além destes KPIs primários, várias métricas secundárias podem fornecer insights sobre a capacidade de uma marca de engajar os consumidores no ambiente figital:

- **Engajamento do consumidor em múltiplos fluxos:** essa métrica rastreia a profundidade e a frequência das interações do consumidor com a marca em diferentes fluxos, desde o tempo gasto em sites até o engajamento nas redes sociais e as visitas à loja física. Um engajamento mais alto e consistente em todos os fluxos sugere uma experiência figital cativante.

- **Adaptação de conteúdo:** essa métrica mede a extensão na qual o conteúdo de marketing da marca [anúncios, e-mails, recomendações de produtos] se adapta às preferências e ao comportamento individuais do consumidor. Uma maior adaptação de conteúdo indica uma abordagem mais centrada no cliente no ambiente figital.

- **Satisfação do consumidor com experiências integradas:** essa métrica avalia a satisfação do consumidor com a consistência e a relevância de suas experiências com a marca em diferentes fluxos. Uma maior satisfação sugere que a marca está efetivamente integrando suas interações figitais.

Para melhorar sua capacidade de atuar e se adaptar no ambiente figital, as marcas podem empregar uma variedade de estratégias:

- **Investir em tecnologias ágeis:** adotar plataformas e ferramentas de marketing que permitam rápida iteração, teste e otimização de iniciativas em diferentes fluxos. Isso poderia incluir sistemas de gerenciamento de conteúdo headless, ferramentas de automação de marketing e plataformas de personalização aceleradas por **IA**.

- **Cultivar uma cultura de experimentação:** encorajar uma mentalidade de teste e aprendizado contínuo, onde diferentes ideias e abordagens são rapidamente prototipadas, medidas e refinadas. Isso requer um grau de conforto com o risco e o fracasso, bem como um foco obstinado na aprendizagem e na melhoria.

- **Estabelecer governança figital:** desenvolver estruturas e processos internos que permitam coordenação e colaboração perfeitas entre diferentes funções [como TI, marketing, vendas e serviço ao cliente] na entrega de experiências figitais consistentes. Isso poderia envolver a criação de equipes multifuncionais ágeis, a definição de KPIs compartilhados e o desenvolvimento de diretrizes de marca que abrangem todos os fluxos.

- **Dar prioridade à escuta social:** investir em ferramentas e capacidades de monitoramento de mídias sociais e análise de sentimento para detectar e responder em tempo real às mudanças nas preferências e opiniões dos consumidores. Isso permite que as marcas permaneçam no pulso do mercado e adaptem rapidamente suas estratégias.

A atuação e adaptação no ambiente figital não é um destino, mas uma jornada contínua. À medida que tecnologias evoluem e expectativas dos consumidores mudam, marcas devem continuamente iterar e inovar para permanecer relevantes. Isso requer um investimento sustentado tecnologias, plataformas, ferramentas e, principalmente, em competências e habilidades dos humanos por trás delas.

Com o surgimento de tecnologias como 5G, realidade aumentada e IoT, o ambiente figital se tornará ainda mais complexo e dinâmico. As marcas que podem não apenas navegar, mas prosperar nesta complexidade serão aquelas que podem sentir e responder às mudanças quase em tempo real.

Ao mesmo tempo, a adaptabilidade figital não pode vir à custa da autenticidade ou da consistência da marca. O verdadeiro desafio é manter uma identidade central forte e reconhecível enquanto se adapta continuamente na periferia. As marcas que podem alcançar este equilíbrio – sendo ao mesmo tempo enraizadas e responsivas – serão aquelas que criam as conexões mais fortes e duradouras com os consumidores.

A capacidade de atuar e se adaptar no ambiente figital não é apenas uma competência de marketing, mas uma capacidade organizacional. Requer uma orquestração perfeita de pessoas, processos, tecnologias e insights em tempo real. E requer uma mentalidade que abraça a mudança e a incerteza como oportunidades para a inovação e o crescimento.

No Marketing do Futuro, esta mentalidade não é mais opcional – é pré-requisito para relevância contínua e a vantagem competitiva. À medida que as fronteiras entre o físico, o digital e o social continuam a se desvanecer, as marcas que podem transcender sem esforço essas fronteiras serão aquelas que definem a próxima fronteira do engagement do consumidor.

Construção e evolução de comunidades

No Marketing do Futuro, a criação e evolução de comunidades é uma **competência estratégica** fundamental. Mais que meros seguidores ou clientes, comunidades são grupos de indivíduos unidos por valores, interesses ou aspirações compartilhadas, que se envolvem não só com a marca, mas, e talvez muito mais, entre si. Comunidades dinâmicas e autorreforçantes se tornam fonte vital de insights, inovação, advocacia e valor sustentável para as marcas.

A ascensão das comunidades marca uma mudança de paradigma do marketing centrado na marca para o marketing centrado na comunidade.

Nesta nova abordagem, as marcas não transmitem mensagens para audiências passivas, simplesmente, mas facilitam e nutrem interações significativas dentro e em torno de suas comunidades. Elas não apenas extraem valor, mas criam e aumentam valor coletivo, capacitando suas comunidades para aprender, crescer e criar juntos.

Para medir o sucesso na construção e evolução das comunidades, as marcas podem acompanhar os seguintes KPIs primários:

1. **Crescimento da comunidade:** este KPI rastreia o ritmo no qual a comunidade está adquirindo novos membros ao longo do tempo. Um crescimento consistente e sustentável da comunidade indica que a proposta de valor da comunidade ressoa e atrai outros.

2. **Engajamento da comunidade:** este KPI mede a frequência, profundidade e qualidade das interações dentro da comunidade. Isso pode incluir métricas como postagens, comentários, comparti-

lhamentos, tempo gasto e outras formas de participação. Um alto engajamento sugere uma comunidade vibrante e cativante.

3. **Conversão de membros:** esse KPI rastreia a porcentagem de membros da comunidade que realizam uma ação desejada, como fazer uma compra, inscrever-se em um evento ou recomendar a marca para outros. Uma alta taxa de conversão indica que a comunidade está efetivamente impulsionando resultados de negócios.

4. **Retenção e fidelidade:** esse KPI mede a porcentagem de membros que permanecem ativos na comunidade ao longo do tempo. Uma alta retenção e fidelidade sugerem que a comunidade está fornecendo valor contínuo e cultivando relacionamentos duradouros.

5. **Alcance orgânico e amplificação:** este KPI avalia o grau em que o conteúdo e as conversas geradas pela comunidade se estendem além dos fluxos oficiais da comunidade. Uma alta amplificação orgânica indica que a comunidade está efetivamente influenciando as percepções e discussões mais amplas.

Além destes KPIs primários, várias métricas secundárias podem fornecer insights sobre a saúde, a diversidade e o impacto da comunidade:

- **Diversidade de conteúdo gerado pela comunidade:** esta métrica avalia a variedade de tópicos, formatos e perspectivas representados no conteúdo gerado pela comunidade. Uma maior diversidade sugere uma comunidade mais inclusiva e engajada.

- **Interação entre membros:** esta métrica rastreia a extensão na qual os membros estão interagindo diretamente uns com os outros, em vez de apenas com a marca. Uma interação mais alta entre membros indica uma comunidade mais conectada e autossustentável.

- **Qualidade das interações:** esta métrica avalia a profundidade, a relevância e o tom das interações na comunidade. Interações de alta qualidade sugerem uma comunidade que promove diálogos respeitosos, construtivos e valiosos.

- **Contribuição para inovação:** esta métrica rastreia o número e o impacto das ideias, percepções e soluções geradas pela comunidade. Uma maior contribuição para a inovação indica uma comunidade que é uma valiosa parceira de cocriação para a marca.

- **Feedback e defesa:** esta métrica mede a disposição dos membros da comunidade em fornecer feedback honesto e defender a marca. Um feedback e uma defesa mais fortes sugerem uma comunidade que é investida no sucesso e na melhoria da marca.

Para cultivar comunidades robustas e evolutivas, as marcas podem empregar uma variedade de estratégias:

- **Definir um claro propósito e valores:** articular um propósito convincente e um conjunto de valores que ressoem com os membros da comunidade e sirvam como um farol para todas as interações e atividades da comunidade.

- **Dar prioridade à participação autêntica:** encorajar a liderança da marca a se envolver diretamente com a comunidade de uma maneira autêntica e humana. Isso poderia envolver o compartilhamento de histórias pessoais, a resposta direta aos comentários e a solicitação de feedback e orientação.

- **Capacitar os campeões da comunidade:** identificar e nutrir os membros mais ativos e influentes da comunidade, capacitando-os com ferramentas, informações e reconhecimento para liderar e moldar a comunidade de dentro para fora.

- **Facilitar a conexão e a colaboração:** fornecer plataformas, eventos e oportunidades para os membros da comunidade se conectarem, compartilharem e colaborarem em torno de interesses e projetos compartilhados. Isso poderia envolver fóruns online, encontros presenciais, hackathons ou iniciativas colaborativas.

- **Cocriar e iterar continuamente:** envolver a comunidade na cocriação de produtos, serviços e experiências, e usar seus insights e feedback para iterar e melhorar continuamente. Isso fomenta um senso de propriedade e investimento na comunidade.

Comunidades não são construídas da noite para o dia. Elas requerem nutrição, cuidado e compromisso consistentes ao longo do tempo. Além disso, nem todas as marcas precisam ou devem tentar construir uma comunidade. A relevância e a autenticidade são fundamentais. As marcas devem se perguntar se uma comunidade alinha-se genuinamente com seu propósito e valores, e se elas estão preparadas para investir o tempo e os recursos necessários para apoiá-la adequadamente.

Em um mundo cada vez mais digital e automatizado, os consumidores anseiam por conexões humanas autênticas e experiências compartilhadas. As comunidades oferecem um antídoto poderoso para o isolamento e a desconexão, permitindo que os indivíduos encontrem um senso de pertencimento e propósito.

Ao mesmo tempo, a própria natureza das comunidades está evoluindo. Com os avanços em realidades virtuais e aumentadas, podemos ver o surgimento de comunidades cada vez mais imersivas e experienciais que transcendem as fronteiras físicas. Também podemos ver uma crescente hibridização entre comunidades geridas por marcas e comunidades independentes, com as marcas procurando se tornar facilitadoras e contribuidoras, em vez de controladoras.

No final, a capacidade de uma marca de construir e evoluir comunidades autênticas, engajadas e cocriativas será um diferenciador crítico na era do Marketing do Futuro. Exigirá uma mudança de mentalidade do marketing transacional de curto prazo para o cultivo relacional de longo prazo. Exigirá uma disposição para abrir mão do controle e confiar na sabedoria e na criatividade coletivas da comunidade. E exigirá um compromisso inabalável de servir e capacitar a comunidade, em vez de simplesmente extrair valor dela.

Essa é a essência do marketing centrado na **comunidade**. Não é sobre gerenciar percepções, mas sobre nutrir conexões. Não é sobre vender produtos, mas sobre cocriar valor. E não é sobre construir marcas, mas sobre capacitar pessoas.

À medida que avançamos para o futuro, as marcas que podem dominar a arte e a ciência da construção e evolução da comunidade serão aquelas que não apenas sobrevivem, mas prosperam. Porque na era do Marketing do Futuro, a comunidade não é apenas uma estratégia – é o próprio tecido do sucesso.

Crescimento lucrativo sustentado

No cenário dinâmico do Marketing do Futuro, o crescimento lucrativo sustentado surge como o **KPI definitivo**, a medida final do sucesso e da eficácia das estratégias de marketing. Este KPI transcende as métricas tradicionais de marketing e reflete a **contribuição holística do marketing** para a saúde e longevidade do negócio como um todo.

O crescimento lucrativo sustentado representa a interseção ideal entre **expansão** de receita, **eficiência** de custos e criação de **valor** de longo prazo. É a prova de que as iniciativas de marketing não apenas impulsionam vendas, mas o fazem de uma maneira que é economicamente viável, competitivamente diferenciada e focada no cliente.

Neste novo paradigma, o marketing deixa de ser uma função isolada e se torna um driver estratégico integrado em toda a organização. Ele influencia cada ponto de contato com o cliente, desde a conscientização inicial até a defesa e recompra da marca. Como tal, o sucesso do marketing torna-se indissociável do sucesso do negócio.

Para medir o crescimento lucrativo sustentado, as organizações podem acompanhar os seguintes KPIs primários:

1. **Aumento de receita:** este KPI rastreia o crescimento incremental na receita atribuível aos esforços de marketing. É uma medida da capacidade do marketing de gerar nova demanda, penetrar novos mercados e aumentar o valor médio da transação.

2. **Margem de lucro:** este KPI mede a lucratividade das vendas geradas pelo marketing. Ele garante que o crescimento da receita não seja alcançado à custa da rentabilidade, mas sim através de uma precificação estratégica, mix de produtos e eficiência de custos.

3. **Retorno sobre o investimento em marketing [ROIM]:** este KPI compara o incremento na receita e o lucro gerado pelo marketing com o investimento feito nas atividades de marketing. Um ROIM alto indica que o marketing está efetivamente alavancando seu orçamento para impulsionar resultados.

4. **CAC:** este KPI mede o custo médio de adquirir um novo cliente através dos esforços de marketing. Uma tendência decrescente

no CAC ao longo do tempo sugere que o marketing está se tornando mais eficiente e efetivo em atrair novos negócios.

5. **CLV:** este KPI projeta a receita total que um cliente gerará ao longo de seu relacionamento com a marca. Um CLV crescente indica que o marketing não está apenas adquirindo clientes, mas clientes de alto valor que continuarão a gerar receita ao longo do tempo.

Além destes KPIs primários, várias métricas secundárias podem fornecer insights sobre os drivers do crescimento lucrativo sustentado:

- **Satisfação e fidelidade do cliente:** estas métricas avaliam o grau em que os clientes estão satisfeitos com sua experiência com a marca e propensos a fazer compras repetidas. Alta satisfação e fidelidade do cliente são preditores-chave de crescimento de receita e CLTV.

- **Eficiência operacional:** estas métricas rastreiam a capacidade do marketing de otimizar seus processos, automatizar tarefas e alavancar a tecnologia para maximizar a produtividade e minimizar o desperdício. Uma maior eficiência operacional contribui para margens mais altas e ROIM.

- **Participação de mercado:** Esta métrica mede a posição da marca em relação aos concorrentes em seus mercados-alvo. Um aumento na participação de mercado sugere que as estratégias de marketing estão efetivamente diferenciando a marca e impulsionando a preferência do cliente.

- **Inovação e desenvolvimento de produtos:** estas métricas rastreiam a capacidade do marketing de identificar oportunidades de crescimento, entender as necessidades não atendidas dos clientes e colaborar com P&D para trazer novos produtos ao mercado. A inovação bem-sucedida pode impulsionar picos de crescimento de receita e capturar novo CLV.

Para impulsionar o crescimento lucrativo sustentado, os profissionais de marketing podem empregar uma variedade de estratégias:

- **Equilibrar aquisição e retenção:** investir em uma mistura equilibrada de estratégias para adquirir novos clientes de alto valor e cultivar relacionamentos lucrativos de longo prazo com os clientes existentes. Isso ajuda a otimizar o CAC e o CTV.

- **Aproveitar insights orientados por dados:** usar analytics e modelagem preditiva para obter uma compreensão profunda do comportamento do cliente, eficácia do canal e alavancas de desempenho. Estes insights podem informar estratégias para melhorar a segmentação, personalização e alocação de recursos.

- **Priorizar a experiência do cliente:** projetar e entregar experiências do cliente excepcionais que criam diferenciação, fomentam a lealdade à marca e incentivam a defesa do cliente. Uma experiência superior do cliente é um motor fundamental de crescimento lucrativo e sustentado.

- **Incentivar a agilidade e a experimentação:** adotar um mindset ágil que valoriza a iteração, o aprendizado contínuo e a adaptação rápida. Isso permite que as organizações testem rapidamente novas ideias, aprendam com o mercado e se mantenham à frente das mudanças nas preferências e expectativas dos clientes.

Olhando para o futuro, a importância do crescimento lucrativo sustentado como um KPI de marketing só tende a aumentar. Em um ambiente de negócios cada vez mais complexo e competitivo, a capacidade de demonstrar um impacto tangível e duradouro no *bottom-line* será o divisor de águas entre as marcas que prosperam e as que ficam para trás.

Ao mesmo tempo, a própria definição de crescimento pode evoluir. Com o aumento das expectativas dos clientes e das partes interessadas em relação à responsabilidade ambiental e social, as marcas podem precisar expandir sua visão de crescimento para além do financeiro e considerar seu impacto na sociedade e no planeta. Crescimento realmente sustentável pode significar não apenas aumentar os lucros, mas fazê-lo de uma forma que seja benéfica para todos os stakeholders.

No final, a capacidade de uma marca de alcançar crescimento lucrativo sustentado será um reflexo direto de sua capacidade de gerar valor autêntico e duradouro. Exigirá que os profissionais de marketing pensem holisticamente, sejam ágeis e liderem com propósito, **integrando marketing em toda a organização**, alinhando objetivos, métricas e atividades de marketing com as prioridades estratégicas da organização maior. Isso garante que o marketing esteja contribuindo diretamente para os resultados de negócios mais críticos.

Isso exigirá uma profunda compreensão não apenas dos clientes, mas do contexto complexo do ecossistema em que operam e uma mentalidade que trata crescimento não como um fim em si mesmo, mas como um resultado natural de um **foco inabalável** na entrega de valor excepcional.

Essa é a visão do crescimento lucrativo sustentado que o Marketing do Futuro promete – não apenas um KPI, mas uma prova viva do impacto transformador que o marketing pode ter quando está totalmente integrado e alinhado com o propósito e as prioridades do negócio.

Ao perseguir incansavelmente este KPI – e todos os fatores críticos que o impulsionam – as marcas podem alcançar um sucesso duradouro e redefinir a própria noção de sucesso na era figital. Porque, no Marketing do Futuro, crescimento não é apenas sobre o que você ganha, mas sobre o que você dá. É sobre o valor que você captura, claro, mas muito mais sobre o valor que você cria. E não é apenas sobre seu lucro, mas sobre o propósito que você serve.

Esse é o desafio e a oportunidade que se encontra diante de cada profissional de marketing hoje – não apenas para entregar crescimento, mas para redefini-lo. Para não apenas servir o bottom line, mas para desenhá-lo. E para não apenas seguir o futuro, mas para moldá-lo.

Então, enquanto fechamos este capítulo de nossa exploração dos impactos do Marketing do Futuro, fazemos isso com um senso de possibilidade e potencial. Porque quando o marketing abraça seu papel como um *driver* de crescimento lucrativo sustentado, não há limite para o impacto positivo que pode ter – nos clientes, nas empresas e no mundo em geral.

Considerações finais

Ao longo deste capítulo, exploramos os principais impactos do Marketing do Futuro e da Teoria AEIOU. Desde o aumento do Valor da

Vida Útil do Cliente [CLV] até o Crescimento Lucrativo Sustentado, esses impactos abrangem uma ampla gama de aspectos que são cruciais para o sucesso dos negócios na era digital.

A análise desses impactos revela a profunda transformação que o marketing está passando. Não se trata mais apenas de gerar leads ou aumentar as vendas no curto prazo, mas de criar valor sustentável para os clientes, para a empresa e para a sociedade como um todo. O Marketing do Futuro é um paradigma que coloca o cliente no centro de todas as ações, buscando entender suas necessidades, desejos e comportamentos em um nível profundo e usando essas informações para entregar experiências excepcionais e construir relacionamentos duradouros.

Outro ponto fundamental é a crescente importância dos dados e da tecnologia. A capacidade de coletar, analisar e agir sobre grandes volumes de dados em tempo real é um diferencial competitivo no Marketing do Futuro. Isso permite personalização em escala, otimização contínua e tomada de decisões baseada em evidências. No entanto, é crucial lembrar que a tecnologia é um meio, não um fim. Ela deve ser usada a serviço de uma estratégia centrada no cliente e alinhada com os valores e objetivos da marca.

A adoção de uma abordagem holística e adaptativa para medir o sucesso do marketing é outro aspecto crítico destacado neste capítulo. Métricas isoladas, como cliques ou impressões, não são mais suficientes. É necessário construir um framework abrangente que considere os diversos impactos do marketing, desde o CLV até o crescimento lucrativo sustentado, passando pela contribuição social, e que seja flexível o suficiente para se adaptar às constantes mudanças no mercado e no comportamento do consumidor. Isso requer uma nova arquitetura de dados, que integre informações de múltiplas fontes e permita uma visão 360° do cliente e do desempenho do marketing.

Além disso, o Marketing do Futuro exige uma mudança de mindset e de cultura organizacional. Silos devem ser quebrados, e o marketing deve trabalhar em estreita colaboração com outras áreas, como vendas, produtos, atendimento ao cliente e tecnologia. A criatividade e a inovação devem ser incentivadas em todos os níveis, e o aprendizado contínuo deve fazer parte do dia a dia de todos os profissionais de marketing. Isso requer líderes visionários, que sejam capazes de inspirar e engajar suas equipes em torno de um propósito maior.

Em última análise, o Marketing do Futuro e a Teoria AEIOU representam uma oportunidade única para as empresas se diferenciarem e terem um impacto positivo no mundo. Ao colocar o cliente no centro, buscar a excelência em cada interação, investir em inovação, otimizar continuamente e contribuir para a sociedade, as marcas podem construir um legado duradouro e prosperar em um mercado cada vez mais competitivo e dinâmico.

Este é um chamado à ação para todos os profissionais de marketing e líderes empresariais. Abraçar o Marketing do Futuro e a Teoria AEIOU não é uma escolha, mas uma necessidade. É preciso começar hoje a transformar suas estratégias, seus processos e sua cultura. É preciso investir na capacitação de suas equipes e na construção de uma infraestrutura de dados robusta. É preciso estar aberto para experimentar, aprender e evoluir continuamente.

A jornada pode parecer desafiadora, mas os frutos serão doces. As empresas que embarcarem nessa transformação estarão construindo um futuro melhor para seus negócios e contribuindo para um mundo melhor. Um mundo onde as marcas são agentes de mudança positiva, onde a tecnologia é usada para o bem comum, e onde cada interação é uma oportunidade de criar valor e significado.

O futuro do marketing já chegou.

Cabe a cada um de nós decidir se queremos liderá-lo ou ser deixados para trás. A escolha é clara. É hora de abraçar o Marketing do Futuro e a Teoria AEIOU, e começar a construir um amanhã mais brilhante para todos.

O tempo de agir é agora.

O futuro do Futuro
do Marketing

Chegamos ao último capítulo. Até aqui, você acompanhou uma evolução significativa do marketing, ressaltando a importância das novas tecnologias e abordagens e, muito mais, a necessidade de repensar estratégias e práticas em um mundo cada vez mais digital, interconectado e dinâmico. **Um mundo em plataformas e redes.**

Em formato de checkpoints, vamos fazer uma rápida retrospectiva da evolução do marketing a partir do **Marketing do Futuro**.

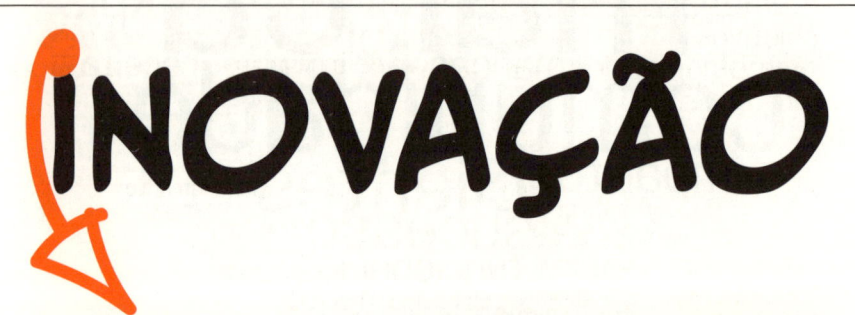

● **FIGURA 13.1**

Segundo Drucker, **inovação é a mudança de comportamento de agentes, no mercado, como fornecedores e consumidores** [de qualquer coisa]. É a interdependência entre mudança tecnológica e social: práticas e comportamentos sociais em transformação podem ser aproveitados como vetores de mudança para mudanças tecnológicas e vice-versa; novas tecnologias podem ser a base de novas percepções das pessoas, da mudança do comportamento de grupos, de mercados inteiros, de mudanças na sociedade. A possibilidade de mudar práticas sociais faz da inovação social tanto um direcionador quanto um resultado da pesquisa e do desenvolvimento de tecnologias, onde o aprendizado desempenha um papel-chave.

Adaptação, o nível mais **básico** de inovação, envolve ajustes incrementais em resposta a mudanças no ambiente, sem alterar fundamentalmente produtos, serviços, processos ou o modelo de negócios. Um exemplo seria uma empresa de bebidas reduzindo o tamanho das embalagens para se adaptar à queda no poder aquisitivo dos consumidores.

Evolução, um nível **intermediário** de inovação, implica mudanças mais profundas e estruturais, geralmente envolvendo a reconfiguração de elementos existentes de formas novas. Utilizando tecnologias estabelecidas de maneiras criativas para atender novas necessidades. Por exemplo, uma locadora de vídeos migrando para o streaming online, evoluindo seu modelo de negócio.

Transformação, o nível mais **radical** de inovação, envolve uma ruptura completa com o status quo, frequentemente alavancada por tecnologias de transição que mudam as regras do jogo e criam mercados inteiramente novos. Um caso clássico é como os smartphones com telas sensíveis ao toque -e as plataformas por trás deles- transformaram a indústria de telefonia móvel, comoditizando as operadoras.

No **marketing**, **adaptação** poderia envolver ajustar a comunicação e posicionamento para tendências de curto prazo. **Evolução** significaria adotar novas técnicas e espaços, como mídia social e marketing de conteúdo, reorientando estratégias para o ambiente digital. Já **transformação** implica em repensar completamente o papel do marketing, abandonando a publicidade tradicional em favor de criar conexões, construir relacionamentos que levam a interações significativas com e entre os consumidores em comunidades no espaço figital.

A adaptação do marketing: inovação no curto prazo

O cenário do marketing está passando por uma transformação sem precedentes, impulsionada pela rápida evolução tecnológica e pelas mudanças nos comportamentos e nas expectativas dos consumidores. Ao mergulharmos na complexidade deste novo ambiente, identificamos desafios e oportunidades fundamentais que moldarão o futuro do marketing.

1. **Imersão no espaço figital:** o conceito de espaço figital – a fusão de ambientes físicos, digitais e sociais – está redefinindo as fronteiras e expandindo as possibilidades do marketing. As estratégias de marketing devem transcender essas dimensões, criando experiências que sejam simultaneamente digitais e físicas, pessoais e coletivas. A capacidade de navegar e orquestrar experiências neste espaço tridimensional será um diferencial competitivo para os profissionais de marketing, exigindo novas competências, ferramentas e abordagens estratégicas.

2. **Narrativas no centro de tudo:** as marcas devem evoluir de contadoras de histórias para arquitetas de narrativas imersivas e participativas, nas quais os consumidores são cocriadores ativos. A utilização de tecnologias como realidade aumentada, realidade virtual e IA generativa permitirá criar narrativas personalizadas e responsivas, que se adaptam em tempo real às preferências e interações dos consumidores. Essas narrativas devem ser autênticas, envolventes e em constante evolução, refletindo a dinâmica relação entre marcas e consumidores.

3. **Engajamento e valor ao longo da vida:** a transição de métricas de curto prazo, como alcance e impressões, para o engajamento e o valor ao longo da vida do cliente reflete uma mudança profunda na forma como o sucesso é medido no marketing. Marcas buscarão construir relacionamentos duradouros e mutuamente benéficos, onde o engajamento contínuo e a advocacia são os pilares da lealdade. Isso implica uma abordagem holística nas estratégias de marketing, focada em criar experiências excep-

cionais e gerar valor em cada interação, desde a atração até a retenção e o crescimento dos clientes.

4. **Tecnologia e personalização:** inteligência artificial se tornará onipresente e indispensável no marketing, permitindo hiper--personalização em escala. IA e outras classes de algoritmos analisarão vastas quantidades de dados, de fontes diversas, para criar perfis dinâmicos das pessoas como consumidores, para entender necessidades, desejos e comportamentos em nível sem precedentes. Isso permitirá que as marcas criem interações, experiências e ofertas ultrapersonalizadas, que se adaptem em tempo quase real ao contexto e preferências individuais de cada cliente.

5. **Ecossistemas de dados e parcerias:** marketing será cada vez mais baseado em ecossistemas de dados e parcerias estratégicas. Marcas precisarão colaborar e compartilhar dados com parceiros em toda a cadeia de valor, de fornecedores a varejistas, para obter uma visão completa da jornada do cliente e oferecer experiências perfeitas. A capacidade de integrar e alavancar dados de múltiplas fontes, respeitando a privacidade e o consentimento dos consumidores, será um fator crítico de sucesso. Isso exigirá novas abordagens de governança de dados, bem como habilidades em análise avançada e ciência de dados.

6. **Marketing como serviço e cocriação:** marketing evoluirá de uma função de promoção e vendas para um provedor de serviços e experiências valiosas. Marcas criarão plataformas e ecossistemas que permitam aos consumidores cocriar, personalizar e moldar suas próprias experiências. O foco estará em facilitar e capacitar a criatividade, autoexpressão e conexão dos consumidores, em vez de simplesmente entregar mensagens e ofertas pré-definidas. Isso exige uma mudança de mentalidade, colocando o consumidor verdadeiramente no centro de todas as estratégias e atividades de marketing.

7. **Propósito e impacto positivo:** em um mundo cada vez mais consciente e conectado, marcas serão avaliadas não apenas

por seus produtos e serviços, mas por seu propósito e impacto na sociedade e no planeta. Marketing terá um papel central em articular e vivenciar o propósito da marca, alinhando todas as ações e comunicações a uma visão inspiradora e autêntica. Marcas que demonstrarem compromisso genuíno com a sustentabilidade, a diversidade, a inclusão e a criação de valor compartilhado terão uma vantagem competitiva na conquista da confiança e lealdade dos consumidores.

Neste futuro de curto prazo, marketing será uma jornada contínua de adaptação e evolução, guiada por inovação, mudanças sociais e desejos e expectativas dos consumidores. Os profissionais de marketing precisarão abraçar a mudança, adotar uma mentalidade de crescimento e desenvolver novas competências e abordagens para navegar com sucesso neste ambiente dinâmico e complexo.

A evolução do marketing: inovações no médio prazo

No médio prazo, o marketing passará por uma evolução significativa, impulsionada por avanços tecnológicos e mudanças no comportamento do consumidor. Essa evolução trará novos desafios e oportunidades para as marcas se conectarem de forma mais profunda e significativa com seus clientes.

1. **Realidade aumentada e virtual:** as tecnologias de realidade aumentada [AR] e realidade virtual [VR] se tornarão mais acessíveis e sofisticadas, permitindo que as marcas criem experiências imersivas e envolventes. Desde a experimentação virtual de produtos até a participação em eventos e ambientes digitais interativos, AR e VR transformarão a forma como os consumidores interagem com as marcas, proporcionando experiências memoráveis e emocionalmente impactantes.

2. **Inteligência artificial conversacional:** assistentes virtuais baseados em **IA** evoluirão para se tornar [ainda] mais inteligentes, naturais e empáticos. Eles serão capazes de entender o contexto, as emoções e as intenções dos consumidores, oferecendo suporte personalizado, recomendações relevantes e até companhia. As marcas utilizarão esses agentes de **IA** para fornecer atendimento ao cliente 24/7, guiar os consumidores em suas jornadas de compra e construir relacionamentos mais próximos e autênticos.

3. **Marketing preditivo:** a combinação de big data, aprendizado de máquina e análises avançadas permitirá que as marcas prevejam com precisão o comportamento e as necessidades dos consumidores. Algoritmos sofisticados analisarão vastas quantidades de dados estruturados e não estruturados, identificando padrões, tendências e insights para ações. Isso permitirá que as marcas antecipem a demanda, personalizem proativamente as experiências e otimizem suas estratégias de marketing em tempo real.

4. **Marketing de conteúdo imersivo:** o conteúdo de marca evoluirá para formatos mais imersivos e interativos, aproveitando tecnologias como vídeo 360°, realidade aumentada e narrativas interativas. As marcas criarão experiências de conteúdo envolventes que permitam aos consumidores explorar, interagir e se

envolver profundamente com as histórias e mensagens da marca. Esse conteúdo imersivo será personalizado e adaptado dinamicamente com base nas preferências e nos comportamentos individuais dos consumidores.

5. **Ecossistemas de marca:** as marcas transcenderão produtos e serviços isolados para criar ecossistemas holísticos que atendam a diversas necessidades e desejos dos consumidores. Esses ecossistemas incluirão uma gama de ofertas complementares, parcerias estratégicas e integrações perfeitas entre fluxos online e offline. As marcas utilizarão dados e insights dos consumidores para orquestrar experiências perfeitas e agregar valor em cada ponto de contato, criando lealdade e **advocacia**.

6. **Marketing de propósito:** à medida que os consumidores se tornam mais conscientes e exigentes, as marcas que demonstrarem um propósito autêntico e impactante ganharão vantagem competitiva. O marketing evoluirá para comunicar e vivenciar o propósito da marca de maneiras mais tangíveis e transformadoras. As marcas se envolverão em iniciativas de impacto social, ambiental e cultural, colaborando com consumidores e parceiros para cocriar mudanças positivas. O propósito se tornará um driver essencial de diferenciação e conexão emocional com os consumidores.

Tais inovações do médio prazo representam uma evolução natural do marketing, construindo sobre as fundações estabelecidas pelas adaptações no curto prazo. As marcas que abraçarem essas mudanças e se dedicarem a explorar todo o potencial dessas tecnologias e abordagens emergentes poderão criar relacionamentos mais profundos, significativos e duradouros com seus consumidores.

No entanto, é importante ressaltar que a evolução do marketing no médio prazo não se trata apenas de adotar novas tecnologias e táticas, mas de uma mudança fundamental de mentalidade e abordagem. Marcas deverão colocar o consumidor verdadeiramente no centro de todas as suas estratégias e decisões, buscando entender e atender suas necessidades e desejos de maneira holística e empática.

● **FIGURA 13.3**

Além disso, a colaboração e a cocriação com os consumidores se tornarão ainda mais essenciais. As marcas que envolverem seus clientes como parceiros ativos na criação de valor, inovação e impacto positivo serão as que mais se destacarão e prosperarão no futuro do marketing.

Portanto, a evolução do marketing no médio prazo representa uma oportunidade empolgante para as marcas se reconectarem com seus consumidores de maneiras mais autênticas, relevantes e transformadoras.

Mas... tudo isso é muito básico. E se a gente ligasse o modo **mudanças radicais** para os próximos 5, 10, 15 anos... o que poderia acontecer?...

Transformação: a revolução inovadora do marketing?

O futuro do marketing não será apenas uma evolução, mas sim uma **revolução** impulsionada por tecnologias de alto potencial de ruptura. Imagine um mundo onde as fronteiras entre o real e o virtual se dissolvem, onde as marcas se conectam com você de forma **telepática** e onde a experiência do cliente é **personalizada em tempo real**.

1. **Inteligência artificial:** mais do que personalização, **IA** criará **relacionamentos simbióticos** com os consumidores. Agentes inteligentes anteciparão seus desejos e necessidades, oferecendo soluções antes mesmo que você as procure. Imagine um assistente virtual que te ajuda a escolher a roupa perfeita para uma ocasião especial, ou um sistema que recomenda produtos que você nem sabia que existiam, mas que se encaixam perfeitamente em seu estilo de vida.

2. **Realidade aumentada e virtual:** as marcas te transportarão para **universos imersivos**. Experimente um carro novo antes de comprá-lo, explore um hotel sem sair de casa ou participe de um evento virtual que te conecta com pessoas de todo o mundo. Imagine visitar uma loja virtual onde você pode interagir com os produtos em 3D, ou participar de um show virtual com hologramas dos seus artistas favoritos.

3. **Internet das coisas:** sua casa, seu carro, seus eletrodomésticos se tornarão pontos de contato com as marcas. A geladeira fará o pedido da assistência quando precisar, e o carro te recomendará a oficina mais próxima quando demandar manutenção. A cidade vai multar seu carro automaticamente por excesso de velocidade [e a multa vai aparecer no painel... em tempo real]. Imagine uma cafeteira que te oferece um desconto em cápsulas de café quando você está com pouco estoque, ou um tênis que te dá dicas de corrida em tempo real.

4. **Blockchain:** a **transparência radical** se tornará a norma. As marcas usarão o blockchain para garantir a autenticidade de seus produtos, rastrear a origem dos materiais e oferecer total controle sobre seus dados. Imagine verificar a origem de um diamante com um simples toque no seu smartphone, ou ter a certeza de que seus dados pessoais estão seguros e protegidos.

5. **Big Data e análise avançada:** as empresas terão **poderes premonitórios**. Análises complexas de dados revelarão tendências antes que elas surjam, permitindo que as marcas se adaptem instantaneamente às mudanças do mercado. Imagine prever o comportamento de compra dos consumidores com uma preci-

são assustadora, ou identificar oportunidades de negócios que ninguém mais enxergou.

6. **Automação:** tarefas repetitivas serão coisa do passado. A automação liberará as equipes de marketing para se concentrarem em tarefas criativas e estratégicas. Imagine um sistema que gerencia suas campanhas de mídia social automaticamente, ou um chatbot que responde às perguntas dos clientes 24 horas por dia, 7 dias por semana.

Mas isso não é tudo...

7. **Computação quântica:** imagine desvendar os segredos do comportamento do consumidor com **velocidade e precisão inimagináveis**. A computação quântica permitirá análises de dados complexas em tempo real, abrindo portas para campanhas de marketing **hiper personalizadas** e **supereficientes**.

8. **Interface cérebro-computador:** prepare-se para uma **conexão telepática** com seus clientes. Através de interfaces cérebro--computador, as marcas poderão ler as emoções e intenções dos consumidores, criando experiências **profundamente personalizadas** e **emocionalmente envolventes**.

9. **Biotecnologia:** a biotecnologia trará uma nova era de **marketing sensorial**. Imagine perfumes que se adaptam ao seu humor, ou sabores que evocam memórias específicas. As marcas usarão a biotecnologia para criar experiências **multissensoriais** que transcendem o digital.

10. **Nanotecnologia:** a nanotecnologia permitirá a criação de produtos **inteligentes** e **autoadaptáveis**. Imagine roupas que se ajustam à temperatura do corpo, ou embalagens que se modificam de acordo com o conteúdo. As marcas usarão a nanotecnologia para oferecer produtos **inovadores** e **personalizados** que se integram perfeitamente à vida do consumidor.

11. **Impressão 3D:** a **personalização em massa** se tornará realidade com a impressão 3D. Imagine criar produtos personalizados com o toque de um botão. As marcas usarão a impressão 3D para oferecer produtos **exclusivos** e **sob medida** para cada cliente.

Essas 11 tecnologias, juntas, representam apenas uma fração das possibilidades que o futuro do marketing reserva. As empresas que abraçarem a inovação e se adaptarem às mudanças estarão na vanguarda de uma nova era de marketing personalizado e emocionalmente envolvente.

O futuro do marketing não é apenas sobre tecnologia, mas sobre a criação de experiências memoráveis e emocionantes. As marcas que se destacarem serão aquelas que usarem a tecnologia para humanizar suas conexões com os consumidores.

À medida que nos aventuramos cada vez mais no desconhecido, as distinções entre marcas, tecnologia e identidade humana começarão a desaparecer. Marketing se tornará menos sobre comunicação e mais sobre cocriação multidimensional de valor e significado.

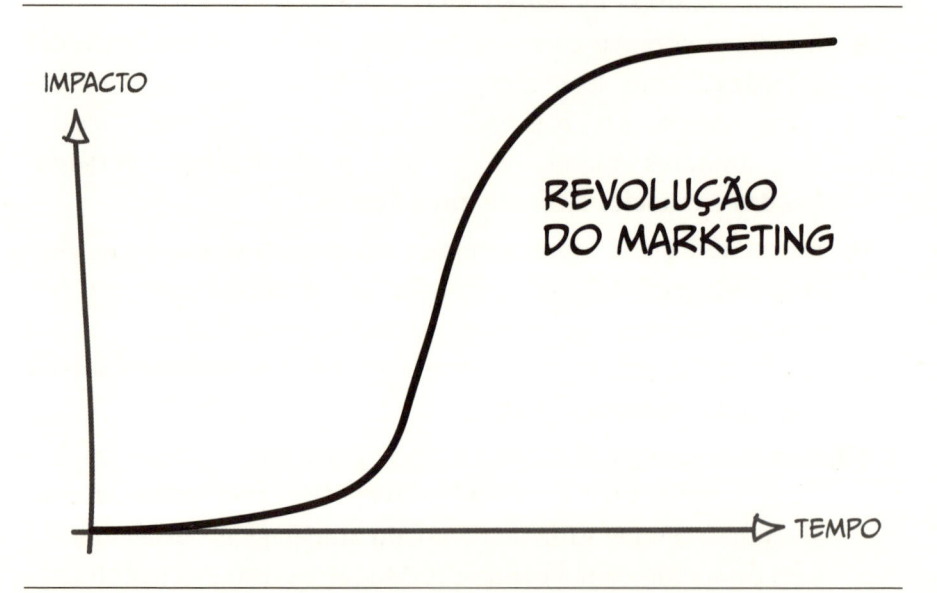

Neste futuro radicalmente transformador, adaptabilidade, visão e coragem serão os principais diferenciais. Marcas que abraçam o desconhecido, dispostas a questionar todas as suposições e que colocam o empoderamento e a transformação humana no centro de seus esforços serão aquelas que não apenas sobrevivem, mas prosperarão.

No entanto, à medida que avançamos para esse futuro, é essencial lembrar que marketing, em sua essência, sempre foi e sempre será sobre as pessoas. Embora as tecnologias que moldam nossas interações possam mudar de forma drástica, as necessidades e os desejos fundamentais que nos impulsionam como seres humanos permanecem constantes.

Portanto, o verdadeiro desafio para os profissionais de marketing do futuro não será dominar as últimas ferramentas e técnicas, mas utilizar essas tecnologias de forma ética, empática e humana. Será sobre criar não apenas experiências personalizadas, mas conexões significativas – sobre usar a tecnologia não para substituir, mas para amplificar e enriquecer o que nos torna humanos.

O futuro do comportamento do consumidor e dos mercados

O futuro do marketing depende de, e ao mesmo tempo é, uma das fundações para as mudanças no comportamento do consumidor. Essas mudanças, por sua vez, estarão em sincronia com as transformações na educação, crenças, políticas e preferências pessoais e grupais. Essa dança molda a maneira como os consumidores se conectam com as marcas e os produtos, exigindo novas estratégias e adaptações.

Essas mudanças podem ser categorizadas em três níveis: adaptação, evolução e transformação. Cada nível representa um grau diferente de impacto e exige estratégias e abordagens distintas por parte das empresas.

Adaptação: ajustes incrementais no curto prazo

No curto prazo, espera-se que os consumidores, as comunidades e os mercados passem por adaptações incrementais em resposta às tendências emergentes e às mudanças no ambiente socioeconômico e tecnológico.

- **Comportamentos:** os consumidores adaptarão suas preferências e hábitos de compra em função de fatores como a crescente conscientização sobre questões sociais e ambientais, a busca por conveniência e personalização, e a adoção de novas tecnologias.

- **Comunidades:** as comunidades online se tornarão ainda mais prevalentes e influentes, servindo como espaços para compartilhamento de informações, suporte mútuo e mobilização em torno de causas e interesses comuns.
- **Mercados:** os mercados se adaptarão às mudanças nas demandas e expectativas dos consumidores, com um foco crescente em produtos e serviços sustentáveis, experiências personalizadas e modelos de negócio digitais.

Para lidar com essas adaptações, as estratégias de marketing devem ser flexíveis e receptivas, com um monitoramento contínuo das tendências e um ajuste rápido das táticas e mensagens para manter a relevância e o engajamento.

Evolução: mudanças estruturais no médio prazo

No médio prazo, as mudanças acumuladas no comportamento dos consumidores, nas dinâmicas das comunidades e nas condições de mercado provavelmente levarão a uma evolução mais profunda e estrutural.

- **Comportamentos:** a busca por autenticidade, transparência e propósito se tornará um fator decisivo nas escolhas dos consumidores. A demanda por produtos e serviços personalizados e alinhados com valores individuais crescerá significativamente.
- **Comunidades:** as comunidades online evoluirão de espaços de interação para verdadeiros ecossistemas colaborativos, onde os consumidores cocriam valor, influenciam tendências e moldam as percepções das marcas.
- **Mercados:** os modelos de negócio tradicionais serão desafiados por abordagens mais centradas no cliente, impulsionadas por dados e baseadas em plataformas. A concorrência se intensificará em torno da criação de experiências perfeitas e relacionamentos duradouros com os consumidores.

Para prosperar neste cenário evolutivo, as estratégias de marketing precisarão abraçar a personalização em escala, investir em tecnologias de dados e **IA**, e cultivar comunidades engajadas em torno de propósitos e valores compartilhados.

Transformação: rupturas muito radicais no longo prazo

No longo prazo, a convergência de tecnologias exponenciais, mudanças geracionais e shifts culturais pode desencadear transformações de ruptura e imprevisíveis nos comportamentos, comunidades e mercados.

- **Comportamentos:** a adoção generalizada de tecnologias como **IA**, realidade virtual e internet das coisas transformará radicalmente a maneira como os consumidores interagem com produtos, serviços e marcas. Novas necessidades e desejos emergirão, exigindo abordagens inovadoras e visionárias.

- **Comunidades:** as fronteiras entre comunidades online e offline se tornarão cada vez mais difusas, com interações perfeitas entre espaços físicos e digitais. Novas formas de conexão, colaboração e criação de valor surgirão, desafiando as noções tradicionais de relacionamento e engajamento.

- **Mercados:** a ruptura se tornará a norma, com o surgimento de novos setores, modelos de negócio e paradigmas de troca de valor. A inteligência artificial, a automação e as tecnologias descentralizadas transformarão profundamente as estruturas de mercado e as dinâmicas competitivas.

Para navegar neste cenário transformador, as estratégias de marketing precisarão ser audaciosas, ágeis e experimentais. Será essencial desenvolver capacidades de previsão e inovação, abraçar a cocriação com os consumidores e parceiros, e cultivar uma mentalidade de aprendizado contínuo e adaptação rápida.

Rumo a um futuro incerto e empolgante

Embora a magnitude e o ritmo exatos dessas mudanças sejam difíceis de prever, uma coisa é certa: o futuro do marketing será radicalmente diferente do presente. À medida que os consumidores, comunidades e mercados evoluem e se transformam, empresas precisarão repensar continuamente suas estratégias, habilidades e abordagens.

Isso exigirá uma combinação de visão de longo prazo, agilidade tática e profunda empatia pelos consumidores. As marcas que conseguirem se adaptar, evoluir e acelerar transformações, mantendo-se fiéis aos seus valores fundamentais e propósitos autênticos, serão as vencedoras neste novo cenário.

Em última análise, o futuro do marketing será moldado por aqueles que têm a coragem de questionar o status quo, a criatividade para imaginar novas possibilidades e a resiliência para aprender com os erros e se reinventar continuamente. Será um futuro desafiador, ao mesmo tempo repleto de oportunidades para criar valor significativo, construir relacionamentos profundos e ter um impacto positivo no mundo.

O futuro do marketing, e o futuro do **Marketing do Futuro**, será **criado por pessoas**.

Não só de marketing. Todo mundo está imerso em marketing, porque marketing é o negócio, é cada e todo mercado, é a sociedade. No mundo figital, a dimensão digital muda na velocidade de escrita coletiva de código por todos os participantes do mercado. A dimensão social muda com cada nova conexão, relacionamento e interação, porque mudam os significados e as estruturas das comunidades e dos ecossistemas. E todo o espaço competitivo muda, o tempo todo, com todos -e não mais poucos- mudando o mundo dinamicamente.

O futuro do marketing, das carreiras em marketing e dos profissionais de marketing será criado por quem, em rede, colaborar e criar o futuro do espaço figital. Tomara que você, leitor, seja parte deste futuro.

Que a jornada seja emocionante e transformadora para todos nós.

Bibliografia

1. **Aaker**, David A. *Creating Signature Stories: Strategic Messaging that Energizes, Persuades and Inspires*. Morgan James Publishing, 2018.

2. **Adner**, Ron. "Ecosystem as Structure: An Actionable Construct for Strategy." *Journal of Management*, vol. 43, no. 1, 2017, pp. 39-58.

3. **Adorno**, Theodor W., e Max Horkheimer. *Dialética do Esclarecimento: Fragmentos Filosóficos*. Jorge Zahar, 1985.

4. **Agrawal**, Ajay, Joshua Gans, e Avi Goldfarb. *Prediction Machines: The Simple Economics of Artificial Intelligence*. Harvard Business Review Press, 2018.

5. **Akerlof**, George A., e Robert J. Shiller. *Phishing for Phools: The Economics of Manipulation and Deception*. Princeton University Press, 2015.

6. **Barab**, Sasha A., James G. MaKinster, e Rebecca Scheckler. "Designing System Dualities: Characterizing a Web-Supported Professional Development Community." *The Information Society*, vol. 19, no. 3, 2003, pp. 237-256.

7. **Bauman**, Zygmunt. *Comunidade: A Busca por Segurança no Mundo Atual*. Zahar. 2022.

8. **Beck**, Kent, et al. *Manifesto for Agile Software Development*. Agile Alliance, 2001, https://agilemanifesto.org/.

9. **Benjamin**, Walter. "A obra de arte na era de sua reprodutibilidade técnica." In *Magia e técnica, arte e política: Ensaios sobre literatura e história da cultura*. Brasiliense, 1994.

10. **Berman**, Barry. "Planning and Implementing Effective Mobile Marketing Programs." *Business Horizons*, vol. 59, no. 4, 2016, pp. 431-439.

11. **Blank**, Steve. *The Four Steps to the Epiphany: Successful Strategies for Products that Win*. 2nd ed., K&S Ranch, 2013.

12. **Bohanec**, Marko, Mirjana Kljajić Borštnar, e Marko Robnik-Šikonja. "Explaining Machine Learning Models in Sales Predictions." *Expert Systems with Applications*, vol. 71, 2017, pp. 416-428.

13. **Boudreau**, Kevin J., e Andrei Hagiu. "Platform Rules: Multi-Sided Platforms as Regulators." In *Platforms, Markets and Innovation*. Edward Elgar Publishing, 2009.

14. **Brandenburger**, Adam M., e Barry J. Nalebuff. *Co-Opetition*. Currency Doubleday, 1996.

15. **Brown**, Tim. *Change by Design: How Design Thinking Transforms Organizations and Inspires Innovation*. HarperBusiness, 2009.

16. **Brown**, Morgan, e Sean Ellis. *Hacking Growth*. Alta Books. 2018.

17. **Brynjolfsson**, Erik, e Andrew McAfee. *Machine, Platform, Crowd: Harnessing Our Digital Future*. W. W. Norton & Company, 2017.

18. **Carvalho**, Nino. *Metodologia PEMD*. DVS Editora. 2023.

19. **Castells**, Manuel. *The Rise of the Network Society*. 2nd ed., Wiley-Blackwell, 2010.

20. **Chaffey**, Dave, e Fiona Ellis-Chadwick. *Digital Marketing*. Pearson UK, 2019.

21. **Chesbrough**, Henry W. *Open Innovation: The New Imperative for Creating and Profiting from Technology*. Harvard Business School Press, 2003.

22. **Christensen**, Clayton M. *The Innovator's Dilemma: When New Technologies Cause Great Firms to Fail*. Harvard Business School Press, 1997.

23. **Choudary**, Sangeet Paul. *Platform Scale: How an Emerging Business Model Helps Startups Build Large Empires with Minimum Investment*. Platform Thinking Labs, 2015.

24. **Cohem**, William A. *Marketing Segundo Peter Drucker*. M.Books. 2014.

25. **Cooper**, Alan, Robert Reimann, e David Cronin. *About Face 3: The Essentials of Interaction Design*. Wiley, 2007.

26. **Davenport**, Thomas H., e Rajeev Ronanki. "Artificial Intelligence for the Real World." *Harvard Business Review*, vol. 96, no. 1, 2018, pp. 108-116.

27. **Day**, George S. "Closing the Marketing Capabilities Gap." *Journal of Marketing*, vol. 75, no. 4, 2011, pp. 183-195.

28. **Delen**, Dursun, e Suleiman Ram. "Research Challenges and Opportunities in Business Analytics and Big Data." *Journal of Business Analytics*, vol. 1, no. 1, 2018, pp. 2-12.

29. **Drucker**, Peter F. *Management: Tasks, Responsibilities, Practices*. Harper & Row, 1974.

30. **Edelman**, David C. "Branding in the Digital Age: You're Spent on It, but Is It Working?" *Harvard Business Review*, vol. 88, no. 12, 2010, pp. 62-69.

31. **Eisenmann**, Thomas, Geoffrey Parker, e Marshall W. Van Alstyne. "Strategies for Two-Sided Markets." *Harvard Business Review*, vol. 84, no. 10, 2006, pp. 92-101.

32. **Evans**, David S., e Richard Schmalensee. *Matchmakers: The New Economics of Multisided Platforms*. Harvard Business Review Press, 2016.

33. **Fjeldstad**, Øystein D., Charles C. Snow, Raymond E. Miles, e Christian Lettl. "The Architecture of Collaboration." *Strategic Management Journal*, vol. 33, no. 6, 2012, pp. 734-750.

34. **Fournier**, Susan, e Jill Avery. "The Uninvited Brand." *Business Horizons*, vol. 54, no. 3, 2011, pp. 193-207.

35. **Gaddis**, John Lewis. *On Grand Strategy*. Penguin Press, 2018.

36. **Gawer**, Annabelle, e Michael A. Cusumano. "Industry Platforms and Ecosystem Innovation." *Journal of Product Innovation Management*, vol. 31, no. 3, 2014, pp. 417-433.

37. **Godin**, Seth. *This is marketing: you can't be seen until you learn to see*. Penguin, 2018.

38. **Granovetter**, Mark S. "The Strength of Weak Ties." *American Journal of Sociology*, vol. 78, no. 6, 1973, pp. 1360-1380.

39. **Grover**, Varun, Roger H. Chiang, Ting-Peng Liang, e Detmar W. Straub. "Creating Strategic Business Value from Big Data Analytics: A Research Framework." *Journal of Management Information Systems*, vol. 35, no. 2, 2018, pp. 388-423.

40. **Guha**, Anindya, Thomas H. Davenport, Dhruv Grewal, e Timothy Bressgott. "How Artificial Intelligence Will Change the Future of Marketing." *Journal of the Academy of Marketing Science*, vol. 48, 2020, pp. 24-42.

41. **Gulati**, Ranjay, Phanish Puranam, e Michael Tushman. "Meta-Organization Design: Rethinking Design in Interorganizational and Community Contexts." *Strategic Management Journal*, vol. 33, no. 6, 2012, pp. 571-586.

42. **Gursoy**, Dogan, Orie H. Chi, Lu Lu, e Robin Nunkoo. "Consumers Acceptance of Artificially Intelligent (AI) Device Use in Service Delivery." *International Journal of Information Management*, vol. 49, 2019, pp. 157-169.

43. **Hagel**, John, e Marc Singer. *Net Worth: Shaping Markets When Customers Make the Rules*. Harvard Business School Press, 1999.

44. **Hagel**, John, John Seely Brown, e Lang Davison. *The Power of Pull: How Small Moves, Smartly Made, Can Set Big Things in Motion*. Basic Books, 2010.

45. **Hamel**, Gary, e C. K. Prahalad. "Competing for the Future." *Harvard Business Review*, vol. 72, no. 4, 1994, pp. 122-128.

46. **Hanna**, Richard, Andrew Rohm, e Victoria L. Crittenden. "We're all connected: The power of the social media ecosystem." *Business horizons* 54.3 (2011): 265-273.

47. **Henderson**, Rebecca, e Iain Cockburn. "Measuring Competence? Exploring Firm Effects in Pharmaceutical Research." *Strategic Management Journal*, vol. 15, Special Issue, 1994, pp. 63-84.

48. **Huang**, Ming-Hui, e Roland T. Rust. "Artificial Intelligence in Service." *Journal of Service Research*, vol. 21, no. 2, 2018, pp. 155-172.

49. **Iansiti**, Marcoe, e Roy Levien. *The Keystone Advantage: What the New Dynamics of Business Ecosystems Mean for Strategy, Innovation, and Sustainability*. Harvard Business School Press, 2004.

50. **Jacobides**, Michael G., Carmelo Cennamoe, e Annabelle Gawer. "Towards a Theory of Ecosystems." *Strategic Management Journal*, vol. 39, no. 8, 2018, pp. 2255-2276.

51. **Jiang**, Yang, Jie Shang, Ying Liue, e Jim May. "Redesigning Promotion Strategy for E-commerce Competitiveness through Pricing and Recommendation." *International Journal of Production Economics*, vol. 167, 2015, pp. 257-270.

52. **Kietzmann**, Jan H., Kristopher Hermkens, Ian P. McCarthye, e Bruno S. Silvestre. "Social Media? Get Serious! Understanding the Functional Building Blocks of Social Media." *Business Horizons*, vol. 54, no. 3, 2011, pp. 241-251.

53. **Kim**, W. Chane, e Renée Mauborgne. *Blue Ocean Strategy: How to Create Uncontested Market Space and Make the Competition Irrelevant*. Harvard Business School Press, 2005.

54. **Kotler**, Philip. *Marketing Management*. 15th ed., Pearson, 2016.

55. **Kotler**, Philip, Hermawan Kartajaya, e Iwan Setiawan. *Marketing 4.0: Moving from Traditional to Digital*. Wiley, 2016.

56. **Kotler**, Philip, Hermawan Kartajayae, e Iwan Setiawan. *Marketing 5.0: Technology for humanity*. John Wiley & Sons, 2021.

57. **Kotler**, Philip, Hermawan Kartajayae, e Iwan Setiawan. *Marketing 6.0: The Future Is Immersive*. John Wiley & Sons, 2023.

58. **Kotler**, Philip, Nuno Teixeira, Luiz Moutinho, e André Zeferino. *Marketing Futureland*. Lidel. 2022.

59. **Kumar**, V., e Werner Reinartz. *Customer Relationship Management: Concept, Strategy, and Tools*. Springer, 2018.

60. **Lemon**, Katherine N.e, e Peter C. Verhoef. "Understanding Customer Experience Throughout the Customer Journey." *Journal of Marketing*, vol. 80, no. 6, 2016, pp. 69-96.

61. **Levine**, Rick, et al. *The cluetrain manifesto*. Basic books, 2009.

62. **Levitt**, Theodore. "Marketing Myopia." *Harvard Business Review*, July-August 1960, pp. 45-56.

63. **Li**, Charlene, e Josh Bernoff. *Groundswell: Winning in a World Transformed by Social Technologies*. Harvard Business Press, 2011.

64. **Lusch**, Robert F., e Stephen L. Vargo. "Service-Dominant Logic: Premises, Perspectives, Possibilities." Cambridge University Press, 2014.

65. **Marinova**, Detelina, Ko de Ruyter, Ming-Hui Huang, Martin Wetzels, e Gaby Odekerken-Schröder. "The Changing Nature of Customer Relationships: An Empirical Investigation of Motivations, Service Expectations, and Brand Perceptions." *Journal of the Academy of Marketing Science*, vol. 34, no. 2, 2006, pp. 329-342.

66. **McAlexander**, James H., John W. Schouten, e Harold F. Koenig. "Building Brand Community." *Journal of Marketing*, vol. 66, no. 1, 2002, pp. 38-54.

67. **McGrath**, Rita G. *The End of Competitive Advantage: How to Keep Your Strategy Moving as Fast as Your Business*. Harvard Business Review Press, 2013.

68. **Meira**, Silvio. *Fundações para os Futuros Figitais*. https://tds.company/biblioteca/, 2021.

69. **Meira**, Silvio. *O que é estratégia?*. Almedina, 2023.

70. **Meira**, Silvio. *23 anotações para 2023*. https://tds.company/biblioteca/, 2022.

71. **Meira**, Silvio. *24 anotações para 2024*. https://tds.company/biblioteca/, 2023.

72. **Meira**, Silvio and Rosário Pompéia. *Inteligência Artificial em Marketing*. https://marketingdofuturo.org, 2024.

73. **Mintzberg**, Henry. "The Rise and Fall of Strategic Planning." *Harvard Business Review*, vol. 72, no. 1, 1994, pp. 107-114.

74. **Moazed**, Alex, e Nicholas L. Johnson. *Modern Monopolies: What It Takes to Dominate the 21st Century Economy*. St. Martin's Press, 2016.

75. **Moore**, Geoffrey A. *Crossing the Chasm: Marketing and Selling High-Tech Products to Mainstream Customers*. HarperBusiness, 1991.

76. **Morgan**, Jacob. *The Future of Work: Attract New Talent, Build Better Leaders, and Create a Competitive Organization*. Wiley, 2014.

77. **Muñiz**, Albert M., Jr., e Thomas C. O'Guinn. "Brand Community." *Journal of Consumer Research*, vol. 27, no. 4, 2001, pp. 412-432.

78. **Nalebuff**, Barry J., e Adam M. Brandenburger. *Co-opetition: A Revolutionary Mindset That Combines Competition and Cooperation*. Currency, 1997.

79. **Ojanperä**, Tero, e Timo O. Vuori. *Platform strategy: Transform your business with AI, platforms and human intelligence*. Kogan Page Publishers, 2021.

80. **Osterwalder**, Alexander, e Yves Pigneur. *Business Model Generation: A Handbook for Visionaries, Game Changers, and Challengers*. Wiley, 2010.

81. **Parker**, Geoffrey G., Marshall W. Van Alstyne, e Sangeet Paul Choudary. *Platform Revolution: How Networked Markets Are Transforming the Economy and How to Make Them Work for You*. W. W. Norton & Company, 2016.

82. **Payne**, Adrian, e Pennie Frow. "A Strategic Framework for Customer Relationship Management." *Journal of Marketing*, vol. 69, no. 4, 2005, pp. 167-176.

83. **Pine**, B. Joseph, e James H. Gilmore. *The Experience Economy: Work is Theatre & Every Business a Stage*. Harvard Business School Press, 1999.

84. **Pompéia**, Rosário, e Silvio Meira. *Manifesto do Marketing do Futuro*. https://marketingdofuturo.org, 2023.

85. **Pompéia**, Rosário, e Silvio Meira. *AEIOU, A Teoria do Marketing do Futuro*. https://marketingdofuturo.org, 2023.

86. **Porter**, Michael E. *Competitive Advantage: Creating and Sustaining Superior Performance*. Free Press, 1985.

87. **Porter**, Michael E. *Competitive Strategy: Techniques for Analyzing Industries and Competitors*. Free Press, 1980.

88. **Porter**, Michael E., e James E. Heppelmann. "How Smart, Connected Products Are Transforming Competition." *Harvard Business Review*, vol. 92, no. 11, 2014, pp. 64-88.

89. **Prahalad**, C. K., e Venkat Ramaswamy. "Co-Creation Experiences: The Next Practice in Value Creation." *Journal of Interactive Marketing*, vol. 18, no. 3, 2004, pp. 5-14.

90. **Pruitt**, John, e Tamara Adlin. *The Persona Lifecycle: Keeping People in Mind Throughout Product Design*. Morgan Kaufmann, 2006.

91. **Putnam**, Robert D. *Bowling Alone: The Collapse and Revival of American Community*. Simon and Schuster, 2000.

92. **Rawson**, Alexander, Ewan Duncan, e Conor Jones. "The Truth About Customer Experience." *Harvard Business Review*, vol. 91, no. 9, 2013, pp. 90-98.

93. **Rifkin**, Jeremy. *The Zero Marginal Cost Society: The Internet of Things, the Collaborative Commons, and the Eclipse of Capitalism*. St. Martin's Press, 2014.

94. **Ries**, Eric. *The Lean Startup: How Today's Entrepreneurs Use Continuous Innovation to Create Radically Successful Businesses*. Currency, 2011.

95. **Rogers**, David L. *The Digital Transformation Playbook: Rethink Your Business for the Digital Age*. Columbia University Press, 2016.

96. **Rogers**, Everett M. *Diffusion of Innovations*. 5th ed., Free Press, 2003.

97. **Rose**, Robert. *Experiences: The 7th Era of Marketing*. Content Marketing Institute, 2015.

98. **Russell**, Stuart, e Peter Norvig. *Artificial Intelligence: A Modern Approach*. 4th ed., Pearson, 2021.

99. **Rust**, Roland T., Katherine N. Lemon, e Valarie A. Zeithaml. "Return on Marketing: Using Customer Equity to Focus Marketing Strategy." *Journal of Marketing*, vol. 68, no. 1, 2004, pp. 109-127.

100. **Rust**, Roland T., Christine Moorman, e Gaurav Bhalla. "Rethinking Marketing." *Harvard Business Review*, vol. 88, no. 1, 2010, pp. 94-101.

101. **Sashi**, C. M. "Customer Engagement, Buyer-Seller Relationships, and Social Media." *Management Decision*, vol. 50, no. 2, 2012, pp. 253-272.

102. **Schivinski**, Bruno, George Christodoulides, e Dariusz Dabrowski. "Measuring Consumers' Engagement with Brand-Related Social-Media Content." *Journal of Advertising Research*, vol. 56, no. 1, 2016, pp. 64-80.

103. **Schmitt**, Bernd H. *Customer Experience Management: A Revolutionary Approach to Connecting with Your Customers*. John Wiley & Sons, 2010.

104. **Schwartz**, Peter. *The Art of the Long View: Planning for the Future in an Uncertain World*. Currency Doubleday, 1991.

105. **Shapiro**, Carl, e Hal R. Varian. *Information Rules: A Strategic Guide to the Network Economy*. Boston: Harvard Business School Press, 1999.

106. **Singh**, Shailendra, e Stephan Sonnenburg. "Brand Performances in Social Media." *Journal of Interactive Marketing*, vol. 26, no. 4, 2012, pp. 189-197.

107. **Sivarajah**, Uthayasankar, Mohammad Mustafa Kamal, Zahir Irani, e Vishanth Weerakkody. "Critical Analysis of Big Data Challenges and Analytical Methods." *Journal of Business Research*, vol. 70, 2017, pp. 263-286.

108. **Snow**, Charles C., Øystein D. Fjeldstad, Christopher Lettl, e Raymond E. Miles. "Organizing Continuous Product Development and Commercialization: The Collaborative Community of Firms Model." *Journal of Product Innovation Management*, vol. 28, no. 1, 2011, pp. 3-16.

109. **Stone**, Merlin, Eleni Aravopoulou, Yuksel Ekinci, Gordon Evans, Malcolm Hobbs, Ashok Labib, e Liz Machtynger. "Artificial Intelligence (AI) in Strategic Marketing Decision-Making: A Research Agenda." *The Bottom Line*, vol. 33, no. 2, 2020, pp. 183-200.

110. **Syam**, Niladri, e Arvind Sharma. "Waiting for a Sales Renaissance in the Fourth Industrial Revolution: Machine Learning and Artificial Intelligence in Marketing." *Industrial Marketing Management*, vol. 69, 2018, pp. 135-146.

111. **Teece**, David J. "Business Models, Business Strategy and Innovation." *Long Range Planning*, vol. 43, no. 2-3, 2010, pp. 172-194.

112. **Thaler**, Richard H., e Cass R. Sunstein. *Nudge: Improving Decisions About Health, Wealth, and Happiness*. Yale University Press, 2008.

113. **Tiwana**, Amrit. *Platform Ecosystems: Aligning Architecture, Governance, and Strategy*. Morgan Kaufmann, 2014.

114. **Tushman**, Michael L., e David A. Nadler. "Information Processing as an Integrating Concept in Organizational Design." *Academy of Management Review*, vol. 3, no. 3, 1978, pp. 613-624.

115. **Ullah**, Faheem, Sami Malik Sepasgozar, e Charles Wang. "A Systematic Machine Learning Based Approach for Electricity Theft Detection with Smart Meter Data." *IEEE Access*, vol. 6, 2018, pp. 46304-46314.

116. **Vargo**, Stephen L., e Robert F. Lusch. "Evolving to a New Dominant Logic for Marketing." *Journal of Marketing*, vol. 68, no. 1, 2004, pp. 1-17.

117. **Venkatesan**, Rajkumar, e V. Kumar. "A Customer Lifetime Value Framework for Customer Selection and Resource Allocation Strategy." *Journal of Marketing*, vol. 68, no. 4, 2004, pp. 106-125.

118. **Verhoef**, Peter C., Katherine N. Lemon, A. Parasuraman, Anne Roggeveen, Michael Tsiros, e Leonard A. Schlesinger. "Customer Experience Creation: Determinants, Dynamics, and Management Strategies." *Journal of Retailing*, vol. 85, no. 1, 2009, pp. 31-41.

119. **Vidgen**, Richard, Stuart Shaw, e David B. Grant. "Management Challenges in Creating Value from Business Analytics." *European Journal of Operational Research*, vol. 261, no. 2, 2017, pp. 626-639.

120. **Vlačić**, Boris, Leonardo Corbo, Silvia C. e Silva, e Marina Dabić. "The Evolving Role of Artificial Intelligence in Marketing: A Review and Research Agenda." *Journal of Business Research*, vol. 128, 2021, pp. 187-203.

121. **Wedel**, Michel, e P. K. Kannan. "Marketing Analytics for Data-Rich Environments." *Journal of Marketing*, vol. 80, no. 6, 2016, pp. 97-121.

122. **Weinberg**, Bruce D., e Ekin Pehlivan. "Social Spending: Managing the Social Media Mix." *Business Horizons*, vol. 54, no. 3, 2011, pp. 275-282.

123. **Wellman**, Barry, e Milena Gulia. "Virtual Communities as Communities: Net Surfers Don't Ride Alone." In *Communities in Cyberspace*. Routledge, 1999, pp. 167-194.

124. **Wenger**, Etienne. *Communities of Practice: Learning, Meaning, and Identity*. Cambridge University Press, 1998.

125. **Wind**, Jerry, e Vijay Mahajan. "Convergence Marketing." *Journal of Interactive Marketing*, vol. 16, no. 2, 2002, pp. 64-79.

126. **Yoffie**, David B., e Michael A. Cusumano. *Competing on Internet Time: Lessons from Netscape and Its Battle with Microsoft*. Free Press, 1998.

127. **Zahra**, Shaker A., e Satish Nambisan. "Entrepreneurship in Global Innovation Ecosystems." *AMS Review*, vol. 1, no. 1, 2011, pp. 4-17.

128. **Zammuto**, Raymond F., Terri L. Griffith, Ann Majchrzak, Deborah J. Dougherty, e Samer Faraj. "Information Technology and the Changing Fabric of Organization." *Organization Science*, vol. 18, no. 5, 2007, pp. 749-762.

129. **Zhu**, Y. Q., e H. G. Chen. "Social Media and Human Need Satisfaction: Implications for Social Media Marketing." *Business Horizons*, vol. 58, no. 3, 2015, pp. 335-345.